高等院校“十三五”应用型规划教材

管理学原理

（第二版）

主　编　韩卫群　刘　炫　黄金火
副主编　王玮婧　陈波涛　马　君
樊欢欢　潘　慎　何　燕
李级民

南京大学出版社

前 言

管理活动作为人类最重要的一项活动，广泛地存在于现实的社会生活之中，大至国家、军队，小至企业、医院、学校等，凡是一个由两人以上组成的、有一定活动目的的组织都离不开管理，管理是一切有组织的活动中必不可少的组成部分。管理与科学技术是推动企业发展和世界进步的两个轮子。

在中国经济的高速增长过程中，人们越来越深切地感受到，经济的进一步发展，不仅需要科学技术人才，更需要现代型的管理人才。这种趋势的表现之一就是在不断发展壮大的应用型高校中几乎所有的学校都开始了经济、管理类专业，并普遍开设了管理学课程。然而，面对广大学子的学习热情，我们却没有适合的管理学教材来满足他们的要求。目前，虽然国内的作者编写的管理学类教材不断问世，但都存在篇幅大、理论性强、案例少、联系实际少、学生难于理解、不适合应用型高校特别是独立学院学生的特点。针对这些状况，江汉大学文理学院管理学院决定编写一本《管理学原理》教材来满足独立学院管理学教学要求。

本教材系统地介绍了管理的基本原理、原则和方法，详细地阐述了计划、组织、领导、控制等管理职能，系统地阐述了管理的一般原理和方法以及现代管理思想与理论的新发展。本教材突出下面四个特点：

1. 宽、新、实相结合。知识面宽，兼收并蓄中外管理科学的优秀理论和方法；内容新而实，反映管理学的最新进展，符合中国国情，具有可操作性。

2. 理论联系实际。本教材在注重理论的系统性的同时，更注重理论性与应用性结合，偏重于引导读者掌握方法与技能，培养读者分析问题、解决问题的能力。

3. 教材定位于三本学生。本教材在内容及形式设计上，以三本学生为主要读者，注重适应性与可读性结合，力求适应三本学生特点，教材较多运用图表、案例，如每章节的“导入案例”“走进管理”“延伸阅读”等知识模块使内容更加活泼，以增强管理学对读者的感性认识。书中每章都附有复习思考题、相关案例及实训题。

4. 采用“纸质教材”+“网络云”的全新编写模式。在大数据时代，信息变化万千，传统的纸质教材已很难涵盖日新月异的资源信息。本教材编写组会定期对云服务平台知识进行更新，使教材与时俱进。

全书分总论、计划职能、组织职能、领导职能、控制职能共五篇,由韩卫群、刘炫、黄金火担任主编。第一章、第四章由韩卫群编写;第二章、第三章由王玮婧编写;第五章、第六章由陈波涛编写;第七章、第八章由马君编写;第九章、第十章由樊欢欢编写;第十一章、第十三章由刘炫编写;第十二章由黄金火编写;第十四章由何燕编写;第十五章由李级民编写;第十六章由潘慎编写。全书由韩卫群修改并统稿。

本书在编写过程中,作者参考和引用了国内外同行的有关文献,南京大学出版社的领导和编辑给予了大力支持和指导,在此一并表示衷心的感谢。

由于编著者的水平和时间有限,书中难免有存在疏漏甚至错误之处,敬请专家、广大师生和读者批评、指正,以便今后修改。

编者

2018 年 6 月

目 录

第一篇 总 论

第二篇 计划职能

第三篇 组织职能

第四篇 领导职能

第一篇　总　论

第一章 管理概述

管理是一种器官，是赋予机构以生命的、能动的、动态的器官。没有组织，就不会有管理。但是，如果没有管理，那也就只会有一群乌合之众，而不会有一个组织。

——[美]彼得·德鲁克(Peter F. Drucker)

【学习目标】

了解：管理的作用、特征；管理理论的形成与发展过程。

理解：管理的对象；管理者角色、素质、技能要求；管理学的研究对象、方法。

掌握：管理的概念；管理的职能；管理的性质；古典管理理论、行为管理理论的发展演变过程、代表人物和主要观点。

运用：联系实际分析并论证管理对一切社会组织的重要作用，管理的二重性，管理既是科学又是艺术。

【教学重点】

管理的概念；管理的职能；管理技能；管理的性质。

【开篇案例】

升任公司总裁后的思考

郭宁最近被所在的生产机电产品的公司聘为总裁。在准备接任此职位的前一天晚上，他浮想联翩，回忆起他在该公司工作 20 多年的情况。

他在大学时学的是工业管理，大学毕业后就到该公司工作，最初担任液压装配单位的助理监督。当时他感到不知道如何工作，因为自己对液压装配所知甚少，在管理工作上也没有实际经验，几乎每天都手忙脚乱。可是他非常好学，一方面仔细参阅该单位所订的工作手册，努力学习有关的技术知识；另一方面总监也主动指点他的工作。所以，他渐渐摆脱了困境，胜任了工作。经过半年多时间的努力，他已有能力独担液压装配的总监工作。可是，当时公司没有提升他为总监，而是直接提升他为装配部经理，负责包括液压装配在内的四个装配单位的领导工作。

在他当助理监督时，主要关心的是每日的作业管理，技术性很强。而当他担任装配部经理时，他发现自己不能只关心当天的装配工作状况，还得做出此后数周乃至数月的规划，完成许多报告和参加许多会议，他没有多少时间去从事他过去喜欢的技术工作。当上装配部经理不久，他就发现原有的装配工作手册已基本过时，因为公司已安装了许多新的设备，引入了一些新的技术,这令他花了整整一年时间去修订工作手册,使之切合实际。在修订手册过程中,他发现要让装配工作与整个公司的生产作业协调起来是需要很多讲究的。他还主动到几个工厂去访问,学到了许多新的工作方法,也把这些吸收到修订的工作手册中去。由于该公司的生产工艺频繁发生变化,工作手册也不得不经常修订,郭宁对此都完成得很出色。工作了几年后,他不但学会了这些工作,而且学会如何把这些工作交给助手去做,教他们如何做好,这样,他可以腾出更多时间用于规划工作和帮助他的下属工作得更好,以及花更多的时间去参加会议、批阅报告和完成自己向上级的工作汇报。

当他担任装配部经理6年之后,正好该公司负责规划工作的副总裁辞职应聘到其他公司,郭宁便主动申请担任这一职务。在同另外5名竞争者较量之后,郭宁被正式提升为规划工作副总裁。他自信拥有担任这一新职位的能力,但此高级职务工作的复杂性,使他在刚接任时碰到了不少麻烦。例如,他感到很难预测1年之后的产品需求情况。可是一个新工厂的开工,乃至一个新产品的投入生产,一般都需要在数年前做出准备。而且,在新的岗位上他还要不断处理市场营销、财务、人事、生产等部门之间的协调,这些他过去都不熟悉。他在新岗位上越来越感到:越是职位上升,越难于仅仅按标准的工作程序进行工作。但是,他还是渐渐适应了,做出了成绩,以后又被提升为负责生产工作的副总裁,而这一职位通常是由该公司资历最深的、辈分最高的副总裁担任的。到了现在,郭宁又被提升为总裁。他知道,一个人当上公司最高管理职位之时,应该自信自己有处理可能出现的任何情况的才能,但他也明白自己尚未达到这样的水平。因此,他不禁会想自己明天就要上任了,今后数月的情况会怎么样,他不免为此而担忧!

(资料来源:徐国良,王进.企业管理案例精选精析.北京:中国社会科学出版社,2006)

【案例思考】

1. 郭宁担任助理监督、装配部经理、规划工作副总裁和总裁这四个职务,其管理职责各有何不同?能概括其变化的趋势吗?请结合基层、中层、高层管理者的职能进行分析。

2. 你认为郭宁要成功地胜任公司总裁的工作,哪些管理技能是最重要的?你觉得他具有这些技能吗?

3. 如果你是郭宁,你认为当上公司总裁后自己应该补上哪些欠缺之处才能使公司取得更好的绩效?

第一节 管 理

一、管理的概念

管理活动自古即有。在原始社会,随着简单社会分工的形成、发展和社会公共生活的要求,使得人类社会产生了简单的管理活动。随着生产力的发展和社会不断进步,劳动和社会分工逐步细化,其协作程度也不断加深,社会政治经济结构随之日益复杂,这就使得生产和社会分工管理的要求不断提高,管理逐渐与其他社会活动相分离,成为专门的社会活动。目前,科学技术和生产力得到迅速发展,社会分工和生产的社会化达到前所未有的规模,社会经济政治结构高度分化，在此背景下，管理活动逐步趋向于专业化、科学化、高效化和民主化，并广泛渗透到社会生活的各个领域。

虽然管理活动的历史悠久，但人们真正开始把管理作为一门学科给予重视和研究则是在近代工业革命之后。

20 世纪初期，企业家法约尔首次从一般管理的角度总结了工商企业的管理方法，他认为“管理是计划、组织、指挥、协调和控制”，将管理活动分为五项基本职能，其中计划、组织和控制得到了后来学术界最普遍的认可。

但什么是“管理”，从不同的角度出发，可以有不同的理解。从字面上看，管理有“管辖”“处理”“管人”“理事”等意，即对一定范围的人员及事务进行安排和处理。但是这种字面的解释是不可能严格地表达出管理本身所具有的完整含义的。关于管理的定义，至今仍未得到公认和统一。在很长时间里，学者们从不同的角度阐述自己对管理的理解。以下是西方管理学者和我国管理学者关于管理概念几种具有代表性的定义。

（一）西方学者对于管理的定义

(1) 弗雷德里克·温斯洛·泰勒(Frederick Winslow Taylor)——管理就是确切地知道你要别人干什么，并使他用最好的方法去干。

(2) 亨利·法约尔(Henry Fayol)——管理是所有的人类组织都有的一种活动，这种活动是由五项要素组成的：计划、组织、指挥、协调和控制。

(3) 斯蒂芬·P·罗宾斯(Stephen P. Robbins)——管理是指同别人一起，或通过别人使活动完成得更有效的过程。

(4) 赫伯特·A·西蒙(Herbert A. Simon)——管理就是决策。

(5) 小詹姆斯·H·唐纳利(James H. Donnelly Jr)——管理就是由一个或者更多的人来协调他人的活动，以便收到个人单独活动所不能收到的效果而进行的活动。

(6) 丹尼尔·A·雷恩(Daniel A. Wren)——给管理下一个广义而又切实可行的定义，可把它看成是这样的一种活动，它发挥某些职能，以便有效地获取、分配和利用人的努力和物质资源，来实现某个目标。

(7) 哈罗德·孔茨(Harold Koontz)、海因茨·韦里克(Heinz Weihrich)——管理就是设计并保持一种良好环境，使人在群体里高效率地完成既定目标的过程。

(8) 彼得·德鲁克(Peter F. Drucker)——管理就是界定组织的使命，并激励和组织人力资源去实现这个使命。

（二）国内学者对于管理的定义

(1) 芮明杰——管理是对组织的资源进行有效整合以达成组织既定目标与责任的动态创造性活动。

(2) 周三多——管理是社会组织中，为了实现预期的目标以人为中心进行的协调活动。

(3) 杨文士、张雁——管理是指一定组织的管理者，通过实施计划、组织、人员、配备、指导与领导、控制等职能来协调他人的活动，使别人同自己一起实现既定目标的活动过程。

(4) 徐国华、赵平——管理是通过计划、组织、控制、激励和领导等环节来协调人力、物力和财务资源,以期更好地达成组织目标的过程。

分析上面这些表达各异的定义,不难发现它们都从某个侧面或角度揭示了管理的实质,或者揭示了管理某一方面的属性。本书对管理做出如下定义:管理就是在特定的环境下,对组织所拥有的资源进行有效地计划、组织、领导和控制,以期达到既定的组织目标的过程。

【走进管理】

有七个人曾经住在一起,每天分一大桶粥。要命的是,粥每天都是不够的。一开始,他们抓阄决定谁来分粥,每天轮一个。于是乎每周下来,他们只有一天是饱的,就是自己分粥的那一天。后来他们开始推选出一个道德高尚的人出来分粥。强权就会产生腐败,大家开始挖空心思去讨好他,贿赂他,搞得整个小团体乌烟瘴气。然后大家开始组成三人的分粥委员会及四人的评选委员会,但他们常常互相攻击,扯皮下来,粥吃到嘴里全是凉的。最后想出来一个方法:轮流分粥,但分粥的人要等其他人都挑完后拿剩下的最后一碗。为了不让自己吃到最少的,每人都尽量分得平均,就算不平均,也只能认了。大家快快乐乐,和和气气,日子越过越好。

【管理启示】

同样是七个人,不同的管理和分配制度就会有不同的风气和结果。所以一个单位如果有不好的工作习气,一定是管理出了问题,一定是没有完全公平、公正、公开,没有严格的奖勤罚懒。如何制订这样一个管理制度,是每个管理者需要考虑的问题。

二、管理的特征

本书从六个方面来理解和掌握管理概念的基本特征。

1. 管理是在一定的环境和条件下进行的

管理的环境和条件,主要是指管理者面临的内外部环境和条件。所谓外部环境和条件,主要是指管理者所掌握的组织和成员所面对的自然环境和社会环境。一般来说,管理的环境和条件的构成要素是多方面的。其中,自然环境的主要构成要素有自然资源状况、气候和地理状况等;社会环境的主要构成要素则有经济发展水平、特定的社会文化、制度、法律、政策和心理等。所谓内部环境和条件,是管理者所管理的组织内部的状况,包括组织性质、组织制度、人员状况、组织技术水平、组织文化等。

2. 管理的目的是为了实现特定的目标

管理的目标是管理活动的出发点和归宿,因此,管理活动应该是围绕着管理的目标而进行和展开的。由于管理的环境、条件、类型、性质、层次、对象以及时间跨度考虑的不同,在现实生活中,具体的管理活动会有不同的目标。

3. 管理的载体是组织

管理都是在一定的组织中进行的。在一个组织中,为实现组织的目标,组织成员的活动必须进行协调,组织的规模越大,这种协调在保证组织目标的实现过程中的作用也就越大。因此在组织中,由一个人或者若干人通过行使各种管理职能,使组织中以人为主体的各种要素合理配置,从而实现组织目标而进行的活动就是管理。这一点对于任何组织、任何类型的组织都是有普遍意义的。

4. 管理是由管理者进行的活动

管理者是指在组织中监督和指导他人工作的人，管理者通过协调其他人的活动达到与别人一起或者通过别人实现组织目标的目的。因此，管理是管理者进行的活动。在现代社会，管理者呈现出多样性的特点，包括国家的统治者、政府的领导者和管理人员，生产资料的所有者以及他们以各种形式委托的代理人和职业经理人，也包括各种非政府的公共组织的领导者和管理者。管理者按职位高低一般分为基层管理者、中层管理者和高层管理者。

5. 管理需要有效利用组织的各种资源

管理的对象是组织中所有的资源，因为特定管理目标的实现，需要资源的支撑。这里所说的资源，既包括人力、物力、财力这些传统的、内部的、有形的资源，也包括时间、信息、客户这些现代的、外部的、无形的资源。对于管理者来说，围绕管理目标的实现而合理动员和配置组织中所有的资源，做到人尽其才、物尽其用、财尽其力，是达到有效管理的重要途径。

那么，如何有效地利用组织所拥有的各种资源呢？资源利用的有效性应体现在效率和效果的统一上。效率反映的是投入与产出或成本与收益的对比关系，是指以尽可能少的投入获得尽可能多的产出，通常指的是正确地做事，即不浪费资源。效果是一项活动的成效与结果，是人们通过某种行为、力量、方式或因素而产生的合乎目的性结果。效果通常是指做正确的事情，即所从事的工作和活动有助于组织达到其目标。由此可见，效率是关于做事的方式（实际上是策略的制定），而效果则关系到所做的事是否正确（实际上是战略的制定），其涉及组织的结果及组织的目标。德鲁克认为，效果实际上是组织成功的关键，在我们将注意力放在有效率地做事之前，必须确认自己所做的事是正确的。

【走进管理】

一天，动物园管理员发现袋鼠从笼子里跑出来了，于是开会讨论，一致认为是笼子的高度过低，所以他们决定将笼子的高度由原来的 10 米加高到 20 米。结果第二天他们发现袋鼠还是跑到外面来，所以他们又决定再将高度加高到 30 米。没想到隔天居然又看到袋鼠全跑到了外面，于是管理员们大为紧张，决定一不做二不休将笼子的高度加高到 100 米。

一天长颈鹿和几只袋鼠们在闲聊。“你们看，这些人会不会再继续加高你们的笼子？”长颈鹿问。“很难说。”袋鼠说，“如果他们再继续忘记关门的话！”

【管理启示】

事有“本末”“轻重”“缓急”，关门是本，加高笼子是末。管理是什么？管理就是先分析事情的主要矛盾和次要矛盾，认清事情的“本末”“轻重”“缓急”，然后从重要的方面下手——做正确的事。

效率和效果的区别在于：效率只涉及活动方式，与资源利用相关，只有高低之分而无好坏之分；效果涉及活动的目标和结果，不仅有高低之分，而且可以在好坏两个方面表现出明显的差异。效率与效果的联系体现在：不顾效率，易达效果；只顾效果，易失效率。如果企业不考虑人力和材料等投入成本的话,能生产或制造出更精确、更吸引人的产品。因此,管理不仅要关心活动达到的目标(即效果),还要尽可能做到有效率,只有正确地做正确的事,组织才能具有最大的有效性。例如,精工(Seiko)集团如果不考虑人力和材料输入成本的话,它还能生产出更精确和更吸引人的钟表。为什么一些美国联邦政府机构经常受到公众的抨击?按道理说他们是有效果的,但他们的效率太低。也就是说,他们的工作是做了,但成本太高。因此,管理不仅关系到使活动达到目标,而且要做得尽可能有效率。如果说高效率是追求“正确地做事”,那么好效果则是保证“做正确的事”。高绩效的组织是兼顾效率和效果的。效率、效果与组织绩效的关系如图 1-1 所示。

效果 \ 效率	低 效率	高
高	**低效率/高效果** 管理者目标选择正确,但不善于利用资源高效实现目标。 **结果:**产品或服务是顾客需要的,但是价格太高	**高效率/高效果** 管理者选择了正确的目标,并且充分利用了资源来实现组织目标。 **结果:**产品或服务是顾客需要的,且质量和价格都合适
低	**低效率/低效果** 管理者选择了错误的目标,并且利用资源的效率不高。 **结果:**产品或服务不是顾客需要的,并且产品质量差且成本高	**高效率/低效果** 管理者的目标选择不恰当,但是利用资源的效率高。 **结果:**产品或服务的质量高且成本低,但是顾客并不需要该产品或服务

图 1-1 效率、效果与组织绩效

【延伸阅读】

组织资源有哪些

组织资源主要包括人、财、物、时间、信息和客户等。每一类资源各有其特定的属性与功能。

(1) 人。人是组织中最重要的因素,所有管理要素都是以人为中心存在和发挥作用的。管理者要在人与人之间的互动关系中,通过科学的领导和有效的激励,最大限度地调动人的积极性,以保证目标的实现。管理人,是管理者最重要的职能。

(2) 财。财主要指组织中的资金。资金是任何社会组织特别是营利性经济组织极为重要的资源,是管理对象的关键性要素。要保证职能活动正常进行,经济、高效地实现组织目标,就必须对资金进行科学的管理。

(3) 物。主要指组织中物资设备、厂房等。物是社会组织开展职能活动、实现目标的物质条件与保证。通过科学的管理,充分发挥物的作用,也是管理者的一项经常性工作。

(4) 时间。时间是组织的一种流动形态的资源,也是重要的管理要素。管理者必须重视对时间的管理,真正树立“时间就是金钱”的意识,科学地运筹时间,提高效率。

(5) 信息。在信息社会的今天,信息已成为极为重要的管理对象。现代管理者,特别是高层管理者,已越来越多地不再直接接触事物本身,而是同事物的信息打交道。信息既是组织运行、实施管理的必要手段,又是一种能带来效益的资源。管理者必须高度重视,并科学地管理好信息。

(6) 客户。客户资源是企业最重要的战略资源之一，是企业利润的源泉。拥有客户就意味着企业拥有了在市场中继续生存的理由，而拥有并想办法保留住客户是企业获得可持续发展的动力源。

6. 管理具有基本的职能

这些基本的职能包括计划、组织、领导和控制等。在实际管理活动中，尽管具体的管理活动在其性质、组织环境和条件、管理的有效资源、管理的层次和目标等方面千差万别，但是，管理的这些基本职能却是一切管理活动共同具有的。同时，在管理实践中，管理会有各种各种具体复杂的职能，但是，这些职能也不过是这些基本职能的进一步具体细化。

三、管理的作用

概括起来说，管理的作用主要表现在以下两个方面。

1. 管理是组织发挥正常功能的保证

管理，是一切组织正常发挥作用的前提，任何一个有组织的集体活动，不论其性质如何，只有在管理对它加以管理的条件下，才能按照所要求的方向进行。组织是由组织的要素组成的，组织的要素互相作用产生组织的整体功能。然而，仅仅有了组织要素还是不够的，这是因为各自独立的组织要素不会自动完成组织的目标，只有通过管理，使之有机地结合在一起，组织才能正常地运行与活动。组织要素的作用依赖于管理。管理在组织中协调各部分的活动，并使组织与环境相适应。“一个单独的提琴手是自己指挥自己，一个乐队就需要一个乐队指挥，没有指挥，就没有乐队。”(马克思)同样，在一个组织中，没有管理，就无法彼此协作地进行工作，就无法达到既定的目的，甚至连这个组织的存在都是不可能的。集体活动发挥作用的效果大多取决于组织的管理水平。

2. 管理是组织目标实现的保证

组织是有目标的，组织只有通过管理，才能有效地实现其目标。在现实生活中，我们常常可以看到这种情况：有的亏损企业仅仅由于换了一个精明强干、善于管理的厂长，很快扭亏为盈；有些企业尽管拥有较为先进的设备和技术，却没有发挥其应有的作用；而有些企业尽管物质技术条件较差，却能够凭借科学的管理，充分发挥其潜力，反而能更胜一筹，从而在激烈的市场竞争中取得优势。通过有效的管理，可以放大组织系统的整体功能。因为有效的管理，会使组织系统的整体功能大于组织因素各自功能的简单相加之和，起到放大组织系统的整体功能。在相同的物质条件和技术条件下，由于管理水平的不同而产生的效益、效率或速度的差别，这就是管理所产生的作用。科学的管理方式和科学技术同样是生产力发展的重要推手。

四、管理的职能

(一) 管理职能的概念

所谓管理职能，是指管理者在管理过程中的各种基本活动及其功能。

在管理活动和管理学研究发展的不同阶段，人们对于管理基本职能的确定和划分也有不同的看法。最早系统并明确分析管理职能的是法国工业家亨利·法约尔。20 世纪初期，他提出,所有的管理者都履行五种管理职能:计划、组织、指挥、协调、控制,即人们通常所说的五职能说,为后人的研究奠定了基础。之后,又出现了三职能派、四职能派或七职能派等。目前,一般的管理学教科书都按照管理职能来组织内容。本书采用现在普遍认可的四职能论,将管理的职能划分为计划、组织、领导和控制。

(二) 管理的基本职能

1. 计划职能

计划是对未来活动如何进行的预先筹划。计划意味着为未来的组织业绩界定目标和决定为实现上述目标所需完成的任务和运用的资源。从事一项活动之前,首先要制订计划。“凡事预则立,不预则废”,讲的就是计划工作的重要性。

计划职能的特点有:预先性,即预先确定和筹划管理目标及其实现方案;预测性,即对管理目标和各分支目标、实现目标的条件和资源、实现目标的途径和方式的预先测算和估算;评价性,即对所确定的目标和行动方案的评价和比较分析;选择性,即在不同的目标和可能方案之间进行选择;调整性,即随着管理实践的展开和进行,根据管理条件和环境的变化以及行动后果,对原有计划进行调整。

2. 组织职能

计划要能够实现,还必须靠组织职能来落实到每个环节和岗位。组织职能是管理者按照组织的特点和原则,通过组织设计,构建有效的组织结构,合理配置各种管理资源并使之有效运行,以实现管理目标的活动。在管理学上,组织是按照一定的目的和程序组成的一种权责结构。组织工作是在组织中进行部门划分、权力分配和协调的过程,具体包括组织结构的设计、组织关系的确立、组织中人员的配置以及组织变革等,其目的是设计出合理的组织结构,进而配备相应的人员,分工授权以协调工作。

组织职能是一个动态的过程。也就是说,对于管理者来说,组织职能不是一劳永逸的活动。随着管理条件和环境的变化,组织结构和规则制度等必须相应地进行变革和调整,因此管理者必须承担组织变革甚至再组织的职能。

3. 领导职能

领导是一种人际间试图影响他人以便实现目标的过程,即一个人通过对其他人施加影响并对他们的活动进行鼓动、激励和指导,帮助实现群体或组织目标的社会影响过程。领导职能就是管理者按照管理目标和任务,运用法定的管理权力,主导和影响被管理者,使之为了管理目标的实现而贡献力量和积极行动的活动。领导工作包括三个必要的要素,即领导者、被领导者和环境。领导工作体现为对人的管理,也就是研究和协调人与人之间的关系。领导工作的职能主要包括激励和管理沟通。

如果说计划和组织为管理者准备了活动的平台,那么领导就是管理者的主要管理操作活动。同时,由于领导主要是管理者运用法定权力对被管理者实施影响,这就决定了领导职能的基本内容包括激励、沟通、协调、奖励、处罚、示范等。提供科学的领导正日益成为十分重要的管理职能。

4. 控制职能

控制是管理者按照组织目标和计划的要求，对组织和社会的运行状况进行检查、监督和调节的活动。它意味着对员工的活动进行监督，判定组织是否正朝着既定的目标健康地向前发展，并在必要的时候及时采取矫正措施。管理者必须确保组织正在逐渐实现目标。目前，倾向于授权和强调员工信任的趋势已经促使许多企业不再重视自上而下的控制，而是更重视训练员工进行监督和自我矫正能力的培养。

作为对管理运行情况的检测和调整，控制职能与计划职能有密切的联系。首先，人们常常把控制看作特定阶段管理过程的起点和终点，因此，控制具有特定的标准性，而这种标准性常常与计划和目标在本质上具有一致性。其次，控制具有事后反馈性的特点。控制往往是通过对前一时期管理状况的回顾和有关信息的反馈来校正和调整管理运行过程和方向。最后，控制是发现问题、分析问题和解决问题的过程。控制的目的是为了保证管理按照既定计划和目标运行，而这一目的是在发现、分析和解决问题中实现的。控制按过程分为事前控制、事中控制和事后控制。

各项管理职能都有自己独有的表现形式。例如，计划职能通过方案和计划制订与实施的形式表现出来，组织职能通过组织结构设计和人员配备表现出来，领导职能通过领导者和被领导者的关系表现出来，控制职能通过对计划执行情况的信息、反馈和纠正措施表现出来。

（三）管理职能的相互关系

计划、组织、领导和控制是最基本的管理职能，它们分别重点回答了一个组织要做什么、怎么做、靠什么做、如何做得更好以及做得怎么样等基本问题。

没有计划便无法控制，没有控制也就无法积累制订计划的经验。人们往往在进行控制工作的同时，又需要编制新的计划或对原计划进行修改。同样，没有组织架构，便无法实施领导。而在实施领导的过程中，又可能反过来对组织进行调整。管理过程是一个各职能活动周而复始的循环过程，而且在大循环中套着小循环。

从管理职能在时间上的关系来看，它们通常按照一定的先后顺序发生，即先计划，继而组织，然后领导，最后控制。对于一个新创建的企业往往更是如此。然而，这种前后工作逻辑在实践中并不是绝对的，没有哪个管理者是周一制订计划、周二开展组织工作、周三实施领导工作、周四采取控制活动。这些管理职能往往是相互融合同时进行。

它们的关系归纳起来可以概括为以下四点：

(1) 四大职能相互联系、相互制约、交叉渗透，不可偏废。

(2) 计划是管理的首要职能，是组织、领导、控制职能的依据。

(3) 组织、领导、控制职能是有效管理的重要手段，是计划及其目标得以实现的保障。

(4) 每一项管理工作一般都是从计划开始，经过组织、领导到控制结束。可能又导致产生新的计划，开始新一轮的管理循环。管理过程及管理职能的相互关系如图 1－2 所示。

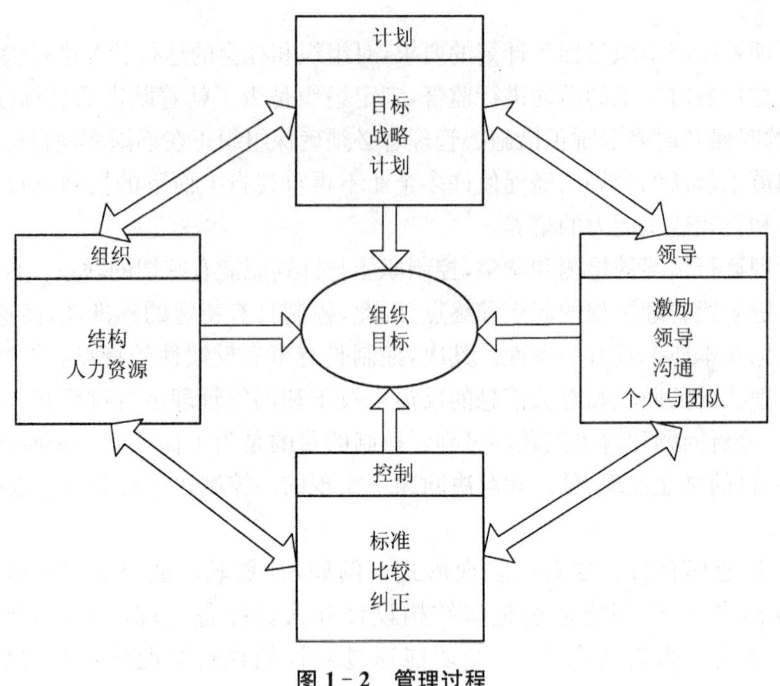

图 1-2 管理过程

五、管理的性质

(一) 管理的二重性

管理的二重性是指管理同时具有自然属性和社会属性两个方面。一方面,管理是由许多人进行协作劳动而产生的,是有效组织共同劳动所必需的,具有同生产力和社会化大生产相联系的自然属性;另一方面,管理又体现着生产资料所有者指挥劳动、监督劳动的意志,因此,它又有同生产关系和社会制度相联系的社会属性。

1. 管理的自然属性

关于管理的自然属性可以从以下三个方面理解。

首先,管理是人类社会活动的客观要求。人类的任何社会活动,都需要组织协调。如果没有这种组织协调,生产要素就难以优化组合,各项活动经济就不能正常进行,社会劳动过程就会发生中断和混乱,社会文明就难以继续,社会进步就无从谈起。

其次,管理是一种特殊职能,是社会分工的产物。随着人类社会进步和经济发展,管理作为一种专门职业从整个社会分工中分化出来,经济越发达,专门管理人员的作用就显得越重要。

最后,管理就是生产力。一个组织、一个地区、一个国家,其生产力的发达程度不但取决于其各种资源的质量和数量,更取决于其组合程度和有效利用程度,取决于人力资源的开发利用。这些都依赖于管理。

管理所具有的以上三方面的性质,都是不以人们的意志为转移的,也不以社会制度和意识形态的不同而有所改变。它是一种客观存在,所以称为管理的自然属性。

2. 管理的社会属性

管理是为了达到预期目的所进行的具有特殊职能的活动。谁的预期目标、什么样的预期目标，实质上就是“为谁管理”的问题。在人类漫长的历史中，管理从来就是为统治阶级以及生产资料的占有者服务的。管理是一定社会生产关系的反映。国家的管理、企业的管理，以至于各种社会组织的管理概莫能外。

3. 管理二重性的现实意义

(1) 管理的二重性理论体现着生产力和生产关系的辩证统一关系。这对我国的管理理论和实践的发展有重要的指导意义。因此，应认真总结我国古代历史以及新中国成立60多年来管理的经验教训，遵循管理的自然属性的要求，并在充分体现社会主义生产关系的基础上分析和研究我国的管理问题，从而建立具有我国社会主义特色的管理科学体系。

(2) 学习和掌握管理的二重性理论，明确西方的管理理论、技术和方法是人类长期从事生产实践的产物，是人类智慧的结晶。它同生产力的发展一样，具有连续性，是不分国界的。这使我们对资本主义的管理理论、技术和方法有了正确评价。因此，我们要在继承和发展我国过去科学的管理经验和管理理论的同时，注意学习、引进国外先进的管理理论、技术和方法，使其适应我国的情况，成为我国管理科学体系的有机组成部分。

(3) 由于管理总是在一定生产关系下进行的，体现着一定的统治阶级的意志。因此，我们要科学地鉴别管理的社会属性，我们的管理理论和实践不能简单地照抄西方的一切，而要有鉴别、有选择地取我所需，走自己的道路。

(4) 任何一种管理理论、技术和方法的出现总是同一定的生产力水平相适应的。因此在学习和运用某些管理理论、原理、技术和手段时，必须结合本部门、本单位的实际情况，因地制宜，这样才能取得预期的效果。

（二）管理的科学性和艺术性

1. 管理的科学性

管理作为一个活动过程，其间存在着一系列基本客观规律。人们经过无数次的失败和成功，通过从实践中收集、归纳、检测数据，提出假设，验证假设，从中抽象总结出一系列反映管理活动过程中客观规律的管理理论和一般方法。人们利用这些理论和方法来指导自己的管理实践，又以管理活动的结果来衡量管理过程中所使用的理论和方法是否正确、行之有效，从而使管理的科学理论和方法在实践中得到不断的验证和丰富。

2. 管理的艺术性

管理的艺术性就是强调其实践性，没有实践就无所谓艺术。就是说，仅凭停留在书本上的管理理论，或背诵原理和公式来进行管理活动是不能保证其成功的。主管人员必须在管理实践中发挥积极性、主动性和创造性，因地制宜地将管理知识与具体管理活动相结合，才能实行有效的管理。管理的艺术性就是强调管理活动除了要掌握一定的理论和方法外，还要有灵活运用这些知识和技能的技巧。

3. 管理的科学性与艺术性之间的关系

科学的基本特征是确定性，即使是概率统计和模糊数学，其分布函数也必须是确定的，而艺术的基本特征是不确定性和多样化。那些将管理视为科学的学者觉得组织与管理问题的解决需要知识、科学方法与技术的应用，而并非依赖于直觉。相反，认为管理是艺术的学者认为管理的技能仅仅是通过实践获得的,正如其他艺术一样,掌握管理技能需要实践,实践为解决各种组织和管理问题提供了直接的知识和经验,只有通过经验与实践,人们才能获得这些管理知识。

正确的观点是将管理既视为科学,又视为艺术。管理学就是一门科学与艺术相结合的学科。从管理的科学性和艺术性来看,在开展管理活动时首先要遵循管理活动的一般客观规律,根据一定的管理原则和标准的管理模式去办事,但对于特殊具体的管理问题又应当具有一定的灵活性和创造性。管理活动必须遵循一定的标准,但又不能完全拘泥于标准。在当代,既注重管理基本理论的学习,又不忽视在实践中因地制宜地灵活运用,是每一个管理者走向卓越的重要保证。

第二节 管理者

一、管理者的定义与分类

(一) 管理者的定义

管理者是指在组织中从事管理活动,指挥他人完成具体任务的人,即在组织中担负对他人的工作进行计划、组织、指挥、协调和控制等工作的人。

管理者是管理行为过程的主体,一般由拥有相应的权力和责任、具有一定管理能力、从事管理活动的人或人群组成。管理者及其管理技能在组织管理活动中起决定性作用。管理者通过协调和监视其他人的工作来完成组织活动中的目标。

对于组织的工作,一般可以划分为作业工作和管理工作,相应地将组织的成员分成两种类型:操作者和管理者。操作者是直接从事某项工作或任务,不具有监督其他人工作的职责的组织成员,如汽车装配线上的装配工人、麦当劳店中烹制汉堡包的厨师等。管理者则是指挥别人活动的人。管理者首要的主要的工作是做好管理工作,而不是做一般性工作。他们也可能担任某些作业职责,比如大学系主任同时承担一线教学任务或某些具体的业务职责。

(二) 管理者的分类

管理者可以用多种方法进行分类。常见的分类方法主要有以下两种。

1. 按照不同层次划分的管理者

组织的管理人员按其所处的管理层次区分为高层管理者、中层管理者和基层管理者。同时,整个组织层次还包括操作者一层。

(1) 高层管理者:通常指对整个组织或组织活动的某一个方面负全面责任的管理人员,主要负责制定组织的总目标、总战略,掌握组织的大政方针,评价组织的绩效。在管理活动中,高层管理者掌握着最高的制度权力。在组织与外界交往的过程中,高层的管理者往往是组织的代表。

(2) 中层管理者:通常指处于高层与基层管理者之间的管理人员。在具体组织中,中层管理人员可能只有一个层次,也可能有几个层次。他们的主要职责是:贯彻执行高层管理人员所制定的重大决策，给所管辖的基层管理人员分派任务，并监督和协调基层管理人员完成他们的工作。中层管理者在组织的管理活动中常常起着承上启下的作用。

（3）基层管理者：基层管理者又称为一线管理者，即处于组织中最低层次的管理者。这些管理者所管辖的仅仅是生产人员，不涉及其他的管理者，主要职责是给非管理人员分派具体的工作，并直接指挥、监督现场的生产活动，保证各项生产活动有效地完成。基层管理者遍布在组织的各个部门，如汽车厂生产车间某工作小组的主管人员、医院某科室的护士长。

作为管理者，不论他在组织中的哪一层次上承担管理职责，其工作的过程都包括计划、组织、领导和控制几个方面。不同层次管理者工作上的差别，不是职能本身不同，而是各项管理职能履行的程度和重点不同。

所有的管理者，无论他处在哪一个层次，都要制定决策，履行计划、组织、领导和控制职能。但是，基层管理者花在领导职能上的时间较多；中层管理者各项职能均居中；而最高管理者要考虑整个组织设计，他们花在计划和组织工作上的时间就要多一些。图 1－3 近似说明了不同层次的管理者在不同管理职能上花费的时间比例。

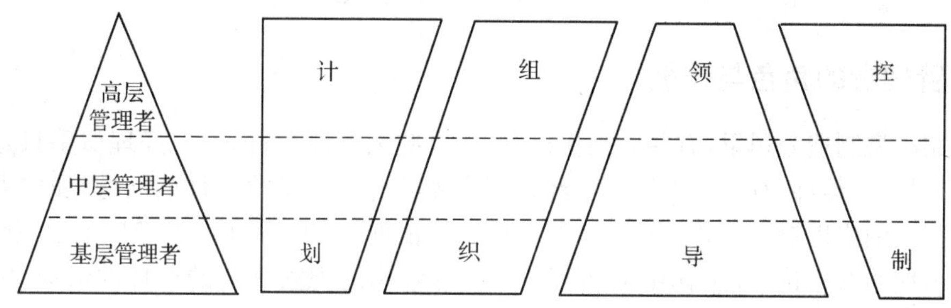

图 1－3　管理者的层次分类与管理职能

2. 按照不同职能划分的管理者

不论属于哪个层次，管理者们总是在组织内不同的职能部门工作。在一个具体的工商企业组织中，管理的职能部门通常包括营销、财务、生产、人力资源、行政管理及其他类型的管理人员。

（1）市场营销管理者，其主要职责与营销职能有关，即把组织生产或提供的产品与服务送到消费者和用户手中。

（2）财务管理者，负责安排组织的财务资源，其职责是做好资金筹措、财务计划、资金管理及经济核算工作。

（3）生产管理者，其主要职责是建立一个能为组织制造产品和提供服务的系统。

（4）人力资源管理者，主要负责人力资源规划，员工的招聘与选拔、培训和发展，设计薪酬和福利体制，制定绩效评估制度，以及解雇表现不好或有问题的员工等。

（5）行政管理者，主要负责行政、总务、后勤服务等多项工作。

（6）其他类型管理者。例如：公共关系管理者负责处理与外界之间的关系，以提升企业形象；科技管理者负责技术革新、技术改造及新产品开发工作等。

图 1－4 显示了由于层级和职能不同所造成的同一组织内部管理者的差异。

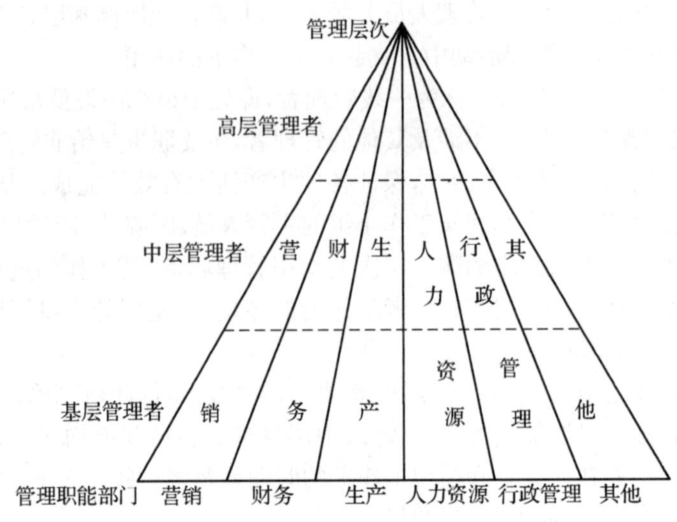

图 1-4 不同职能的管理者

二、管理者的角色与技能

在一家小型制造公司里,有些人操作机器,还有些人打印信件,而总经理似乎只是坐在办公室里,有时签发信件,有时与人谈话。经理到底做些什么?带着这样的问题,加拿大管理学家亨利·明茨伯格以对5位总经理的工作的研究为依据,于1968年在麻省理工学院斯隆管理学院完成了他的博士论文《工作中的经理——由有结构的观察确定的经理的活动、角色和程序》。在其博士论文的基础上,《经理工作的性质》一书于1973年出版,这本书成为经理角色学派的代表作。

亨利·明茨伯格认为,一个人的性格能够影响他如何扮演角色,但不会影响他所演的内容。因此,演员、经理和其他人担任的角色虽然是事先规定好的,但个人可能以不同的方式来解释这些角色。可见,这里的管理者角色是一个特定的管理行为范畴,是属于一定职责或地位的一套有条理的行为。明茨伯格的实证研究结论为:管理者扮演着10种不同的却是高度相关的角色。

(一) 管理者角色

明茨伯格提出的管理者的10种角色可进一步组合为三大类,即管理者要扮演人际关系、信息传递和决策制定三大角色,见表1-1。

表1-1 明茨伯格的管理者角色理论

角色	描　述	特征活动
人际关系方面		
1. 挂名首脑	象征性的首脑,必须履行许多法律性或社会性的例行义务	迎接来访者,签署法律文件
2. 领导者	负责激励和动员下属,负责人员配备、培训和交往的职责	实际上从事所有的有下级参与的活动

续表

角色	描　述	特征活动
3. 联络者	维护自行发展起来的外部接触和联系网络，向人们提供恩惠和信息	发感谢信，从事外部委员会工作，从事其他有外部人员参加的活动
信息传递方面		
4. 监听者	寻求和获取各种特定的信息(其中许多是即时的)，以便透彻地了解组织与环境	阅读期刊和报告，保持私人接触作为组织内部和外部信息的神经中枢
5. 传播者	将从外部人员和下级那里获得的信息传递给组织的其他成员——有些是关于事实的信息，有些是解释和综合组织的有影响的人物的各种价值观点	举行信息交流会，用打电话的方式传达信息
6. 发言人	向外界发布有关组织的计划、政策、行动结果等信息；作为组织所在产业方面的专家	举行董事会，向媒体发布信息
决策制定方面		
7. 企业家	寻求组织和环境中的机会，制订“改进方案”以发起变革，监督这些方案的策划	制定战略，检查会议决策执行情况，开发新项目
8. 混乱驾驭者	当组织面临重大的、意外的动乱时，负责采取补救行动	制定战略，检查陷入混乱和危机的时期
9. 资源分配者	负责分配组织的各种资源——事实上是批准所有重要的组织决策	调度、询问、授权，从事涉及预算的各种活动和安排下级的工作
10. 谈判者	在主要的谈判中作为组织的代表	参与工会，进行合同谈判

【走进管理】

去过寺庙的人都知道，一进庙门，首先是弥勒佛，笑脸迎客，而在他的背面，则是黑口黑脸的韦陀。但相传在很久以前，他们并不在同一个庙里，而是分别掌管不同的庙。

弥勒佛热情快乐，所以来参拜的人非常多，但他什么都不在乎，丢三落四，没有好好地管理账务，所以常常入不敷出。而韦陀虽然管账是一把好手，但成天阴着个脸，太过严肃。参拜的人越来越少，最后香火断绝。

佛祖在查香火的时候发现了这个问题，就将他们俩放在同一个庙里，由弥勒佛负责公关，笑迎八方客，于是香火大旺。而韦陀铁面无私，锱铢必较，则让他负责财务，严格把关。在两人的分工合作下，庙里一派欣欣向荣的景象。

【管理启示】

在用人大师的眼里，没有庸人。正如武功高手，不需名贵宝剑，飞花摘叶即可伤人，关键看如何运用。

（二）管理者的技能

管理人员的分类虽然很多，工作也各不相同，但是，他们所能发挥的作用大小，即他们能否开展行之有效的管理工作，在很大程度上取决于他们是否真正具备了所需的相应管理技能。

所谓管理技能,是指从事管理工作的人必须具备的素质和才能。通常,作为一名合格的管理人员应该具备技术技能、人际技能、概念技能三大管理技能。

1. 技术技能

技术技能是运用某一特定领域的工艺、技术和知识的能力。例如,注册会计师、工程监理、外科医生、教师等都掌握有相应领域的技术技能。在公司里,产品加工技能、会计核算技能、营销技能等也是如此。

技术技能可以通过教育、培训和学习等途径来获得和掌握,专业知识掌握得越多,技术能力和水平一般也越高。一个有效的管理者可以不是专家,但必须转换为管理者。

2. 人际技能

人际技能也称为人事技能,是指处理与人相关工作的技能,包括理解、激励他人并与他人共事的能力。因为管理活动最重要的是对人的管理,而对人的管理的每一项活动都要处理人与人之间的关系。人际技能不仅要求管理人员能创造一种使上级信任、下级感到安全并能自由发表意见的氛围,而且能充分理解各种人员的意图和困境,并激发他们的工作热情。各层次的管理者都必须在与上下级及同级进行有效沟通的基础上相互合作,共同完成组织的目标,因此人际技能对于高、中、低层管理者有效地开展管理工作是非常重要的。

与技术技能不同的是,决定一个人人际技能高低的因素不仅仅是他掌握的书本知识,更重要的是个人的性格。从这一意义上,一个人能否成为成功的管理者,其先天性格是重要的影响因素。这一点给我们的启示是:管理工作对性格的特殊要求,使我们在进行管理者的分工和确定管理集体结构时,应该予以考虑以提高管理者的管理效率。

3. 概念技能

概念技能是指综观全局、洞察组织与环境相互影响的能力,也称为思维技能。具体地说,概念技能包括根据组织内外环境的外在表现,找出各因素之间的相互关联,确定关键影响因素的能力,以及权衡不同决策方案的优劣和风险的能力等。概念技能不仅要求管理者具有良好的知识基础,还与管理者的经验、阅历、生活环境和胆略等多种因素有关,它所需要的基础相当广泛,是一个管理者综合素质的体现。拥有概念能力的管理者,把组织当作一个整体,能总揽全局,判断出重要因素并了解这些因素之间的关系,以此做出正确决策,引导组织的发展方向。

优秀的管理者应能看到组织的全貌和整体,不能“只见树木,不见森林”,要能认清各种因素之间的相互联系。概念能力与一个人的知识、经验和胆略有关,它所需要的知识基础相当广泛,而不仅仅限于专业知识。例如:张瑞敏当年在海尔大抓质量,曾面对全厂工人一次砸掉在当时可以卖出去的 76 台不合格冰箱,这种胆略和魄力被认为是高水平的洞察与应变能力的表现。然而,概念能力的提高是一个渐进的、缓慢的、潜移默化的过程,概念能力缺乏也被认为是制约我国企业管理水平提高的重要因素。

4. 各类管理者的不同技能要求

法约尔和罗伯特・李・卡兹提出了上述的管理技能,但他们认为这些技能的相对重要性主要取决于管理者在组织中所处的层次,如图 1 - 5 所示。

(1) 技术技能对于低层管理者最为重要。

(2) 人际交往能力对于各个层次的管理者都很重要,但它是中层管理者所必需的主要技能,他们指挥下属员工的技能比他们自己对技术的精通要重要得多。

(3) 洞察与应变能力的重要性则随着一个人在管理系统中层次的上升而逐渐增加,因为在组织中所处的层次越高，对全局、关键领域及组织所处的发展时期的理解就越重要，管理人员也就必须对组织的全景有更清楚的把握。

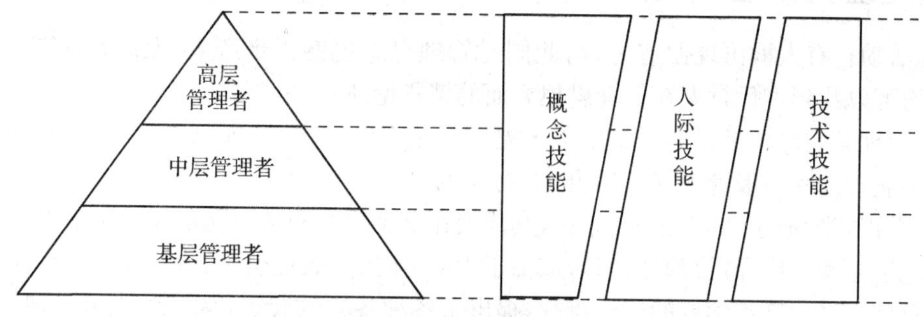

图1－5　各种层次管理所需要的管理技能比例

第三节　管理学的研究对象与研究方法

一、管理学的概念

（一）管理学的定义

管理学是一门系统地研究管理过程的普遍规律、基本原理和一般方法的学科，是社会化大生产条件下、在自然科学与社会科学日益发展的基础上形成的。20世纪以来，管理学得到了越来越深入的发展，并得到人们的普遍重视。由于管理领域的不同，因而人们研究管理内容的侧重点也各不相同，在此基础上形成了许许多多专门的管理学科，如国民经济管理、企业管理、工商行政管理、农业管理、旅游管理、教育管理、医院管理、军队管理等。但是，越来越多的人已经或正在认识到，虽然各个领域、各类组织的管理活动各有其特殊性，但在这些特殊的管理活动中却都蕴含着管理活动的一些共性的东西，即在社会的任何领域或组织中，管理活动都是按照一定的规律进行的，而且这些规律不会因组织的性质或类别的不同而不同。

因此，从社会普遍存在的管理活动中概括总结出来的基本规律（其中包括一般的原理、理论、方法和技术），就构成了一般管理学的内容。之所以称之为一般，就是因为管理学，尤其是管理学的原理，对各类、各种不同的组织都是适用的，而不是局限于某一特定的组织，所以说管理学是各门具体的管理学科的共同基础。管理学的内容适用于各类社会组织，不过由于在工商企业中比在其他组织中发展得更为充分、完备和系统，所以在学科内容上仍比较侧重工商企业。

（二）管理学的性质

管理学是在自然科学和社会科学两大领域的交叉点上建立起来的一门综合性交叉学科，涉及数学（概率论、统计学、运筹学等）、社会科学（政治学、经济学、社会学、心理学、人类学、生理学、伦理学、哲学、法学等）、技术科学（计算机科学，工业技术等）、新兴科学（系统论、信息科学、控制论、耗散结构论、协同论，突变论等），以及领导学、决策科学、未来学、预测学、创造学、战略学、科学学等。

(三) 管理学的产生与发展

管理活动自有人群出现便有之,与此同时管理思想也就逐步产生,无论是在东方还是西方,我们均可以找到古代哲人在管理思想方面的精彩论述。

现代管理学的诞生是以弗雷德里克·温斯洛·泰勒《科学管理原理》(1911 年)和法约尔的名著《工业管理和一般管理》(1916 年)为标志的。

管理学正式形成于 20 世纪 50 年代,其代表作是美国管理学家孔茨和奥唐奈于 1955 年出版的《管理学原理》(或译《管理原则》),该书于 1976 年第六版更名为《管理学》。20 世纪 60 年代以来,管理学受到管理学界的广泛重视,提出了各种各样的观点,从而形成了各种管理理论学派。

二、管理学的研究对象

管理学的研究对象是管理工作的客观规律,即如何遵循客观规律的要求来建立一定的理论、原则、组织形式、方法和制度,指导管理实践,实现预期目标。管理学是一门运用现代社会科学、自然科学和技术科学的理论和方法,研究现代社会条件下管理活动的基本规律和一般方法的综合性学科。它是管理实践在理论方面的概括和反映、是人类长期从事管理实践的经验的科学总结。它来源于管理实践,接受管理实践的检验,反过来又指导管理实践。

管理学的研究对一般有广义和狭义之分。

(一) 广义研究对象

广义的管理学的研究对象包括生产力、生产关系和上层建筑三方面。

(1) 主要研究生产力的合理组织问题,即研究如何根据组织目标合理配置组织中的各项资源,获得最佳的经济、社会效益的问题。

(2) 主要研究如何正确处理国家与企业之间,国家与部门、地区之间,各个部门之间,各个地区之间,各部门、各地区与企业之间,以及各个企业之间和企业内部的经济关系、协作关系和分配关系,建立和完善管理体制,为实现组织目标服务。

(3) 主要研究:① 如何使组织内部环境和外部环境相适应的问题;② 如何结合本部门实际贯彻执行国家政策、法令、法规,健全规章制度等;③ 如何使组织的各项规章制度、劳动纪律与社会的政治、经济、道德等上层建筑保持一致的问题,从而维护正常的生产关系,促进生产力的发展。

上述三个方面是紧密结合、不可分割的。例如合理组织生产力,既是生产力问题,又涉及生产关系问题。因此,在研究管理学的广义对象时必须对上述三个方面同时进行研究,不可忽略某一方面。

(二) 狭义研究对象

狭义的管理学的研究对象包括管理原理、管理职能、管理方法、管理者和管理历史等。

(1) 管理原理。现代管理学首先研究管理的基本规律,即研究适用于一切社会形态的基本规律,诸如管理的对象、过程、核心、目的、原则和内容等。

(2) 管理职能。管理职能既体现管理的基本任务,又反映了管理的全过程,而且管理的原理、原则都是通过管理的职能发挥作用的。

(3) 管理方法。管理功能的执行和完成,是靠管理方法、技术和手段来实现的。因此,对它们的研究是现代管理学中引人注目的领域。

(4) 管理者。管理者是管理的主体,是能否实施有效管理的关键。所以,管理者个体素质、管理者群体优化结构,以及它们之间的关系,是管理学的重要课题。

(5) 管理历史。现代管理学要研究管理的发展历史,以便更好地发展现代管理理论和方法。

三、管理学的研究方法

管理学研究方法是研究主体认识管理这一研究对象本质和规律所采用的思路与程序,是研究主体把握管理这一研究对象的途径、方法、手段和工具的总和,所要解决的是"怎样才能正确认识管理"这个问题。管理学的研究方法包括管理学研究的一般方法和具体方法。

(一) 管理学研究的一般方法

管理学研究的一般方法,是指研究主体在研究管理时所运用的最一般的思维原理和分析方法。常见的管理学研究一般方法主要有以下几种。

1. 个案研究法

个案研究法就是对单一的研究对象进行深入而具体研究的方法。个案研究的对象可以是个人,也可以是个别团体或机构。前者如对一个或少数几个优生或差生进行个案分析,后者如对某先进班级或学校进行个案研究。个案研究一般对研究对象的一些典型特征作全面、深入的考察和分析,也就是所谓"解剖麻雀"的方法。

2. 定量分析法

近年来,数学方法在管理学研究中越来越活跃,主要运用于建立模型和进行定量分析,常用的包括统计学、组合数学、数学规划、离散数学等。所谓定量分析,就是用数学的语言(数学表达式、图、表等)和数据(数字、符号、图片等)描述所研究对象系统的状态,并分析其变化发展规律的研究活动或内容。尽管一些人指出单纯的数学模型并不能完全解决现实的复杂的管理问题,更不能完全替代人的管理,但是以管理科学学派为代表,以数学为基础的定量研究方法正在管理领域的因素量化、建立模型和定量分析方面展开研究,特别在电子计算机及网络技术的推动下,数学研究方法正在深入渗透管理科学研究领域。

3. 实验研究法

实验研究法是一种能够让管理研究者探索因果关系的观察法,一般在一定控制条件下的实验室里进行,但也可以用于研究现实世界中的管理事件的效应。实验法适合于范围限定明确的概念和假设。其主要缺点在于:实验中发生的事情未必会在现实世界中发生。"霍桑实验"就是运用实验法进行管理学研究的典范之一。

4. 比较分析法

比较分析法就是将管理中的两个或两个以上的相近对象按照同一标准进行对比研究,分析其共性与区别,研究其存在变化的共同条件以及不同特点,然后根据这一结论来推测管理中另一类比事物的性质、特点与发展趋势的一种分析方法。

(二) 管理学研究的具体方法

管理学研究的具体方法是指与管理学的学科特点和研究对象紧密相连的研究方法,主要包括管理哲学分析方法、博弈论分析方法、计量经济学分析方法、成本收益分析方法、结构主义分析方法和系统动力学分析方法等。

1. 管理哲学分析方法

管理哲学分析方法主要是移植哲学方法中的价值分析法,其运用价值判断来评价管理现象,以社会对管理的需求为出发点,研究管理怎样满足人的需要,探索管理的价值。

2. 博弈论分析方法

博弈论分析方法就是运用博弈论来研究管理学问题的一种方法。

3. 计量经济学分析方法

计量经济学分析方法是指通过从实际管理领域获取各种管理变量的数据,利用统计分析方法归纳各种管理变量间可能的数量关系的一种分析方法。

4. 成本收益分析方法

成本收益分析方法是指通过建立管理中的成本收益模型,研究管理系统各要素之间投入与产出的相互依存关系的数理分析方法。

5. 结构主义分析方法

结构主义分析方法认为,系统的行为是由系统的结构所决定的,因而在管理学研究中强调部门间的关系结构及部门内各管理主体相互作用的关系结构,并以此为基础研究管理主体的整体行为。

6. 系统动力学分析方法

系统动力学(System Dynamics,SD)创始人为美国麻省理工学院(MIT)的福瑞斯特(J. W. Forrester)教授,系为分析生产管理及库存管理等企业问题而提出的系统仿真方法。它对问题的理解基于系统行为与内在机制间的相互紧密的依赖关系,并且透过教学模型的建立与操弄的过程而获得。

第四节 管理理论的形成与发展

一、早期管理理论

中国早期的管理思想,分为宏观管理的治国学和微观管理的治生学。

治国学适应中央集权的封建国家的需要,包括财政赋税管理、人口土地管理、市场管理、货币管理、漕运驿递管理和国家行政管理等方面。

治生学则是在生产发展和经济运行的基础上通过官、民的实践逐步积累起来,包括农副业、手工业、运输、建筑工程、市场经营等方面的学问。这两方面的学问极其浩瀚,作为管理的指导思想和主要原则,可以概括出如下要点。

(一) 顺道

中国历史上的"道"有多种含义,属于主观范畴的"道",是指治国的理论,属于客观范畴的

“道”，是指客观经济规律，又称为“则”“常”。这里用的是后一含义，指管理要顺应客观规律。管子认为自然界和社会都有自身的运动规律，“天不变其常，地不易其则，春秋冬夏，不更其节”。(《管子·形势》)

司马迁把社会经济活动视为由各个个人为了满足自身的欲望而进行的自然过程，在社会间的变化，也是受客观规律自然检验的。对于社会自发的经济活动，他认为国家应顺其自然，少加干预，“故善者因之”，顺应客观规律，符合其“道”，乃治国之善政。

（二）重人

“重人”是中国传统管理的一大要点，包括两个方面：一是重人心向背，二是重人才归离。要夺取天下，治好国家，办成事业，人是第一位的，故我国历来讲究得人之道、用人之道。

（三）人和

人和中的“和”就是调整人际关系，讲团结，上下和，左右和。对治国来说，和能兴邦；对治生来说，和气生财。故我国历来把天时、地利、人和当作事业成功的三要素。战国时赵国将相和的故事，妇孺皆知，被传颂为从大局出发讲团结的典范。

（四）守信

治国要守信，办企业要把诚信放在第一位。办一切事业都要守信。信誉是人类社会人们之间建立稳定关系的基础，是国家兴业成功的保证。

明代徽商唐祁，其父曾借某人钱，对方借据丢失，唐祁照付父债，后来有人捡得借据，向唐祁讨债，他又照付。别人嘲笑他傻，他说：“前者实有是事，而后者则真也。”(《安徽通志》196卷)徽州另有一商人翁生，经商“巧而不贱”，取得社会的信任，“人莫不以为诚而任之”，“虽不矜于利，而贾大进，家用益富”(《王遵岩文集·黄梅原传》)，可见守信是进财之道。

（五）利器

生产要有工具，打仗要有兵器，中国历来有利器的传统。孔子说：“工欲善其事，必先利其器。”(〈论语·卫灵公〉)(《吕氏春秋·任地》)说，使用利器可达到“其用日半，其功可使倍”的效果。可见，“利器说”贯乎古今，成为兴邦立业的重要思想。

（六）求实

实事求是，办事从实际出发，是思想方法和行为的准则。儒家提出“守正”原则，看问题不要偏激，办事不要过头，也不要不及。“过犹不及”，过了头超越客观形势，犯冒进错误；不及于形势又会错过时机，流于保守。两种偏向都会坏事，应该防止。

（七）对策

我国有一句名言：“运筹帷幄之中，决胜千里之外。”说明在治军、治国、治生等一切竞争和对抗的活动中，都必须统筹谋划，正确研究对策，以智取胜。研究对策有两个要点：一是预测，二是运筹。

中国古代有许多系统运筹成功的实例。战国时期，田忌和齐王赛马屡败，后来他按照谋士的筹划,按马力的强弱,以己之下马对彼之上马,己之上马对彼之中马,己之中马对彼之下马,结果二胜一负,转败为胜。

(八) 节俭

我国理财和治生,历来提倡开源节流,崇俭抽奢,勤俭建国,勤俭持家。节用思想源于孔子和墨子。纵观历史,凡国用有度,为政清廉,不伤财害民,则国泰民安。反之,凡国用无度,荒淫奢费,横征暴敛,必滋生贪官污吏,戕害民生,招致天下大乱。这是中国国家管理历史所提供的一条真理。

(九) 法治

我国的法治思想起源于先秦法家和《管子》,后来逐渐演变成一整套法制体系。韩非主张法应有公开性和平等性,即实行"明法""一法"原则。"明法",就是"著之于版图,布之于百生,"使全国皆知。"一法",即人人都得守法,"刑过不避大臣,赏善不遗匹夫",各级政府官员不能游离法外,"能走私曲就公法者,民安而国治"(《韩非子·有度》)。

(十) 西方早期的管理思想

产业革命前后到19世纪是西方管理思想发展中的一个重要时期,资本主义社会的初步形成和产业革命的顺利进行,对管理提出了新的要求。这一时期虽然没有形成完整的管理理论,但许多著名的经济学家、思想家、工程学者对管理思想进行了积极的探索,构成了管理理论的前奏文化和思想源头,为管理理论的诞生奠定了直接现实基础。这方面的人物很多,其中贡献较大的有以下几位。

1. 亚当·斯密(Adam Smith,1723—1790)的劳动分工观点和经济人观点

最早对经济管理思想进行系统论述的学者,首推英国经济学家、古典经济学之父亚当·斯密。1723年亚当·斯密出生于苏格兰一个小镇。17岁获得奖学金,进入牛津大学,毕业后回到故乡。25岁斯密开始在爱丁堡大学担任讲师,主讲英国文学。他在1776年问世的《国民财富的性质和原因的研究》一书中,不仅对经济和政治理论做出了卓有成效的论述,而且对管理问题进行了探讨。其管理思想主要是关于劳动组织的分工理论和"经济人"的观点。

2. 罗伯特·欧文(Robert Owen,1771—1858)的空想社会主义

罗伯特·欧文,英国企业家、慈善家,19世纪初最有成就的实业家之一,曾被马克思称为"空想社会主义者"。从1800年开始,他在苏格兰新纳拉克经营的一家纺织厂里进行了一项前所未有的新试验,推行了许多改革办法。他改善了工厂的工作条件:把长达十几个小时的劳动日缩短为十个半小时;严禁未满九岁的儿童参加劳动;提高工资;免费供应膳食;建设工人住宅区;改善工作和生活条件;开设工厂商店,按成本出售职工所需必需品;设立幼儿园和模范学校;创办互助储金会和医院,发放抚恤金等。这些改革的目标是探索既能改善工人的工作和生活条件又有利于工厂所有者的方法。其结果确实改善了工人的生活,也使工厂获得了优厚的利润。欧文这一系列改革的指导思想体现了他对人的因素的重视。他认为:人是环境的产物,对人的关心至少应同对无生命的机器的关心一样多。

欧文的管理理论和实践突出了人的地位和作用,实际上是人际关系和行为科学理论的思想基础,对以后的管理产生了相当大的影响,有人称他为"人事管理之父"。

3. 查尔斯·巴贝奇(Charles Babbage,1792—1871)的时间成本分析思想

在产业革命后期,对管理思想贡献最大的是英国的数学家、科学家、管理科学家查尔斯·巴贝奇,他在亚当·斯密的理论基础上进行了发展。他参观访问了英国许多不同的工厂,1832 年出版代表作《论机器和制造业的经济》,其中对作业的操作、有关各项技术以及每一道工序的成本等进行了分析,他是工时研究的先行者,曾经使用秒表记录生产大头针所需的操作动作和时间。他详尽阐述了劳动分工提高工效的原因、利润分配制度等问题。他对劳动分工问题的论述比亚当·斯密丰富得多,认为劳动分工能够提高生产效率。他认为工人和雇主之间有着一致的利益,这一点与 70 多年之后的"科学管理之父"泰勒所见略同。查尔斯·巴贝奇还对经理人员提出许多建设性意见。他的研究,特别是在制造业研究上采取的科学分析方法,已展现出科学管理的萌芽,在泰勒之前就把科学管理的方法应用于管理之中,可称为科学管理之祖。

表 1-1　西方管理思想与理论的演化与时代背景

时间	时代	时代特征	主要管理理论	代表人物和著作
18 世纪 60 年代至 19 世纪末	工业化初期	• 电报、电话、信件、单据 • 铁路、马车、轮船 • 蒸汽机、机械 • 殖民地统治(英国成为日不落帝国)	• 工厂代替作坊 • 劳动分工能够提高生产效率	➢ 亚当·斯密《国富论》(1776) ➢ 查理·巴贝奇《论机器和制造业的经济》(1832)
20 世纪初至 20 世纪 50 年代	工业化中期	• 电话、电报、信件、单据 • 汽车、铁路、轮船、飞机 • 电气化、机械化、流水线生产 • 殖民地纷纷独立,殖民体系瓦解(经历两次世界大战)	• 科学管理 • 一般行政管理 • 行为管理 • 定量管理	➢ 泰勒《科学管理原理》(1911) ➢ 法约尔《工业管理与一般管理》(1916) ➢ 梅奥《工业文明中人的问题》(1933) ➢ 麦格雷戈《企业的人性面》(1960)
20 世纪 60 年代至 20 世纪 80 年代	工业化后期	• 计算机网络、传真、电话、电视 • 飞机、高速公路、高速铁路、轮船 • 电子化、自动化 • 冷战时期(美苏两大阵营对峙)	• 过程管理 • 系统管理 • 权变管理 • 精益生产 • 全面质量管理 • 大规模定制	➢ 哈罗德·孔茨《管理理论丛林》(1965) ➢ 系统管理学会《经营系统》(1975) ➢ 弗雷德·菲德勒的权变理论 ➢ 大田耐一《丰田的生产系统》(1978) ➢ 威廉大内《Z 理论》(1980)
20 世纪 90 年代以后	后工业化时期	• 光缆及国际互联网 • 高速大型飞机、高速公路、高速铁路 • 世界级制造系统 • 苏联解体冷战结束,知识经济蓬勃发展,全球经济一体化	• 公司再造 • ERP • 虚拟组织 • 核心能力理论 • 学习型组织 • 世界供应链 • 业务外包	➢ 迈克尔·哈默《公司再造》(1994) ➢ 威廉·戴维,麦克·马隆《虚拟企业》(1992) ➢ 普瑞斯·戈德曼,内格尔《敏捷竞争者与虚拟组织》(1995) ➢ 彼得·圣吉《第五项修炼》(1994)

资料来源:周三多,《管理学——原理与方法》(第 5 版),复旦大学出版社 2009 年版。

二、古典管理理论

19 世纪最后数十年,工业出现了前所未有的变化:工厂制度日益普及,生产规模不断扩大,生产技术更加复杂,生产专业化程度日益提高,劳资矛盾也随之恶化。随着资本主义生产力和生产关系的迅速发展,组织和管理企业的拙劣方式便成为当时阻碍生产率提高的主要障碍。这种状况客观上要求用科学的管理来代替传统的经验管理方法。于是,在 20 世纪初资本主义自由竞争到 40 年代资本主义垄断形成之间的几十年中,诞生了古典管理理论。

科学管理着眼于寻找科学地管理劳动和组织的各种方法,包括三个不同的理论:泰勒的科学管理理论、法约尔的一般管理理论以及马克斯·韦伯的行政组织理论等。

(一) 泰勒的科学管理理论(19 世纪末—20 世纪 20 年代)

弗雷德里克·温斯洛·泰勒(Frederick Winslow Taylor,1856—1915)是美国古典管理学家、科学管理理论的创始人。在泰勒的管理生涯中,他不断在工厂实地进行试验,通过诸如搬运生铁、金属切割、铁砂与煤粒铲掘实验等大量实验,系统地研究和分析工人的操作方法和动作所花费的时间,逐渐形成其管理体系——科学管理。这套管理理论被后人称为“泰勒制”。

在米德瓦尔钢铁公司的经历使他了解到工人们普遍怠工的原因,他感到缺乏有效的管理手段是提高生产率的严重障碍。为此,泰勒开始探索科学的管理方法和理论。他从“车床前的工人”开始,在工厂内长期潜心研究试验,重点研究企业内部具体工作的效率,并于 1911 年发表了《科学管理原理》一书,这本书的出版标志着科学管理理论的诞生。泰勒主张一切管理问题都应采用科学的理论和方法来加以研究和解决,从而提高生产效率。他的科学管理理论对资本主义的企业管理产生了巨大的影响,因此,泰勒被称为“科学管理之父”,这个称号被铭刻在他的墓碑上。

泰勒一生的著作和文章很多,在管理方面的主要著作和论文有 1895 年发表的《计件工资制》、1903 年发表的《工场管理》、1906 年发表的《大学和工厂中训练方法的比较》、1909 年发表的《制造业者为什么不喜欢大学毕业生》、1911 年发表的《效率的福音》和《科学管理的原理和方法》。

1. *泰勒的科学试验*

(1) 搬运生铁块实验。伯利恒钢厂有五座高炉,生产的生铁块由 75 名装卸工负责将其装运到货车车厢,搬运距离为 30 米。由于工作效率不高,每人每天平均只能搬运 12.5 吨。泰勒通过观察分析后挑选了一名叫施米特的工人进行试验。由于改进了操作方法和作息时间,使班组每人每天的劳动定额都提高到了 47.5 吨,即比原来提高了三倍,工人的工资也由当时每天的 1.15 美元提高到了 1.85 美元。

(2) 铁锹实验。泰勒对伯利恒钢厂堆料厂工人的铁锹进行了系统研究,并重新进行了设计,使每种铁锹的载荷都能达到 21 磅左右,同时训练工人使用新的操作方法,结果使堆料场的劳动力从 400—600 人减到 140 人,平均每人每天的工作量从 16 吨提高到 59 吨,每吨操作成本从 7.2 美分降至 3.3 美分,每个工人的工资也由每日 1.15 美元增至 1.88 美元。

(3) 金属切削实验。泰勒从米德瓦尔工厂工作开始,先后对金属切削进了 26 年之久的各种实验,试验次数共计 3 万次以上,耗费钢材 80 万吨,资金 15 万美元。试验结果发现了能大大提高金属切削加工产量的高速钢,并取得了各种车床适当转速和进刀量的完整资料。

泰勒致力于寻求做每一件工作的最佳方法,然后选择适当的工人并培训他们严格按最佳方法从事工作；为了激励工人，泰勒主张采用刺激性工资计划。总的来说，泰勒取得了生产率200%甚至更高程度的持续改进。

2. 科学管理原理的主要观点

(1) 科学管理的根本目的是提高劳动生产率。

(2) 为了提高劳动生产率，必须为工作挑选和培训第一流的工人。

(3) 标准化原理。使工人掌握标准化的操作方法，使用标准化的工具、机器和材料，在标准化的工作环境中操作。

(4) 实行刺激性的计件工资报酬制度。

(5) 提高效率对工人和雇主双方都有利。

(6) 把计划职能和执行职能区别开来，以科学工作方法取代经验工作方法。

(7) 提出管理中的例外原则。

(8) 实行"职能工长制"。

3. 科学管理理论的其他代表人物

泰勒的科学管理理论在20世纪初得到了广泛的传播与应用。并且在他去世以后的一定时期内，仍有许多人从事这一理论的研究与发展。他的追随者主要有以下几位。

(1) 美国工程师弗兰克·吉尔布雷思及其夫人心理学博士莉莲·吉尔布雷思。弗兰克·吉尔布雷思(Frank Gilbreth，1868—1924)曾经是一位建筑承包商，1912年，当他在一次专业会议上聆听泰勒的演讲后，放弃他的承包商生涯转而致力于研究科学管理，同他的心理学家妻子莉莲·吉尔布雷思(Lillian Gilbreth，1878—1972)一起，研究工作安排和消除手和身体动作的协调性问题。弗兰克·吉尔布雷思的主要著作有《动作研究》(1911年)、《应用动作研究》(1917年)；莉莲的著作有《管理心理学》(1916年)；两人合著有《疲劳研究》(1919年)和《时间研究》(1920年)等。莉莲毕业于加州大学，是美国第一个获得心理学博士学位的女性，被称为"管理学的第一夫人"。他们的主要研究在于动作研究和工作简化方面，寻求一种合理的动作与标准的动作，从而提高效率，后被称为"动作专家"。

(2) 亨利·甘特。亨利·甘特(Henry Laurence Gantt，1861—1919)，美国机械工程师。26岁时甘特进入米德瓦尔钢铁公司，任工程部助理工程师。他同泰勒一起工作多年，受到泰勒的很大影响，支持科学管理理论。他的主要贡献有以下两个方面：一是提倡"任务—奖金"付酬制度，而不主张差别计件工资制；二是发明了生产计划进度表，即"甘特图"，如图1-6所示。

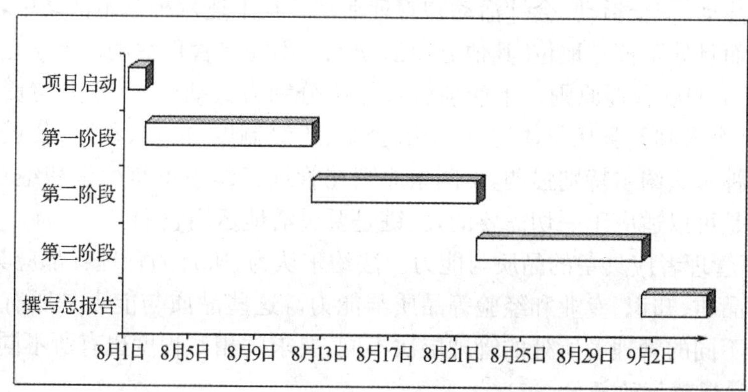

图1-6　甘特图

另外,还有许多有成就的追随者.他们都从不同的角度在一定程度上丰富与完善了泰勒的科学管理原理。他们在很大程度上类似于泰勒,仅把研究范围限定在车间的劳动作业的技术方面。

4. 对科学管理理论的评价

(1) 泰勒科学管理理论的主要贡献

① 使管理成为了一门科学,这是有效管理的必要条件。当然,科学管理存在着过于重视技术、强调个别作业效率、对人的看法有偏差、忽视了企业的整体功能等历史局限因素。

② 由于采用了科学的管理方法和科学的操作程序,使生产效率提高了两三倍,推动了生产的发展,适应了资本主义经济在这个时期发展的需要。

③ 由于计划职能与执行职能的分离,企业中开始有一些人专门从事管理工作,这就使管理理论的创立和发展有了实践基础。

科学管理的许多思想和做法至今仍被许多国家参照采用,对我国当代企业也仍具有重要指导意义。泰勒最强有力的主张之一就是制造业的成本核算和控制,使成本成为计划和控制的一个不可缺少的组成部分。而现在我国企业仍存在低质量、高成本、低效率、高能耗现象。我国企业很早就提出向管理要效益,但在实践层次上还有很大的差距,这也是我国要强调科学管理的原因。

(2) 泰勒科学管理理论的局限性。科学管理理论是建立在"经济人"假设的前提下的,加上时代的局限,使得科学管理存在以下不足:① 泰勒对工人的看法是错误的;② 泰勒仅重视技术的因素,不重视人际社会的因素;③ 内容窄,局限于车间管理。

(二) 法约尔的一般管理理论

泰勒的科学管理开创了西方古典管理理论的先河。在其传播的同时,欧洲也出现了一批古典管理的代表人物及其理论。与科学管理学派相比,它更侧重于从整体上研究一般管理的职能、管理组织结构与原则,其中影响最大的首属法约尔及其一般管理理论。

1. 一般管理理论的主要观点

在《工业管理和一般管理》一书中,法约尔阐述了他的基本观点。

(1) 区分经营与管理的概念,提出了企业的基本活动与管理的五项基本职能。法约尔指出,任何企业都存在着六种基本活动,管理只是其中的一种。这六种基本活动包括技术活动、商业活动、财务活动、安全活动、会计活动和管理活动。在上述六种基本活动中,管理是企业经营的活动之一,而且处于核心地位,其他五项活动无一不需要管理活动。

(2) 提出了十四项管理原则。十四项管理原则分别为劳动分工、权力与责任、纪律、统一指挥、统一领导、个人利益服从集体利益、报酬公平、等级制度、集权、秩序、公正、人员稳定、首创精神、团队精神。法约尔特别强调,十四条原则在管理工作中不是死板和绝对的,而是有尺度的和灵活的,是可以适应于一切需要的,关键是要灵活地运用它们。

(3) 提出了管理者应具备的品质与能力。法约尔认为,所有的管理者都应具备身体条件、智力条件、道德品质、知识、专业和经验等品质与能力。这些品质与能力是所有管理者都必须具备的,但由于不同的管理者所处的管理层次不同,要求的相对程度也有所不同。

2. 对一般管理理论的评价

法约尔的一般管理理论是西方古典管理思想的重要代表,但是他的管理理论起初没有像泰勒的科学管理方法那样走运，在20世纪40年代以前，不仅没有在国际上广泛传播，甚至在他的祖国也未受到重视。但是，法约尔的管理理论在内容上的系统性、逻辑上的严密性以及管理工作普遍性的认识使得它在以后的时间里得到了普遍的认可，并且成为管理过程学派的理论基础，也是以后各种管理理论和管理实践的重要依据，对管理理论的发展和企业管理的历程均有着深刻的影响。因此，继泰勒的科学管理之后，一般管理被誉为管理史上的第二座丰碑，法约尔也被称为"现代经营管理理论之父"。

(1) 主要贡献

① 从企业经营活动中提炼出管理活动。② 提出管理活动所需的五大职能。③ 提出了实现管理职能所必须遵循的十四项原则。④ 提出了管理的重要组织形式。

(2) 局限性

① 把人单纯看作"经济人"。② 在组织结构上，基本倾向于独裁式的管理。③ 把组织看作一个封闭系统，很少考虑外部环境的影响，没有把外部环境同组织的生存、发展、变化联系起来进行研究。

（三）韦伯的行政组织理论

马克斯·韦伯(Max Weber，1864—1920)，生于德国，是著名社会学家和哲学家，"组织理论之父"。韦伯生于德国爱尔福特的一个富裕家庭。1882年，他进入海德堡大学读法律，后又相继就读于柏林大学和哥丁根大学，并于1889年撰写了关于中世纪商业公司的博士论文。韦伯曾三次参加军事训练，对军事生活和组织制度有相当的了解，这对他以后提出的组织理论有较大的影响。韦伯一生中担任过教授、政府顾问、编辑等，对社会学、宗教学、经济学和政治学都有广泛的兴趣。韦伯的主要著作有《新教伦理与资本主义精神》、《一般经济史》等。他在管理方面的贡献是在他的《社会和经济组织的理论》中提出了理想行政组织体系理论，因而被后人称为"组织理论之父"。

韦伯的理想行政组织体系理论的核心是组织活动要通过职务或职位而不是通过个人或世袭地位来管理。所谓"理想的"，是指现代社会最有效、最合理的组织形式，而不是最合乎需要的。

1. 行政组织理论的主要观点

韦伯的管理思想的主要内容包括以下几个方面。

(1) 权力论。韦伯把权力定义为一种引起服从的命令结构。为了保证权力的有效运用，统治者极力使权力合法化。韦伯认为，任何一种组织都必须以某种形式的权力为基础。同时，他也强调，法理型的权力是理想的行政组织体系的基础。

(2) 理想的行政组织体系理论。韦伯认为，理想的行政组织体系和其他组织形式相比，具有高效率的特点。从组织的有效性来看，它也符合理性原则，具有明确性、纪律性、可靠性。实质上，人们常把它看作官僚组织模式，不过它为组织理论的发展已提供了基本的框架。

2. 对理想的行政组织理论的评价

(1) 主要贡献。韦伯的理想行政组织体系理论虽然同法约尔的理论一样，在20世纪40—50年代以前并没有受到欧美各国的重视。然而随着资本主义的发展和企业、社会规模的扩大，人们越来越认识到其价值，西方管理学界已经普遍承认了他的贡献。今天，这种管理体制已成为各类正式组织的一种典型结构,一种主要的组织形式,并且被广泛应用于各种组织设计当中,发挥着有效的指导作用,其有关管理的精辟的论点也对后来的管理理论发展产生了广泛而深刻的影响。

(2) 主要局限性

① 由于过分强调组织形式的作用,忽视了组织成员间不拘形式的相互交往的关系和感情作用,使人与人之间的关系趋向淡薄。② 过分重视成文的法律制度,完全忽视了管理活动应根据环境的变化而灵活地进行。③ 使组织成员的行为刻板、谨小慎微,使组织成员颠倒组织目标与法规制度的关系,把尊重规章制度变成目的,而认不清组织的真正目标。

(四) 古典管理理论的特点

古典管理理论由泰勒、法约尔、韦伯从不同角度提供了管理思想的指导和方法,主要有以下几个特点,如图 1-7 所示。

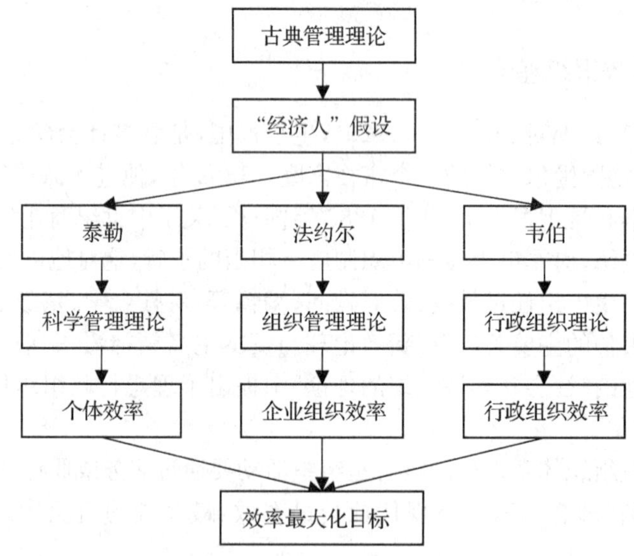

图 1-7 古典管理理论特点

(1) 把人看作"经济人"。把组织中的人当作机器来看待,忽视人的因素以及需要。

(2) 效率主义。管理学诞生之初,所要解决的问题相当现实,就是通过寻找和运用科学的管理手段和方法,全力提高生产效率,降低企业必要劳动力量。

(3) 没有看到组织与外部环境的联系。古典管理理论关注的是组织内部的问题,是一种"封闭系统"的管理。

在古典管理阶段,有较大贡献的代表人物及其理论还有许多。他们都是泰勒科学管理理论的追随者,主要在生产作业管理方面以及组织结构等方面进行研究,因而他们的核心思想都是为了提高生产现场的作业效率。所有这些理论都极大地促进了社会生产力的发展以及管理理论的发展。但是,随着生产力的发展,这些以"工作为中心"的管理理论在提高生产率方面也表现出一定的局限性。

【走进管理】

查尔斯·卓别林(Charles Chaplin)和摩登时代(Modern Times)

《摩登时代》由美国哥伦比亚广播公司(CBS)与福克斯广播公司(FOX)联合出品,拍摄于1934年10月11日—1935年8月30日,于1936年2月5日上映。在1978年巴西《标题》杂志刊登的世界有史以来的100部最佳影片中名列第七位。

影片围绕着美国当年工业起步时期美国劳苦人民的生活悲剧展开了诙谐的讽刺。查理这个普普通通的工厂工人在节奏异常紧张的流水线上疯狂工作,传送带在不断加快、不断加快,他被弄得精神失常,被卷入巨大的机器齿轮当中,毫无间歇的劳作终于让他发了疯,一见到圆形的东西,就忍不住要用扳子上紧……这些影像无不反映了机器时代所带来的恐惧与打击,影片用黑色的幽默表达了对人将异化为机器命运的担忧。

【管理启示】

从"泰勒制"的观点来看,提倡"管理标准化",该思想在影片中工人所工作的工厂体现得尤为突出。工人没有人身自由,随时被老板监控。老板千方百计想增加工人的实际工作时间,从而获得更大的利益。这一情节反映了当时的管理者虽然学习了分工的先进管理方法,但却忽视了"人际关系"和"非正式组织"的存在,并不利于企业的良性发展,有可能导致劳资矛盾激化。

三、行为科学理论

(一) 人际关系学说

人际关系学说是早期的行为科学,诞生于20世纪30年代。人际关系学说的代表人物是乔治·埃尔顿·梅奥(George Elton Mayo,1880—1949)。梅奥是原籍澳大利亚的美国行为科学家,美国哈佛大学心理学家,人际关系学说的创始人,是对中期管理思想发展做出重大贡献的人物之一。梅奥20岁时在澳大利亚阿弗雷德大学取得逻辑学赫尔哲学硕士学位,应聘至昆士兰大学讲授逻辑学和哲学,后赴苏格兰爱丁堡研究精神病理学,对精神上的不正常现象进行分析。在洛克菲勒基金会的资助下,梅奥移居美国,在宾夕法尼亚大学沃顿管理学院和哈佛大学任教。梅奥曾应邀参加1924年至1932年在芝加哥西方电气公司霍桑工厂进行的试验工作,即引起管理学界重视的"霍桑试验"。梅奥的主要代表著作有《工业文明的人类问题》《组织中的人》和《管理和士气》。

梅奥等人在美国西方电气公司霍桑工厂进行的长达9年的研究——霍桑试验,真正揭开了作为组织中的人的行为研究的序幕。霍桑试验是指从1924年到1932年间,美国有关研究人员在美国西方电气公司霍桑工厂进行了有关工作条件、社会因素与生产效率之间关系的试验。霍桑试验分为"照明试验""福利试验""访谈试验"和"群体试验"四个阶段。这项试验的代表人物是美国哈佛大学教授乔治·埃尔顿·梅奥。在这项试验的基础上,梅奥创立了早期的行为科学——人际关系学说。

1. 人际关系学说的主要内容

(1) 人是"社会人"。影响人的生产积极性的因素,除物质条件以外,还有社会与心理因素。工人不只是单纯地为追求金钱收入和物质条件的满足而去从事工作,他们还有精神与社会需要,他们追求人与人之间的友情、安全感和归属感等,需要尊重,彼此关心,互相帮助,有成就感,这更为重要。

(2) 企业中存在着"非正式组织"。由于人是社会的成员,在共同工作过程中,人们必然发生相互之间的联系,共同的社会感情形成了非正式群体。在这种无形组织里,有它的特殊感情、规范和倾向,并且左右着群体里每一位成员的行为。古典管理理论仅注重正式组织的作用,忽视了"非正式组织"对职工行为的影响,显然是不够的。梅奥认为,在正式组织中是以效率逻辑为其行动准则的,为提高效率,组织各成员之间保持着形式上的协作;在非正式组织中是以感情逻辑为其行动准则的,这是出于某种感情而采取行动的一种逻辑。非正式组织对组织来说,有利也有弊。管理者应充分认识到非正式组织的作用,在正式组织的效率逻辑与非正式组织的感情逻辑之间搞好平衡,协调好各方面的关系,充分发挥每个人的作用,提高生产率。

(3) 领导能力在于提高职工的满足度。生产效率的高低主要取决于职工的士气,即职工的积极性、主动性,而士气的高低则主要取决于职工的满足度,这种满足度首先表现为人际关系,如职工在工作中的社会地位,是否被上司、同事和社会承认,其次才是金钱的刺激。职工的满足度越高,士气也越高,生产效率也就越高。所以,领导的能力在于要同时具有技术—经济的技能和人际关系技能,在于如何保持正式组织的经济要求同非正式组织的社会需求之间的平衡,而平衡是取得高效率的关键。人际关系学说的出现,开辟了管理和管理理论的新领域,纠正了古典管理理论忽视人的因素的不足。同时,人际关系学说为以后行为科学的发展奠定了基础。

2. 对人际关系理论的评价

(1) 主要贡献。梅奥的人际关系理论克服了古典管理理论的不足,奠定了行为科学的基础,为管理思想的发展开辟了新的领域。他的管理措施大致可以归纳为以下六点:

① 强调对管理者和监督者进行教育和训练,改变他们对工人的态度和监督方式。

② 提倡下级参与企业的各种决策。

③ 加强意见沟通,允许职工对作业目标、作业标准和作业方法提出意见,鼓励上下级之间的意见交流。

④ 建立面谈和调解制度,以消除不满和争端。

⑤ 改变评价干部的标准。

⑥ 重视、利用和倡导各种非正式组织。

(2) 主要局限性

① 过分强调非正式组织的作用。

② 过多地强调感情的作用,似乎职工的行动主要受感情和关系支配。

③ 过分否定经济报酬、工作条件、外部监督、作业标准的影响。

(二) 行为科学学派的主要理论

1. 马斯洛的需要层次理论

亚伯拉罕·马斯洛(Abraham H. Maslow,1908—1970)的需求层次理论是研究人的需要结构的一种理论,也是研究组织激励时应用得最广泛的理论之一,该理论指出主管人员必须随机制宜地对待人们的各种需求。马斯洛在1943年发表的《人类动机的理论》一书中提出了需要层次论，将人的需求从较低层次到较高层次依次分为生理需求、安全需求、社交需求、尊重需求和自我实现需求五层。

美国耶鲁大学的克雷顿·奥尔德弗(Clayton Alderfer)于1969年在《人类需要新理论的经验测试》一文中认为，人的需要不是分为五种而是分为三种：① 生存(Existence)的需要，包括心理与安全的需要；② 相互关系(Relatedness)和谐的需要，包括有意义的社会人际关系；③ 成长(Growth)的需要，包括人类潜能的发展、自尊和自我实现。他的这一理论简称为"ERG需要理论"。ERG需要理论认为需要次序并不一定如此严格，而是可以越级的，有时还可以有一个以上的需要。

2. *赫茨伯格的双因素激励理论*

美国匹兹堡心理学研究所的著名的心理学家和行为科学家弗雷德里克·赫茨伯格(Frederick Herzberg)在其著作中提出了著名的双因素理论，即"保健、激励因素理论"。他认为影响人们行为的因素主要有两类：保健因素和激励因素。

3. *麦格雷戈的X-Y理论*

美国麻省理工学院教授道格拉斯·麦格雷戈(Douglas McGregor，1906—1964)于1957年在其《企业中的人性面》一文中提出了著名的"X-Y理论"，并在其以后的著作中进一步加以发挥。

上述理论我们将在"激励理论"中加以阐述。

（三）对行为科学理论的评价

行为科学理论主张改进劳动条件，培训劳动者的生产技能，提高劳动者工作的质量，以便更好地开发、利用和保护人力资源。很多行为科学家强调"人是第一位的"，"不能把工厂企业看成是机器的堆积，而必须看成是人的组织"。由于重视人力资源的开发和利用，再加上科学技术进步和经济发展使得资本主义国家中的劳动生产率得到了较快的提高，缩短了每周的工作时间，对工人阶级是有利的，这是行为科学的积极作用。

行为科学的局限性主要表现在三个方面：第一，过于重视非正式组织的作用，忽视正式组织的作用；第二，过分强调感情因素对人的行为的支配作用，忽视了人的理性；第三，对"经济人"的假设过分否定。总体上看，行为科学的研究未能超出维护资本主义制度的界线，只是在资本主义的生产关系前提下来研究问题，以资产阶级的思想体系作为指导，在一些问题上具有形而上学的成分，有的具有实用主义特点。

四、现代管理理论

现代管理理论主要产生于20世纪40年代至60年代。第二次世界大战以后，科技进步以及原用于军事战争的一些技术及管理思想转向发展社会生产，引起生产力的巨大发展，西方企业的经营环境发生了重要变化，环境对企业的影响越来越重要，它已成为企业经营与管理必须关注的一个重要因素。然而先前的管理理论研究范围局限于企业内部，或者偏重于工程技术，如泰勒的科学管理理论，或专注于人事研究，如人际关系学说和行为科学，但对外部环境的因素却考虑较少。因此，为解决这一问题，许多研究人员就企业如何在变化的环境中经营进行了许多方面的探索，并在此基础上形成了一系列不同的理论观点和流

派。美国著名管理学家哈罗德·孔茨称之为“管理理论丛林”,在这片“丛林”中,已经形成并具有重要影响的学派列举如下:

(一) 社会系统学派

社会系统学派认为,人与人的相互关系就是一个社会系统,它是人们在意见、力量、愿望以及思想等方面的一种协作关系。管理人员的作用就是要围绕着物质的(材料与机器)、生物的(作为一个呼吸空气和需要空间的抽象存在的人)和社会的(群体的相互作用、态度和信息)因素去适应总的协作系统。社会系统学派的代表人物是美国管理学家切斯特·巴纳德(Chester I. Barnard,1886—1961),他的著作《经理人员的职能》对这个学派有很大的影响。

(二) 系统管理学派

系统管理理论是应用系统理论的范畴、原理,全面分析和研究企业和其他组织的管理活动和管理过程,重视对组织结构和模式的分析,并建立起系统模型以便于分析的管理理论。其代表人物是卡斯特(F. E. Kast)、罗森茨韦克(James E. Rosenz-weig)、约翰逊(R. A. Johnson)等。其理论观点主要如下:

(1) 企业是由人、物质、机器和其他资源在一定的目标下组成的一体化系统,它的成长和发展同时受到这些组成因素的影响,在这些因素的相互关系中,人是主体,其他因素则是被动的。

(2) 企业是一个由许多子系统组成的、开放的社会技术系统。企业是社会这个大系统中的一个子系统,它受到周围环境(顾客、竞争者、供货者、政府等)的影响,也同时影响环境。它只有在与环境的相互影响中才能达到动态平衡。在企业内部又包含着若干子系统,它们是目标和准则系统、技术子系统、社会心理子系统、组织结构子系统和外界因素子系统等。

(3) 运用系统观点考察管理的基本职能,可以提高组织的整体效率,使管理人员不至于只重视某些跟自己有关的特殊职能而忽视了大目标,也不至于忽视自己在组织中的地位与作用。

(三) 管理过程学派

管理过程学派又称运营学派或管理职能学派,是哈罗德·孔茨(Harold Koontz,1908—1984)和西里尔·奥唐奈(Cyril O'Donnell)首先提出的,这一理论是在法约尔的一般管理理论基础上发展而来。管理过程学派的主要特点是把管理理论和实践归纳为原则与步骤,将管理理论同管理者的职能(应该做什么)与工作过程(如何有步骤地去做)联系起来。孔茨和奥唐奈在法约尔提出的管理职能的基础上,进一步将管理职能分为计划、组织、人事、领导和控制五项,并把协调作为管理的本质。作为五项职能有效综合运用的结果,这些步骤之间相互联系,形成一个完整的管理过程。

其主要观点是:管理是一个过程;管理存在共同的基本原理;管理有明确的职能和方法;管理拥有自己的基本方法;管理人员的环境和任务受到文化、物理、生物等方面的影响,管理理论也应从其他学科中吸取有关的知识。

(四) 决策理论学派

决策理论学派主要代表人物是美国卡内基梅隆大学管理学、心理学教授赫伯特·西蒙(Hebert A. Simon)。由于在决策方面的杰出贡献,西蒙被授予1978年诺贝尔经济学奖,其代表作是《管理决策新科学》。

西蒙的决策理论的主要思想包括两个基本命题：人的有限理性和决策的满意准则。基于这两个命题，西蒙提出了决策的满意准则。由于决策者有限的理性，使得他们不可能做出“完全合理”或“最优”的决策，常常只能满足于“足够好的”或“令人满意的”决策。

正是基于这种思想，西蒙推出了他的决策过程理论，包括以下三方面：

(1) 决策过程。包括判断问题，确定目标；尽可能制定各种方案与措施；比较得失，做出选择。

(2) 程序化与非程序化决策。程序化决策往往反复出现，处理时有先例可循，有固定的程序；非程序化决策则是偶然或首次出现的，无先例可循，因此处理时无固定程序。

(3) 决策过程中的科学成分。为了做出正确的选择，应大量应用数学分析工具与计算机技术。

（五）权变理论学派

权变理论学派形成于20世纪70年代，“权”就是衡量，“变”就是调整。权变理论学派强调，在管理中要根据组织所处的内外环境变化而随机应变，针对不同情况采用相宜的管理模式与方法，没有一成不变的、普遍适用的、最好的管理模式和方法。主要代表人物：美国尼布拉加斯大学教授卢桑斯(F. Luthans)，代表作是《管理导论：一种权变学》，他提出“管理权变理论”；美国伊利诺斯大学的菲德勒(F. Fielder)教授，代表作为《最不受欢迎共事者尺度的问卷》(简称LPC问题)，提出了有效领导的权变模式理论。

权变管理理论的运用主要表现在计划、组织、领导三个方面：

(1) 在不同的环境和组织情况下，制订不同类型的计划；

(2) 不但不同的公司，甚至在同一公司的不同发展阶段，也需要不同模式的管理组织形式；

(3) 没有“最好的”或“最差的”领导方式，一切以企业的任务、个人和团体的行为特点及领导者和职工的关系而定。

五、现代管理理论的新发展

（一）企业战略

企业战略是企业在市场经济、竞争激烈的环境中，在总结历史经验、调查现状、预测未来的基础上，为谋求生存和发展而做出的长远性、全局性的谋划方案，是企业与不断变化的外部环境谋求平衡的一种规划，是关于企业经营方向、企业经营活动的全局性、长远性、指导性的原则和规划。企业战略包括企业总体战略、业务单元战略和职能战略三个层次。

（二）企业再造

企业再造也译为“公司再造”“再造工程”。它是1993年开始在美国出现的关于企业经营管理方式的一种新的理论和方法。所谓“再造工程”，简单地说，就是以工作流程为中心，重新设计企业的经营、管理及运作方式。

企业再造，被喻为从“毛毛虫”变“蝴蝶”的革命，也被认为是继全面质量管理后的第二次革命。企业再造有两个方面和传统的管理模式不同：一是从传统的从上而下的管理模式变成信息过程的增值管理模式；二是企业再造不是在传统的管理模式基础上的渐进式改造，而是强调从根本上着手。

(三) 企业形象

CIS(Corporate Identity System)即企业形象设计识别系统,是指将企业经营理念与精神文化整体传达给企业内部与社会大众,并使其对企业产生一致的认同感和价值观,从而达到形成良好的企业形象与促销产品的设计系统。

企业形象设计包含三个部分,即 MI(Mind Identity)理念识别、BI(Behavior Identity)行为识别和 VI(Visible Identity)感官识别。其中,MI 是 CI 的根本,是企业的精髓所在,体现企业经营的理念精神;BI 要求企业在经营运作中以全体员工统一的行为要求和行为准则,包括应用统一的语言、统一的行动来给公众展示企业的形象;VI 则是企业在企业标志设计、企业广告宣传中以特定的色彩、图案、语言表达来体现企业形象。

(四) 知识管理

所谓知识管理,是指在组织中建构一个量化与质化的知识系统,让组织中的资讯与知识,透过获得、创造、分享、整合、记录、存取、更新、创新等过程,不断地回馈到知识系统内,形成永不间断的累积,个人与组织的知识成为组织智慧的循环,在企业组织中成为管理与应用的智慧资本。21 世纪,企业的成功越来越依赖于企业所拥有知识的质量,利用企业所拥有的知识为企业创造竞争优势和持续竞争优势对企业来说始终是一个挑战。

(五) 学习型组织

学习型组织是一个能熟练地创造、获取和传递知识的组织,同时也要善于修正自身的行为,以适应新的知识和见解。当今世界上所有的企业,不论遵循什么理论进行管理,主要有两种类型:一类是等级权力控制型,另一类是非等级权力控制型,即学习型企业。

彼得·圣吉是学习型组织理论的奠基人。他用了近十年的时间对数千家企业进行研究和案例分析,于 1990 年完成其代表作《第五项修炼——学习型组织的艺术与实务》。他指出,现代企业因为缺乏系统思考的能力而无法有效地学习。之所以会如此,正是因为现代组织分工、负责的方式将组织切割,而使人们的行动与其时空上相距较远。当不需要为自己的行动的结果负责时,人们就不会去修正其行为,也就是无法有效地学习。而《第五项修炼》提供了一套使传统企业转变成学习型企业的方法,使企业通过学习提升整体运作"群体智力"和持续的创新能力,成为不断创造未来的组织,从而避免了企业"夭折"和"短寿"。

【走进管理】

诺基亚曾认定 iPhone 必然失败

诺基亚多年来迟迟未能推出真正能够挑战 iPhone 的产品。《华尔街日报》爆料称,该公司最初认为 iPhone 注定失败,原因之一是未能通过抗摔测试。

早在第一代 iPhone 面市时,诺基亚工程师就对其进行了全面的研究,最终认定,它不会对诺基亚产生威胁,原因是造价太高,只能兼容 2G 网络,而且未能通过基本的抗摔测试。他们把 iPhone 从 5 英尺的高度以各种角度摔在混凝土地板上,iPhone 当然没挺住。

时任苹果 COO 的蒂姆·库克(Tim Cook)随后向全世界展示了他的卓越运营技能,降低了 iPhone 的成本。次年，iPhone 支持了 3G。随后几年，全世界的 iPhone 热也证明了这样一个事实：即使有可能摔碎，但消费者还是更愿意购买一款优异的智能手机。

直到 2008 年，诺基亚高管才意识到 iPhone 已经风靡全球，意识到他们需要反击。然而，那时的诺基亚已经因为组织问题备受困扰。例如，该公司的研发团队之间被迫展开竞争，而由于参与商业决策的人过多，发展速度也异常缓慢。

【管理启示】

在管理层追求成本与极致效率的态度中，诺基亚连续犯下错误，原有的优势随着技术的革新丧失殆尽。在现代管理理论中，管理者要专注公司核心，把握机会，不断创新，才能使公司往更好的方向发展。

复习思考题

1. 何谓管理？其基本特征有哪些？
2. 如何理解管理的必要性？
3. 管理活动具有哪些基本职能？它们之间的关系是什么？
4. 什么是管理者？一个有效的管理者需要扮演哪些角色，需要具备哪些技能？
5. 试论管理的二重性。
6. 试析管理的科学性和艺术性。
7. 管理学研究的对象和方法是什么？
8. 为什么把弗雷德里克·泰勒称为“科学管理之父”？泰勒及其主要追随者们对管理学做出了什么样的贡献？
9. 法约尔“一般行政管理”的主要内容是什么？法约尔与泰罗在管理思想赏有何差别？
10. 霍桑实验得出了什么结论，并产生了怎样的影响？
11. 什么是“管理理论丛林”？当代各种管理理论学派的主要观点是什么？你如何评价。

案例讨论

福特公司的兴衰

美国福特公司的创始人亨利·福特有着精明强干的头脑和丰富的经验。福特公司于 1896 年制造出第一辆福特汽车；1903 年开始生产 A 型到 R 型和 S 型汽车；1908 年开始生产 T 型车，T 型车的特点是结构紧凑、设计简单、坚固、驾驶容易、价格较低；1913 年福特用汽车装配的流水生产线实现了汽车零件的标准化，形成了大量生产的体制，当年汽车产量达到 13 万辆，1914 年增加到 26 万辆，1923 年增加到 204 万辆，在美国汽车生产中逐渐形成垄断的地位。

可是，福特坚信，这么一个在当时属世界最大、盈利最多的汽车制造企业所需要的只是主管和助手，只需要“主管”“助手”的汇报，由他发号施令即可运行。他认为，公司组织只是一种“形式”，企业无需管理人员和管理。随着环境的变化，其他竞争者产生，不同档次的汽车市场的需求也相应产生，科技、产品供销、财务、人事等管理日趋复杂，个人管理渐渐难以适应这种变化。只过了几年，福特就已丧失了市场领先的地位，在以后的 20 年逐年亏本。

到 1944 年,福特的孙子——福特二世接管公司时,它已濒于破产。26 岁的福特二世一方面向他的对手“通用汽车”学习,另一方面创建了一套福特式的管理组织和领导班子,强化了管理职能。5 年后,福特汽车公司重新获得了发展和获利的力量,成为通用汽车公司的主要竞争者。

美国福特汽车公司的兴起、衰落和复兴,可以使我们看到企业中管理职能是何等的重要。

(资料来源:谢勇,邹江.管理学.武汉:华中科技大学出版社,2008)

思考题:

1. 福特公司为什么能在初期成为市场中的垄断者?
2. 在福特公司成功后,亨利·福特犯了哪些错误导致公司出现危机?
3. 福特二世如何改革了公司的管理职能?

实训题 1:调查某一个工商企业或一位管理者

目的:通过访问某一个企业或一位管理者,培养学生关注企业、了解企业和学习管理学的兴趣,提高其参加社会实践活动的主动性、积极性和创造性。

要求:学生应了解该企业的某一基本业务职能,如计划管理、生产管理、技术管理、营销管理、物资设备管理、财务管理、行政管理、人事管理、后勤管理等;向管理者了解他的职位、工作职能、胜任该职务所必需的管理技能的情况,企业管理者应该具有哪些方面的素质和能力。每位小组写出访问报告或小结,进行全部交流。

实训题 2:探寻管理思想与管理理论

目的:将全班同学分成若干小组,由组长带队,前往图书馆,通过文献资料的查阅,掌握某种管理思想的主要观点及其发展趋向,初步培养学生分析管理思想与实践方法的能力。

要求:(1) 学习查阅文献资料的方法与步骤。

(2) 查明本章介绍的各种管理思想的主要观点及其主要贡献与局限性。

(3) 每组同学写一份查阅资料小结,并与其他小组进行交流。

1-1 管理与经营的区别

1-2 中国管理学构建问题的再思考

1-3 中国本土管理研究的回顾与展望

1-4 好书推荐

第二章　管理与环境

【学习目标】

掌握:组织环境的定义及特征。

理解:管理与环境的相互关系;组织文化环境的主要思想。

掌握:组织环境的构成;内外部环境的构成;组织文化的基本特征及其具体内容。

【教学重点】

组织环境的构成:内外部环境的构成;组织文化的基本特征;组织环境与管理的相互关系。

【导入案例】

海尔的腾飞

一、崛起与发展:从濒临倒闭的集体小厂发展壮大成知名的跨国企业

海尔集团创立于1984年,创业30年来,坚持创业和创新精神创世界名牌,已经从一家濒临倒闭的集体小厂发展成为在全球拥有8万多名员工、2011年营业额达到1 509亿元的全球化集团公司。海尔已连续三年蝉联全球白色家电第一品牌,并被美国《新闻周刊》(News week)网站评为全球十大创新公司。

1984年,海尔只有一个型号的冰箱产品,目前已拥有包括白色家电、黑色家电、米色家电、绿色家电、家居集成在内的86大门类、13 000多个规格品种的产品群。在全球,很多家庭都是海尔产品的用户。

二、海尔发展战略创新的几个阶段

1. 名牌战略发展阶段(1984—1991):要么不干,要干就干第一

20世纪80代,正值改革开放初期,很多企业引进国外先进的电冰箱技术和设备,包括海尔。那时,家电供不应求,很多企业努力上规模,只注重产量而不注重质量。海尔没有盲目上产量,而是严抓质量,实施全面质量管理,提出了"要么不干,要干就干第一"的口号。当家电市场供大于求时,海尔凭借差异化的质量赢得竞争优势。这一阶段,海尔专心致志做冰箱,在管理、技术、人才、资金、企业文化方面有了可以移植的模式。

2. 多元化战略发展阶段(1991—1998):海尔文化激活"休克鱼"

20世纪90年代,国家政策鼓励企业兼并重组,一些企业兼并重组后无法持续下去,或认为应做专业化而不应进行多元化。海尔的创新是以海尔文化激活"休克鱼"的思路先后兼并了国内18家企业,使企业在多元化经营与规模扩张方面,进入了一个更广阔的发展空间。当时,家电市场竞争激烈,质量已经成为用户的基本需求。海尔在国内率先推出星级服务体系,当家

电企业纷纷打价格战时,海尔凭借差异化的服务意境的竞争优势。这一阶段,海尔开始实行OEC(Overall Every Control and Clear)管理法,即每人每天对每件事进行全方位的控制和清理,目的是"日事日毕,日清日高",这一管理方法也成为海尔创新的基石。

3. 国际化战略阶段(1998—2005):走出国门,出口创牌

20世纪90年代末,中国加入世贸组织,很多企业响应中央号召走出去,但出去之后非常困难,又退回来继续做品牌。海尔认为走出去不只为创汇,更重要的是创中国自己的品牌。因此海尔提出"走出去、走起去、走上去"的"三步走"战略,以"先难后易"的思路,首先进入发达国家创名牌,再以高屋建瓴之势进入发展中国家,逐渐在海外建立起设计、制造、营销的"三位一体"本土化模式。这一阶段,海尔推行"市场链"管理,以计算机信息系统为基础,以订单信息流为中心,带动物流和资金流的运行,实现业务流程再造。这以管理创新加速了企业内部的信息流通,激励员工使其价值取向与用户需求相一致。

4. 全球化品牌战略发展阶段(2005年至今):整合全球资源创全球化品牌

互联网时代带来营销的碎片化,传统企业的"生产—库存—销售"模式不能满足用户个性化的需求,企业必须从"以企业为中心卖产品"转变为"以用户为中心卖服务",即用户驱动的"即需即供"模式。互联网也带来全球经济的一体化,国际化和全球化之间是逻辑递进关系。国际化是以企业自身的资源去创造国际品牌,而全球化是将全球的资源为我所用,创造本土化主流品牌,是质的不同。因此,海尔整合全球的研发、制造、营销资源,创全球化品牌,这一阶段,海尔探索的互联网时代创造顾客的商业模式就是"人单合一双赢"模式。

三、海尔的成功

据中国最权威市场咨询机构中怡康统计:2011年,海尔在中国家电市场的整体份额已经达到近30%,依然保持份额第一。其中,海尔在白色家电市场上仍然遥遥领先,且优势更加突出。在小家电市场上,海尔表现稳健,以16%的市场份额蝉联小家电市场冠军。在智能家居集成、网络家电、数字化、大规模集成电路、新材料等技术领域处于世界领先水平。"创新驱动"型的海尔集团致力于向全世界消费者提供满足需求的解决方案,实现企业与用户之间的双赢。目前,海尔累计申请专利突破7 000项(其中发明专利1 234项)。在自主知识产权基础上,海尔主持或参与了115项国家标准的编制修订,制定行业及其标准397项。海尔"防电墙"技术正式成为电热水器新国家标准,海尔空调牵头制订"家用和类似用途空调安装规范"。在国际上,海尔热水器"防电墙"技术、海尔洗衣机双动力技术等六项技术还被纳入IEC国际标准提案,这证明海尔的创新能力已达到世界级水平。

【案例思考】

1. 分析海尔的内部环境和外部环境状况。
2. 根据案例,浅析海尔的组织文化。

第一节 组织环境及其分类

现实生活中,经常可以观察到这样的现象:同行业各组织企业业绩在当年外部环境的积极影响下,稳步提升;但当年外部环境趋于恶劣,部分组织企业仍保持较好业绩,而有的则受到消

极影响，业绩出现下滑。类似的情境诸如：两位能力出众、屡屡带领公司创优的领导者被派往另两个业绩较差的组织，这时，情况开始走向两端，其中一位领导者到组织后不久，凭借环境力量，集合企业优势，使组织业绩大为改观；另一位却未能力挽狂澜，没能拯救业绩下滑的局面。

既然是同样优异的领导者，又处在同样的环境变化下，为什么组织会产生不同的绩效？为什么领导者在到达新的组织后，绩效结果大相径庭，原本出众的领导者显得无所作为？

根据权变管理思想，管理者所在的组织是一个开放的系统，任何组织都不可能脱离其所处的环境而封闭孤立的存在，管理者的活动必然要受到组织内外部各种因素的影响。环境是组织中管理者管理行为的重要影响因素。本章将对管理环境分类极其影响进行阐述。

一、组织环境的定义与特征

任何组织都不是独立存在、完全封闭的。组织存在于由内、外部各种因素构成的环境中，在与环境中其他组织之间的相互作用中谋求自身目标的实现。环境是组织生存发展的土壤，既为组织活动提供发展的条件，又起限制作用。要进行组织的管理，就必须了解和把握环境对组织的影响、环境要素的种类及特点等，就需要对组织的环境进行研究。

组织环境，是指存在于一个组织内部和外部的影响组织业绩的各种力量与条件因素的总和。它既包括组织外部环境，同时也包括组织内部环境。管理者要实现目标，提高管理效率，进行科学决策，不仅要掌握组织文化、自身拥有的资源情况，同时还要了解组织外部的政治、经济、文化、科技，竞争者、供应商、顾客等组织外部环境因素。

组织环境是一个多因素、多层次且不断变化的综合体，其特征主要表现在以下几个方面。

1. 复杂性

组织环境包括人的因素、物的因素，既有竞争对手、资源供应者等具体因素，也有政治、经济、文化、自然条件等一般因素。这些因素涉及多方面、多层次，而且彼此相互作用和联系，既蕴含着机会，也潜伏着威胁，从而共同作用于企业的组织决策。

2. 客观性

组织环境是客观存在的，它不随着组织中人们的主观意志为转移，而且它的存在客观地制约着组织的活动。

3. 不确定性

组织环境的不确定性包括以下三层含义：

第一，环境的变化速度，即环境的动态性。由于社会生产力的发展和生产关系的变革，环境总是处于不断发展变化之中。当然，伴随着环境的变化，各种环境因素不可能同步、同程度地变化。一般来说，技术、经济环境，尤其是市场环境属于巨变环境，它们无时无刻不在发生变化，社会环境变化较慢，而自然环境则可能长期保持基本不变。

第二，有关环境的信息和情报的不确定性。人们对外部环境的了解可以是直接的，但更多是间接的，如借助新闻媒介、对特殊现象进行分析预测等。信息情报本身不准确和信息传递中的失真都会使信息接收者无法准确掌握其变化。

第三，管理者制订计划、决策时所考虑的目标时间期限。期限越长，对环境的了解就越不准确。这就需要管理者加强预见性，及时掌握环境变化的驱使，及时调整管理活动。

4. 整体综合性

管理的环境包括很多环境因素，各因素之间具有一定的独立性，但它们是作为一个整体对管理工作起作用的,这种作用具有综合性质。在某一特定的时期内,不同的环境因素对组织的影响程度可能不同,管理者很难准确地区分开来自环境的影响具体是哪种因素所致。因此,管理者必须把环境作为一个整体,考虑其综合影响。

【走进管理】

一头敏捷的鹿不幸被猎人发现,虽然逃脱了追杀的厄运,但却被箭射瞎了一只眼睛。一天,它小心翼翼地来到海边,一边低头吃草,一边用那只完好的眼睛密切注视着陆地,防备猎人的攻击,而用瞎了的那只眼对着大海,它认为海那边不会发生什么危险。不料有人乘船从海上经过这里,看见了这头鹿,一箭就把它射倒了。它将要咽气的时候,自言自语地说:"我真是不幸,我防范着陆地那面,而我所信赖的海这面却给我带来了灾难。"

【管理启示】

组织环境具有动态性、不确定性,环境可能给组织带来机会也可能造成威胁。对于企业威胁来说,它并非是孤立存在的,而是与企业内部管理和外部经营环境相关联的。组织要主动关注环境的变化,对企业的方方面面进行系统管理,这样才能堵住威胁的源头,或者在威胁来临时,最大限度地避免或降低威胁的损害。

二、组织环境的分类

(一)组织的外部环境

一般来说,外部环境为企业生存发展提供了条件,但同时也必然会限制到企业的生存和发展,要利用机会避免和化解威胁,企业就必须认识外部环境,对外部环境因素进行分析。

根据各种因素对组织业绩影响程度的不同,外部环境因素又可分为一般环境因素和具体环境因素。一般环境因素,即宏观环境因素,如政治法律、经济、社会文化和自然环境等方面,是指可能对所有组织的活动产生的并不直接的影响。与一般环境相比,具体环境对组织的影响更为直接和具体,主要包括资源供应者、购买者、竞争者、政府管理部门和社会特殊利益代表组织。

1. 一般环境

一般环境又称宏观环境,是指可能对这个组织的活动产生影响,但其影响的相关性却不清楚的各种外部环境因素的总和,主要包括政治法律、经济、社会文化、科学技术、自然资源等因素。

一般环境是间接影响组织业绩的外部因素,但任何一个组织都不可能不受这些因素的影响,因为任何一个组织都是社会这一个大系统的子系统,不可能脱离整个社会而独立存在,因此,管理者必须认真分析和研究自己组织所处的一般环境。

2. 具体环境

管理者通常将大量的注意力集中于组织的具体环境的分析。

具体环境是组织的微观环境,也称为任务环境,是指与实现组织目标直接相关的那些环境因素的总和。一般来说,它是由对组织绩效产生积极或消极影响的要素组成的。作为一个企业,比较典型的微观环境包括供应者、购买者、竞争者、政府管理部门及社会特殊利益代表组织等,这些因素直接影响企业的业绩。

（二）组织的内部环境

组织内部环境，是指存在于一个组织内部的、影响组织业绩的各种力量与条件因素的总和，它是处于一定经济社会文化背景下的组织，在长期的发展过程中逐步生成和发展起来的日趋稳定的独特的组织精神和价值观，以及以此为核心而形成的行为规范、道德准则、群体意识、风俗习惯等。这些因素不仅影响一个组织目标的制定和实现，而且直接影响该组织管理者的管理行为。因此，组织文化实际上是指组织的共同观念系统，是一种存在于组织成员之中的共同理解。

组织内部环境一般包括组织资源环境和组织文化两部分。组织资源环境是指组织所拥有的各种资源的数量和质量情况，包括资金实力、人员素质、科研力量、信息资源等。

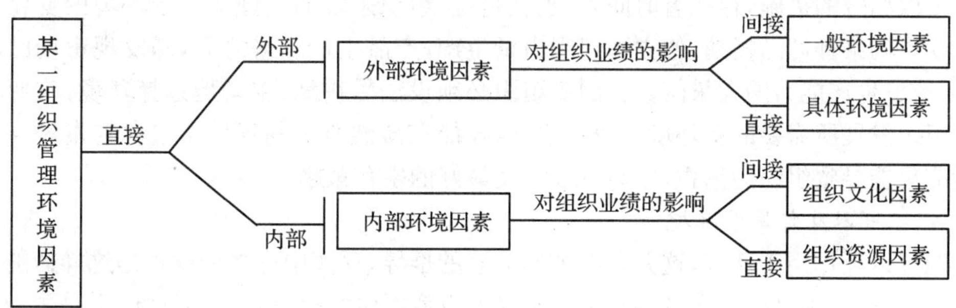

图 2－1　组织环境的构成

在图 2－1 中，宏观一般环境对于所有组织的影响都是间接的、潜在的、长期的和均等的。比如，通货膨胀率的提高、人口的老龄化等，虽然不会影响企业的日常经营，但从长期看，肯定会对企业的经营产生渐进性的影响。

具体环境包括那些对日常交易产生影响的因素，它对组织的相关程度较高，对于组织的影响是直接的、明显的、非长期的和不均等的，它直接影响着企业的日常经营和绩效，例如企业的竞争者、供应商和消费者。

大量研究表明，组织经营管理行为的改变是具体环境因素作用的结果，而组织微观环境的变化又是受宏观环境因素驱动的。因此，在分析把握组织外部环境形势时，首先应当考察分析一般环境因素的变动趋势，在此基础上再来分析具体环境及组织自身行为的变化。

需要注意的是，组织还有其内部环境。它是由那些处于组织内部的要素所构成的，如员工、管理模式（特别是组织文化）。因为组织文化决定了组织内部员工的行为方式和组织外部环境适应能力的高低。

组织作为一个开放的系统，从外部输入资源并向外部输出产品与服务。

三、环境对管理的影响

组织的外部环境变动，是组织决策者事先难以准确预料，也是组织自身不可控的。一个组织只有认识周围的环境，了解它们的发展变化，才能较好地适应它们，为组织求得生存和发展的机会。因此，研究组织所面临的环境，其重要的现实意义在于以下两个方面。

(一) 掌握组织与环境的互动关系

1. 组织要了解和认识多变的环境

组织界线具有的可渗透性特征本身就意味着组织与外部环境之间必然会互相发生影响。但值得注意的是,与内部环境相比,组织的外部环境更复杂、更动荡,蕴藏着更多的不确定性,也更加难以预测。这就要求,在处理组织和环境的互动关系上,组织首先要主动了解并认识环境,在此基础上主动适应环境的变化,寻求和把握组织生存和发展的机会。

2. 组织要主动适应多变的环境

组织要主动了解和认识多变的环境,并不是说要被动地去适应环境。环境是多方面的,如果组织单纯被动地适应环境,将永远无法跟上环境的变化。从环境发生变化到组织识别这种变化并采取相应的措施,存在着时间差,也就是说,组织采取的措施滞后于环境的变化。很多企业发现市场某种商品畅销,便立即组织力量生产,产品生产出来之后,却发现市场已趋于饱和,结果造成生产能力的大量闲置。因此组织必须设法尽快地、主动地选择环境,改变甚至创造适合组织发展所需要的新环境。只有这样,才能在激烈竞争的环境中生存与发展。一味地被动适应只能导致组织的消亡,主动进攻才是最好的生存策略。

3. 组织可以反作用于环境

组织可以反作用于环境,这并非单纯理论上的推导,现实中许多企业正是这样做的。为提高产品质量,往往不是坐等或毫不犹豫地接受供应商提供的原材料和零部件,而是主动到众多的供应商中间去选择,甚至主动向供应厂家提供技术管理人才,提供资金援助,进而获得高质量的原材料及零部件投入。目前,许多企业不惜耗巨资做广告,目的就是激起消费者对本企业产品的需求,改变市场环境。

(二) 认识环境对组织的作用

任何组织要实现自身生存与发展的目的,都要从环境取得必要的能量、资源、信息,如人力、财力、物力和有关信息等,并对这些输入进行加工、处理,然后将生产出的产品与劳务输出给外部环境。组织与环境间的关系表现为两个方面:其一是环境对组织的作用,其二是组织对环境的适应。

1. 环境对组织的决定性作用

首先,一个组织是否应该组建,要根据所在的环境、社会需要和可能的条件来决定。离开社会需要,组织的存在就失去了意义,符合社会需要而条件不具备,组织也无法组建。其次,组织要开展生产活动,就必须筹集各种生产要素——人、财、物,但这需要从环境中获得。最后,组织的产出——产品和劳务,又必须拿到组织的之外的环境去交换,才能获得收益,维持和扩大其生产经营活动。

2. 环境对组织的制约作用

环境对组织的制约作用,主要是指环境对组织生存发展的限制与约束,表现为它以一定的条件、标准、规范来限制、约束组织的各种活动。

这里以法律环境为例来说明环境对组织的制约。在市场经济条件下,国家调整组织内部、组织与组织之间、组织与消费者及社会各界、组织与政府之间以及涉外经济活动的利益关系和商务纠纷,主要通过法律手段和经济手段。这样,组织的生产经营活动就必然面临大量的国内和国际法律环境。国内与组织经营管理直接关联的基本框架,大体上包括关于组织营销与竞争行为的法律、组织社会责任的法律、组织内部关系的法律等。此外,还有涉外经济活动的法律规范、国际惯例等。可以说,组织生活在庞大而复杂的法律环境之中,这些法律规范体系以一定的标准衡量组织进入市场运行的资格;衡量组织在市场中动作的合法性,制止和惩罚"犯规动作"。由此可见,法律规范对规范和控制组织行为具有重要制约作用。

同样,环境能够提供的资源种类、数量和质量也制约着企业的生产经营活动。

3. 外部环境对组织的影响作用

环境对组织的影响作用,主要是指某一事物行为对其他事物或周围的人或社会行为的波及作用。它主要表现为环境本身的发展变化对组织发展的波及,常以潜在的形式发挥着作用。比如,技术在发展,消费者收入在提高,教育在不断普及,不同的民族文化或同一文化区域里人们的不同观念也在经常更换。环境的种种变化,可能会给组织带来不同程度的影响。

(1) 为组织的生存和发展提供新的概念。比如,新资源的利用可以帮助企业开发新的产品。

(2) 环境的变化对组织的生存造成某种威胁。比如,技术条件或消费者偏好的变化可能会使企业产品不再受欢迎。组织要继续生存,就必须及时地采取措施,积极地利用外部环境在变化中提供的有利机会,同时也要采取对策,努力避开这种变化可能带来的威胁。

综上所述,组织具有不断地与环境进行物质、能量、信息交换的性质和功能,组织和环境进行的物质的交换不断地改变着组织,从而影响到管理行为的改变。环境本身并不会直接影响管理行为,而是通过对组织的影响来改变管理行为。

第二节　组织外部环境分析

一、一般环境因素

通常而言,一般环境因素主要包括政治法律、经济、社会文化、自然环境和科学技术等方面。尽管它们对组织的影响不是直接性的,但管理者仍必须考虑这些因素对组织的长远发展带来的影响。组织首先必须全面地、客观地分析和掌握外部环境的变化,以此为基础和出发点来制定组织的目标并实现自身目标。

宏观环境分析的目的或任务主要有两点:一是通过分析,考察与某一行业或组织有重大关系的宏观环境因素将发生怎样的变化;二是评价这些变化将会给行业或组织带来什么样的影响,以便为组织制定发展战略奠定基础和提供依据。

(一) 政治法律环境

政治法律环境是指那些制约和影响企业经营的政治要素和法律系统。政治环境包括组织所在地区的政治制度、政治形势、方针政策和国家法令法规等,任何一个组织都必须在遵守国家的基本法律制度,了解并遵守国家本部的有关经营、贸易、投资等方面法规的前提下从事管理经营活动。政策规章及法律条款都会对一个组织产生重大影响。

政治环境主要表现在地区的稳定性和政府对各类组织或活动的态度上。地区政治局势是一个组织在制定其长期发展战略时所必然要考虑的,如果一国与某国的关系经常处于混乱或政局不稳定的状态,则社会矛盾尖锐,秩序混乱,该国的企业就会难以良好经营并取得好的效益。政府对各类组织的态度则决定了各个组织可以做什么、不可以做什么。各国在不同时期,政府根据需要颁布一些经济政策、制定经济发展方针,这些方针政策不仅影响本国企业的经营活动,还影响外国企业在本国市场的经营。例如,政府若认为金融、保险业要以国营为主,其他民营企业就很难涉足金融、保险业;政府若限制外国商品进口,则会加强关税壁垒,形成本国贸易保护。

政治法律环境通常具有三个特点:(1) 不可预测性,国家政治法律环境的变化一般无规律可言,因此对各组织来说更重要的是适应;(2) 直接性,政法环境会直接影响企业的经营状况;(3) 不可逆转性,政法环境因素一旦影响到组织,就会使组织发生十分迅速和明显的变化,而这一变化组织是驾驭不了并无法回避的。因此,灵活的组织经常通过政策研究,发现政策法规的发展趋势,提前计划到战略构建中,以便应对和提高竞争优势。

(二) 经济环境

经济环境是指构成组织生存和发展的社会经济状况及国家的经济政策,是影响消费者购买能力和支出模式的因素。作为经济组织活动的重要环境因素,它主要包括宏观和微观两个方面。

宏观经济环境主要指一个国家的人口数量及其增长趋势,国民收入、国民生产总值及其变化情况以及通过这些指标反映的国民经济发展水平和发展速度。宏观经济的繁荣和发展显然会为企业等经济组织的生存和发展提供有利机会,而宏观经济衰退则可能给所有经济组织带来生存和发展的困难。

微观经济环境主要是指企业所在地区或所需服务地区的消费者的收入水平、消费偏好、储蓄情况、就业程度等因素。这些因素直接决定着企业目前和未来的市场规模。假定其他条件不变,一个地区的就业率越高,收入水平越高,那么该地区的购买力就越高,对某种产品或服务的需求就越大。

(三) 社会文化环境

社会文化环境主要是指组织所在国家或地区的人口、教育水平、宗教信仰、风俗习惯、道德和价值观念等。

社会文化环境通过人口结构(人口数、年龄结构、人口分布)和生活方式(家庭结构、教育水平、价值观念)及行为习惯(风俗、道德、法律)这三方面影响一国的经济活动。它们对劳动力的数量和质量、就业机会、所需商品和服务的类型等产生重大的影响。例如,有的国家或地区,把服装式样看作显示自己社会地位的一种象征,因此他们很讲究服装的式样并很愿意为此花钱。而有的国家,人们对服装的式样并不讲究,只要经济实用即可。对于从事国际贸易的服装企业,就必须要注意到这些国家在风俗习惯上的差异。再如,为了保证顺利达成一笔商业交易,支付给政府官员和可以施加影响的人一笔费用,有的国家认为这是商业贿赂,有的国家则认为是正当的报酬。历史的发展、文化的积淀对组织的发展也产生一定影响。如苏州工业园区的文化因素决定了该地区的投资热潮;温州重商文化导致企业集群的产生。社会文化是人们的价值观、思想、态度、社会行为等的综合体。道德准则或社会公德虽然大多没有形成法律条文,但对于约束个人或集体行为仍具有事实上的作用和威力，因此任何组织的行为都必须了解社会行为准则、社会习俗、社会道德观等文化因素的变化对组织的影响。

（四）科技环境

科技环境是指一个企业所在国家或地区的技术水平、技术政策、新产品的开发能力以及技术发展的动向等，通常由所在国家或地区的技术水平、技术政策、科研潜力和技术发展动向等方面的因素构成。20 世纪下半叶以来变化最迅速的因素就是技术，信息化、柔性制造系统、新材料、新能源层出不穷；人类的基因密码已经被破解；通讯技术使得世界变成地球村；微处理器等信息载体变得更加小巧，而功能与速度却更强更快。技术的影响体现在新产品、新机器、新工具、新材料和新服务上，主要是可以取得更高的生产率，更高的生活水准，更多的休闲时间和更加多样化的产品。企业要想在市场上立于不败之地，就必须在产品、服务、经营方式等方面保持技术的先进性。尽可能采用最新的技术，生产出受社会欢迎的新产品。管理者，尤其是企业高层决策者，必须留意企业外部的技术环境，了解当前新技术发展的趋势，使企业处于新技术领先位置，在竞争中占据更有利的地位。

（五）自然资源环境

自然资源环境是指地理位置、气候条件以及矿产、森林、河流、海洋、生物、能源、水源、环境保护、生态平衡等方面的发展变化。常说的“天时”主要是指与相关的国家政策；“地利”主要取决于地理位置、气候条件以及资源状况等自然因素。这些因素关系到企业确定投资方向、产品改进与革新等重大经营决策问题。地理位置是制约组织活动、特别是企业经营的一个重要因素。例如，我国沿海地区的开放政策促进了投资环境的改善，吸引了大批外资，给这些地区的各类组织提供了充分的发展机会。此外，企业是否靠近原料产地或产品销售市场，也会影响到资源获取的难易和交通运输成本等。

气候条件及其变化的影响也不容忽视，比如，气候趋暖或者趋寒会影响空调生产厂家的生产或者服务行业的销售；而四季如春、气候温和则会鼓励人们更多地远足出游，从而为与旅游等有关的产品制造和劳务经营活动提供良好机会。

资源状况与组织的活动有紧密的联系。资源特别是稀缺资源的蕴藏状况，不仅是一个国家或地区经济发展的基础，而且为所在地区经济组织开展活动也提供了机会。自然资源短缺，将使许多企业面临原材料价格上涨、生产成本大幅上升的威胁，但另一方面又迫使企业研究更合理地利用资源的办法，开发新资源和代用品，这又为企业提供了信的资源和管理机会。资源分布影响着一个国家或地区工业的布局和结构，并决定着不同地区从事不同产业活动的企业的经营命运和特点。

工业化、城镇化的发展对自然环境造成了很大的影响，许多地区的污染已经严重影响到人的身体健康和自然生态平衡。例如，近年来，人为的环境污染形成严重雾霾天气，易引发人们呼吸道疾病。这些环境污染问题已引起各国政府和公众的密切关注，这对企业的发展是一种压力和约束，要求企业为治理环境污染献出力量，但同时也为企业提供了新的营销机会，例如绿色营销、企业研究控制污染技术、兴建绿色工程、生产绿色产品、开发环保包装等。

因此，组织企业在自身发展过程中，应担负起环境保护的社会责任，制定有效的管理策略，既要消化环境保护所支付的必要成本，还要在管理活动中挖掘潜力，保证企业目标的实现。

【延伸阅读】

企业经营的绿色营销管理模式

所谓“绿色营销”,是指社会和企业在充分意识到消费者日益提高的环保意识和由此产生的对清洁型无公害产品需要的基础上,发现、创造并选择市场机会,通过一系列的营销手段来满足消费者以及社会生态环境发展的需要,实现可持续发展的过程,使企业适应不断改变的自然环境并在自身发展中承担保护环境的社会责任。绿色营销的核心是按照环保与生态原则来选择和确定营销组合的策略,是建立在绿色技术、绿色市场和绿色经济基础上的,对人类的生态关注给予回应的一种经营管理方式。绿色营销不是一种诱导顾客消费的手段,也不是企业塑造公众形象的“美容法”,它是一个导向持续发展、永续经营的过程,其最终目的是在化解环境危机的过程中获得商业机会,在实现企业利润和消费者满意的同时达成人与自然的和谐相处,共存共荣。

二、具体环境因素

具体环境因素是组织的微观环境因素,也称为任务环境因素或小环境因素。一般环境对组织的影响常常通过具体环境因素的变化来对组织起作用。因此,大多数组织的管理者也都更为重视其具体环境因素。

具体环境分析的目的或任务是分析本行业中的企业竞争格局以及本行业和其他行业的关系,搞清楚企业的顾客需求、合作关系、竞争结构和程度,使企业明白其在所处的行业环境中将面临怎样的机会与威胁,并通过自身的努力,在一定程度上引导、改良组织的具体环境。因此,具体环境分析是企业制定战略、进行有效管理的最主要的基础。

以企业为例,构成其具体环境的要素主要包括组织的供应者、购买者、竞争者、政府管理部门及其政策法规及社会特殊利益代表组织等,他们与企业形成了协作、竞争、服务、监督的关系。

(一) 供应者

一个组织的供应者,又称为资源供应商,是指向该组织提供资源的人或单位。这里所指的资源不仅指设备、人力、原资料、资金等,也包括信息、技术和服务等。

对大多数组织来说,金融部门、政府部门、股东是其主要的资金供应者,学校毕业生分配部门、劳动人事部门、各类人员培训机构、人才市场、职业介绍所是其主要的人力资源供应者,各新闻机构、情报信息中心、咨询服务机构是主要的信息供应者,大专院校、科研机构、发明家是技术的主要源泉,货物运输、设备修理、员工培训、环卫清洁及保安等服务机构,也都构成企业的服务供应商。

由于组织在其运转的每一个阶段中,都依赖资源供应,供应者的性质、数量或类型的变化都可能会给组织的生产经营带来重大影响,一旦主要的资源供应发生问题,就会导致整个组织运转的减缓或终止。因此,管理者一般都力图避免在不了解供应资源的情况下进行有关决策。为了避免陷入困境,管理者在战略上一般都应该努力寻求所需资源的稳定供应,并避免过分依赖于一两个资源供应者。

（二）购买者

购买者又称为服务对象或顾客，是指那些从组织购买产品或服务的个人或组织，如企业的客户、商场中的购买者、医院中的病人、学校中的学生等。组织是为满足顾客需要而存在的，如果一个组织失去了其服务对象，该组织也就失去了其自身存在的基础。如果一个企业生产的产品无人问津，就必然破产；一个政府如果不能为社会公众服务，就必然得不到社会公众的支持。因此，组织的购买者是影响组织生存与发展的主要因素，而任何一个组织的服务对象对组织来说又是一个潜在的不确定因素。

购买者的需求是多方面的，而且经常会发生兴趣或者需求的变化，这些都会给企业带来机会和威胁。组织是否成功，其关键就在于能否满足顾客的需求。为此，管理者必须深入市场，分析购买者心理，根据购买者需求的变化，及时推出满足购买者需求的新产品、新服务。唯有如此，企业才能生存和发展。

（三）竞争者

一个组织的竞争者是指与其争夺资源、服务对象的人或组织。任何组织都不可避免地会有竞争对手。如可口可乐公司和百事可乐公司，通用汽车公司和丰田汽车公司，苹果公司的对手有 IBM、联想集团等，铁路运输有公路、水路、航空运输等与之竞争，这些竞争者之间不是相互争夺资源，就是相互争夺购买者。

基于资源的竞争一般发生在许多组织都需要同一有限资源的时候，最常见的资源竞争是人才竞争、资金竞争和原材料竞争。对经济资源的竞争可能来自于不同类型的组织，而当各部门竞争有限资源时，该资源的价格就会上扬。例如，当资金紧缺时，利率就会上升。

基于顾客的竞争一般发生在同一类型的组织之间。这些组织或许其提供的产品或服务方式不同，但他们的服务对象是同一的，则同样会发生竞争，如航空部门与铁路运输部门之间、铁路与公路运输部门之间就可能为争夺货源和客源而展开竞争。

组织在研究竞争者时，主要从三个方面进行分析：一是现有竞争者的状况，即已经和组织开展资源争夺的组织。对他们的数量、实力、分部及发展方向进行分析，并由此确定自己的主要竞争者。二是潜在竞争者的状况。这类竞争者目前还没有和组织开始资源争夺，但在不久的将来可能会进入组织所在的市场并和组织开展资源竞争。通常来说，进入该市场的难易程度以及该市场的利润情况会决定现在竞争者是否进入该市场。比如生产处理器的市场利润非常大门而且市场增长率很高，但由于进入的技术壁垒非常高，使得竞争者望而却步。三是替代品的提供者。虽然替代品与组织所提供的产品和服务形式不同，但其功能却大致相似。比如摩托车和轿车，都可以作为交通工具使用。替代品的提供者虽然一般不会和组织争夺生产资料，但往往会争夺最主要的市场购买者，因此，组织分析竞争者时也要考虑到替代产品的影响。

竞争也不限于国内。随着对外开放政策的实施，国内的各类组织不仅面临着国内的竞争，而且还将直接面对来自国外的竞争。在这种情况下，竞争者之间有时可能会出现某种程度的联合。没有一个组织在管理中可以忽视其竞争对手，否则就会付出惨重的代价。所以说，竞争对手是管理者必须了解并及时做出反应的一个重要的环境因素。

(四) 政府管理部门及其政策法规

政府管理部门主要是指如国务院、各部委及地方政府的相应机构,如工商行政管理局、卫生防疫站、烟草专卖局、物价局、无线电管理委员会等。政府管理部门拥有特殊的官方权力,可以制定有关的政策法规、规定价格调整幅度、征税、对违反法律的组织采取必要的行动等,而这些对组织的经营活动会产生直接的影响。

有的组织由于其组织目标的特殊性,更是直接受制于某些政府部门,如我国的电信业、医药业和饮食业,就各自受到工信部、卫生防疫管理部门的直接管理。

政府的政策法规一方面会影响组织的运行成本,另一方面则会限制管理者决策的选择余地。为了符合政府的政策法规和政府管理部门的要求,组织就必然要付出一定的成本,例如为了取得消防管理部门的认可,企业必须按规定安装消防设备;某些政策法规规定了组织可以做什么和不可以做什么,从而影响管理者的决策,如劳动保护条例等,对组织的招工、用人、辞退决策带来了一定的限制。

(五) 社会特殊利益代表组织

社会特殊利益代表组织是指代表某一部分人的特殊利益的群众组织,如妇联、工会、消费者协会、环境保护组织等。它们虽然没有像政府部门那么大的权力,但却同样可以对各类组织施加相当大的影响。它们可以通过直接向政府主管部门反映情况,通过各种宣传工具制造舆论以引起人们的广泛注意,从而对各类的组织经营管理活动施加影响。事实上,有些政府法规的颁发,部分是对某些社会特殊利益代表组织所提出的要求的回应。

由此可见,任何组织都不是孤立的。组织把环境作为自己输入的来源和输出的接受者,必须遵守当地的法规,并对竞争做出反应。正因为如此,供应者、购买者、竞争者、政府管理部门及社会特殊利益代表组织等可以对某一个组织施加影响,而管理者也必须对这些环境因素的影响做出适当的反应。

组织外部的环境因素随着时间的推移是在不断变化的,对于一个组织来说,哪些因素是一般环境因素,哪些因素是具体环境因素,主要取决于组织的目标定位,即组织所供应的产品或服务的范围及其所服务的细分市场。生产同一种产品的企业,由于其各自的产品市场定位不同,其环境也不同。例如两个饮料生产企业,一家专门生产儿童饮料,一家生产保健饮料。对于这两家企业,人口结构、饮食习惯、国民经济发展水平、政府对食品卫生的有关规定、饮料生产技术的发展等是它们在经营中都必须加以考虑的。进一步地,对前一家企业而言,还要考虑国家的计划生育政策、儿童在社会中的地位等一般因素和儿童的口味、儿童的数量、所需的原辅材料供应情况、儿童饮料市场竞争情况等;而对后一家企业,将更关心保健技术的发展、保健品市场需求及竞争情况、国家对保健品生产的特殊规定等。企业是这样,其他组织也是如此。如同样是学院,工商管理学院和纺织工学院由于其专业方向和学生就业去向不同,其环境也不同。在这些组织中的管理者,面临的将是不同的公众。由上可知,对一个组织的发展有重大影响的环境因素,对于另一个组织可能根本不重要,即使最初看起来它们是同一类型的组织。

由此可见,外部环境对组织及其管理活动的影响是复杂的、多方面的。其中,有些影响是积极的,有些影响是消极的,甚至相互矛盾和冲突;同样的外部环境对某个企业来说可能是机会，而对另一个企业来说可能是威胁。

另一方面，在外部环境中，其他环境因素相对于某一特定环境因素来说又是环境，各环境因素之间又相互影响、作用和制约，这些进一步加大了外部环境的复杂性。

第三节　组织的内部环境分析

管理环境除了外部环境以外，还包括组织的内部环境。内部环境要素由若干要素组成，组织之所以能在社会中存在，就在于具有连续不断地将资源转换为社会所需要的产品和服务的能力，构成了一个组织运行的内部的硬环境，即资源环境，包括人力资源、物力资源、财力资源等；一个组织就像部落和民族一样有自己的行为文化，对于组织来讲，就形成了组织文化。在组织内部环境中，对管理行为影响较大的内部环境因素主要是资源环境和组织文化。

一、资源环境

任何组织的经营活动都需要借助一定的资源来进行，资源环境主要是要分析组织内部各种资源的拥有状况和利用能力，这些资源的拥有情况和利用情况影响甚至决定着组织活动的效率和规模。组织活动的内容和特点不同，需要利用的资源类型也有区别。但一般来说，任何组织的活动都离不开人力资源、财务资源及物力资源。

（一）人力资源

人力资源的质量往往是决定一个组织核心竞争力的关键性因素。在人力资源要素中，组织需要考虑的主要是本组织人力资源总量是否平衡和人员结构是否合理以及按照不同岗位进行合理岗位设置的问题。如果存在人力资源总量过剩的情况，就要考虑采取不同的办法减少现有的人员数量；如果本组织人力资源总量不足，则要采取相应的办法招聘人才。在人员结构问题上，主要是高层次人才不足和低层次人才过剩的问题。组织在引进人才、培养人才、考核员工、激励和约束员工、调动员工的积极性等方面需要做出一系列的重要决策。比如，组织一方面可以通过绩效考核等办法选拔并激励优秀人才，淘汰不符合岗位要求的人员；另一方面可以通过建立人才的流动机制，积极引进组织需要的高层次人才，并通过相应的培训机制提高现有人员的素质和能力。

（二）财务资源

财务资源是一种能够获取和改善组织其他资源条件的资源，是各种经济资源的价值体现，因此可以认为是反映组织活动条件的一项综合因素。分析财务资源就是分析组织的资金拥有情况，即各类资金的数量；构成情况，即自有资金和债务资金的比重；筹措渠道，是通过债务市场还是通过商业银行；利用情况，组织是否把有限的资金使用在最需要的地方；分析组织是否有足够的财力资源去组织新业务的拓展、原有活动条件和手段的改造，在资金利用上是足够还是有潜力可挖，等等。

(三) 物力资源

物力资源主要是分析组织活动过程中需要运动的物质条件的拥有数量和利用程度。组织的物力资源一般分为生产制造、储运、销售以及事物处理等四个部分,具体包括组织的设备、仪器、工具、厂房、仓库、场地、原材料供应等方面的基本条件。比如,要分析企业拥有多少设备和厂房,它们与目前的技术发展水平是否相适应,企业是否应对其进行更新改造,机器设备和厂房的利用状况如何,企业能否采取措施提高其利用率等。物力资源的投入通常比较大,因此为了不使这些投资决策发生失误,物力资源环境的分析工作必须认真细致,以便为决策提供可靠的信息。

二、组织文化

对于任何一个组织来说,都有自己特殊的生存条件和历史传统,在长期的生产经营活动过程中,逐渐地形成了自己独特的哲学信仰、意识形态、价值取向和行为方式,即每个组织都有自己特定的组织文化。这种软约束力,对组织的发展产生着无法取代的作用力。正如美国哈佛大学教授迪尔和肯尼迪曾经指出的那样:“每个企业都有一种文化,不管组织的力量是强还是弱,文化在整个组织中都有着深刻的影响,它实际上影响着企业中的每一件事:从某个人的提升到采用什么样的决策,以至职工的穿着和他们所喜爱的活动。”

(一) 组织文化的概念与特征

1. 组织文化的概念

组织文化是处于一定经济社会文化背景下的组织,在长期的发展过程中、在长期实践活动中所形成和发展起来的日趋稳定的、独特的价值观(文化理念),以及以此为核心而形成的行为规范、道德准则、群体意识、风俗习惯等。从这个定义中可以看到,组织文化实际上是指组织的共同观念系统,是一种存在于组织之中的共同理解。因此,组织中不同背景和地位的人在描述其组织文化时基本用的是相同的语言。在每一个组织中,有各种不断发展着的价值观、仪式、规章、习惯等,这些观念一旦为全体员工所接受,就变成了组织的共同观念,亦成为组织文化的一部分。而组织文化一旦形成,就会在很大程度上对管理者的思维和决策施加影响,并具体体现在组织的各种行为准则和外在形象上。

2. 组织文化的特征

(1) 客观性。组织文化的产生和存在是不以人的意志为转移的。只要是一个组织,在组织中就必然会形成组织文化。不管人们是否意识到,组织文化总是存在着,并发挥着或正或负、或大或小的作用。成功的组织有优秀的组织文化,失败的组织有不良的组织文化。

(2) 差异性。每个组织由于其使命不同,所拥有的资源和所处的环境不同,相应地,组织文化也不同,即任何组织的组织文化都有其鲜明的个性。不仅如此,组织文化还有强有弱。所有的组织都有其特定的组织文化,但其文化对管理的影响程度是不同的,可分为强的组织文化和弱的组织文化。所谓强的组织文化,是指主要的价值观念为组织内的员工所广泛了解和接受的组织文化,弱的组织文化则相反。组织文化的强弱与组织规模、发展历史、员工流动性及组织发展速度等有关。

(3) 民族性。民族是指人们在历史上形成的有共同语言、共同区域、共同经济生活及表现于共同文化上的共同心理素质的稳定的共同体。每一个民族都有其独特的民族文化，任何组织都是存在于某一区域内的，它们必然要受到所在地区民族文化的影响，相应地，其组织文化也必然带有地域性、民族性和时代性。例如在中国的企业文化中，提倡"团结""奉献"的很多；同时在中、日、美三国的企业文化中，也各自体现出了崇尚"集体主义""家庭主义""个人英雄主义"的鲜明特征。

(4) 稳定性。组织文化需要经过较长的时间才能形成，但一旦形成，就具有稳定性，就像人的个性较难随时间改变一样，组织文化的改变也是十分困难的。

(5) 发展性。组织文化随着历史的积累、社会的进步、环境的变迁以及组织变革逐步演进和发展。强势、健康的文化有助于组织适应外部环境和变革，而弱势、不健康的文化则可能导致组织的不良发展。改革现有的组织文化，重新设计和塑造健康的组织文化过程就是组织适应外部环境变化、改变员工价值观念的过程。

（二）组织文化的结构层次与构成要素

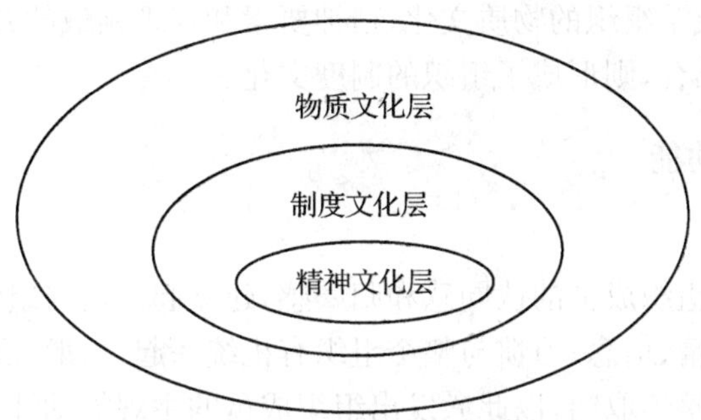

图 2-2　组织文化结构图

组织文化究竟包含哪些内容，不同的学者有不同的看法。一般地，组织文化由组织的物质文化、制度文化以及精神文化等三个不同层次的文化构成。

1. 物质文化

物质文化表现为组织的外表，是肉眼可以看到的组织形象。这是组织文化的表层，主要由组织成员的行为和生产与工作的各种活动，以及这些行为与活动的各种物化状态所构成。如企业生产经营的物质技术条件，诸如厂的风貌、机器设备，产品的外观、质量、服务以及厂徽、工作服等。

2. 制度文化

制度文化反映为组织的结构形态、规章制度、奖惩方式以及信息沟通渠道等内容，是属于组织文化的中间层，如企业中的企业规章、企业纪律，各部门工作制度和责任制度以及人际交往的方式等。

【延伸阅读】

著名企业的制度文化及组织价值观

IBM公司规定：销售人员在任何情形下都不可批评竞争对手的产品；如对手已接获顾客的订单，切勿游说顾客改变主意；销售人员绝对不可为获得订单而进行贿赂(IBM的座右铭是

“诚实”,贿赂会毁掉公司的形象)。

IBM的价值观曾经具体化为IBM的三原则,即为职工利益、为顾客利益、为股东利益。后来三原则又发展成为以“尊重个人、竭诚服务、一流主义”为内容的信条,成为IBM的核心和灵魂。

惠普公司:信任和尊重每个人、追求卓越的贡献和成就、在经商活动中保持诚实和政治、靠团队精神达到共同目标、强调灵活性和创造性。

宝洁公司:一流的产品、不断改进、诚实和公正、对个人的尊重和关心。

3. 精神文化

精神文化主要指组织共同的价值观和行为准则,包括组织精神、组织哲学、组织道德和组织风尚等。在这三个层次中,精神文化是基础、核心和灵魂,它虽然是无形的,但始终制约、调整着组织及其成员的行为倾向和方式。精神文化表现为一系列明确的价值观和行为规范、道德准则以及清晰的信念。当人们把精神文化中的价值观、道德感等和组织活动中的物质条件有机地结合起来,便形成了组织的物质文化;精神要素和管理领域的领导体制、领导风格、组织结构、规章制度等要素结合,则形成了组织的制度文化。

(三)组织文化的功能

1. 自我内聚功能

组织文化通过培育组织成员的认同感和归属感,建立起成员与组织之间的相互依存关系,使个人的行为、思想、感情、信念、习惯与整个组织有机统一起来,形成相对稳固的文化氛围,凝聚成一种无形的合力与整体取向,以此激发出组织成员的主观能动性,为组织的共同目标而努力。例如,日本松下电器公司的企业文化精髓即著名的“松下七精神”,包括:产业报国,光明正大,亲和一致,积极向上,礼节谦让,顺应同化,感恩图报。这对松下员工的培育员工间的情感联系,给予正确的价值取向起到了导向作用。

2. 自我改造功能

组织文化能从根本上改变员工的原有价值观念,建立起新的价值观念,使之适应组织正常实践活动的需要和外部环境的变化要求。尤其对于刚刚进入组织的员工来说,为了减少他们个人带有的家庭、学校、社会所养成的心理习惯、思维方式、行为方式与整个组织的不和谐或者矛盾冲突,就必须接受组织文化的改造、教化和约束,使其行为与组织保持一致。在这个意义上说,组织文化具有一定程度的改造性。这种约束适应功能就是帮助组织指导员工的日常活动,使其能快速地适应各种因素的变化。

3. 自我调控功能

组织文化具有的这种软约束和自我协调的控制机制,往往比正式的硬性规定有着更强的控制力和持久力,因为主动的行为比被动的适应有着无法比拟的作用。

4. 自我完善功能

组织在不断的发展过程中所形成的文化积淀,通过无数次的辐射、反馈和强化,会不断地随着时间的发展而更新和优化,推动组织文化从一个高度向另一个高度迈进。也就是说,组织文化不断地深化和完善一旦形成良性循环,就会持续地推动组织本身的上升发展,反过来,组织的进步和提高又会促进文化的丰富、完善和升华。国内外成功组织和企业的事实表明,组织的兴旺发达总是与组织文化的自我完善分不开的。

5. 自我延续功能

组织文化的形成是一个复杂的过程，往往会受到社会环境、人文环境和自然环境等诸多因素的影响，因此，它的形成和塑造必须经过长期的耐心倡导和精心培育，以及不断地实践、总结、提炼、修改、充实、提高和升华。正如任何文化都有历史继承性一样，组织文化一经固化形成，就会具有自己的历史延续性而持久不断地起着应有的作用，并且不会因为组织领导层的人事变动而立即消失。如美国英特尔公司的领导人历经数次变动，但其经过多年培育出来的创新精神仍然存在，成为公司不断进取的精神支柱和追求卓越的公司信条。

（四）塑造组织文化的途径

1. 选择价值标准

由于组织价值观是组织文化的核心和灵魂，因此选择正确的组织价值观是塑造组织文化的首要战略问题。选择组织价值观有以下两个前提：

首先，要立足于本组织的具体特点。不同的组织有不同的目的、环境、习惯和组成方式，由此构成千差万别的组织类型，因此必须准确地把握本组织的特点，选择适合自身发展的组织价值观，否则就不会得到广大员工和社会公众的认同与理解。

其次，要把握住组织价值观与组织文化要素之间的相互协调，因为各要素只有经过科学的组合与匹配，才能实现系统整合优化。

在此基础上，选择正确的组织价值标准要抓住四点：

(1) 组织价值标准要正确、明晰、科学，具有鲜明特点。

(2) 组织价值观和组织文化要体现组织的宗旨、管理战略和发展方向。

(3) 要切实调查本组织员工的认可程度和接纳程度，使之与本组织员工的基本素质相和谐，过高或过低的标准都很难奏效。

(4) 选择组织价值观要坚持群众路线，充分发挥群众的创造精神，认真听取群众的各种意见，并警告自上而下和自下而上的多次反复、审慎地筛选出既符合本组织特点又反映员工心态的组织价值观和组织文化模式。

2. 强化员工认同

选择和确立了组织价值观和组织文化模式之后，就应把基本认可的方案通过一定的强化灌输使其深入人心，主要有以下三种方式：

(1) 充分利用一切宣传工具和手段，大张旗鼓地宣传组织文化的内容和要求，使之家喻户晓，人人皆知，以创造浓厚的环境氛围。

(2) 树立榜样人物。典型榜样是组织精神和组织文化的人格化身与形象缩影，能够以其特有的感染力、影响力和号召力为组织成员提供可以仿效的具体榜样，而组织成员也正是从英雄人物和典型榜样的精神风貌、价值追求、工作态度和言行表现之中深刻理解到组织文化的实质和意义。尤其是组织发展的关键时刻，组织成员总是以榜样人物的言行尺度来决定自己的行为导向。

(3) 培训教育。有目的的培训与教育，能够使组织成员系统接受和强化认同组织所倡导的组织精神和组织文化。但是，培训教育的形式可以多种多样，当前，在健康有益的娱乐活动中恰如其分地融入组织文化的基本内容和价值准则，往往不失为一种有效的方法。

3. 提炼定格

(1) 精心分析。在经过群众性的初步认同实践之后，应当将反馈回来的意见加以剖析和评价，详细分析和仔细比较实践结果与规划方案的差距，必要时可吸收有关专家和员工的合理化意见。

(2) 全面归纳。在系统分析的基础上，进行综合的整理、归纳、总结和反思，采取去粗取精、去伪存真、由此及彼、由表及里的方法，删除那些落后的、不为员工所认可的内容与形式，保留那些进步的、卓有成效的、为广大员工所接受的内容与形式。

(3) 精炼定格。把经过科学论证的和实践检验的组织精神、组织价值观、组织文化，予以条理化、完善化、格式化，加以必要的理论加工和文字处理，用精练的语言表述出来。建构完善的组织文化需要经过一定的时间过程。如我国的东风汽车公司经过将近 30 年的时间才形成“拼搏、创新、竞争、主人翁”的企业精神。因此，充分的时间、广泛的发动、认真的提炼、严肃的定格是创建优秀的组织文化所不可缺少的。

4. 巩固落实

(1) 建立必要的制度。在组织文化演变为全体员工的习惯之前，要使每一位成员都能自觉主动地按照组织文化和组织精神的标准去行事，几乎是不可能的。即使在组织文化业已成熟的组织中，个别成员背离组织的行为也会经常发生。因此，建立某种奖优罚劣的规章制度是十分必要的。

(2) 领导率先垂范。组织领导者在塑造组织文化的过程中起着决定性的作用，其模范行为就是一种无声的号召和导向，会对广大员工产生强大的示范效应。所以任何一个组织如果没有组织领导者的以身作则，要想培育和巩固优秀的组织文化是非常困难的。这就要求组织领导者观念更新、作风正派、率先垂范，真正肩负起带领组织成员共建优秀组织文化的重任。

5. 丰富发展

任何一种组织文化都是特定历史的产物，所以当组织的内外条件发生变化时，需要不失时机地调整、更新、丰富和发展组织文化的内容和形式。这既是一个不断淘汰旧文化性质和不断生成新文化特质的过程，也是一个认识与实践不断深化的过程，组织文化由此经过循环往复达到更高的层次。

复习思考题

1. 管理环境包括哪些方面？管理环境的特征是什么？
2. 简述环境对管理的影响。
3. 组织的外部环境具体内容有哪些？
4. 组织文化有哪些特征？如何建设组织文化？

案例讨论

彭尼公司忽视具体环境的失误

彭尼公司是美国大型零售商店之一，成立于1902年。8年以后，它已拥有26家连锁商店，遍布美国西部各州。在以后的30年间，它的发展极为迅速，到1940年已经拥有1 585家商店。

彭尼公司的巨大成功，来自于它的经营特色：(1) 只限于在小城镇开店，大多在密西西比州的西部。在这样的小镇上，彭尼公司的经理工资最高、地位显赫，被尊为当地人的朋友，他们的商店也受到了爱屋及乌的礼遇。(2) 现金交易。彭尼公司极力提供最优质的商品，而且尽可能把价格压到最低限度，这样一来顾客乐于付款，也乐于把商品带回家中。由于商店坚持以货真价实为宗旨，不搞门面装饰，因而管理费用极低，在售价低的情况下，也有利可图。(3) 销售品种有限。彭尼公司的商店大多分布在小城镇，销售产品主要限于服装和家具，这样一来质量更容易获得保证。

二战后，彭尼公司恪守的经营原则受到了严重的挑战，市场占有率不断下降。而同期，另一家大型连锁店西尔斯的市场占有率却在不断上升。什么原因导致二战后彭尼公司的滑坡呢?

主要是市场营销环境发生了变化，而公司仍抱着传统的经营观念、经营方式不变。

1. 顾客需求呈现多样化。由于战后人们生活水平的提高、消费结构的变化，消费需求日渐丰富，呈现多样化的特征。而彭尼公司的经营品种只限于服装和家具，已不能满足人们的购物需要。

2. 服务形式多样化。由于买方市场的形成，消费者对服务水平的要求越来越高。不仅要求有漂亮的装潢、舒适的购物环境，还要求有赊销、送货上门等服务。而彭尼公司仍坚持现金交易和顾客自已拿货。

3. 企业形象日趋重要。由于竞争的加剧，企业定位、企业形象对于吸引消费者起着越来越大的作用。彭尼公司的商店遍布小城镇，在大都市踪影全无，无疑极大地影响了它的发展，难以与代表高效率、大规模的西尔斯公司相比。

20世纪50年代，彭尼公司的推销员威廉·巴顿给董事会写了一份备忘录，批评公司那种面对已变化了的市场环境，不作任何反应的顽固、保守的做法。该备忘录引起了公司的极大关注并开始着手改革：

(1) 赊销。1958年9月，彭尼公司开始进行赊销的可行性试金，到1962年，彭尼公司的所有商店都提供赊销服务，赊销的比重1964年占28%、1966年占35%、1973年达到38%。

(2) 经营品种多样化。除了经营传统的非耐用品之外，开始仿照西尔斯公司也经营家电、家具、汽车等耐用品。

(3) 向大都市扩展。由于舍不得离开小城镇，公司的发展受到了阻碍，竞争力受到影响，因此公司决定向大都市扩展，树立现代企业形象。

(4) 开展市场营销环境研究。在备忘录出现以前，公司对市场营销环境研究还十分生疏。但它的出现刺激了公司，使公司认识到必须对所赋予的环境、机会和市场需求进行全面、彻底地研究,以督促公司管理人员对消费者的需求和偏好做出评价,对竞争对手的变化做出反应。

[资料来源:郑玉香,刘泽东.市场营销学新论.北京:北京大学出版社,中国林业出版社,2007]

思考题

1. 彭尼公司是如何应对环境变化的?
2. 讨论出合理地适应环境变化的建议,使得彭尼公司能够扭转低迷局面。

实训题:参观、了解某企业所处的组织环境和组织文化

指导老师在条件允许的情况下组织学生参观了解学校附近某企业(如条件不允许,则收集企业相关详细资料),通过对企业的介绍及与工作人员的交流观察等,将学生分成小组,每小组提交分析报告,报告内容包括:

1. 该企业的组织文化的层次构成以及该企业组织文化的特点。
2. 该企业的经营管理可能会受到哪些环境的影响?这些环境将如何影响企业的经营?

2-1 视频 “福喜”事件

2-2 视频 “光伏”事件

2-3 “福喜”事件

2-4 “光伏双反”背后的反思

第三章　管理的基本原理和方法

【学习目标】

掌握：管理原理的主要特征，熟悉管理基本原理的具体内容。

运用：在实践中合理运用管理方法。

【教学重点】

管理的四个基本原理；管理的基本方法。

【导入案例】

人为本、争第一、零起点

广西玉柴机器集团公司是国内最大的内燃机制造基地。它的前身广西玉林柴油机厂，1984 年，2 000 人的工厂，1 000 台柴油机的产量，年利税 96 万元，是当时玉柴的“历史最高水平”，当时在国内同行中排名第 173 位。

1985 年，玉柴出炉了玉柴人称之为“灵魂”的玉柴精神：顽强进取、刻意求实、竭诚服务、致力文明。当年实现了 3 010 台的生产计划，完成了玉柴历史上一次大跳跃。

当年年底，玉柴“跳”过了“在国内拿第一”的目标，直接提出要“跻身国际内燃机强手之林”。伴随着目标追求，诞生了危机哲学：零起点！公司 1994 年在纽约上市，美国的投资银行、律师事务所在撰写募股说明书时，问及玉柴的管理哲学，董事长王建明回答了 9 个字：“人为本、争第一、零起点。”

1985 年，玉柴突破 3 000 台大关时，告诫自己“零起点”；10 年后，玉柴在中国内燃机行业的主要经济技术指标终于跃居第一位时，仍然提“零起点”；进入 21 世纪，2002 年玉柴已经月生产 2 万台发动机，还是告诫自己“零起点”。当视质量为生命的玉柴实现了柴油机可靠运行目标达到 3 万公里不出故障时，是“零起点”；达到 10 万公里不出故障时，是“零起点”；达到国际标准 30 万公里不出故障时，还是“零起点”。这被玉柴称为“三级跳”。于是，2002 年，玉柴正式提出：5 年内，玉柴要打入国际前 4 强，闯进半决赛，要想争第一，就永远是“零起点”！

永远“零起点”的玉柴需要不寻常的人才。玉柴的用人方针是：为每一个岗位的发展创造机会，为每一个层级的攀登创造条件。玉柴的用人方针是：尊重、爱护、发挥、发展。

尊重员工的主体利益，玉柴的人本思想体现为：“人本方针”，侧重的是育人、用人；“人本保障”，侧重的是对责任的公正分配。具体落实在干部“十字”要求（民主、开朗、顽强、竭诚、约束）和干部的“六项基本功”。

“干部的六项基本功”：(1) 要对职工说清楚要求——目标机制；(2) 要使绝大多数职工愿意

达到要求——民主机制;(3) 要使每一个岗位的职工懂得如何达到要求——教育机制;(4) 使每一个岗位的职工都能够达到要求——投入机制;(5) 使每一个岗位的职工必须达到要求——责任分配机制;(6) 集思广益、反复检讨、周而复始、完善要求——反馈机制。

今天,玉柴已经成为中国最大的内燃机生产基地,其内燃机生产能力在世界上排第二位。

[资料来源:周三多.管理学原理与方法(第四版).上海:复旦大学出版社,2009]

【案例思考】

1. 玉柴的管理体现了哪些原理?
2. 结合案例谈谈对人本原理和责任原理的理解。

第一节　管理的基本原理

原理是指某种客观事实的实质及运动的基本规律,是最基本、具有普遍意义的道理。管理学原理是对管理工作实质内容进行科学分析总结而形成的基本真理,是人们对各项管理制度和管理方法的高度综合、概括与提炼,是实现管理现象的抽象总结,反映了管理的客观要求和管理的一般规律性,因而对一切管理活动具有普遍的指导意义。管理的基本原理包括系统原理、人本原理、责任原理、效益原理等。

一、管理原理的基本特征

1. 客观性

管理原理是对管理的实质及客观规律的表述。因此,它与管理工作中所确定的原则有严格区别。原则是根据对客观事物的基本原理的认识引申而来的,是人们规定的行动准则。而原理则是对管理工作客观必然性的刻画,原理之"原"即"源",是原本、根本的意思,原理之"理"即道理、基准、规律。在日常的管理工作中,我们既要认识原理与原则的区别,又要注意两者之间的联系。在确定每项管理原则时,要以客观真理为依据,尽量使之符合相应的原理,同时,又要以指令或法令的形式来强化原则的约束作用,加强管理原理的指导作用,从而获得满意的管理效果。

2. 概括性

管理原理所反映的事物很广泛,涉及自然界与社会的许多领域,包括人与物的关系、物与物的关系以及人与人的关系。但它不是现象的罗列,不反映管理的多样性。例如,国民经济包括许多门类,每个门类又分成许多部门,每个部门又分成许多行业,每个行业又包括许多企业,每个企业又各自有其自身的特点。即使同一类型企业,它们的产品品种、企业规模、技术装备水平、人员构成、建厂历史、厂址地理位置与自然环境、社会环境等等相互之间也不可能完全一样。因而每个企业结合自身的特点都有不完全相同的管理方式和方法,即企业管理活动呈现出多样性,但是,管理原理对这些不同的企业都是适用的,具有普遍的指导意义。因此,管理原理是对包含了各种复杂因素和复杂关系的管理活动客观规律的描绘。或者说,是在总结大量管理活动经验的基础上,舍弃了各组织之间的差别,经过高度综合和概括而得出的具有普遍性、规律性的结论。

3. 稳定性

管理原则不是一条一成不变的教条，它随着社会经济和科学技术的发展而不断发展。但是，它也不是变化多端和摇摆不定的，而是相对稳定的。管理原理和一切科学原理一样，都是确定的、巩固的，具有“公理的性质”。不管事物的运动、变化和发展的速度有多快，这个确定性是相对稳定的。因此，管理原理能被人们认识和利用，从而指导管理实践活动的成效。

4. 系统性

管理原理中的系统原理、效益原理、人本原理、责任原理，组成了一个有机体系，它不是各种繁琐的概念和原则的简单堆砌，也不是各种互不相关的论据和论点的机械组合，而是根据管理现象本身的有机联系，形成一个相互联系、相互转化的完整的统一体。管理的实质，简言之，就是在系统内部以人为本，通过确定责任，以达到一定的效益。

二、管理的基本原理

（一）系统原理

任何社会组织都是由人、物、信息组成的系统，任何管理都是对系统的管理，没有系统也就没有管理。系统原理不仅为认识管理的本质和方法提供了新的视角，而且它所提供的观点和方法广泛渗透到人本原理、责任原理、效益原理之中，从某种程度上来说，在管理原理的有机体系中起着统率的作用。

1. 系统的概念

系统，是指由若干相互联系、相互作用的部分组成的具有特定功能的有机整体，就其本质来说，系统是“过程的复合体”。

在自然界和人类社会中，一切事物都是以系统的形式存在的，任何事物都可以看作一个系统。例如，人的呼吸系统、生态系统、复杂的工程技术系统等，还有行政系统、经济系统、教育系统等。系统从组成要素的性质可划分为自然系统和人造系统。自然系统，如生态系统、气象系统、太阳系等，是由自然物组成的系统。人造系统是人们为达到某种目的而建立的系统，如生产系统、交通系统、商业系统、管理系统、军事预警系统等。因此，在管理中，人们可以把任何一个组织及其环境看成一个系统。系统具有整体性、层次性和动态性等特点。

2. 系统的特征

(1) 整体性。每一个系统都是由若干子系统(或称要素)构成的。这些子系统之间相互联系、相互作用且服从于共同的目标，从而构成统一整体。整体的统一性决定着系统的生机与活力。如从功能上看，一所大学通常由教学子系统、科研子系统、管理子系统、后勤服务子系统等构成，它们相互配合，共同实现培养人才的目标。

(2) 层次性。构成系统的各个子系统不但有相互联系的一面，也有各自的地位与作用。整体的统一，靠多层次子系统的分工与协作来实现；整体的效能，靠多层次子系统的最佳组合而达到。如大学里有各个学院，学院里又有系，系里还设有教研室，这就是系统的层次性。

(3) 动态性与环境适应性。每一个系统内部的各子系统都处在动态的发展变化中，系统所处的外部环境也在变化中，具有适应环境的能力是系统得以生存与发展的重要原因之一。系统的动态适应性越强，其生命力就越强。

3. 系统原理要点

(1) 整体性原理。整体性原则指系统要素之间的相互关系及要素与系统之间的关系以整体为主进行协调局部服从整体,使整体效果最优,实际上就是从整体着眼部分着手,统筹考虑,各方协调,达到整体的最优化。

从系统的功能看,系统的功能不是各要素功能的简单相加和机械组合,而是各要素按一定的相互依存关系构成的一个有机整体。管理的奥妙是实现"整体大于部分之和",这里的"大于"不仅是指数量,而且指质量,即产生一种系统的综合功能。这种综合功能的产生是一种质变,它大大超过了各部分功能之和。系统观要求在管理中要把整体优化作为根本出发点,当局部与整体发生矛盾时,局部利益应服从整体利益。比如一个企业的供应、生产和销售三个部门,如果没有有效的计划和协调,任其各自发展,必然导致库存的增加和浪费,或者生产和销售能力的限制,其结果只会导致整个企业系统的瘫痪。

(2) 动态性原理。系统作为一个运动中的有机体,其稳定状态是相对的,运动状态则是绝对的。系统不仅作为一个功能实体而存在,而且作为一种运动而存在。系统内部的联系就是一种运动,系统与环境的相互作用也是一种运动。系统的功能是时间的函数,因为不论是系统要素的状态和功能,还是环境的状态或联系的状态都是在变化的。例如,企业是社会经济系统中的子系统,它为了适应外部社会经济系统的需要,必须不断地完善和改变自己的功能,而企业内部各子系统的功能及相互关系也必须随之相应地发展变化,企业系统就是在这种不断变化的动态过程中生存和发展的。系统的运动变化说明管理工作不存在一成不变的模式,要求管理者因时、因地、因人制宜不断地调整工作。

(3) 开放性原理。严格地说,完全封闭系统是不可能存在的,实际上不存在一个与外部环境完全没有物质、能量、信息交换的系统。任何有机系统都与外界不断交流物质、能量和信息,才能维持其生命,并且只有当系统从外部获得的能量大于系统内部消耗散失的能量时,系统才能不断发展壮大。所以,系统有输入有输出,对外开放是系统的生命。在管理工作中,任何试图把本系统封闭起来与外界隔绝的做法,都只会导致失败。开放性是系统走向有序状态的必要条件,即要求这个系统吐故纳新,不断从环境输入需要的人、物、财和信息,才能有效地输出产品和服务,实现管理系统的有效运转。

(4) 环境适应性原理。系统不是孤立存在的,它要与周围事物发生各种联系。这些与系统发生联系的周围事物的全体,就是系统的环境。环境也是一个更高级的大系统,如果系统与环境进行物质、能量和信息的交流,能够保持最佳适应状态,则说明这是一个有活力的理想系统;否则,一个不能适应环境的系统则是无生命力的。

系统对环境的适应并不都是被动的,也有能动的,那就是改善环境。环境可以施加作用和影响于系统,系统也可施加作用和影响于环境。如构成社会系统的人类具有改造环境的能力,没有条件可以创造条件,没有良好的环境可以改造环境。

(5) 综合性原理。系统的综合性原理包括两方面的含义:一是系统目标的多样性与综合性;二是系统实施方案选择的多样性与综合性。因此,如何选择设计方案、如何优化系统的功能就是综合性原理的两个重要方面。管理者既要学会把许多普普通通的东西综合为新的构思、新的产品,创造出新的系统,又要善于把复杂的系统分解为最简单的单元去解决,这样就可以化繁为简、化难为易,把复杂的问题分解剖析,找到其中规律,以求发现更好的解决办法。

（二）人本原理

人本原理要求人们在管理活动中坚持一切以人为核心，以人的权利为根本，强调人的主观能动性，力求实现人的全面自由发展。即：职业是企业的主体，职工参与是有效管理的关键，使人性得到最完美的发展是现代管理的核心，服务于人是管理的根本目的，其实质就是充分肯定人在管理活动中的主体地位和作用。

1. 职工是企业的主体

生产资料和劳动力是企业经营的基本要素，随着时代的发展和进步，人们通过对劳动力的研究，对劳动者的作用也开始重视起来。从以泰勒为代表的认为劳动者只是机器附属物的管理理论到以梅奥提出的社会人的假说，再到现代以人为本的管理思想的确立，可以说，员工逐渐成为企业的核心和主体。管理是人的活动，管理的主体是人，管理的最主要的客体也是人，管理者一定要正确地认识人的创造力和自主意识等，从而提高工作效率。如国外一些企业实行股权分散化和大众化，吸引更多的员工关心和参与企业的管理工作，这是人本原理的具体应用。

2. 职工参与是有效管理的关建

实现有效管理有两条完全不同的途径：

(1) 高度集权，从严治厂，依靠严格的管理和铁的纪律，重奖重罚，使得企业目标一致、行动一致，从而实现较高的工作效率。

(2) 适度分权、民主治厂，依靠科学管理和职工参与，使个人利益与企业利益紧密结合，使全体职工为了共同目标而自觉地努力奋斗，从而实现高度工作效率。

两条途径的根本不同之处在于：前者把企业职工视作管理上的客体，职工处在被动被管的地位；后者把企业职工视作管理的主体，使职工处于主动地参与管理的地位。当企业职工受到饥饿和失业的威胁时，或受到政治与社会的压力时，前一种管理方法可能是有效的，而当职工经济上已比较富裕、基本生活已得到保证、就业和流动比较容易、政治和社会环境比较宽松时，后一种方法就更为合理、有效。

3. 管理是为人服务的

我们说管理是以人为中心的，是为人服务的，是为了实现人的发展。这个“人”当然不仅包括企业内部、参与企业生产经营活动的人（虽然在大多数情况下，这类人是管理学研究的主要对象），而且包括存在于企业外部的、企业通过提供产品为之服务的用户。

综上所述，尊重人、依靠人、发展人、为了人是人本原理的基本内容和特点。

（三）责任原理

责任原理是指管理工作必须在合理分工的基础上，明确规定组织各部门和个人必须完成的工作任务和承担的相应责任：管理者为了完成既定的生产或经营任务，就需要为每位员工分配工作任务，在合理分工的基础上确定每个人的职位，明确规定各职位应担负的任务。职责明确，才能对组织中的部门和每一位员工的工作绩效做出正确的考评，有利于调动人的积极性，保障组织目标的实现。责任原理的要点有以下三个。

1. 分工明确，职责分明

分工是生产力发展的必然要求，职责的确定是以合理的分工为基础的。分工一般只是对

"做什么"做了形式上的划分,至于工作的数量、质量、速度、效益等要求,分工本身还难以完全体现出来,而职责正是对这些内容的规定。职责明确应包括职责界限清楚、职责内容具体、职责落实到人等。

2. 强调职责、权限、利益和能力的协调和统一

管理工作中,要强调责、权、利的协调和统一,责任原理的核心是职责,必须在数量、质量、速度、效益上有明确规定,并通过一定的条例、规定等形式表现出来。明确了每个人的职责,就要授予其相应的权利,并通过相应的利益来体现人们完成职责、创造业绩的报酬,即责、权、利的一致。

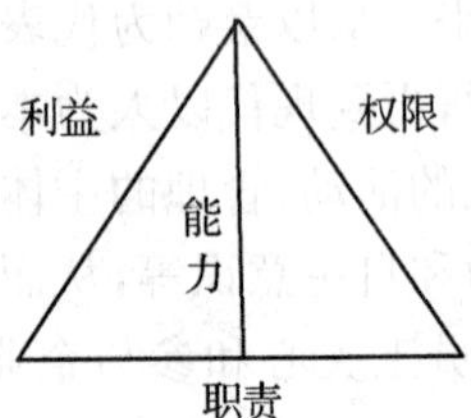

图 3-1 职责、权限、利益和能力的关系

图 3-1 把职责、权限、利益组成了一个等边三角形的 3 个边,具有同等作用,而个人能力是等边三角形的高。个人能力以小于职责为宜,可以给个人施加工作压力,有利于挖掘人的潜能,有利于培养人和锻炼人。

3. 奖罚严明,公正及时

奖罚是对人的工作职责及其业绩客观公正的评价与报答。公正及时的奖罚,有助于提高人的积极性,挖掘人的潜力,提高管理绩效。首先,奖罚要以科学准确的考评为前提,使人产生公平感。其次,奖罚工作要及时,立竿见影对强化人的行为有着十分重要的作用。最后,奖与罚都是不可或缺的。惩罚的意义在于通过惩罚少数来教育多数,从而强化管理权威,但也可能导致人的挫折感,应慎重使用。

(四) 效益原理

以较少的投入获得较大的有效产出,即对效益的追求,是管理活动永恒的主题。任何组织的管理都是为了获得某种效益,效益的高低直接影响着组织的生存和发展。效益包括经济效益和社会效益两个方面:经济效益是指管理系统所表现出来的内在价值,可直接运用若干经济指标来计算和考核;社会效益是指管理系统对环境的价值,包括对环境的经济、政治、生态、法律、伦理等价值,具有间接性,难以完全量化。经济效益是社会效益的基础,而社会效益又是促进经济效益提高的重要条件。不同性质的组织对经济效益或社会效益的追求目标有所不同,但总体来说,管理者应努力追求经济效益与社会效益的有机结合。

效益是管理的根本目的,管理就是对效益的不断追求,这种追求是有规律可循的。

在实际工作中,管理效益的直接形态是通过经济效益而得到体现的,这是因为管理系统是一个人造系统。它基本是通过管理主体的劳动所形成的,按一定顺序排列的、多方面、多层次的有机系统。尽管其中有纷繁复杂的因素相交织,但每一种因素均通过管理主体的劳动而活化,并对整个管理运动产生着影响。综合评价管理效益,必须首先从管理主体的劳动效益及所创造的价值来考虑。

影响管理效益的因素很多，其中主体管理思想正确与否占有相当重要的地位。在现代化管理中，采用先进的科学方法和手段，建立合理的管理机构和规章制度无疑是必要的，但更重要的是一个管理系统高级主管所采取的战略，这是更加带有全局性的问题。实际上，管理只解决如何“正确地做事”，战略才告诉我们怎样“做正确的事”。企业如果经营战略错了，局部东西再好，质量再高，价格再低，但产品不适销对路，也是毫无意义的。实际上，管理效益总是与管理主体的战略联系在一起的。

(1) 追求局部效益必须与追求全局效益协调一致。全局效益是一个比局部效益更为重要的问题。如果全局效益很差，局部效益提高就难以持久。当然，局部效益也是全局效益的基础，没有局部效益的提高，全局效益的提高也是难以实现的。局部效益与全局效益是统一的，但有时又是矛盾的，因此，当局部效益与全局效益发生冲突时，必须把全局效益放在首位，做到局部服从整体。

(2) 管理应追求长期稳定的高效益。企业每时每刻都处于激烈的竞争中，如果企业只满足于眼前的经济效益水平，而不以新品种、高质量迎接新的挑战，不对企业的长期发展做出科学的规划，就会随时有落伍甚至被淘汰的危险。所以，企业经营者必须有远见卓识和创新精神。

(3) 确立管理活动的效益观。管理活动要以提高效益为中心。追求效益的不断提高应该成为管理活动的中心和一切管理工作的出发点。要克服传统体制下“以生产为中心”的管理思想。因为这种管理思想必然导致片面追求产值、盲目增加产量的倾向，从而可能造成产品大量积压、效益普遍低下的状况。在现代管理中，采用正确的管理战略具有全局的影响，是实现管理效益的关键。

第二节　管理的基本方法

管理方法是在管理活动中为实现管理目标、保证管理活动顺利进行所采取的工作方式。管理原理必须通过管理方法才能在管理实践中发挥作用。管理方法是管理理论、原理的自然延伸和具体化、实际化，是管理原理指导管理活动的必要中介和桥梁，是实现管理目标的途径和手段，它的作用是一切管理理论、原理本身所无法替代的。管理方法及其运用的正确与否，直接决定着管理的效率与效益。

随着社会的进步发展，管理方法也是发展和变化的，呈现多样性，但管理方法又是管理原理的具体延伸，又呈现稳定性。管理方法可按照不同的标准进行分类。如按照管理对象的范围可划分为宏观管理方法、中观管理方法和微观管理方法；按照管理方法的适用普遍程度可划分为一般管理方法和具体管理方法；按照管理对象的性质可划分为人事管理方法、物资管理方法、资金管理方法和信息管理方法；按照所运用方法的量化程度可划分为定性管理方法和定量管理方法等。这里所讲的管理方法，是指管理活动中一般的、基本的管理方法，主要包括管理的法律方法、管理的行政方法、管理的经济方法、管理的教育方法、管理的技术方法。

【延伸阅读】

人类的管理活动有着悠久的历史,远在奴隶制时代,古巴比伦、古埃及、古罗马人就在指挥军队作战、治国施政和教会管理中形成了比较有效的管理方法,如表3-1所示。

表3-1 奴隶制时代的管理方法

古巴比伦	古巴比伦在汉谟拉比的统治下,建立了强大的中央集权国家,由国王总揽国家司法、行政和军事权利,从中央到地方的各级官吏管辖行政、税收和水利灌溉,并编纂了共有282条法规的《汉谟拉比法典》,来调节社会中人与人之间的关系和规范社会成员的行为
古埃及	在古埃及,建立了以法老为最高统治者的金字塔式的管理机构来管理国家。最高统治者为法老,下设各级官吏,最高为宰相,辅助法老处理全国政务、总管王室农庄、司法、国家档案,监督公共工程的兴建;宰相之下设有一大批大臣,分别管理财政、水利建设及各地方事务。上至宰相,下至官吏、监工,各有专职,分工管理
古罗马	古罗马从一个小城市发展成为一个世界帝国,统治延续几个世纪,若没有高超的管理方法和技能是不可能做到的。古罗马不仅确立了一个严格的体制和权利层次来保证各种职能的履行,而且在各军政机构之间进行了具体的分工,实行了分权制。古罗马的法律、立法、司法和行政的分权制都被以后的社会所借鉴

【管理启示】

可以说,人类在开始记载他们的生活之前就已感受到了在通力合作中对他们的活动进行协调的必要性。原始社会恶劣的自然环境,使人们产生了经济、社会和政治的需要。为了满足需求,人们建立各种经济、社会和政治组织,而有组织的活动又要求行使某些职能以有效地分配、利用人类的努力和稀少的自然资源,于是管理以及恰当的管理方法就自然随之产生、发展。

一、管理的法律方法

法律,是由国家制定或认可的,体现统治阶级意志,以国家强制力保证实施的行为规则的总和。管理的法律方法是指国家根据广大人民群众的根本利益,通过各种法律、法令、条例和司法、仲裁工作等调整社会经济的总体活动和各企业、单位在微观活动中所发生的各种关系,以保证和促进社会经济发展的管理方法。

管理的法律方法的内容,不仅包括建立和健全各种法规,而且包括相应的司法工作和仲裁工作。这两个环节是相辅相成、缺一不可的。只有法规而缺乏司法和仲裁,就会使法规流于形式,无法发挥效力;法规不健全,司法和仲裁工作则无所依从、造成混乱。

管理的法律方法的实质是实现全体人民的意志,并维护他们的根本利益,代表他们对社会经济、政治、文化活动实行强制性的、统一的管理。管理的法律方法要反映广大人民的利益,又要反映事物的客观规律,调动各企业、单位和群众的积极性、创造性。管理的法律方法主要有以下几个特点。

1. 严肃性

法律和法规的制定必须严格地按照法律规定的程序和规定进行。一旦制定和颁布出来,就具有相对的稳定性。法律和法规不可因人而异,滥加修改,必须保持它的严肃性。司法工作更是严厉的行为,它必须通过严格的执法活动来维护法律的尊严。

2. 规范性

法律和法规是所有组织和个人行动的统一的准则，对组织具有同等的约束力。法律手段通过确定行为规范来进行管理，它规定社会公民和组织成员在一定情况下可以做什么、应当做什么、不允许做什么和不应当做什么。这种引导功能规范了组织成员的行动，确定了组织成员的活动范围和界限。

3. 强制性

法律、法规一经制定就要强制执行。各企业、单位以至每个公民都必须毫无例外地遵循，否则，要受到国家的惩处。管理的法律方法的运用，对于建立和健全科学的管理制度和管理方法，有着十分重要的作用。

4. 稳定性

法律在同样的情况下可以反复使用，而不是仅使用一次，并且法律一经制定，就不能随意改变。法律条文的解释也是统一的，具有一定稳定性。如需修改，则要经过一定的手续和程序。

5. 概括性

法律制约的对象是抽象的、一般的人或组织，而不是具体的、特定的人或组织。同时，法律又是明确的，任何人都可以据此衡量是非。

二、管理的行政方法

管理的行政方法是指依靠行政组织的权威，运用命令、规定、指示、条例等行政手段，按照行政系统和层次，以权威和服从为前提，直接指挥下属工作的管理方法。管理的行政方法的实质是通过行政组织中的职务和职位来进行管理。它特别强调职责、职权、职位，而并非个人的能力或特权。每一个部门或单位为了管理活动的需要，都要建立行政机构，规定职责和权利范围。由于在任何行政管理系统中，各个层次所掌握的信息绝对是也应当是不对称的，所以才有了行政的权威和行政层级；上级指挥下级，完全是由于高一级的职位所决定的；下级服从上级是对上级所拥有的管理权界限的服从。管理的行政方法的主要特点如下。

1. 权威性

管理的行政方法所依托的基础是管理机关和管理者的权威。管理者权威越高，他所发出的指令接受率就越高。提高管理者的权威，是运用行政方法进行管理的前提，也是提高行政方法有效性的首要前提和重要措施。管理者必须努力以自己优良的品质、卓越的才能去增强管理权威，而不能仅仅依靠职位带来的权力来强化权威。

2. 强制性

行政权力机构和管理者所发出的命令、指示、规定等，对管理对象具有不同程度的强制性。管理的行政方法就是通过这种强制性来达到指挥与控制的目的的。但是，行政强制与法律强制是有区别的：从强制程度看，法律的强制性是通过国家机器和司法机构来执行的，准许人们做什么和不准许人们做什么；而行政的强制性是要求人们在行动的目标上服从统一的意志，它在行动的原则上高度统一，但允许人们在方法上灵活多样；而行政的强制性程度则相对低一些，它是由一系列的行政措施(如表扬、奖励、晋升、任务分配工作调动及批评、记过、降级、撤职等处分或直接开除等)作为保证来执行的，并且一般只对特定的部门和特定对象才有效。

3. 垂直性

管理的行政方法是通过行政系统、行政层次来实施的,因此基本上属于“条条”的纵向垂直管理。行政指令一般都是自上而下,通过纵向直线下达的。下级组织和领导只接受一个上级的领导和指挥,对横向传来的指令基本上是不执行的。因此,行政方法的运用,必须坚持纵向的自上而下,切忌通过横向传达指令。

4. 具体性

相对其他方法而言,行政方法比较具体,不仅行政指令的内容和对象是具体的,而且在实施过程中的具体方法上也因对象、目的和时间的变化而变化。因此,任何行政指令往往是在某一特定的时间内对某一特定对象起作用,具有明确的指向性和一定的时效性。

5. 无偿性

运用行政方法进行管理,上级组织对下级组织的人、财、物等的调动和使用不讲等价交换的原则,一切根据行政管理的需要,不考虑价值补偿问题。

三、管理的经济方法

经济方法是根据客观经济规律,运用经济手段,调节各种不同经济主体之间的利益关系,以获取较高的经济效益与社会效益的管理方法。这里所说的各种经济手段,主要包括价格、税收、信贷、利息、工资、利润、奖金、罚款以及经济合同等。不同的经济手段在不同的领域中,可发挥各自不同的作用。经济方法的主要特点如下。

1. 利益性

这是经济方法最基本的特征。经济方法是通过利益机制引导被管理者去追求某种利益,间接影响被管理者行为的一种管理方法。其核心是把经济责任和物质利益有效地结合起来,把劳动集体和个人的利益与工作成果相联系。

2. 关联性

经济的使用范围很广,不但各种经济手段之间的关系错综复杂、影响面宽,而且每一种经济手段的变化都会造成社会多方面经济关系的连锁反应。有时,它不仅会影响当前,而且会波及长远,产生一些难以预料的后果。

3. 灵活性

一方面,经济方法针对不同的管理对象,如企业、职工个人,可以采用不同的手段;另一方面,对于同一管理对象,在不同情况下可以采用不同方式来进行管理,以适应形势的发展。比如税收的增减可分别鼓励与限制某一产业的发展,增减的幅度越大,作用越明显。总的来说,经济方法的具体实施和做法可以因时、因地、因人制宜,随机应变,根据外部环境和操作对象的不同,以不同的方式方法加以应付。

4. 平等性

经济方法承认被管理的组织或个人在获取自己的经济利益上是平等的。管理者应按照统一的价值尺度来计算和分配经济成果;各种经济手段的运用对于相同情况的被管理者起同样的效力、不允许有特殊性。

5. 有偿性

它是指各个企业和部门之间的经济往来应遵循等价交换的原则,进行有偿交换、互相计价。过去那种通过行政命令无偿调拨企业或者单位的人、财、物等,不考虑其经济利益的做法是不利于经济发展的。

四、管理的教育方法

教育方法是通过传授、宣传、启发、诱导等方式，提高人们的思想认识、科学文化水平和专业知识，发挥人的主观能动作用。

管理的人本原理认为，管理活动中人的因素第一，管理最重要的任务是提高人的素质，充分调动人的积极性、创造性。而人的素质是在社会实践和教育中逐步发展、成熟起来的。通过教育，不断提高人的政治思想素质、文化知识素质、专业水平素质，是管理工作的主要任务。在管理中运用教育方法，是增强经济组织的活力，贯彻执行国家各项政策，完成经营管理任务的重要保证。教育的主要内容如下：

(1) 人生观及道德教育。

(2) 爱国主义和集体主义教育。

(3) 民主、法制、纪律教育。

(4) 科学文化教育。

(5) 组织文化建设。

五、管理的技术方法

技术方法是指组织中各个层次的管理者(包括高层管理者、中层管理者和基层管理者)根据管理活动的需要，自觉运用自己或他人所掌握的各类技术，以提高管理的效率和效果的管理方法。这里所说的各类技术，主要包括信息技术、决策技术、计划技术、组织技术和控制技术等。从这种划分可以看出，不同的技术在管理中的作用是不一样的。有的技术和管理的前提与本质有关，称之为信息技术和决策技术。另外一些技术与管理过程的每个阶段有关，根据阶段的不同，这样的技术可分为计划技术、组织技术和控制技术。作为管理轴心的创新包括了技术创新，这要求管理者必须了解或掌握一些基本的技术，以便正确地指导组织中的技术创新，而且管理者所了解或掌握的技术也需要创新，应随着时代的进步、外部环境和内部条件的变化而不断更新。

无论是管理的前提与本质，还是管理的各项职能，单凭传统的管理手段是远远不够的。环境的多变性和组织的复杂性决定了管理者必须善于运用业已发展起来的并被管理实践证明为行之有效的各类技术，来提高管理的效率和效果。管理的技术方法的实质是把技术融入管理中，利用技术来辅助管理，善于使用技术方法的管理者通常能把技术与管理很好地结合起来。技术方法有以下一些特点。

1. 客观性

技术方法的客观性体现在两个方面：第一，技术是客观存在的，它不依赖人的意识并不以人的意志为转移；第二，技术方法产生的结果是客观的。

2. 规律性

技术方法的规律性源自客观性。规律性也体现在两个方面：第一，技术脱胎于现实世界中普遍存在的客观规律；第二，技术方法是有规律的，每种方法都是有章可循的，而不是杂乱无章的。对于每种技术方法，其步骤都是特定的。无论何种组织，也无论面临什么样的环境，只要采取同一技术方法，就必须遵循同样的步骤。

3. 精确性

技术方法的精确性是指只要基础数据是正确无误的，由技术方法产生的结果就是精确的。

正是因为其精确性,技术方法才日益受到人们的青睐。

4. 动态性

管理者在管理过程中时时会遇到新情况、新问题。对这些新情况、新问题,过去的技术方法可能失效或效果不好。这要求管理者必须紧密追踪技术的发展,不断更新自己手中掌握的技术武器,防止用过时、落后的技术方法来解决新问题。技术方法因而呈现出动态性的特征。

复习思考题

1. 什么是管理的基本原理?管理原理具有什么特征?
2. 管理的基本原理有哪些?结合开篇案例谈谈对管理的人本原理的理解。
3. 效率、效果、效益的含义是什么?三者的关系如何?
4. 明确职责的意义是什么?职责、权限、利益和能力四者的关系怎样?
5. 管理的基本方法有哪些?这些方法具有什么特征?

案例讨论

齐鲁石化公司的"信得过"管理

齐鲁石化是中国石化集团直属的拥有石油化工、盐化工、煤化工和天然气化工等加工工艺最为齐全的大型石油化工联合企业,位于山东省淄博市临淄区南部,总占地约 1 996 万平方米,始建于 1966 年 4 月,第一个生产厂是胜利炼油厂,1984 年 1 月更名为中国石油化工总公司齐鲁石油化工公司。齐鲁石化公司是一个进行大型石油化工生产的企业,由于现代石化生产本身所具有的危险性和特殊性,齐鲁石化公司从一开始就实行从严从实管理,主要依靠制订严格的岗位操作要求,实行公司、厂两级严格的检查和奖罚来实现的。1990 年 7 月,公司所属烯烃厂裂解一班工人由于不满意被动管理的地位,主动提出"自我管理,让领导放心"的口号,并提出"免检"申请。齐鲁石化公司抓住了这一契机在全公司推广开展创"免检"活动,提出以增强职工主人翁意识为主要内容的"免检"标准,把各项规章制度进一步细化,形成更加具体的可操作的行为准则。① 工作职责标准化。针对管理岗位和操作岗位,明确职责范围制定工作标准。② 专业管理制度化。以生产管理、设备管理等专业管理为对象,将管理组织体系、职责任务、工作标准和工作程序等,以内部立法的形式固定下来,依法进行管理。③ 现场管理定量化。对操作现场的一切可移动物品均规定了摆放位置和标志。④ 岗位培训星级化。鼓励操作工在熟练掌握本岗位的操作技术后,向邻近的岗位延伸,经过严格考核,取得其他岗位的操作证。掌握一个岗位技术为一星,多掌握一个相邻岗位技术增加一星,并给予相应的精神物质鼓励。⑤ 工作安排定期化。对车间常规性工作和进度做出规定。⑥ 工作过程程序化。对生产和管理过程建立常规性工作程序,加强对工作过程的控制。⑦ 经济责任和管理责任契约化。要求车间建立严格的经济责任制,将车间的生产技术经济指标层层分解,签订经济责任全同,明确每个人的经济责任和管理责任。⑧ 考核奖惩定量化。把考核中的定性评价因素转化为定量评价因素,用完整的考核数据,反映各层次人员的工作质量和效果。⑨ 台账资料规格化。本着简化、效能的原则,对确有必要的台账资料及现场管理统一格式,并规范车间档案资料管理工作和各种报表、台账的填报工作。⑩ 管理手段现代化。主要是应用计算机辅助管理。

齐鲁石化公司开展“信得过”活动，使企业基层以及整个企业的管理水平有了显著提高。主要表现在：① 职工的主人翁意识普遍增强，实现了职工从“我被管理”到“我来管理”，群众性的自觉自愿的从严管理蔚然成风。② 基层建设更加制度化、体系化。公司明确了车间制度体系由专业管理制度、管理人员职责范围和工作标准、班级岗位十项规章制度等三方面构成，规范了管理行为和工作行为，使基层管理水平有了明显提高。③ 职工学习技术、技能的自觉性提高，星级管理使职工主动学技术、技能，努力成为多面手，对管理装置工艺流程全面了解，提高了处理本岗本系统突发事件的应变能力，使事故发生率大幅度降低。④ 企业经济效益显著提高。企业生产安全过程各环节得到更加严格的控制，保证了装置长期安全稳定运行。1995年，该公司完成工业总产值、实现销售收入、实现利税按可比口径分别比上年度增长2%、30.7%和68.3%。1996年，原材料价格上涨，化工、塑料产品市场价格下滑，减利因素大大增加的不利形势下，10多亿元的减利因素已经全部消化。

思考题

1. 齐鲁石化公司的“信得过”管理采用了哪些管理的基本原理和基本方法？
2. 以齐鲁石化公司为例，分析企业应如何坚持以人为中心的管理。

实训题：走访、了解某企业的管理章程、制度和具体的管理方法

走访某工商企业，通过与企业管理者或员工的接触，了解企业的管理章程、制度和一些具体的管理方法、手段，培养学生运用管理方法的能力。可将学生以小组进行划分，按组拟订实训方案。走访结束后，各小组上交走访报告，并向指导老师反馈情况。报告内容包括：

1. 该企业的管理中采用了哪些管理的基本原理？
2. 该企业应用了哪些管理的方法？谈谈他们是如何具体运用管理方法的。

3－1　MBA案例

第四章　管理的前提与本质

决策以价值和事实为前提。

——[美]赫伯特・A. 西蒙

世界上每100家破产倒闭的大企业中，85%是因为企业管理者的决策不慎造成的。

——世界著名咨询公司美国兰德公司

【学习目标】

了解：伦理与法律、效益的关系；决策的定义、特点。

理解：管理伦理与企业社会责任问题发生的原因及分析原则；改善伦理的主要途径；决策的依据和原则；决策的影响因素。

掌握：管理伦理的概念、改善途径；管理信息系统及其作用；决策的影响因素、决策程序；几种常见的决策的分类方法。

运用：能运用管理理论分析现实中存在的违背管理伦理与社会责任的问题；能运用盈亏平衡分析法、决策树法、乐观准则等方法进行决策分析。

【教学重点】

管理伦理与社会责任；改善伦理的主要途径；管理信息；决策的特点及类型；决策的影响因素；决策的程序；决策方法。

【导入案例】

三鹿奶粉事件

2009年1月22日，社会关注的三鹿系列刑事案件，分别在河北省石家庄中级人民法院和无极县人民法院等4个基层法院一审宣判。

原奶中加三聚氰胺，致全国多名婴幼儿死亡

石家庄市中级人民法院审理查明，2007年7月，被告人张玉军等人明知三聚氰胺是化工产品、不能供人食用，以三聚氰胺和麦芽糊精为原料，配制出专供往原奶中添加、以提高原奶蛋白检测含量的混合物（“蛋白粉”）。至2008年8月，张玉军累计生产“蛋白粉”770余吨，销售600余吨。

2007年10月，被告人耿金平等在明知“蛋白粉”为非食品原料、人不能食用的情况下，将

434公斤“蛋白粉”添加到其收购的900余吨原奶中，销售到石家庄三鹿集团股份有限公司等处。

三鹿集团使用含有三聚氰胺的原奶生产的婴幼儿奶粉流入市场后，导致全国众多婴幼儿因食用含有三聚氰胺的婴幼儿奶粉后引发泌尿系统疾患，多人死亡。

三鹿接到报告，继续销售5 000万元问题奶粉

2008年8月1日，河北出入境检验检疫局检验检疫技术中心出具检测报告，确认三鹿集团送检的奶粉样品中含有三聚氰胺。同日，被告人田文华等召开集团经营班子扩大会进行商议，在明知三鹿婴幼儿系列奶粉中含有三聚氰胺的情况下，虽然做出了暂时封存产品、对库存产品的三聚氰胺含量进行检测以及以返货形式换回市场上含有三聚氰胺的三鹿牌婴幼儿奶粉等决定，但仍准许库存产品三聚氰胺含量10毫克/公斤以下的出厂销售，直到被政府勒令停止生产和销售为止。经检测和审计，2008年8月2日至9月12日，三鹿集团共生产含有三聚氰胺的婴幼儿奶粉904吨，销售813吨。

两被告判死，三鹿原董事长判无期罚2 400万

依据《中华人民共和国刑法》，被告人张玉军犯以危险方法危害公共安全罪，判处死刑；被告人耿金平犯生产、销售有毒食品罪，判处死刑；被告人田文华犯生产、销售伪劣产品罪，判无期徒刑。

（资料来源：合肥晚报，2009年1月22日）

【案例思考】

1. 在监管制度不完善的情况下，我们该如何来控制企业的非法行为？
2. 如何提升企业的社会责任感？

第一节　管理伦理

一、管理伦理的概念

（一）伦理的含义

伦理(ethics)的定义有很多种。在本书中，伦理是指人类社会中人与人之间、人们与社会、国家的关系和行为的秩序规范。任何持续影响全社会的团体行为或专业行为都有其内在特殊的伦理的要求，企业作为独立法人有其特定的生产经营行为，也有企业伦理的要求。

伦理是由不同的历史时期、不同的社会传统、特定时期独特的环境以及个人观念所规定的，因而就不存在全球人类能够普遍遵从的伦理标准。可以说，全世界存在各种不同的伦理体系。全世界的人们都是基于伦理体系来判断其行为是正确的还是错误的，是道德的还是不道德的，是被认可的还是不被认可的。

(二) 管理伦理的定义

管理伦理(Business Ethics),也称商业伦理,劳拉·纳什(Laura Nash)将其定义为:"管理伦理研究如何将个人道德规范运用到商业企业的行为和目标之中。它不是研究单一的道德标准,而是研究企业如何影响代表企业的个人针对特定问题的立场。"管理伦理是从企业管理关系之中产生的企业伦理类型,是普遍的伦理观念在经营行为中的应用,它主要用来协调和处理企业与内部员工之间的管理关系。

管理伦理的概念可以从以下三个方面理解:

(1) 管理伦理中的"管理"并非全部管理环节或具体管理决策,而只是宏观意义上的管理情境。

(2) 管理伦理所要探讨的"管理"绝不是技术层面的科学对象,它主要是指包括广泛的社会、文化现象在内的社会存在形态以及渗透当事人价值的行为方式。

(3) 管理伦理并不是与普遍的伦理观念不同的一套特定的伦理观念,也不是仅仅适用于经营的伦理观念,它注重的是如何解决实际管理活动中的道德问题,它要回答管理者以及相关人群在管理过程中感到的疑惑,减少他们在道德上的冲突,从而使他们的选择或决策能够保持与社会通行价值观在终极意义上的一致。例如,如果不诚实被认为是不合伦理和不道德的,那么经营中的人如果对利益相关者——员工、顾客、股东或者竞争对手不诚实,他就是不合伦理和不道德的。

二、伦理与法律、效益的关系

(一) 伦理与法律的关系

1. *伦理与法律的区别*

(1) 调整的范围不同。伦理与法律是两种不同的社会规范,伦理规范具有价值观念同时又包含行为准则。法律是一种行为规范,调整的仅仅是人有意识支配的行为,人的内心活动诸如行为的动机、想法、认识等,都不是法律所能干涉或制裁的对象。所以伦理规范调整的范围要广于法律。

(2) 调整的方式和强度不同。伦理主要是借助于人们的内心信念和自觉心态、传统习俗、社会舆论等无形的力量来约束自己的行为,它是自律的;而法律是由国家制定并认可依靠国家的强制力约束社会成员的行为的规范,是他律的。当一个人做错了事不仅会有来自外界的舆论和他人的谴责,而且可能还会有自己的道德压力下产生的羞耻感和罪恶感,使自己认识到自己的错误,而这种来自外界的谴责和来自自身的自责正是伦理对人的意识和行为调整的方式和强度。对于不服从法律的约束而触犯了法律的人,国家就会运用强制力量予以相应地制裁和惩罚,它可能会使犯罪人的自由、生命或财产受到约束、损失甚至彻底失去。可见,在调整的强度上,法律要大于伦理。

(3) 调整的层次不同。由于人们所处的地位、环境和所接受的教育各有不同,所以出现了不同层次的道德需要,因此就会选择相应的伦理规范来指导自己的行动,因此,对伦理规范的实现不能一视同仁,不能强求所有人遵守所有层次的或同一层次的伦理规范。否则,这样不但达不到伦理规范的效果,反而会使人们厌恶伦理规范而产生抵触情绪。法律规范属于伦理规范体系，但是“法律在复杂关系调整和多元利益调适中的“中庸”角色或者“中人”标准决定了其必须保持“一般”和“普遍”的性质，所以法律规范所能吸收的知识是道德伦理规范体系中最基本的内容和最起码的要求。所以，由法律规范的性质和社会成员的不同层次决定了那些较低层次的伦理规范可以被转化为法律规范。比如，为了保障基本的人权而设定了人身自由权和隐私权，保证了作为一个人的基本权利不受到侵害。而如果把较高层次的伦理规范制定成法律，那么法律的效益是难以实现的。比如，我国的老年人权益保护法将高尚的道德箴言“发扬邻里互助的传统，提倡邻里间关心、帮助有困难的老年人”规定为法律规范，因为这一规范需要的道德境界和价值层次较高，难以普及普通人，因而不具有法律的约束性，最终被束之高阁。

2. 伦理与法律的联系

伦理与法律不仅有前述的区别，也有一定的联系。伦理与法律在内容上相互渗透。伦理是不成文的法律，法律是最低程度的伦理。伦理规范往往是法律制定、修改、废止的依据。

伦理与法律在作用上相互补充。伦理可以引导人们遵守法律，而法律可以作为维护伦理的威慑力量。伦理可以用来防范尚未发生的违法行为，而法律可以用来制止已经发生的违法行为。

（二）伦理与效益的关系

企业的伦理经营不仅使除所有者之外的利益相关者的利益得到不同程度的增进，而且使企业自身的效益得到提高。

企业的伦理经营意味着企业注重维护利益相关者的利益，从而需要采取行动并付出一定的成本。在大多数情况下，这些成本短期内确实得不到补偿，这使得企业牺牲了一部分短期利益，但换来的却是多得多的长远利益。采取伦理经营的企业通常设立了催人奋进的远大目标，把伦理分析融进决策中，能吸引并留住人才，信誉卓著从而赢得较多的顾客，在经营困难时能得到利益相关者的理解与支持等，这些都有助于企业获取较高的经济效益。

伦理与效益的关系在某种程度上得到了实证研究的支持。尽管在伦理与效益的度量上存在一些困难，但大多数研究表明，在企业的伦理经营与长期效益之间有某种程度的正相关。

三、管理伦理与企业社会责任

现代经济社会中，企业与消费者之间、公众与社会整体之间有利益相互一致的一面。但在某些情况下，各种利益之间呈矛盾甚至背离趋向，特别是企业利益与消费者利益、企业利益与竞争对手利益、企业利益与社会整体利益之间，其矛盾和背离在某种程度上表现得更为明显和普遍。因而企业在经营活动中遵守良好的道德规范，就不应仅以单纯追求自身利益最大化或满足消费者等公众的直接需求为目标，还要切实关心与维护所有消费者、相关公众及全社会的长远利益。这里将从组织与社会的角度来介绍管理伦理问题，即企业的社会责任。

（一）社会责任概念

所谓社会责任，就是企业在追求利润最大化的同时或经营的过程中，应当对所有利益相关者承担相应的责任,以求不仅在经济方面,更在社会、环境等领域获得可持续发展的能力。约瑟夫·M. 麦克格尔 (Joseph M. McGuire)认为:"企业社会责任概念意味着企业不仅有经济和法律义务,而且对社会负有超过这些义务的某些责任。"雷蒙德·鲍尔(Raymond Bauer)认为,企业社会责任是企业行为对社会的影响。

国内学者刘俊海认为,所谓公司社会责任,是指公司不能仅仅以最大限度地为股东们盈利或赚钱作为自己的唯一存在目的,而应当最大限度地增进股东利益之外的其他利益相关者的社会利益,包括雇员利益、消费者利益、债权人利益、中小竞争者利益、当地社区利益、环境利益、社会弱者利益及整个社会公共利益等内容。

各个学者从不同的角度对企业社会责任的概念进行了界定,虽然尚有分歧点,但有种广泛的认识,就是企业社会责任是指企业在谋求企业利润最大化之外所负有的主动承担维护利益相关者的利益和促进社会公平和谐之义务。

(二) 管理伦理及社会责任问题的发生原因

企业经营中的管理伦理及社会责任问题往往会以不同的方式出现,主要有以下几种:

(1) 个人利益的驱使,往往会导致伦理问题的产生。企业员工来自不同的地区甚至不同的民族或国家,而在一些员工的价值观里,他们毫不顾忌其他同事、公司或者社会的利益,而将自己的利益置于别人之上。这些人通常被称为伦理利己主义者,往往会忽略别人认可的伦理原则。

(2) 当面临残酷的竞争压力时,企业往往会受到利益的驱使而从事一些不合伦理的行为,以保护自己的利益,这样的情况下就很有可能导致企业的经营与伦理原则背道而驰。

(3) 当企业所追求的目标和为实现目标所使用的方法被员工认为会伤害他自身以及其他利益相关者时,就会发生伦理冲突。

(4) 随着经济全球化程度的加剧,当企业进入到文化和伦理传统不同的海外市场开展经营业务时,一系列有争议的伦理问题也就产生了。

(三) 管理伦理及社会责任问题的分析原则

工作中发生问题时,企业管理者和员工一定要分析问题的本质,判定行为产生的后果。因而,需要注意功利主义、公平、关怀和权利原则。

1. 功利主义原则

功利主义理论认为,善是"最大多数人的最大幸福"。功利主义原则并不是利己主义,而是考虑大众的利益,即企业应考虑如何才能对最多数的利益相关者带来利益,最大限度地降低他们的损失。

2. 公平原则

公平原则是由美国哈佛大学教授罗尔斯(John Rawls)在 1971 年提出的,是指管理者应公平地对待每一个人。公平原则,要求管理者除了在考虑分配和惩罚的公平和公正之外,还要考虑内部的公平及组之间交易的公平、组织制度能否保证公正性以及利益受损者的补偿公平性。它强调了保障社会最底层的弱势群体的基本利益,是具有社会影响力的企业制定决策提供的基本依据。

3. 关怀原则

企业利益相关者的关系本质就是合作的关爱关系，企业应尊重人、关心人和发展人。这就要求管理者应当培育和维护企业内外具体的社会关系，给那些易受到伤害的人给予特殊关爱。强调企业把关爱当作目标，而不只是获取利润的手段。

4. 权利原则

人权是做出伦理判断的一个基础，权利原则主张决策要在尊重和保护个人基本权利的前提下，不能随便剥夺一个人应有的道德权利和法律权利。

四、改善管理伦理的主要途径

（一）聘用高道德素质的员工

每个人都有不同的价值观和道德水准，组织在招聘员工和提拔干部的甄选过程中，必须对被选者的道德和价值观进行考察，剔除不良者。由于人在道德发展阶段、个人价值体系和个性上的差异，所以管理者可以通过严格的挑选过程，包括审查申请材料、组织笔试和面试以及试用期等阶段，将低道德的素质的求职者淘汰掉。同时，这一挑选过程也可以有助于管理者了解员工的知识能力和自身素质，以实现人力资源的最优化配置。

（二）制定企业伦理守则和行为准则

守则和准则是表示组织的基本价值观和组织对员工的行为的期望的正式文件。在国际上，许多企业已经把伦理规范融合到日常管理中。例如，美国《幸福》杂志列出的全美最好的1 000家公司中，明文有整套的道德法规的达90%；20世纪90年代中期，《财富》杂志排名前500的企业中，同样有90%以上的企业有成文的伦理守则和员工行为准则。美国等一些发达国家的许多公司都设置了企业的伦理主管。

（三）设定切合实际的工作目标

工作目标集中体现了组织管理对员工工作的要求，而目标管理也成为现代企业管理制度的一个重要内容。但是在具体的运作过程中，目标往往制定得不够合理。过高目标完全脱离了企业实际状况，把员工压得透不过气，这样就使得管理者和员工产生超负荷的工作压力，甚至为了完成工作目标，不择手段，弄虚作假，置伦理道德于不顾。然而，目标过低又过度夸大了工作困难，降低预定目标，牟取不当利益，使得个别管理者可能隐瞒事实、混淆视听，这也是与伦理规范格格不入的。

（四）制定道德目标，在道德方面引导员工

一个企业如果仅有利润增长目标，却缺乏道德发展目标，势必会失去正确的发展方向。因而，企业追求利润增长的同时，也应制定切实可行的道德发展目标。首先，要对高层管理者的道德行为进行塑造，管理者在道德方面应该起模范带头作用，应该以克己奉公、敬业奉献的行动和诚实友善的态度去取得员工的支持，以身作则、身体力行，成为员工的表率，切实推进伦理行为。其次，在人员提升和奖惩方面把好道德关，对明显不道德行为应及时公开谴责和处以必要的行政处罚，促进组织风气的建设。

(五) 全面科学地对绩效进行评价

绩效评价全面与否,对道德建设有着重要影响。如果仅以经济成果来衡量绩效,人们为了取得结果,就会不择手段,片面追求经济成果,以致出现众多的道德问题。因此,绩效评价既要全面又要科学;既要看结果,也要关注过程中有无不道德行为的产生;既要看近期经济效益,又要看对组织长期发展的影响。此外,绩效评价还要注意区别个人绩效与单位绩效,要公开评价结果,接受群众的监督。这样才能既保证绩效评价的质量,又能使之成为奖勤罚懒、弘扬正气的有力工具。

(六) 进行独立的社会审计

为制止财务活动中的不良行为,设立独立的社会审计是不可缺少的。道德教育虽对人的行为有一定的影响力,但并不能防止弄虚作假、牟取私利等行为的发生,而审计是制止和预防不良行为的有效手段。

审计可以是例行的,也可以是随机的。有效的计划应该同时包括这两种审计,审计员应对公司的董事会负责,把审计结果直接呈交董事会,确保客观公正,以有效维护国家和投资者的利益。

(七) 提供正式的保护机制

企业的伦理对员工来说是一种软约束,单凭员工的自觉性去遵守,是很难卓有成效的,所以还要有制度保障,依靠制度来进行奖惩。因此,应树立遵守企业伦理的典范,培养企业伦理意识,有效地控制企业的各种伦理危机。

【延伸阅读】

住友银行如何招考职员

资本主义国家的企业,除少数为国有企业外,大多数为私人所有。企业的一切生产经营活动皆以追求最大利润为宗旨。国家通过各种法规、法令和其他各项行政措施对企业的控制与管理,如通过发行公债、提高或减免税收,可以影响社会购买力而间接地影响到企业,可以调拨教育经费、延缓或扩充市政建设、增加安全措施、控制环境污染及城市交通等影响企业的成本和自由活动。

资本主义企业很善于处理企业与政府的关系。日本住友银行在招考职员时不考业务知识,而是出这样一道题:“当国家利益与住友银行的利益发生冲突时,阁下采取何种对策?”

如果应考者回答:“我坚定地站在我们银行的立场上。”则银行当局会认为,这样的人工作起来是令人不放心的。如果应考者回答:“我作为国家的一员,应该保护国家利益不受侵犯,依法行事。”银行当局则认为,这样的人应该在政府部门或执法部门工作,在企业工作不太合适。如果应考者回答:“我要竭尽全力使矛盾淡化,达到和解的目的。”银行当局会认为,这样的人最适合在企业工作,应予录用。

第二节　管理信息

一、信息概述

（一）信息的定义

管理者只有获得信息才能有效地开展工作。信息是管理者做出正确决策所需知识和智慧的源泉。然而，信息和数据是有所不同的。数据是原始的、未经归纳和分析的事实，比如销售额、顾客数量等。信息是以有意义的方式整理之后的数据，比如一张图里显示的销售额或成本随时间变化的情况。数据本身不能直接为管理者所用，而信息却能向接收者传递大量有用的东西。数据和信息之间的区别是很重要的，因为信息技术的用途之一就是帮助管理者把数据转换为信息，以使他们做出更好的管理决策。

（二）有用信息的特征

四个因素决定了信息对管理者的有用性：质量、及时性、完整性和相关性。

(1) 质量。可靠性和准确性决定了信息的质量。可靠性和准确性越高，信息的质量就越高。一个运行良好的信息系统所提供的信息必须是高质量的。

(2) 及时性。及时的信息是指在管理决策需要时而不是在决策之后得到的信息。在当前迅速变化的世界里，对及时信息的需求往往意味着信息必须在实时的基础上提供。实时信息(real-time information)是反映了目前情况的信息。在快速变化的行业里，实时信息可能需要经常更新。比如美国某航空公司根据有关航班预订票数和竞争对手价格的实时信息，每小时调整一次他们的价格，以获取最大的利益。

(3) 完整性。完整的信息是向管理者提供其实施控制，实现协调或做出有效决策所需的全部信息。

(4) 相关性。相关的信息是指有用且适合一个管理者特定需求和情境的信息。不相关的信息是没有用的，实际上还有可能给忙碌的管理者的绩效带来不利影响。因此，设计信息系统的人要确保管理者只收到相关信息。

二、管理信息系统

（一）管理信息及管理信息系统的含义

管理信息是指那些以文字、数据、图表、音像等形式描述的，能够反映组织各种业务活动在空间上的分布状况和时间上的变化程度，并能给组织的管理决策和管理目标的实现有参考价值的数据、情报资料。管理信息是专门为某种管理目的和管理活动服务的信息。

管理信息系统(Management Information Systems，简称 MIS)是一个不断发展的新型学科，MIS 的定义随着计算机技术和通讯技术的进步也在不断更新，在现阶段普遍认为管理信息系统(MIS)是由人和计算机设备或其他信息处理手段组成并用于管理信息的系统。

(二) 管理信息系统的构成

管理信息系统由信息的采集、信息的加工、信息的存储、信息的传播、信息的利用和信息的反馈六个方面组成,如图 4-1 所示。

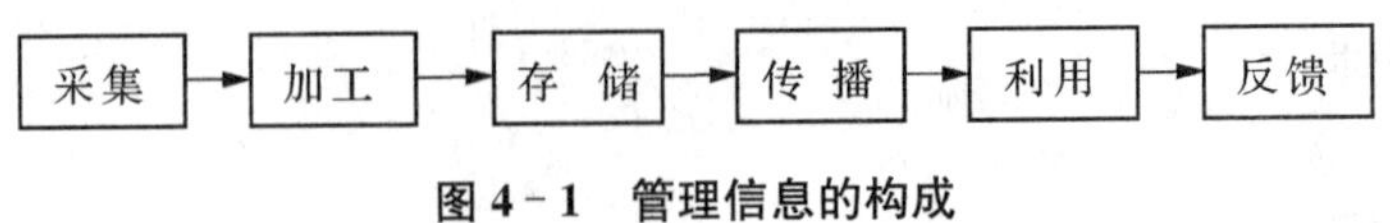

图 4-1 管理信息的构成

1. 信息的采集

指管理者根据一定的目的,通过各种不同的方式搜寻并占有各类信息的过程。

(1) 明确采集的目的;

(2) 界定采集的范围;

(3) 选择信息源。

2. 信息的加工

指对采集来的通常显得杂乱无章的大量信息进行鉴别和筛选,使信息条理化、规范化、准确化的过程。具体分为以下步骤:鉴别、筛选、排序、初步激活、编写。

3. 信息的存储

信息的存储是指对加工后的信息进行记录、存放、保管以便使用的过程。信息存储具有三层含义:第一,用文字、声音、图像等形式将加工后的信息记录在相应的载体上;第二,对这些载体进行归类,形成方便人们检索的数据库;第三,对数据库进行日常维护,使信息及时得到更新。

信息的存储工作由归档、登录、编目、编码、排架等环节构成。

4. 信息的传播

(1) 目的更加具体;

(2) 控制更加严密;

(3) 时效更加显著。

5. 信息的利用

指有意识地运用存储的信息去解决管理中具体问题的过程。

(1) 管理者在认清问题性质的前提下,判断什么样的信息有助于问题的解决;

(2) 对组织目前拥有的信息资源作一梳理,在此基础上,判断所需的信息是否存在;

(3) 如果组织中存在所需的信息,则可直接利用。如果不存在,则要考虑是否能够通过对现有信息进行开发、整合来满足管理者对信息的需要;如果不能,则要考虑重新采集信息,回到信息管理的源头。

6. 信息的反馈

指对信息利用的实际效果与预期效果进行比较,找出发生偏差的原因,采取相应的控制措施以保证信息的利用符合预期的过程。

(1) 反馈信息真实准确;

(2) 信息传递迅速及时;

(3) 控制措施适当有效。

完善的管理信息系统(MIS)具有以下四个标准:确定的信息需求、信息的可采集与可加工、可以通过程序为管理人员提供信息、可以对信息进行管理。具有统一规划的数据库是MIS成熟的重要标志,它象征着管理信息系统(MIS)是软件工程的产物。

管理信息系统(MIS)是一个交叉性综合性学科,组成部分有计算机学科(网络通讯、数据库、计算机语言等)、数学(统计学、运筹学、线性规划等)、管理学、仿真等多学科。信息是管理上的一项极为重要的资源,管理工作的成败取决于能否做出有效的决策,而决策的正确程度则在很大程度上取决于信息的质量。因此,能否有效地管理信息成为企业的首要问题,管理信息系统在强调管理、强调信息的现代社会中越来越得到普及。

(三) 管理信息系统的基本功能

1. 数据处理功能

具体见图4-2。

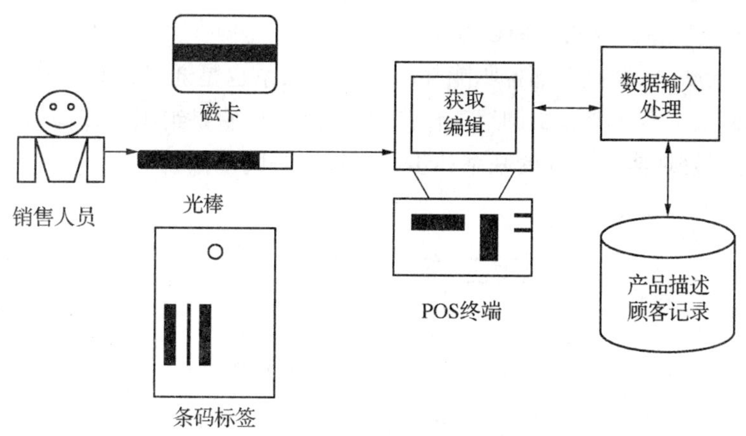

图4-2　数据处理示例

2. 计划功能

根据现存条件和约束条件,提供各职能部门的计划,如生产计划、财务计划、采购计划等,并按照不同的管理层次提供相应的计划报告。

3. 控制功能

根据各职能部门提供的数据,对计划执行情况进行监督、检查、比较执行与计划的差异、分析差异及产生差异的原因,辅助管理人员及时加以控制。

4. 预测功能

运用现代数学方法、统计方法或模拟方法,根据现有数据预测未来。

5. 辅助决策功能

采用相应的数学模型,从大量数据中推导出有关问题的最优解和满意解,辅助管理人员进行决策,以期合理利用资源,获取较大的经济效益。

(四) 管理信息系统的作用

1. 管理信息是重要的资源

对企业来说,人、物资、能源、资金、信息是五大重要资源。人、物资、能源、资金这些都是可见的有形资源,而信息是一种无形的资源。以前人们比较看重有形的资源,进入信息社会和知识经济时代以后,信息资源就显得日益重要。因为信息资源决定了如何更有效地利用物资资源。信息资源是人类与自然的斗争中得出的知识结晶,掌握了信息资源,就可以更好地利用有形资源,使其发挥更好的效益。

2. 管理信息是决策的基础

只有通过对客观情况、客观外部情况、企业外部情况、企业内部情况的了解,才能做出正确的判断和决策。所以,决策和信息有着非常密切的联系,信息是决策的基础,过去一些凭经验或者拍脑袋的那种决策经常会造成决策的失误。

3. 管理信息是实施管理控制的依据

在管理控制中,以信息来控制整个的生产过程、服务过程的运作,也靠信息的反馈来不断地修正已有的计划,依靠信息来实施管理控制。有很多事情不能很好地控制,其根源是没有很好地掌握全面的信息。

4. 管理信息是联系组织内外的纽带

企业跟外界的联系、企业内部各职能部门之间的联系也是通过信息互相沟通的。要沟通各部门的联系,使整个企业能够协调地工作就要依靠信息,它是组织内外沟通的一个纽带。没有信息就不可能很好地沟通内外的联系和步调一致地协同工作。

第三节　管理决策

计划职能是管理过程中的首要职能,而决策又是计划职能的核心,执行计划职能的第一步就是决策。在汉语中,“决”是决定、决断、断定;“策”则是计谋、计策、主意等。可以说,现实生活中充满了决策现象。一切的管理活动都是从决策开始的。但是对于什么是决策,要如何进行决策,不同的人却理解不一。诺贝尔经济学奖得主西蒙特别强调,管理就是决策,决策充满着整个管理过程。

一、决策的概念与作用

(一) 决策的定义

关于决策的定义,不同的学者有不同的看法。简单的定义,即从两个以上的备选方案中选择其中一个的过程。较具体的定义,是指为了实现组织确定的战略目标,运用一定的科学理论方法,在组织内外部环境影响因素进行充分、全面、系统分析的基础上,提出若干预选方案,并评价各种备选方案,从中选择出作为人们行动纲领的最满意方案。决策活动是管理活动的重要组成部分。

本书中采用的定义是,决策就是人们为实现既定的目标,借助一定的科学手段和方法,制定若干个可行方案,从中选择一个令人满意的方案并付诸实施的过程。我们也可以把决策理解为“做出决定”或“决定对策”。可见,决策活动同任何管理工作,甚至同任何个人都有关系。因此,掌握决策科学知识对任何人都是非常有用的。

（二）决策的特点

选择或调整组织在未来一定时间内活动方向内容或方式的组织具有以下主要特点。

1. 目标性

决策是为了实现特定目标的活动，没有目标就无从决策。目标已经实现，也就无需决策。

2. 可行性

决策的目的是为了指导组织未来的活动。组织的任何活动都需要利用一定的资源。缺少必要的人力、物力和技术条件，理论上非常完善的方案也只能是空中楼阁。因此，决策方案的拟订和选择，不仅要考察采取某种行动的必要性，而且要注意实施条件的限制。比如，一家旅游公司经过市场调查，发现月球旅游是一个潜在的目标市场，但旅游公司就其实力难以实现该项目，因而在现阶段，这样的决策既无必要也无意义。

3. 选择性

决策的关键是选择，没有选择就没有决策。而要能有所选择，就必须提供可以相互替代的多种方案。在制订可行方案时，应满足整体详尽性和相互排斥性要求。所谓整体详尽性，是指将各种可能实现的方案尽量考虑到，以免漏掉那些可能是最好的方案。所谓相互排斥性，就是说可行方案要尽量相互独立，不要互相包涵，当然更不应当为了选择硬凑出某个方案来。

例如，20 世纪 60 年代末美国顺利实施的阿波罗计划，就是在三种可能的方案中进行正确选择的结果。这三种方案是：① 直接发射飞船；② 在地球轨道上交会后向月球发射飞船；③ 在月球轨道上交会后向月球表面发射登月舱。从前两个方案的研制难度、研制时间看都不能保证实现 20 世纪 60 年代末把飞船送上月球的目标。第三个方案需要的助推火箭推力最小，实现的技术难度较低，最有可能保证实施上述目标。事实证明，这种决策是正确的。

4. 满意性

选择活动方案的原则是“满意原则”，而非“最优原则”。“最优原则”要求：

(1) 决策者了解与组织活动有关的全部信息；

(2) 决策者能正确地辨识全部信息的有用性，了解其价值，并能据此制定出没疏漏的行动方案；

(3) 决策者能够准确地计算每个方案在未来的执行结果。

然而，在管理过程中，这些条件是难以具备的。所以，科学决策要遵循“满意原则”。

5. 过程性

决策是一个过程，而非瞬间行动。决策是为达到一定的目标，从两个或多个可行方案中选择一个合理方案的分析判断和抉择的过程。决策实际上是一个“决策——实施——再决策——再实施”的连续不断的循环过程。

6. 动态性

决策具有显著的动态性。在决策过程和决策方案的实施过程中，对于决策目标和方案要不断地进行追踪分析和再决策。这就是说，应把决策看作一个动态的过程，不是一劳永逸的，它要求决策活动能动态地反映组织内外环境的变化，需要的话甚至可以做出根本性的改变。当然，对于已经做出的决策应该具有相对的稳定性，没有重大的意外情况发生就不要轻易变动。

【走进管理】

从前有个人看见大雁在天上飞,要拉弓射它,说:“射下来就煮着吃。”他的弟弟在一旁争辩说:“在地上休息的大雁,适宜煮着吃,飞翔的大雁烤着吃最好。”兄弟俩喋喋不休地争论起来,谁也说服不了谁,直至到社伯那里去打官司。社伯让他们把大雁剖开,煮一半,烤一半。然后他们再去寻找大雁,大雁已经凌空飞远了。(刘元卿《应谐录》)

【管理启示】

这则寓言告诉我们需要决策时,毫无意义的争论不仅浪费时间而且会错失良机。现代企业要想在风云多变的商战中获得胜利,就必须有快速的、准确的决策。

(三) 决策在管理中的作用

在企业管理中,决策贯穿于企业管理的各个方面,决策正确与否,关系着企业发展方向和事业的成败。好的决策可以促进企业沿着正确的方向,顺利、健康地成长和发展,提高企业的竞争能力和适应外部环境变化,使企业取得良好的经济效益,为社会做出贡献。反之,则会给企业带来巨大损失,甚至使企业破产倒闭,给社会带来灾害。

二、决策的类型

(一) 长期决策、中期决策与短期决策

按决策涉及和实施的时间长短来划分,决策可以分为长期决策、中期决策与短期决策。

1. 长期决策

指有关组织今后发展方向的长远性、全局性的重大决策,决策所涉及的时间在5年以上,如投资方向的选择、人力资源的开发和组织规模的确定等。

2. 中期决策

为保证实现长期战略目标而采取的中期策略手段,决策所涉及的时间在1年以上5年以内,如年度广告投入的筹划。

3. 短期决策

为贯彻执行中长期战略目标而采取的短期策略手段,决策所涉及的时间在1年以内,如员工日常工作的安排、紧急事件的处理等。

(二) 战略决策、战术决策与业务决策

按决策的重要性来划分,决策可以分为战略决策、战术决策与业务决策。

1. 战略决策

通常包括组织目标、方针的确定,组织机构的调整,企业产品的更新换代,技术改造等。这些决策牵涉组织的方方面面,具有长期性和方向性,对组织最重要。

2. 战术决策

又称管理决策,是在组织内贯彻的决策,属于战略决策执行过程中的具体决策。战术决策旨在实现组织中各环节的高度协调和资源的合理使用。

3. 业务决策

又称执行性决策,是日常工作中为提高生产效率、工作效率而做出的决策,牵涉范围较窄,

只对组织产生局部影响。

（三）集体决策与个人决策

按决策主体的不同来划分，可以将决策分为个体决策和群体决策。

1. 个体决策

个体决策是指决策是由某一人独立做出的。其优点是决策速度快、责任明确，可明显地提高决策效率，在瞬息万变的市场中抓住机会。但决策结果是否有效取决于决策人的经验、智慧和阅历等综合素质。其缺点是容易出现因循守旧、先入为主。

2. 群体决策

群体决策是指由多人共同参与做出的决策。相对于个人决策，集体决策的优点是：能更大范围地汇总信息；能拟订更多的备选方案；能得到更多的认同；能更好地沟通；更有利于决策质量的提高，等等。特别是当群体的组成成员来自于不同专业、不同学科的专家时，这些优点会更加凸显。所谓"三个臭皮匠胜过一个诸葛亮"正说明了群体决策的优势。

群体决策的缺点也是明显的，如花费较多时间、效率比较低、容易产生责任不明的情况以及"从众现象"等。因此，组织在决定是否采用群体决策方式时，必须考虑其决策质量和可接受性的提高是否足以抵消决策效率方面的损失。

个体决策与群体决策各有优缺点，两者都不可能适用于所有情况。对于复杂、重要和需有关人员广泛接受的决策问题，特别是对企业有重大意义的关键性问题，如企业的战略目标、资产运作、高层人事变动等，组织最好要采取群体决策的方式来制定决策。相反，简单、次要和不需体现共同意志的决策，采取个体决策方式可能更适宜。

（四）程序化决策与非程序化决策

按决策所涉及的问题性质划分，可把决策分为程序化决策与非程序化决策。

组织中的问题可被分为两类：一类是例行问题，另一类是例外问题。例行问题是指那些重复出现的、日常的管理问题；例外问题则是指那些偶然发生的、新颖的、性质和结构不明的、具有重大影响的问题。

1. 程序化决策

程序化决策是按预先规定的程序、处理方法和标准来解决管理中经常重复出现的问题。由于问题是经常出现的，因而有必要也有可能预先把决策过程标准化、程序化。程序化决策多属业务决策，比如，当一名工人无故缺勤时，主管的处理方法；当基本的办公用品库存量低于订货点量，办公室主任打算订购一个固定批量时。

2. 非程序化决策

非程序化决策是针对非常规性决策而言的。非程序化决策是为解决不经常重复出现的、非例行的新问题所进行的决策。这类决策不能按常规程序和方法进行处理。管理者没有现成可依的规则，此时所做的决策就是非程序化决策，诸如要不要对一种新技术予以投资、要不要开发一种新产品、要不要进行新一轮的促销活动、要不要进入一个新兴的市场或者要不要开展国际化经营等。非程序化决策具有唯一性和不可重复性的特点。

（五）确定型决策、风险型决策和不确定型决策

按决策环境变化的可控程度划分，可以将决策为确定型决策、风险型决策和不确定型决策。

1. 确定型决策

确定型决策是指决策者确切地知道自然状态的发生,并且每种状态的结果是唯一且可以预见的决策。

由于确定型决策需要解决的问题非常明确,解决问题的过程以及环境也一目了然,几种不同的可行方案的结果也是清楚的,因此这种决策比较容易做,决策者只要比较各个方案的结果就可做出最终决策。这是做决策的理想状态。

2. 风险型决策

风险型决策,也称随机决策,是指决策事件未来的自然状态虽不能预先肯定,但可以预测出每一种自然状态出现的概率的决策,这样的决策有一定的风险。可以通过比较各方案的期望值来进行决策。比如,冷饮的销量和天气有很大关系,天气晴好时,销量多,应该多进货,天气不好则应少进货。但天气到底如何,我们只能通过天气预报知道概率情况,据此做出的进货数量决策就有一定风险。

3. 不确定型决策

不确定型决策是指决策事件未来的各种自然状态完全未知,各种状态出现的概率也无法估计,方案实施的结果是未知的,只能凭决策者主观做出的决策。例如,某一企业要生产一定数量的某种产品,由于无法控制市场变化情况,销售难以预测,因此,盈利和亏本这两种可能性都存在。到底生产还是不生产,很难做出决策,需要冒点风险。

(六)单目标决策与多目标决策

按决策目标的多寡划分,可以将决策划分为单目标决策、多目标决策。

1. 单目标决策

单目标决策是指判断一项决策的优劣,只考查某一重要目标就可得出结论的决策。例如有一笔资金,三年后才用,那么是把资金以三年定期方式存到银行,还是购买三年期国债呢?评价方案优劣的指标只要利息率一个即可。在单目标决策中,决策行动只力求实现一种目标,因而容易掌握和做出决策。但单目标决策往往强调一点,容易以偏概全。

2. 多目标决策

多目标决策是指决策中包含两个或两个以上的目标的决策。一般来说,不论组织还是个人,所确定的目标往往是多个而非单一的。例如,私人购买小汽车的决策,就需要考虑价格、性能、舒适性、操作便利性、维修情况、品牌等。上述多重目标很难在某一品牌车型中完全实现,所以,购买者做出购车决策时需要妥善处理多目标的冲突问题。这时,可以给第一个目标规定相对重要的程度,即权重,然后进行加权平均,这是处理多目标决策的一种常用方法。这样,倾向购买“经济车”的人可能会给“价格”以更高的权重,而倾向购买“豪华车”的人,则可能更注重“舒适性”等。在对多目标问题进行决策时,因为多个目标之间往往是相互联系、相互制约的,因此应注意分清目标的主次,不能没有重心。

三、决策的原则

决策的原则是指决策所必须遵循的指导原理和行为准则。它是科学决策指导思想的反映,也是决策实践经验的概括。具体有满意原则、分级原则、集体决策和个人决策相结合原则和整体效用原则。

1. 满意原则

满意原则是针对最优化原则提出来的。“最优化”的理论假设是把决策者作为完全理性的人,决策是以绝对理性为指导,按照最优化准则行事的结果。对决策者来说,要想使决策达到最优,首先要能够获得有关的全部信息;其次,能够真实了解全部信息的价值,并据此制定所有可能的方案;最后,能够准确预期到每个方案在未来的执行结果。

但在现实中,上述这些条件往往得不到满足。具体来说,一是组织内外存在的事物对组织都会直接或间接地产生影响,但决策者很难完全搜集到这些信息;二是对于搜集到的有限信息,决策者的利用能力也是有限的,从而决策者只能制定数量有限的方案;三是任何方案都要在未来实施,而人们对未来的认识是不全面的,对未来的影响也是有限的,从而决策所预测的未来状况可能与实际状况有出入。现实中的上述状况决定了决策者难以做出最优决策,而只能做出相对满意的决策。

我们讲的“满意”决策,就是能够满足合理目标要求的决策。具体包括以下内容。

(1) 决策目标追求的不是使企业及其期望值达到理想的完善,而是使它们能够得到切实的改善,实力得到增强。

(2) 决策备选方案不是越多越好、越复杂越好,而是要达到能够满足分析对比和实现决策目标的要求,能够较好地抓住外部环境提供的机会,并能较好地利用内部资源。

(3) 决策方案选择不是避免一切风险,而是对可实现决策目标的方案进行权衡,做到“两利相权取其重”“两弊相衡取其轻”。

2. 分级原则

决策在组织内分级进行,是组织业务活动的客观要求,主要原因如下。

(1) 组织需要的决策一般都非常广泛、复杂,是高层管理者难以全部胜任的,必须按其难度和重要程度分级决策。

(2) 组织管理的重要原则是责权对等、分权管理。实现分级决策,把部分重复进行的、程序化的决策权下放给下属,有利于分权管理。所以,分级决策是分权管理的核心。

(3) 组织都建立有领导制度和层级管理机构。而领导制度和层级管理机构的有效运行,必须遵循一定的规则,其中包括确定决策机构的具体形式、明确决策机构同执行机构之间的关系等。这些规则的建立和运行也要以决策的分级原则为基础。

当然,无论决策分几级进行,在每一级中都只能有一个决策机构,以免政出多门,令人无所适从。

3. 集体决策和个人决策相结合原则

(1) 决策既要充分利用机会,减少风险,又要有人敢于负责,能够抓住机遇,当机立断。否则,就会错失良机。因此,既不能事事集体决策、大家参与,又不能事事个人决策,一人拍板。要坚持集体决策与个人决策相结合的原则。根据决策事务的轻重缓急,对那些带有战略性、非程序化的、非确定性的有关组织全局的决策等,实行集体决策,其他的应酌情选择个人决策或集体决策。

(2) 决策作为决策者的意志反映,由少数人进行,意见最易统一;而决策得到顺利实施,就需要有较多的人参与,反映各方面人士的意见,把不同看法、意见、分歧解决在决策过程之中。因此,组织在建立决策体系时,应注意发挥个人的主动性和集体的积极性,把决策的制定和执行紧密地衔接起来。

决策要有效地进行,必须做到科学化和民主化,实事求是地按客观规律办事。无论是集体决策,还是个人决策,都要建立在广泛的民主基础之上,在民主的基础上实行集中,这是提高决策质量的保证。从这一意义上讲,集体与个人相结合的原则,反映了决策科学化和民主化的客观要求。

4. 整体效用原则

组织作为独立个体,它内部有许多单元。这些单元同组织之间存在着局部和整体的关系。组织作为社会的一环,又是社会的一个单元,同社会存在着局部与整体的关系。局部与整体,无论在组织内部,还是在社会内部,利益并不总是一致的。因此,决策者在做决策时,应正确处理组织内部各个单元之间、组织与社会、组织与其他组织之间的关系,在充分考虑局部利益的基础上,要把提高整体效益放在首位,实现决策方案的整体满意。

四、决策的依据

管理者在决策时离不开信息,而信息的数量和质量直接影响决策水平。这要求管理者在决策之前以及决策过程中尽可能地通过多种渠道收集信息,作为决策的依据。但这并不是说管理者要不计成本地收集各方面的信息。管理者在决定收集什么样的信息、收集多少信息以及从何处收集信息等问题时,要进行成本—收益分析。尤其在信息爆炸时代,只要在收集的信息所带来的收益超过需要付出的成本时,都需要收集信息。

【走进管理】

在古印度,国王舍罕重赏象棋的发明人和进贡者宰相达依尔(国际象棋共有 64 格,每方 16 子)。国王问达依尔要什么奖赏,达依尔跪在国王面前说:“陛下,请您在这张棋盘的第一小格内,赏给我一粒麦子,第二个小格内给两粒,第三个小格内给四粒,照这样下去,每小格内都比前一小格内加一倍。陛下,这样摆满棋盘上所有 64 格的麦粒,都赏给您的仆人吧。”“爱卿,你的要求并不多啊。”国王说道。然后吩咐仆人往棋格里放麦子,等国库中所有的麦子都用光了,棋格还剩很多空格没放麦子。后人经过计算,要把所有的棋格放满,需 18 亿亿粒麦子,这一数字是全世界在两千年内所生产的全部小麦之和。

【管理启示】

这则故事告诉我们做决策不能凭空想象、随性而为,需要有充足的信息和相关的分析。

五、决策的影响因素

(一) 环境

环境从以下两个方面对决策施加影响:

其一,环境的特点影响着组织的活动选择。就企业而言,如果市场相对稳定,则今天的决策基本上是昨天决策的翻版与延续;而如果市场急剧变化,则需要经常对经营方向和内容进行调整。

其二,对环境的习惯反应模式也影响着组织的活动选择。对于相同的环境,不同的组织可能做出不同的反应,而这种调整组织与环境关系的模式一旦形成,就会趋于稳固,限制着决策者对行动方案的选择。

（二）过去决策

在大多数情况下，组织中的决策不是在一张白纸上进行的初始决策，而是对初始决策的完善、调整或改革。过去的决策是目前决策的起点；过去方案的实施，给组织内部状况和外部环境带来了某种程度的变化，进而给"非零起点"的目前决策带来了影响。

过去的决策对目前决策的影响程度取决于过去决策者与现任决策者的关系情况。如果过去的决策是由现在的决策者做出的，决策者考虑到要对自己当初的选择负责，就不会愿意对组织活动作重大调整；相反，如果现在的决策者与过去的决策没有什么关系，重大改变就可能被其接受。

（三）决策者对风险的态度

人的理性是有限的。决策者对未来的预知不可能与实际发生的情况完全一样，导致方案实施后未必能产生期望的结果。就是说，决策是有风险的。

决策者对风险的态度会影响其对方案的选择。喜好风险的人通常会选取风险程度较高但收益也较高的行动方案，而厌恶风险的人通常会选取较安全同时收益水平也较低的行动方案。

（四）伦理

决策者是否重视伦理以及采用何种伦理标准会影响其对待行为或事物的态度，进而影响其决策。

不同的伦理标准对决策产生的影响，而不同的国家可能有不同的伦理标准。例如：在巴西，一个人可能认为，只要金额较小，贿赂海关官员在伦理上就是可以接受的。因为他想的是："海关工作人员需要这笔钱，我国政府是根据他们可以捞一点外快来规定他们工资的。"可见，其伦理标准是以对社会最佳为出发点的，因此无可厚非。在美国，人们却认为这样做不符合伦理，因为他们信奉的是："只有每个人都变得诚实，制度才会更加有效。"这种伦理标准也是以对社会最佳为出发点的，因此也是值得肯定的。

在前一种伦理标准下，人会做出以较小的金额贿赂海关官员的决策，以加快货物的通关速度；而在后一种伦理标准下，人会采取其他办法来达到同样目的。

（五）组织文化

组织文化会影响到组织成员对待变化的态度，进而影响到组织对方案的选择与实施。

在决策过程中，任何方案的选择都意味着对过去某种程度的否定，任何方案的实施都意味着组织要发生某种程度的变化。决策者本人及其他组织成员对待变化的态度会影响到方案的选择与实施。

(1) 在偏向保守、怀旧、维持的组织中，人们总是根据过去的标准来判断现在的决策，总是担心在变化中会失去什么，从而对将要发生的变化产生怀疑、害怕、抵制的心理与行为。

(2) 相反，在具有开拓、创新精神的组织中，人们总是以发展的眼光来分析决策的合理性，总是希望在可能发生的变化中得到什么，因此渴望变化、欢迎变化、支持变化。很明显，欢迎变化的组织文化有利于新方案的通过与实施；而抵制变化的组织文化不利于那些对过去作重大改变的方案的通过，即使决策者费尽周折让方案勉强通过，也要在正式实施前，设法创建一种有利于变化的组织文化,这无疑增加了方案的成本。

(六) 时间

美国学者威廉·R. 金和大卫·I. 克里兰把决策划分为时间敏感型决策和知识敏感型决策。

1. 时间敏感型决策

时间敏感型决策是指那些必须迅速做出的决策。战争中军事指挥官的决策多属于此类。这类决策对速度的要求甚于一切。例如,一个走在马路上的人突然看到一辆疾驰的汽车向他冲来时,最需要做的就是迅速跑开,至于跑向马路的哪边更近对此时的他来说并不重要。

2. 知识敏感型决策

知识敏感型决策是指那些对时间要求不高而对质量要求较高的决策。在作这类决策时,决策者通常有宽裕的时间来充分利用各种信息。组织中的战略决策大多属于知识敏感型决策。

第四节 决策程序与决策方法

一、决策程序

1. 识别问题

决策者必须知道哪里需要行动,因此决策过程的第一步是识别机会或诊断问题。实际状况和所想要状况的偏差提醒管理者潜在机会或问题的存在。识别机会和问题并不总是简单的,因为要考虑组织中人的行为。有些时候,问题可能植根于个人的过去经验、组织的复杂结构或个人和组织因素的某种混合。因此,管理者必须特别注意要尽可能精确地评估问题和机会。另一些时候,问题可能简单明了,只要稍加观察就能识别出来。

评估机会和问题的精确程度有赖于信息的精确程度,所以管理者要尽力获取精确的、可信赖的信息。即使收集到的信息是高质量的,在解释的过程中,也可能发生扭曲。有时,随着信息持续地被误解或有问题的事件一直未被发现,信息的扭曲程度会加重。例如,大多数重大灾难或事故都有一个较长的潜伏期。

更糟的是,即使管理者拥有精确的信息并正确地解释它,处在他们控制之外的因素也会对机会和问题的识别产生影响。但是,管理者只要坚持获取高质量的信息并仔细地解释它,就会提高做出正确决策的可能性。

2. 确定决策目标

目标体现的是组织想要获得的结果。所想要结果的数量和质量都要明确下来,因为目标的这两个方面都最终指导决策者选择合适的行动路线。

根据时间的长短,可把目标分为长期目标、中期目标和短期目标。其中,长期目标通常用来指导组织的战略决策,中期目标通常用来指导组织的战术决策,短期目标通常用来指导组织的业务决策。

3. 拟订备选方案

一旦机会或问题被正确地识别出来,管理者就要提出达到目标和解决问题的各种方案。

这一步骤需要创造力和想象力。在提出备选方案时，管理者必须把其试图达到的目标牢记在心，而且要提出尽可能多的方案。备选方案可以是标准的和鲜明的，也可以是独特的和富有创造性的。标准方案通常是指组织以前采用过的方案。通过头脑风暴法、德尔菲法等，可以提出富有创造性的方案。

4. 分析评估备选方案

确定所拟订的各种方案的价值或恰当性，即确定最优的方案。为此，管理者起码要具备评价每种方案的价值或相对优势/劣势的能力。在评估过程中，要使用预定的决策标准（如所想要的质量）以及每种方案的预期成本、收益、不确定性和风险，最后对各种方案进行排序。

5. 做出决策

在决策过程中，管理者通常要做出最后选择。尽管选择一个方案看起来很简单——只需要考虑全部可行方案并从中挑选一个能最好解决问题的方案，但实际上，做出选择是很困难的。由于最好的决定通常建立在仔细判断的基础上，因此管理者要想做出一个好的决定，必须仔细考察全部事实、确定是否可以获取足够的信息，从而最终选择最佳方案。

6. 实施方案

方案的实施是决策过程中至关重要的一步。在方案选定以后，管理者就要制订实施方案的具体措施和步骤。实施过程中通常要注意做好以下工作：

(1) 制定相应的具体措施，保证方案的正确实施；

(2) 确保与方案有关的各种指令能被所有有关人员充分接受和彻底了解；

(3) 应用目标管理方法把决策目标层层分解，落实到每一个执行单位和个人；

(4) 建立重要的工作报告制度，以便及时了解方案进展情况，及时进行调整。

7. 评价决策效果

一个方案可能涉及较长的时间，在这段时间，形势可能发生变化，而初步分析建立在对问题或机会的初步估计上，因此，管理者要不断对方案进行修改和完善，以适应变化了的形势。

需要说明的是，管理者在以上各个步骤中都会受到个性、态度和行为、伦理和价值以及文化等诸多因素的影响。

二、决策方法

（一）定性决策方法

定性决策方法，又称“软”方法、经验判断法，它是在对决策过程进行全面、系统分析的基础上，依靠运用决策者本人或有关专家的有关专业知识、经验和能力进行决策的方法。这种方法适用于受社会经济因素影响较大的、错综复杂以及涉及社会心理因素较多的综合性的战略问题。常用的定性决策方法有以下几种。

1. 德尔菲法(Delphi technique)

德尔菲法也叫专家意见法，是由美国兰德公司首创和使用的一种特殊的策划方法，最早用于预测，后来推广应用到决策中。

德尔菲法是以匿名方式通过几轮函询征求专家意见的决策方法。其具体做法是：通过书面方式向专家提出所要预测的问题，在得到专家不同意见的答复后，将意见汇总整理，并作为参考资料再次发给每一个专家，让他们再次进行分析并发表意见。如此反复多次，最终形成代表专家组意见的方案。

在这种方法下,被征询的专家互不通气、彼此隔离,能够自由充分地发表自己的意见包括分歧点,由此可以达到集思广益、扬长避短的效果。但德尔菲法也有缺点,表现为:主要凭专家判断,缺乏客观标准;过程比较复杂,花费时间较长。

2. 头脑风暴法(Brain Storming,BS 法)

头脑风暴法,又称智力激励法,它是由英国心理学家奥斯本(A. F. Oshom)于 1939 年首次提出的一种激发创造性思维的方法。

头脑风暴法,是指依靠一定数量专家的创造性逻辑思维对决策对象未来的发展趋势及其状况做出集体判断的方法。其具体做法是:通过小型会议的形式,将对解决某一问题有兴趣的人集合在一起,在完全不受约束的条件下,敞开思路、畅所欲言,随心所欲地发表自己的看法,并以此激发与会者的创意及灵感,使各种设想在相互碰撞中激起脑海的创造性"风暴"。在这一过程中,鼓励一切思维,包括看起来不可能的想法,而且暂时不允许对任何想法做出评论或批评。这种方法的时间安排应在 1~2 小时,参加者以 5~6 人为宜。

头脑风暴法的创始人奥斯本为该决策方法的实施提出了四项原则:

(1) 对别人的建议不作任何评价,将相互讨论限制在最低限度内。

(2) 建议越多越好,在这个阶段,参与者不要考虑自己建议的质量,想到什么就应该说出来。

(3) 鼓励每个人独立思考,广开思路,想法越新颖、奇异越好。

(4) 可以补充和完善已有的建议,以使其更具说服力。

3. 电子会议法(Electronic meeting)

电子会议法是一种将专家会议法与尖端的计算机技术相结合的决策方法,是目前较新的定性决策方法。其具体做法是:安排为数众多的参与者(可能多达 50 人)围坐在一张马蹄形的桌子旁,这张桌子上除了一系列的计算机终端外别无他物;将问题显示给决策参与者;决策参与者在不透露自己姓名的情况下,打出自己所要表达的任何信息并立即显示在计算机屏幕上,使所有人都能看到;个人评论和票数统计也都投影在会议室的屏幕上。

电子会议的主要优点是匿名、诚实和快速。它使人们充分地表达他们的想法而不会受到惩罚,消除了闲聊和讨论偏题,且不必担心打断别人的"讲话"。专家声称电子会议比传统的面对面会议快一半以上。

(二) 定量决策方法

定量决策方法,又称"硬"方法,它是建立在数学模型的基础上,运用统计学、运筹学和电子计算机技术来对决策对象进行计算和量化研究,以供决策参考的方法。根据决策方案在未来实施的经济效果的确定程度,定量决策方法又可分为确定型、风险型和不确定型三类。

1. 确定型决策方法

如前所述,确定型决策是指决策者确切地知道自然状态的发生,并且每种状态的结果是唯一且可以预见的决策。也就是说,确定型决策所涉及问题的相关因素是确定的,这是一种理想化的决策状态。在实际中,如果决策的主要因素或者关键因素是确定的,我们可以暂时忽略那些次要的或非关键性因素的不确定性,将问题简化成确定型决策问题加以解决。

(1) 盈亏平衡分析法。盈亏平衡分析法又称量本利分析法或保本分析法,是进行产量决策时经常使用的一种定量分析方法。这种方法主要通过分析总成本、总收入和销售数量三个变量之间的关系，掌握盈亏变化的规律来为决策提供依据。

进行盈亏平衡分析的核心是进行盈亏平衡点的计算。盈亏平衡点是指在这一点上，生产经营活动正好处于不盈不亏的状态，即总收入等于总成本，与这一点相对应的产量称为临界点产量或保本点，相对应的价格称为临界点价格，见图 4－3。

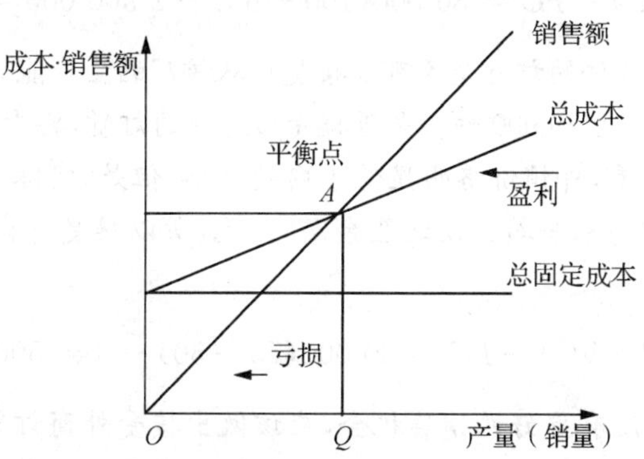

图 4－3　盈亏平衡分析基本模型

其具体做法是：假设企业的总收入即销售收入，企业的总成本包含固定成本和可变成本两部分，且企业生产的产品全部售出，即产品产量等于产品的销售量。然后将总成本与总收入进行对比，就可以确定盈亏平衡时的产量或某一盈利水平的产量。根据总成本、总收入和销售量（产量）三个变量之间的关系可推导出如下公式：

利润 ＝总收入－总成本＝总收入－变动成本总额－固定成本总额
＝销售量×单价－销售量×单位变动成本－固定成本总额

我们若设：

R—— 利润；S—— 总收入；C—— 总成本；FC—— 固定成本总额；VC—— 单位可变成本；P—— 单价；Q—— 产量或销售量；$Q*$—— 盈亏平衡点的销售量。

则以上公式表示为：

$$R = S - C = PQ - VC \times Q - FC = Q(P - VC) - FC$$
$$Q = (R + FC)/(P - VC)$$

当企业处于盈亏临界点时，即总收入等于总成本，如不计税收，企业利润为零，即 $R = 0$，则盈亏平衡点的销售量 $Q^* = FC/(P - VC)$

即当 $R > 0$ 时，$Q = (R + FC)/(P - VC)$

当 $R = 0$ 时，$Q^* = FC/(P - VC)$

上述公式中有四个变量，给定任何三个便可求出另外一个变量的值。

【例 4－1】 假设某电子器件厂的主要产品生产能力为 10 万件，产销固定成本为 250 万元，单位变动成本为 60 元。根据全国订货会上签订的产销合同，国内订货共 8 万件，单价为 100 元。最近有一外商要求订货，但他的出价仅为 75 元，订货量为 2 万件，并自己承担运输费用。由于这外销的 2 万件不需要企业支付推销和运输费用，这样使单位变动成本降至 50 元。现该厂要做出是否接受外商订货的决策。

解：首先计算该电子器件厂盈亏平衡点产量：

$$Q^* = FC/(P-VC) = 2\ 500\ 000/(100-60) = 62\ 500(件)$$

从计算所得出来的结果,可以确定,该电子器件厂接受国内订货 8 万件,不仅可以收回固定成本投资 250 万元,而且会有 700 000 元的利润。

$$R = Q(P-VC)-FC = 80\ 000(100-60)-2\ 500\ 000 = 700\ 000(元)$$

其次,分析国外 20 000 件的订货是否可以接受?从该厂的生产能力来看,在接受国内 80 000 件订货后,还有剩余生产能力 20 000 件。是否接受该外商的订货,要看降低了售价后是否还能给企业带来利润。从表面上看,外销价格明显低于内销价格,但是,实际上该电子器件厂所投入的固定成本已在内销产品中得到全额补偿还盈余 70 万元,所以接受外商订货可使企业再净赚 50 万元。

$$R = Q(P-VC)-FC = 20\ 000(75-50)-0 = 500\ 000(元)$$

因此,如果这家企业没有更好的销售机会,应该做出接受外商订货的决策。

(2) 线性规划法。线性规划法就是在一定约束条件下追求最优方案的数学方法。一般来讲,用线性规划模型来解决问题要满足以下条件:问题的目标能用数值指标来反映;存在着达到目标的多种方案;要达到的目标是在一定约束条件下实现的。

用线性规划建立数学模型的步骤是:先确定影响目标大小的变量;然后列出目标函数方程;最后找出实现目标的约束条件,列出约束条件方程组,并从中找到一组能使目标函数达到最大值或最小值的可行性,即最优可行解。

【例题 4-2】 某药厂生产 A、B、C 三种药物,可供选择的原料有甲、乙、丙、丁四种,成本分别是每公斤 5 元、6 元、7 元、8 元。每公斤不同原料所能提供的各种药物如表 4-1 所示。药厂要求每天生产 A 药品恰好 100 千克、B 药品至少 530 千克、C 药品不超过 160 千克,如何合理选配各种原料的数量,才能既满足生产的需要,又使总成本最低?

表 4-1 某药厂不同原料能提供的药物

药品 \ 原料	甲	乙	丙	丁	产量
A	1	1	1	1	100
B	5	4	5	6	530
C	2	1	1	2	160

解:根据题意建立此问题的线性规划模型。设 X_1、X_2、X_3、X_4 分别表示甲、乙、丙、丁原料的用量。

目标函数为 $\min Z=5X_1+6X_2+7X_3+8X_4$

约束条件为:

$$X_1+X_2+X_3+X_4=100$$
$$5X_1+4X_2+5X_3+6X_4\geqslant 530$$
$$2X_1+X_2+X_3+2X_4\leqslant 160$$
$$X_1\geqslant 0, X_2\geqslant 0, X_3\geqslant 0, X_4\geqslant 0$$

运用线性规划软件包，得到的运算结果为：当甲 30 000 克、丙 40 000 克、丁 30 000 克而乙为 0 克时，成本达到最小，此时最小成本为 670 元。

2. 风险型决策方法

风险型决策方法主要用于人们对未来有一定程度认识，但又不能肯定的情况。这时，实施方案在未来可能出现几种不同情况，我们把它称为自然状态。每种自然状态虽然无法事先确定，但可以推断它们出现的概率。这样，根据已知的概率就可以计算期望收益。但决策者在决策时无论采用哪一个方案，都要承担一定风险。

(1) 决策收益表法。又称决策损益矩阵法。它是以决策收益表为基础，通过计算不同方案在不同自然状态下的期望收益值，来分析和选择方案的决策方法。决策收益表法主要适用于单级决策。

(2) 决策树法。决策树法就是运用树形图来分析和选择方案的决策方法。它以图形方式，把可行方案、期望收益以及发生的概率等直观地表示在图形上。它既适用于单级决策，也适用于多级决策。

决策树的基本形状结构如图 4-4 所示。

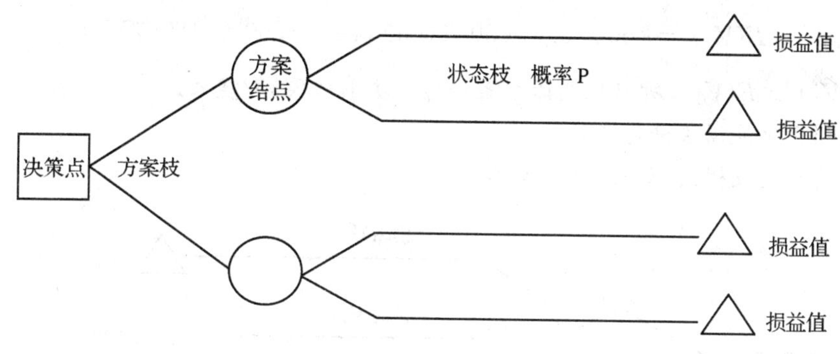

图 4-4　决策树示意图

图中，"□"表示决策点；由决策点引出的若干条一级树枝叫作方案枝，它表示该项决策中可供选择的几种备选方案，分别以"○"来表示；由各圆形结点进一步向右边引出的枝条称为方案的状态枝，每一状态出现的概率标在每条状态枝的上方，直线的右端"△"表示该种状态下方案执行所带来的损益值。

用决策树法进行决策一般需要进行以下几个步骤：

第一步：绘制决策树。根据备选方案的数目和对未来环境状态的了解，从左到右绘出决策树图形。

第二步：计算期望收益值。计算各概率枝的损益值，将各损益值乘上该损益值出现的概率并累加，得出各方案的期望收益值，该数值可标记在相应方案的圆形状态结点上方。

第三步：剪枝决策。将每个方案的期望收益值减去该方案实施所需要的投资额（该数额可标记在相应的方案枝的下方），比较余值后就可以选出决策方案。剪去的方案枝以"//"号表示剪断。

【例题 4-3】　某公司准备生产某种新产品，有两个方案可供选择：一是建大厂，需投资 500 万元，建成后如果销路好，每年可获利 150 万元，如果销路差，每年要亏损 30 万元；二是建小厂,需投资300万元,如果销路好,每年可获利60万元,如果销路差,每年可获利30万元,如表4-2所示。两方案的使用期限均为10年,根据市场预测,产品销路好的概率为0.6,销路差的概率为0.4,请问应如何进行决策?

表4-2 某厂新产品开发的两种方案

自然状态 损益值 可行方案	销路好 $P=0.6$	销路不好 $P=0.4$
建大厂(投资500万)	150	−30
建小厂(投资300万)	60	30

此问题属于单级决策,因此可以用决策收益表法和决策树法分别分析。

方法一:利用决策损益矩阵法进行决策

某厂新产品的两种方案:

$$E(V_1)=(150\times0.6-30\times0.4)\times10-500=280(\text{万元})$$

$$E(V_2)=(60\times0.6+30\times0.4)\times10-300=180(\text{万元})$$

因为$E(V_1)>E(V_2)$,所以应选择方案一作为决策方案,即建大厂。

方法二:利用决策树法进行决策。

第一步:绘制决策树图,如图4-5所示。

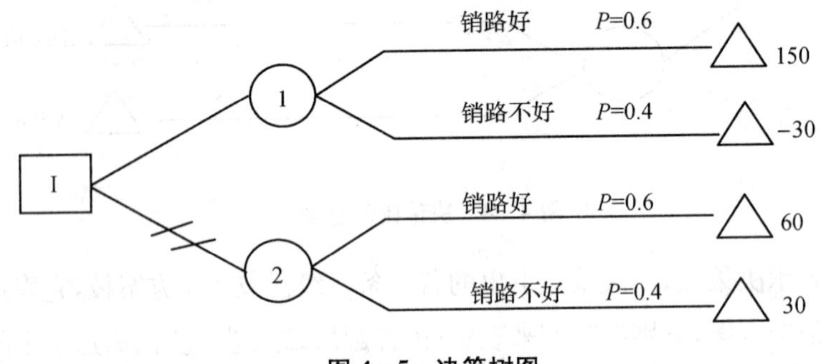

图4-5 决策树图

第二步:计算各结点的期望收益值。

结点①

$$E(V_1)=(150\times0.6-30\times0.4)\times10-500=280(\text{万元})$$

结点②

$$E(V_2)=(60\times0.6+30\times0.4)\times10-300=180(\text{万元})$$

第三步:剪枝决策。

因为$E(V_1)>E(V_2)$,所以应选择方案1作为决策方案,即建大厂。

3. 不确定型决策方法

在不确定型决策中,由于方案实施可能会出现的自然状态或者带来的后果不能做出预计,因此处理这类问题的方法主要有两种：一种是通过一些科学方法来补充信息，将不确定型问题变为风险型问题来处理；一种是依经验进行模糊决策，这与决策者对待风险的态度和所采取的决策准则有直接关系。下面将以例题 4-4 为例，分析不同方法下的决策方案选择。

【例题 4-4】 某决策问题的损益矩阵如表 4-3 所示。

表 4-3　某决策的损益矩阵

自然状态 / 收益值 / 可行方案	Q_1	Q_2	Q_3	Q_4
A	2	1	4	8
B	−1	2	3	6
C	3	4	5	2
D	4	−2	3	6

(1) 乐观准则。乐观准则也称为大中取大法。采用这种方法的决策者对未来充满信心，认为未来会出现最好的自然状态，因此对方案的比较和选择就会倾向于选取在最好状态下能带来最大效果的方案。其具体做法是：先找出各个方案在各自然状态下的最大收益值，即各方案中与最好自然状态相应的收益值，然后进行比较，从中选取相对收益最大的方案作为决策方案。

以例题 4-4 为例，分析乐观准则的决策过程。

解：

① 求出每一个方案在各自然状态下的最大效果值。

$$
\begin{aligned}
&\text{方案 A} = \max\{2,1,4,8\} = 8\\
&\text{方案 B} = \max\{-1,2,3,6\} = 6\\
&\text{方案 C} = \max\{3,4,5,2\} = 5\\
&\text{方案 D} = \max\{4,-2,3,6\} = 6
\end{aligned}
$$

② 求出各最大效果值的最大值。

$$\max\{8,6,5,6\} = 8$$

因此，对应的方案 A 就是要乐观准则要选择的决策方案。

(2) 悲观准则。悲观准则也称为小中取大法。采用这种方法的决策者对未来持比较悲观的态度，认为未来会出现最差的自然状态，为避免风险，则会选择在最差自然状态下仍能带来最大收益或最小损失的方案作为决策方案。其具体做法是：先找出各方案在各自然状态下的最小收益值，即各方案中与最差自然状态相应的收益值，然后进行比较，从中选取相对收益为大的方案作为决策方案。

以例题 4-4 分析悲观准则的决策过程。

解：

① 求出每一个方案在各自然状态下的最小效果值。

$$方案A=\min\{2,1,4,8\}=1$$
$$方案B=\min\{-1,2,3,6\}=-1$$
$$方案C=\min\{3,4,5,2\}=2$$
$$方案D=\min\{4,-2,3,6\}=-2$$

② 求出各最小效果值的最大值。

$$\max\{1,-1,2,-2\}=2$$

因此,对应的方案C就是悲观准则要选择的决策方案。

(3) 折中准则。折中法也称乐观系数法。采用这种方法的决策者认为自然状态出现最好和最差的可能性都存在,因此要在乐观与悲观两种极端中求得平衡。

其具体做法是:根据决策者的估计,引入一个乐观系数 a, $a\in[0,1]$。相对应的悲观系数为 $1-a$,当 $a=0$ 时决策者感到完全悲观,当 $a=1$ 时决策者感到完全乐观。然后,将各方案在最好自然状态下的收益值与乐观系数的乘积,加上各方案在最差自然状态下的收益值与悲观系数的乘积,得出各方案的期望收益值;比较各方案的期望收益值,从中选出期望收益值最大的方案作为决策方案。

以例题4-4分析折中准则的决策过程,假设乐观系数 $a=0.7$,悲观系数 $1-a=0.3$,分析折中准则的决策过程。

解:

① 求出各方案的现实估计值。

$$V_A=8\times0.7+1\times0.3=5.9$$
$$V_B=6\times0.7+(-1)\times0.3=3.9$$
$$V_C=5\times0.7+2\times0.3=4.1$$
$$V_D=6\times0.7+(-2)\times0.3=3.6$$

② 求出现实估计值的最大值。

$$\max\{5.9,3.9,4.1,3.6\}=5.9$$

因此,对应的方案A就是折中准则要选择的决策方案。

(4) 后悔值法。后悔值法,也称遗憾值法或大中取小法。采用这种准则的决策者认为决策者在选择方案并组织实施时,如果遇到的自然状态表明采用另外的方案会取得更好的收益,组织就会遭到机会损失,决策者将为此而感到后悔。

其具体做法是:先确定出各方案在各种自然状态下的最大收益值,然后用这个最大值与相应方案在不同自然状态下的收益值相减,得出各方案在各种自然状态下的后悔值;最后找出每一种方案的最大后悔值,从中选择一个最小值,该值对应的方案即决策方案。

以例题4-4分析后悔值法的决策过程。

解:

① 求出每一自然状态下的效果最大值。

$$E_1 = \max\{2, -1, 3, 4\} = 4$$
$$E_2 = \max\{1, 2, 4, -2\} = 4$$
$$E_3 = \max\{4, 3, 5, 3\} = 5$$
$$E_4 = \max\{8, 6, 2, 6\} = 8$$

② 求出每一自然状态下的后悔值，并写在相应方案与相应状态的交叉点上。

方案后悔值等于各自然状态最佳效果值（最大收益或最小支付）减去方案在该自然状态下的损益值，如表 4-4 所示。

表 4-4　计算方案后悔值

自然状态 / 后悔值 / 可行方案	Q_1	Q_2	Q_3	Q_4
A	4－2	4－1	5－4	8－8
B	4－(－1)	4－2	5－3	8－6
C	4－3	4－4	5－5	8－2
D	4－4	4－(－2)	5－3	8－6

③ 求出后悔值矩阵。

计算表 4-4 得出后悔值矩阵，如表 4-5 所示。

表 4-5　后悔值矩阵

自然状态 / 后悔值 / 可行方案	Q_1	Q_2	Q_3	Q_4
A	2	3	1	0
B	5	2	2	2
C	1	0	0	6
D	0	6	2	2

④ 求出后悔值矩阵中各行（方案）的最大后悔值。

方案 A $= \max\{2, 3, 1, 0\} = 3$
方案 B $= \max\{5, 2, 2, 2\} = 5$
方案 C $= \max\{1, 0, 0, 6\} = 6$
方案 D $= \max\{0, 6, 2, 2\} = 6$

⑤ 求出最大后悔值中的最小值。

$$\min\{3, 5, 6, 6\} = 3$$

因此，对应的方案 A 就是后悔值法要选择的决策方案。

把决策方法分为两大类只是相对而言的。定性决策方法注重决策者本人的直觉，定量决策方法则注重决策问题各因素之间客观的数量关系。鉴于两者各有长处和不足，在实际应用中，通常将定量决策方法与定性决策方法相结合，从而使组织决策更加科学。

复习思考题

1. 何谓管理伦理和企业社会责任?
2. 如何改善企业伦理行为?
3. 管理信息系统的作用有哪些?
4. 决策的制定步骤包括哪些?
5. 决策的制定主要受到哪些因素的影响?
6. 请比较德尔菲法和头脑风暴法。

案例讨论

一封推荐信

约翰是哈格鞋业公司的总经理。最近他接到一个电话，是一个业务上的熟人爱尔打来的，说约翰的一个高级雇员莫森正想在他那里谋求一份工作。作为另一家鞋业公司的经理，爱尔说把这个情况通知约翰比较合适。爱尔还说他已邮寄给约翰一份正式的雇员推荐表，并希望约翰能够填写其中有关莫森的内容后将表寄回。约翰回答说他会尽快考虑此事，并保证说他的原则是从不阻碍对于他的雇员来说是一次更好机会的工作调换。

莫森并不是一个很好的管理人员。事实上，约翰认为他是很糟糕的。因此，当约翰开始填写推荐表时，他认为对于哈格公司和莫森本人来说，目前状况最好的解决办法是爱尔雇用他为高级职员。但推荐表中的一个问题使约翰犹豫了起来。问题是：与其他你注意到的高级雇员相比，作为领导和管理者，你怎么评价该申请人？高于平均水平(　　)平均水平(　　)低于平均水平(　　)

约翰觉得如果他在“低于平均水平”下打钩，那么莫森受聘就任新职的机会无疑十分渺茫。但他想到如果他给莫森一个过高的评价，结果可能会更糟。约翰知道他和哈格公司同样都要考虑一个声誉问题。他还觉得公平对待雇员是他的责任。

另一个使他考虑再三的问题是：你认为此人是一个可以信赖的人吗？约翰知道莫森有时贪杯误事，但他也知道莫森的经济负担很重，家庭中还有一些个人感情方面的纠葛。推荐表中最后一项提到：对此人在你公司工作阶段的表现，请给予一个概括的评价。

约翰先生正在准备推荐信，他仍然在考虑着究竟如何回答这些问题。

思考：约翰先生应如何回答这些问题?

计算题

国内某公司计划未来生产某种超薄掌上电脑产品，需要确定产品批量。根据预测估计，这种产品的市场状况的概率及其损益值如表 4－6 所示。请利用决策树法来选择最优方案。

表 4-6　单位：万元

状态及概率 / 损益值 / 方案	销路好(0.4)	销路一般(0.4)	销路差(0.3)
甲方案	80	65	−10
乙方案	70	55	20
丙方案	60	35	5

实训题：头脑风暴法

目的：运用头脑风暴法，培养学生的创新能力。

要求：你和你的同学试图决定在购物中心开设一家什么样的饭店。困扰你们的问题是，这个城市有了很多饭店，这些饭店能够提供各种价位的不同种类的餐饮服务。你们拥有开设任何一种类型饭店的足够资源。你们所面对的问题是决定什么样的饭店是最成功的。运用头脑风暴法确定将开办饭店的类型。组成三个或四个小组，指定一位发言人在老师提问时向全班报告你们小组的发现与结论。

1. 小组集体花 5～10 分钟来形成你们最可能成功的饭店类型。每位小组成员的想法都要尽可能地富有创新性和创造力，对任何提议都不能加以批评。

2. 指定一位小组成员把所提出的各种方案写下来。

3. 再用 10～15 分钟讨论各个方案的优点与不足。作为集体，确定一个使所有成员意见一致的最可能成功的方案。

4. 在你们做出决策后，对头脑风暴法的优点与不足进行讨论，确定是否有产生阻碍的现象。

4-1　伦理与道德的关系

4-2　管理伦理若干前沿问题深析

4-3　管理伦理研究述评

4-4　管理信息系统发展

第二篇　计划职能

第五章　计划与计划工作

【学习目标】

了解：计划的特点；计划的必要性。

理解：计划方法的不同类型；计划的原则。

掌握：计划编制的程序。

【教学重点】

计划的概念；计划的原理；计划编制的程序。

【导入案例】

如何写一份出色的年度市场计划

接近年底，对于所有 marketer 来说，制订明年的年度计划是当前的一项重要工作，虽然各个公司财务年不同，起点不一定在 1 月 1 日。通常来说，一份以事业单位的市场计划从开始撰写到最终批准实施，至少需要 3 个月到 6 个月的时间，而事业部的经理（marketing manager 或相应 brand manager，product manager）是承担这项重要工作的主要责任人。

但做好一份出色的年度市场计划，并非每个事业部经理都能胜任。我认为一份出色的市场计划，更多地是体现了 marketer 对于市场和竞争的经验、洞察和创意一些难以衡量的东西，关键之处在于目标的设定和策略的形成，再加上对执行及预算的周密安排。在这里我分享几点对于制订年度市场计划的心得，不能保证你出色，但至少可以避免一些我自己或同行曾经犯过的错误。

一、先搞清楚什么叫市场计划。

什么是 marketing plan？而什么叫 sales plan？那些富有经验的品牌经理对上面这个问题可能轻蔑一笑："这个问题都搞不清楚还做 marketing？"但我认为这并不好笑，要知道在今天中国大多数市场人员并没有接受过良好的培训（我不鼓吹学院派，但也不赞成纯实战派或游击队），而且有很多人在此之前是从事销售、广告甚至是设计师出身。销售和市场是大多数消费品公司两个部门分工，两者计划也有明显的区别。

销售年度计划，着重在对于区域市场的竞争分析（即重点在于自己和竞争对手而不是消费者），进行销售预测和目标分解，同时根据实现目标的需要，制订分销和助销计划（分销计划包括渠道改进和提升，而助销包括终端生动化和促销等工作），并在此基础上提出新一年的人员和资金预算。

市场年度计划则更加全面和宏观，它必须要站在事业（品牌或产品）发展的高度，从消费者、竞争对手以及公司自身三个角度进行分析,设定商业目标,然后发展为实现目标需要的品牌与市场策略(其中包括目标顾客、品牌定位、成长和竞争战略、营销组合等),确定新产品计划、修订价格体系,发展传播和消费者推广计划(也就是通常说的 marketing communication 或者 above-the-line 部分),最终要针对整个生意进行盈亏分析(P/L Statement)。

为了推动生意的发展,市场计划还可能涉及其他要素,比如 R&D 方向、生产成本及质量控制、物流分析、渠道分析和改进要求、销售人员以及流程的重新设计等。

在某种意义上,品牌经理应该是一个公司中最活跃的"鲇鱼",他应该要让其他部门的人感到害怕,而不是觉得你只是一个浪费钱的忽悠高手,或是一只纸上谈兵的软弱小绵羊。因此,在一个市场或品牌驱动的公司,毫无疑问,市场计划最重要和关键,它必须先于销售计划,和引导销售计划的方向。

二、做 strategy plan 不要做 money plan。

大多数公司之所以表现平庸,是因为他们雇佣了平庸的人,做平庸的产品,写平庸的计划。的确,看看我们身边大多数市场计划,它们的确只是一些"Money plan",也就是把预算按照地区、方式和时间进度分配一下,不过是"甘特图计划"而已。

什么叫"策略"? 这个词已经被那些 MBA 和广告策划人恶俗化,以至于人们经常还不得不争论它的定义。我认为,简单地说,策略意味着两个词,第一是"取舍",决定你要得到什么,放弃什么,什么都能做就不需要策略;第二是"对手",策略意味着你要决定对谁而战,然后选择最适合你作战的时间、地点和工具,那些不能清晰说明竞争对手和商业目标的品牌,通常就是缺乏一个良好的策略。

市场计划的核心应该是一个具有差异化的策略,而不只是描述一个行动日程表。有时候,如果在冷静分析市场后,决定"面对现实,不做"或"保持现状、稳健发展",这也是一个好的策略。或如同韦尔奇讲的那个小故事,对 CEO 说:"现在的策略没有问题,而先生你才是阻碍策略实施最大的障碍。"这种面对真相的勇气,更激动人心。然而,如果一个公司的高管持续看到平庸的市场计划,在责问市场经理之前,应该先问问自己:我们是否有一个清晰的公司策略?我们公司提倡什么文化? 公司是否鼓励创新和不断否定自己? 在很多时候,专制、苛刻和保守扼杀了营销人员的策略突破力,使他们变成了唯唯诺诺的跟屁虫。

三、拥有逻辑,胜过拥有模板。

市场计划的模板的意义:它提供了一套逻辑化的流程。

如果你有心百度一下,网上可以找到大量模板。不过顺便我也谈点自己的看法:有一些模板参考固然好,不过随着经验的增加,要逐渐摆脱这些模板,否则容易变成八股文。

市场计划当然不是广告策划提案,它首要的是诚恳严谨,以数据和事实说话,用严整的逻辑证明你的观点和行动。但我们切忌走过头,市场计划的核心目的在于沟通,传达你要传达的,而不在于写一篇面面俱到、可以存在档案馆的完美报告。因此要领在于掌握市场计划的主要逻辑和思考方法,然后将它自然地融在自己的报告中,并且用听众最容易接受的方式表达出来。

有一些我很喜欢的高效市场计划,开篇就是"我们在今年的 3 大失误"! 然后逐个扼要分析;接下来是"解决的两个方法",然后是行动方案,最后是费用分析。简洁明快,10 分钟讲完,大家走出门就知道要做什么,这非常好并值得提倡。事实上,我发现很多复杂的市场计划,并不是分析和观察得十分透彻,有太多观点要讲,而是恰恰相反,他堆砌了一大堆无用的数据和已知的事实，无法从中提炼核心论点，并且毫无立场，也不知道自己该表达什么，影响什么和影响谁，从而失去了沟通的本质。

（原文来自“品牌名利场” htt://www.brandmarketing.com.cn）

第一节　计划概述

一、计划的含义

计划（planning）是为了实现组织目标而预先制定的行动安排，具体包括做什么、谁来做、何时何地做和怎么做。计划是管理活动的首要职能，在整个管理活动中，它是一切管理活动的起点。预测组织外部环境，分析组织内部可能拥有的资源，明确组织未来一定时期的目标，选择完成这些目标的途径和采取的方案等活动是计划职能的主要内容。其中，预测是计划的基础，决策是计划活动的核心。

“计划”一词词性既可能是名词，也可能是动词。从名词意义上说，计划是指用文字和指标等形式所表述的，组织以及组织内不同部门和不同成员，在未来一定时期内，关于行动方向、内容和方式安排的管理文件。计划既是决策所确定的组织在未来一定时期内的行动目标和方式在时间和空间的进一步展开，又是组织、领导、控制和创新等管理活动的基础。从动词意义上说，计划是指为了实现决策所确定的目标，预先进行的行动安排。这项行动安排工作包括：在时间和空间两个维度上进一步分解任务和目标、选择任务和目标实现方式、进度规定、行动结果的检查与控制等。因此，计划工作是对决策所确定的任务和目标并对选好的目标提供一种合理的实现方法。我们有时用“计划工作”表示动词意义上的计划内涵。

正如哈罗德·孔茨所言，“计划工作是一座桥梁，它把我们所处的这岸和我们要去的对岸连接起来，以克服这一天堑”。计划工作给组织提供了通向未来目标的明确道路，给组织领导和控制等一系列管理工作提供了基础，同时计划工作也要着重于管理创新。有了计划工作这座桥，本来不会发生的事，现在就可能发生了；模糊不清的未来变得清晰实在。

无论在名词意义上还是在动词意义上，计划内容都包括“5W1H”，计划必须清楚地确定和描述这些内容：做什么（what）、为什么做（why）、何时做（When）、在哪里做（Where）、谁来做（who）和怎样做（How）。

我们将计划定义为：计划是为了从事某些工作预先进行规划好的详细方案。而计划工作是对有关将来活动做出决策所进行的周密思考和准备工作。它包括：拟定组织的目标，为实现这些目标制定总体战略，并提出一系列派生计划，以综合和协调各项活动。计划工作是行动的前提，它促使管理人员通盘思考问题，尽管不可能预见到未来的一切，但还是能做出情理之中的推论，并对潜在的问题做出研究。

二、计划的必要性

任何组织内的所有管理人员首先都要通过计划明确组织总体目的以及各个阶段目标，才能协调组织成员的活动，形成合力，最终实现目标。当然，计划工作过程有投入，也有由此而产生的包括物质上和精神上的收益，收益大于投入的计划工作才是有效益的。由此可见，计划工作具有首位性、普遍性、目的性和效益性。从计划工作的这些性质可知，计划工作具有以下作用。

第一，计划工作使组织能够应对变化，降低不确定性。组织环境的不确定性和瞬息万变使得计划工作成为管理必不可少的活动。计划工作迫使管理人员预测变化，考虑变化带来的影响，选择对策，采取措施，保证组织目标得以实现。虽然有些变化是不可预测的，随着计划期的延长，不确定性也会随之增大，但这并不能否认计划的作用。相反，周密的计划和科学的预测将使未来的不确定性和风险被降到最低限度。

第二，计划工作使组织活动协调一致，可充分利用组织成员或部门的优势来实现组织目标。周密的计划有利于使各部门的努力协调一致，有利于推动组织中的全体人员形成一股指向整体目标的合力，也有利于促使埋头于日常事务的主管人员去考虑未来。反之，缺乏计划的指引，组织中的成员和各个部分的努力将会各自为政，相互损耗，这样也就难以顺利实现预定的目标。

第三，计划工作可提高工作效率，使组织活动更加经济合理。计划本身的目的是以明确的目标引导共同的努力来代替分散的、需要协作的各种活动，以均衡协调的工作流程来代替各自随意行动，以科学的预测和正确的决策来代替随意主观的决定，从而使组织充分地利用资源，减少不必要的浪费，极大地提高组织的工作效率。

第四，计划工作可对组织活动进行有效的控制，但又不失正确与灵活性。通过计划工作明确组织目标和工作标准，组织活动也就有了前进的方向，也有了衡量组织活动是否正确的标准，以此来检查下属人员的任务完成情况。同时，通过计划工作使组织和环境实现动态平衡，以灵活有效地控制组织活动。因此，计划是控制的基础，它为有效控制提供了标准。没有计划，控制工作也就无法有效实施。

第二节　计划的类型

依照不同的标准，可将计划分为不同的类型，各种类型的计划不是彼此割裂的，而是由分别适用于不同条件下的计划组成的一个计划体系。

一、计划的类型

（一）根据计划对企业经营影响范围和影响程度的不同划分为战略计划和战术计划

战略计划是关于企业活动总体目标和战略方案的计划。战术计划是有关组织活动具体如何运作的计划。通常高层管理计划与长期的战略性计划有关，中下层管理计划与短期的战术执行性计划有关。

战略计划的基本特点：计划所包含的时间跨度长，涉及范围宽广；计划内容抽象、概括，不要求直接的可操作性；不具有既定的目标框架作为计划的着眼点和依据，因而设立目标本身成为计划工作的一项主要任务；计划方案往往是一次性的，很少能在将来得到再次或重复的使用；计划的前提条件多是不确定的，计划执行结果也往往带有高程度不确定性，因此，战略计划的制定者必须有较高的风险意识，能在不确定中选定企业未来的行动目标和经营方向。

战术计划的主要特点是：计划所涉及的时间跨度比较短，覆盖的范围也较窄；计划内容具体、明确，并通常要求具有可操作性；计划的任务主要是规定如何在已知条件下实现根据企业总体目标分解而提出的具体行动目标，这样计划制定的依据就比较明确。另外，战术计划的风险程度也远较战略计划低。

战略计划和战术计划的区别在于：战略计划是关于企业整体在未来的行动计划，它试图规定企业未来的总体目标以及企业在环境中的地位。战术计划则主要用于规定企业总体目标的实施细节。(1) 时间：战术计划只涉及较短的时期，而战略计划则涉及较长的时间范围。(2) 依据：战术计划主要研究如何在已知条件下实现企业总体目标，战略计划则需要分析如何在不确定的环境中选择企业未来的行动目标，规定企业经营活动的任务。

（二）根据计划跨越的时间间隔长短划分为长期计划和短期计划

长期计划是指规定组织较长时期的目标及实现目标的战略性计划。长期计划描绘了组织在一段较长时期(通常为三年或五年以上)的发展蓝图，它规定在这段较长时间内组织以及组织的各部分从事活动应该达到什么样的状态和目标。短期计划通常是指年度计划，是根据中长期计划规定的目标和当前的实际情况，对计划年度的各项活动所做出的总体安排。具体规定了组织总体和各部分在目前到未来的各个时间间隔相对较短的时段(如一年、半年甚至更短的时间)特别是最近的时段中所应该从事的各种活动及从事该种活动所应达到的水平。

一项计划宜覆盖多长时间间隔，应考虑以下两方面的因素：一是计划前提条件在这段时期内的明确程度能否与计划内容所要求的详尽程度相吻合；二是当前计划影响到组织对未来许诺的程度。

（三）根据计划涉及的内容划分为综合性计划和专业性计划

综合性计划是对业务经营过程各方面所做的全面的规划和安排。专业性计划是对某一专业领域职能工作所做的计划，它通常是对综合性计划某一方面内容的分解和落实。综合计划与专项计划的关系是整体与局部的关系，专项计划必须以综合计划作指导。

（四）按计划的明确性程度分为具体性计划和指导性计划

具体性计划具有明确规定的目标，不存在模棱两可；而指导性计划则恰恰相反，只规定一些大的方针和行动原则，但不局限于明确的特定的目标，或特定的活动方案上，从而给予行动者较大的自由处置权。某种计划的形式的有效性不会是固定不变的；相对不变的可能只有管理中的“权变”原则。这一原则就是指，管理工作包括计划工作在内，都必须随机应变、因地制宜，而不能够僵化、教条。组织通常根据面临的环境的不确定性和可预见性程度的不同，选择制定这两种不同类型的计划。

（五）按计划的重复性程度分为程序性计划和非程序性计划

西蒙把组织活动划分为两类：一类是例行活动，指一些重复出现的工作，如订货、材料入库等。解决这类问题的计划叫程序性计划，也称为常用计划。顾名思义，就是可以在多次行动中得到重复使用的计划。它是由政策、程序、规则等构成。政策是组织对成员做出决策或处理问题所应遵循的行动方针的一般规定。程序也是一种计划，它规定了一个具体问题应该按照怎样的时间顺序来进行处理。规则就是执行程序中的每一个步骤工作时所应遵循的原则和规章。

另一类是非例行活动,指不重复出现或新出现的问题。解决这类问题没有一成不变的决策方法和程序,解决这类问题的决策叫"非程序性决策"相应的计划叫"非程序性计划",又称为单一用途计划。主要表现形式包括:(1) 工作计划(PROGRAM)是针对某一特定行动而制定的综合性计划,它指明组织如何用一定资源通过一定的工作活动来实现特定的目标。(2) 项目计划(PROJECT)是针对组织的特定课题而制定的专一性更强的计划,它通常是工作计划中的一个组成部分。

二、影响计划有效性的权变因素

权变理论(Contingency Theory),又称应变理论、权变管理理论,是 20 世纪 60 年代末 70 年代初在经验主义学派基础上进一步发展起来的一种管理理论,"权变"是指"随具体情境而变"或"依具体情况而定",即在管理实践中要根据组织所处的环境和内部条件的发展变化随机应变。

组织需要制定各种类型的计划,当制定和执行计划的环境条件不同时,必须制定与环境条件相适应的计划,才能充分发挥计划的有效性,保证组织有序运行、持续发展。通常,把影响计划有效性的因素称为计划的权变因素。

(一) 组织层次

对于大型组织,组织中不同管理层次的管理者考虑的计划侧重点是不同的。一般情况下,在一名管理者由基层逐步提升到中层、高层管理岗位的过程中,他需要制定的计划主要由作业计划向战术计划、战略计划转变,计划逐渐趋向于战略导向。而在小企业中,所有者兼管理者的计划角色兼有战略和作业两方面的性质。

(二) 组织的生命周期

组织犹如一个有生命的有机体,都要经历一个生命周期,具体有形成期、成长期、成熟期和衰退期四个阶段。在组织生命周期的各个阶段上,计划的类型并非都具有相同的性质,计划的时间长度和明确性应当在不同的阶段上相应地调整。在组织的形成期,管理者应当更多地依赖指导性计划,因为处于这一阶段要求组织具有很高的灵活性。在这个阶段上,目标是尝试性的,资源的获取具有不确定性,辨认目标很难,而指导性计划使管理者可以随时按需要进行调整。在成长阶段,随着目标更确定和资源更容易获取,计划也更具有明确性,因而管理者应当制定短期的、更具体的计划。当组织进入成熟期这一相对稳定的时期,可预见性最大,从而也最适于长期的具体计划。当组织从成熟期进入衰退期,计划也从具体性转入指导性,这时目标要重新考虑,资源要重新分配,管理者应制定短期的、更具指导性的计划。

(三) 环境的不确定性程度

环境的不确定性越大,计划越应当是指导性的,计划期限也应越短。如果在技术、社会、经济、法律或其他方面正在发生迅速变化,精确规定的计划反而会成为组织取得绩效的障碍。此时,环境变化越大,计划就越不需要精确,管理就越应当具有灵活性。

总之，在不断变化的环境中，组织计划必须是灵活的。组织必须明确计划始终是为组织生存和发展服务的手段。

三、计划工作的优点

(1) 计划指明了方向——计划建立了协调,它给出了管理者和非管理者努力的方向,当员工认识到组织的方向以及他们如何为达到目标做出贡献时,他们会自觉地协调活动、相互合作,以及采取措施实现目标。

(2) 减少了环境变化的冲击——计划可以迫使管理者具有前瞻性来降低不确定性。尽管计划不能消除变化,但可以通过预测变化、考虑这些变化的冲击和制定适当的措施来响应变化。

(3) 最小化了浪费和重叠——当手段和结果通过计划规定得很清晰时,无效的活动或者低效率的活动就会被减小到最低程度。

(4) 设立了控制标准——有了这些计划和目标,并通过控制,将实际的绩效与目标进行比较,发现存在的差异并及时纠正。没有计划是不可能控制的。

第三节 计划的编制

计划的编制本身也是一个过程,为了保证编制的计划合理,能实现决策的组织落实,计划的编制必须采用科学的方法。

一、计划编制的基本原则

(一) 木桶原理(限定因素原理)

所谓木桶原理,即指用板条制成木桶的盛水量取决于桶壁上最短的板条。比较科学的表述应称之为限定因素原理。所有限定因素,是指妨碍组织目标实现的因素,即在其他因素不变的情况下,只要改变这类因素,就可以影响组织目标的实现程度。该原理表明,管理者在制定计划时,必须全力找出影响计划目标实现的限定因素,以便有针对性地采取有效措施,去达成目标。

(二) 概念明确,实事求是

一个计划期较长的计划,其编制应成为一部计划文献、一部计划著作,不但要有定量的计划数据,而且还有定性的计划的概念,运用一系列概念进行判断、推理和论证的过程。而判断、推理、论证的基础是概念的明确和准确。因此,概念不清、不准,就会给计划执行者造成认识上的混乱不清,所以,计划编制过程中,必须做到使一系列概念明确和准确。不能设想:一部概念混乱不清的计划会成为一部科学的计划。而要做到概念明确,最根本的就是一切从实际出发,实事求是。

(三) 积极稳妥,切实可行

任何一项计划都必须做到积极稳妥。所谓积极,就是要使计划目标经过艰苦奋斗有望实现的可能性。如果计划目标太高,人们就会认为虽然经过艰苦努力仍不可能实现,从而引起怨声载道,严重挫伤人们的积极性;反之,如果计划目标太低,人们就会认为,实现这个计划目标太容易了,从而也不可能调动人们的积极性。这就是积极的计划的本质。所谓积极的计划,就是经过艰苦努力可能实现目标的计划。只有积极的计划才是稳妥的计划;只有稳妥的计划,才是切实可行的计划。

(四) 先远后近,由近及远

编制计划要先从计划期的终点目标定起,即首先确定终端的长运目标;然后再从终端目标依次制定中期计划目标;然后再从中期计划目标到制定近期、短期计划目标。所谓由近及远,是指计划的执行或实施,要由近到远地去实现。从而使计划的编制形成一个时间上若干个计划序列。

(五) 灵活性原理

灵活性原理是指在计划中体现的灵活性越大,则因未来意外事件引起损失的危险性就越小。灵活性原理是针对制定计划而言的,而在执行时则一般不应有灵活性。灵活性是有一定限度的,它的限制条件是:不能总是以推迟决策或计划的时间来达到计划的灵活性;使计划具有灵活性是有代价的,获得应该能够补偿该代价;某些情况下根本无法使计划具有灵活性。

与改变航道原理的区别:灵活性原理是使计划本身具有适应性,而改变航道原理是使计划执行过程中具有应变能力。

二、计划编制的步骤

计划制定是一个活动过程，而不是一次性的活动。随着组织内、外部条件的不断变化，需要对计划进行修改，甚至更新，以致形成各种形式的可行计划。因此，计划活动是一个由若干互相衔接的步骤所组成的连续的逻辑过程，这一过程可分为如下五个步骤。

(一) 分析组织内外环境，明确组织宗旨和使命

计划是为了组织的生存和发展而制定的，计划应保障组织的活动与环境的协调，了解组织环境的特点和组织内部拥有的资源和能力，明确组织可控和不可控的前提条件，在此基础上才能确定组织的目标。

组织环境为组织提供机会，但组织必须能够把握机会，具体包括洞察未来可能出现的机会、组织对机会的认识和把握机会的能力；根据对竞争对手的分析，确定自身的优势和劣势，确立本组织的竞争地位，明确期望得到的结果等。在估量机会的基础上，计划活动的第一步就是要为组织确立宗旨和使命。宗旨是社会和经济赋予组织的基本职能，它明确了组织何以立足于环境。使命是组织实现宗旨的途径。一个组织的使命能够使该组织区别于类似的其他组织。

组织高层管理者在确立组织宗旨和使命后，就要把它们告知组织内所有成员以及各种各

样的相关利益群体，让参与计划的制定与实施工作的人员理解并接受组织的宗旨和使命，这将非常有利于计划的顺利执行和目标的实现。

因此，收集资料，是确定计划的基本前提条件。

1. 估量机会，认清过去与现在

计划是连接组织所处的现实此岸和所达理想彼岸的桥梁，是对实现目标途经的预先安排。首先管理者应对环境中的机会做一个扫描，确定能够取得成功的机会。管理者应该考虑的内容包括：组织期望的结果，存在的问题，成功的机会，把握这些机会所需的资源和能力，自己的长处、短处和所处的地位。认识现在的目的在于寻求合理有效的通向未来的途径。因为，现在是过去的延续，是未来发展的立足点。研究过去是为了从过去发生的事件中得到启示和借鉴；探讨过去是为了防止过去曾经发生过的不幸事件在未来重演。估量机会的工作就是根据现实的情况可能存在的机会做出现实主义的判断。确切地说，这项工作并非计划的正式过程，它应该在计划过程开始之前就已完成，但它是整个计划工作的真正起点。

2. 明确计划的具体前提条件

前提条件是关于计划的环境的假设条件，是关于由所处的此岸到达将去的彼岸的过程中所有可能的假设情况。确定前提条件是要确定整个计划活动所处的未来环境。对前提条件认识越清楚、越深刻，计划工作就越有效，而且组织成员越彻底地理解和同意合用一致的计划前提条件，企业计划工作就越协调。因此，预测并有效地确定计划前提条件有重要意义。要想有效地确定计划工作地前提条件，需要注意以下几点：

(1) 合理选择关键性的前提条件。人们从来都不可能百分之百地预见未来的环境，而只能通过对现有事实的理性分析来预测计划涉及到的未来环境。未来环境的内容多种多样，错综复杂，管理者不可能也没有必要对它的每个方面、每个环节都做出预测。组织通常只要对计划内容有重大影响的主要因素做出预测便可满足需要了。前提条件应限于那些对计划来说是关键性的或具有重要意义的假设条件，也就是说，应限于那些对计划贯彻实施影响最大的假定条件。

(2) 提供多套备选的计划前提条件。几乎每次活动都有不同的途径、不同的解决方式和方法。要发掘出多种高质量的方案必须集思广益、开拓思路、大胆创新。“条条大路通罗马”，“殊途同归”，都描述了实现某一目标的路径是多条的。拟定可靠的行动计划要求拟定尽可能多的计划。可供选择的行动计划数量越多，对选中的计划的相对满意程度就越高，行动就越有效。因此，在计划拟定阶段，要发扬民主，广泛发动群众。

(3) 保证计划前提条件的协调一致。

(二) 制定组织目标

组织目标是多种多样的，从组织层次看，组织目标也有等级层次之分。首先，组织要有适应环境的目标，即宗旨。其次，组织要有实现宗旨的途径，即使命。再次，组织要有完成使命所要达到的结果，即目标。目标是组织宗旨和使命的具体化。计划工作的第二步就是制定狭义的目标，即组织所要达到的结果。

目标对于组织是至关重要的，因为所有的努力和活动都是为了实现目标。目标有许多作用，它指明了组织前进的方向；作为行为标准与实际行动进行比较，还起到控制标准的作用；在既定环境中，目标决定组织应当扮演的角色等。适宜的目标，不仅可以协调组织成员的工作，还可激励组织成员保持较大的积极性，促使他们去努力实现目标。

对关键领域制定正确而有效的目标具有下列主要特征 ：目标应具体，切忌含混笼统；目标应可衡量，尽可能数量化或精确描述；目标应有完成时间期限；目标不应强调活动，而应强调成果；目标既应切实可行，又应具有挑战性；目标应尽可能由负责完成它的人来制定或参与制定。

确定目标是决策工作的主要任务，是制订计划的第一步。目标为组织整体、各部门和各成员指明了方向，描绘了组织未来的状况。目标的选择是计划工作极为关键的内容，很难想象一份成功的计划会在选定的目标上存在偏差。在目标的制定上，首先要注意目标的价值。计划设立的目标应对组织的总目标有明确的价值并与之相一致，这是对计划目标的基本要求。其次要注意目标的内容及其优先顺序。目标应有其明确的衡量指标，不能含糊不清。目标应该尽可能地量化，以便度量和控制。模棱两可的目标往往会成为失败的遮羞布。目标有其层次性，组织的总目标要为组织内的所有计划指明方向，而这些计划又要规定一些部门目标，部门目标又控制着其下属部门的目标，如此等等，从而使得整个组织的全部计划内容都控制在企业的总目标体系之内。

（三）目标分解与目标结构分析

目标分解是将决策确定的组织总目标分解落实到各个部门、各个活动环节，将长期目标分解为各个阶段分目标的过程。通过分解，确定了组织的各个部门在未来各个时期的具体任务以及完成这些任务应达到的具体标准。目标分解的结果是形成组织的目标结构，包括目标的时间结构和空间结构。

计划工作的主要任务就是将目标或任务分解落实到各个部门、各个活动环节，将长期目标分解为各个阶段的分目标。通过分解，确定了组织的各个部分在未来各个时期的具体要求。分解的结果是形成组织的目标结构，包括目标的时间结构和空间结构。目标结构描述了组织中较高层次的目标(总体目标与长期目标)与较低层次目标(部门、环节、个人目标与各阶段目标)相互间的指导(如总体目标对部门目标、长期目标对阶段目标)与保证(部门目标对整体目标或阶段目标对长期目标)关系。

制定分部门及分阶段的目标具有以下方面的作用：(1) 目标分解到各个责任点上，以保证目标的一致性。(2) 为组织资源和分配资源提供依据。(3) 形成共通的思想状态或组织气氛。(4) 指明工作努力方向。(5) 形成详细指标体系。

（四）综合平衡

首先，综合平衡是分析由目标结构决定的或与目标结构对应的组织各部分在各时期的任务是否相互衔接和协调，具体包括任务的时间平衡和空间平衡。时间平衡是要分析组织在各时期的任务是否相互衔接，从而保证组织活动顺利进行；空间平衡则要研究组织各个部门的任务是否保持相应的比例关系，从而保证组织的整体活动协调开展。

其次，综合平衡还要研究组织活动的进行与资源供应的关系，分析组织能否在适当的时间筹集到适当品种和数量的资源，从而能否保证组织活动的连续性。

最后，综合平衡还要分析不同环节、不同时间的任务与能力之间是否平衡，即研究组织的各个部分是否能够保证在任何时间都有足够的能力去完成规定的任务。由于组织的内外环境和活动条件经常发生变化，从而可能导致任务的调整，因而在任务与能力平衡的同时，还需留有一定的余地，以保证这种将会产生的调整在必要时有可能进行。

（五）编制并下达执行计划

完成上述各阶段任务之后，就应制定具体的计划方案。计划方案类似于行动路线图，是指挥和协调组织活动的工作文件，要清楚地告诉人们做什么（What）、何时做（When）、由谁做（Who）、何地做（Where）以及如何做（How）等问题。制定计划方案包括提出方案 、比较方案和选择方案等工作，实质是决策的过程。

计划是面向未来的管理活动，未来是不确定的。不管计划多么周密，在实施过程中都可能因为内外部环境的变化而无法顺利执行，有的情况下甚至需要对预先制定的计划予以调整。僵化的计划有时比没有计划更糟。因此，在制定计划方案的同时，还应该制定应急计划，即事先估计计划实施过程中可能出现的问题，预先制定一套甚至几套备选方案，这样可以加大计划工作的弹性，使之更好地适应未来环境。

确定计划方案之后，计划工作并未完成，因为如果计划不能转化为实际行动和业绩，再好的计划也没有用处。因此，实施全面计划管理的组织，应把实施计划包括在计划工作中，组织中的计划部门应全过程参与计划的执行，以便了解和检查计划的实施情况，与计划实施部门共同分析问题，采取对策，确保计划目标的顺利实现。科学、合理的计划编制程序，是正确处理各级组织在计划编制上的关系，做到实事求是，提高计划的科学性，及时发挥计划对管理活动的指导作用的重要方法。

编制预算计划的最后一步工作就是将计划转变为预算，使之数字化。这主要有两个目标的：第一，计划必然要涉及资源的分配，只有将其数量化后才能汇总和平衡各类计划，分配好资源；第二，预算可以成为衡量计划是否完成的标准。编制预算，一方面是为了计划的指标体系更加明确，另一方面是使企业更易于对计划执行进行控制。定性的计划往往在可比性、可控性和进行奖惩方面比较困难，而定量的计划则具有较硬的约束。数字化的预算具有更好的可操作性。计划工作最后还包括实施计划、观察计划实施过程是否正常以及有无障碍出现，为了按照计划要求执行方案，管理人员必须进行一系列的决策。执行方案需要组织中所有成员相互协调与配合。实现有效协调的途径是鼓励参与编制计划。实施计划还需要制定时间表并对其进行分段，以利于计划的实施。

三、计划的调整与修正

（一）计划修正的原则

(1) 严肃性原则。虽然计划执行过程中修正、调整计划是正常现象，但却不能看作是随随便便的事情。计划是行动的指南和控制的标准，修正计划，不论其程度多大，都是对行动指南、控制标准的调整，事关全局，必须慎重。按照严肃性原则，计划修正要做到：① 严格规定计划修正的权限范围。一般来说，计划执行主体无权修正计划，计划属哪一级下达的，由哪一级修正；② 修正后的计划应视同重新制订的计划，需要进行评价、选择。

(2) 稳定性原则。在一个计划期内，如果多次或大幅度地修正计划，必然给组织的管理和实现目标带来巨大不利影响。所以在计划修正工作中，应尽可能地保证计划的稳定性和连续性，不存在重大的原则性失误，计划修正就不要推倒重来。只要与实际情况差别不大，就不要随便修改计划。

(二) 计划修正方法

最常用的计划修正方法是滚动计划法。滚动计划法实质上是在计划制订时就包含着修正准备的一种计划方法。它的具体作法是：将一个较长的计划期划分为若干个阶段，每执行完一个阶段之后，就将计划作一些修正，并将计划期延伸一个阶段。这就使得计划始终处在边执行边调整的过程中。滚动计划法有助于保持计划的连续性和稳定性，但不足之处是修正调整计划的工作量较大。

复习思考题

案例讨论

一、陷于困境的经理

彼得·王先生作为一名有能力的工程师，开创了一个小型生产企业。他的朋友帮他得到了一些印刷电路板的订货。

这个公司位于一个平房厂房之中，员工大约有50个，公司是一人管理体制。王先生要处理他公司的所有业务，包括从计划、采购、市场、人事到生产监督的每一项工作。

由于已经完全投入企业，王先生自然想全盘掌握他的公司。

尽管没有组织结构图，王先生对公司每一部门的参与也可以通过如图5-1所示的组织结构图来表示。

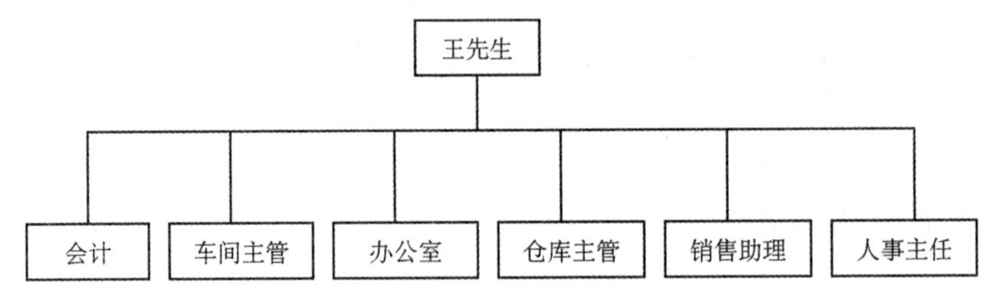

图5-1　彼得·王公司组织结构图

王先生制定所有的决策。其他人开展日常工作并随时向他汇报，王先生处理以下问题：

1. 企业计划；2. 建立和保持与现有和潜在顾客的联系；3. 安排财务筹资并处理日常的财务问题；4. 招聘新员工；5. 解决生产中的问题；6. 监管库存、货物接收和发运；7. 在秘书的帮助下管理日常的办公事务。

他在工厂投入相当多的时间，指导工人该做什么和不该做什么。一旦他见到了自己不喜欢的事情，他就会叫附近的职工来改变它。

最近进行体检时，他的医生告诉他："王先生，如果你再消瘦下去的话，你的心脏病可能很快发作。”

王先生正在考虑他的健康和公司的生存。

问题与提示：

你认为王先生的问题是什么？王先生所面临的问题如何能得到解决？授权将怎样帮助王先生呢？

二、父考三子

有一位父亲带着三个孩子，到沙漠去猎杀骆驼。他们到了目的地。父亲问老大："你看到了什么？"老大回答："我看到了猎枪，还有骆驼，还有一望无际的沙漠。"父亲摇摇头说："不对。"父亲以同样的问题问老二，老二回答说："我看见了爸爸、大哥、弟弟、猎枪，还有沙漠。"父亲又摇摇头说："不对。"父亲又以同样的问题问老三，老三回答："我只看到了骆驼。"父亲高兴地说："你答对了。"

当我们看了这则故事后，我们获得了什么管理启示？

5-1 "一带一路"中国的马歇尔计划？

5-2 德工"工业4.0"计划及其对我国产业创新的启示

第六章　现代计划方法

【学习目标】

理解：计划方法的不同类型。

掌握：计划方法的程序；几种主要的现代计划方法。

【教学重点】

目标管理；甘特图；网络计划法；企业资源计划。

【导入案例】

怎样把现代计划方法用到实际的计划工作当中

我公司是一家以铸造产品的生产及销售为主营业务的企业。自公司成立以来，由于受我国的春节等习俗的影响，出现了一年中春节前后的几个月受固定资产投资少的影响，机械行业的订单相对而言也比较少，也就是我们常说的经营淡季，从而导致我们铸造行业的订单也大幅减少。在这个时期，虽然订单量大幅减少，但每月不加班仍然完不成月初既定的生产计划，让人费解，而且还出现了部分产品供货严重延误的情况，特别是到了月底的时候，哪个客户要得急，就先生产哪个客户的，往往造成许多客户都抱怨没有按期供货。

通过调查，我发现，生产计划工作存在很多问题。生产调度只有月度的生产计划，却没有每周的、每天的作业计划。考核也是按照月初的月度计划进行考核，而且有的客户到了月底才将下月计划提供给我们，导致生产计划制做出来，这个月已经过去1周了。有的客户在月度中间需要追加部分订单，只好慌里慌张地调整其他客户产品的生产，紧急生产这些追加的订单，从而导致计划的执行率较低。从内部而言，该生产的没有生产完；从外部而言，由于没有计划地进行生产调整，已经打乱了原有的生产计划，无法保证某些客户的按期供货，造成客户不满，甚至有的客户将模型抽到别家生产，给公司带来了一定的损失。

根据以上情况，我公司对此进行了分析，决定按照科学的方法调整生产计划编制方法，采用滚动计划法。月初根据上月欠货情况、当月订单情况及下月订单情况，制定当月(4周)的生产计划，产品的生产计划明确到每一天的生产计划，第一周完全按照月度计划组织生产，到了第一周末根据本周接到的客户的追加订单情况，对以后两周的订单进行调整，并与追加订单的客户进行协商，将原计划的某些产品相应推迟一定时间交货。车间主任根据生产科制定的计划制定当天的生产作业计划(微机根据生产计划自动生成)，下发到各工段、班组，第二天对前一天的作业计划完成情况进行确认，没有完成的说明原因，并于当天想方设法补齐，甚至可以考虑延长工作时间。到了第二周末，再对今后两周的计划进行调整，调整追加订单的客户的相应产品的交货期。以此类推，月末也不需要忙几天才能制定生产计划，只要几个小时就可以搞定。

通过以上调整，大大缩短了计划的制作时间，提高了计划工作的准确性，大大提高了计划对生产的指导作用，提高了质量的质量；保证了月度计划、周计划、日计划的相互衔接，使各期计划基本保持一致；大大增加了计划的弹性，可以适应环境的变化，从而提高了组织的应变能力，大大减少了客户因交货期的抱怨，内部职工的抱怨也得到一定程度的减少。

【案例启示】

计划工作的效率高低和质量的好坏在很大程度上取决于所采用的计划方法。现代计划方法为制定切实可行的计划提供了手段。在计划的质量方面，现代计划方法可以确定各种复杂的经济关系，提高综合平衡的准确性，能够在众多的方案中选择最优方案，还能够进行因果分析，科学地进行预测；在效率方面由于采用了现代数学工具，并以计算机技术作为基础，大大加快了计划工作的速度，这就使得管理者从繁杂的计划工作中解脱出来，能够集中精力考虑更重要的问题。现代计划方法已经逐渐成为更多的计划工作所采用。

第一节　目标管理

目标管理是一种系统管理方法，它与计划和控制工作有很大的关系。目标管理是具有活力的管理方法，下级人员通过设置目标来承担自己的义务，目标管理实际上是一种承诺管理。

目标管理（MBO，Management By Objectives）是由美国著名企业专家彼得·德鲁克（Peter Drucker）在 1954 年提出，经由其他一些人的发展，逐步成为欧、美和日本许多国家所普遍采用的一种系统地制定目标并进行管理的有效方法。

我国改革开放以后，引入目标管理，并受到我国企事业单位、政府机关和各种社会组织的广泛关注。目标管理的最突出的特点是强调“成果管理”和“自我控制”。彼得·德鲁克认为，凡是组织的生存和发展依赖于员工的工作绩效和工作成果的结合，就都必须采用目标管理，对主管人员的评价应当依据他对实现组织目标的贡献来进行。由于目标管理被认为更适合于对管理人员的激励和评价，所以常常被人们称为“对管理者的管理”。

一、目标管理的实质

目标管理的实质是员工参与制定目标，实行自我管理和自我控制，即在企业制定出一定时期内期望达到的目标后，由各部门和全体员工根据企业总目的要求，采取“自上而下”“自下而上”相结合以及左右各部门相互配合的方式来协商确定各自的分目标，并将这种目标商定做法贯穿到组织的各单位及每个人，形成以企业总目标为中心的、上下左右紧密衔接和协调一致的目标体系。

目标管理法提出了一种新的目标设定逻辑，使组织内目标制定过程从单纯的自下而上转变为上下结合，并形成了一个通过协商的目标层级结构。在此结构中，某一层的目标与下一层的目标连接在一起，而且对每一位员工都提供了具体的个人绩效目标。这样，目标管理法就不仅保证了各层管理人员的实现组织目标的“意识”，而且也使得目标设定真正成为提高工作绩效的动力。目标管理法被认为是一种科学、合理的现代管理方法，而不单单是计划或目标的设定方法。目标管理不像传统的目标设定方法那样完全由上级设定和分派目标给下级，而是采用参与方式来决定目标，即上级和下级共同参与目标的选择并对如何实现目标达成一致意见。同时，在目标执行过程中要实行逐级授权，使执行者能够自行地确定实现目标的方法、手段，达到权责对称的自主、自我管理境界。另外，要将员工的自检和互检与上级的成果检查相结合，实行基于工作成果评价的管理控制制度。通过上述完整的目标管理过程，企业既贯彻了员工参与管理的思想，同时又建立了一套具体、可衡量的目标体系，从而实现了对员工行为的引导、激励和控制的有机统一。

二、目标管理的步骤

我们把目标管理过程分成以下六个步骤或环节。

（一）目标管理的总目标制定

组织的管理人员在对经营环境调查分析的基础上，根据组织拥有的资源以及发展的需要，应首先确定组织未来运作的一个总目标。这个总目标是组织使命、宗旨在某一阶段需要完成的任务或是达成的状态。

（二）建立目标体系

目标管理的第二步就是将总目标进行横向与纵向的分解，建立一套完整的目标体系。具体如下：

(1) 根据组织结构体系，将总目标进行分解，使得每个组织层次、每个部门、每个员工都具有各自的任务。这是一个自上而下的过程。

(2) 每个层次、每个部门、每个员工应根据各自的分工情况和职责，结合上级下达的任务，制定自己的、经过完善和具体化的目标，然后提交给上级批示。这是一个自下而上的过程。

(3) 综合分析上级下达的工作任务和下级制定的工作目标，找出差异，通过上下级的沟通进行修改，经过几次这样的反复后，每个层次、每个部门、每个员工都拥有了各自的目标，并形成一个比较完善的目标体系。

（三）目标的实施

目标管理的核心就是强调“自我控制”。完成各级目标的制定后，管理人员就应该将权力下放给手下的员工，靠员工的自我管理和控制完成既定的目标。目标管理并不等于管理人员放弃管理，而是通过指导、协助、提供情报、创造良好的工作氛围等方式来帮助员工完成目标任务。

（四）目标成果的评价和奖励

将既定的目标作为评价工作的标准，定期检查和评价各级完成任务的情况。一般通过两种方式进行检查与评价，一种是各层次、各部门、各个员工的自我考评；另一种是组织的上级对下级进行考评。当然，也可以两种方式一起使用，先是自我评价，然后由上级复查。

经检查，对完成任务和实现目标好的员工要给以奖励，而对未能按时、按标准完成任务和实现目标的员工要提出批评，甚至惩罚。总之，奖惩一定要严明。

（五）总结经验教训

上级和下级共同对上一阶段目标管理工作的成败进行总结，有助于发现问题，找出原因，总结经验，以提高将来目标管理的质量。特别是要对目标设立、“自我控制”、上级的管理等问题进行深入的总结。

（六）进入新的循环

经过目标成果检查、评价，确认任务已完成、目标已达到并进行经验总结后，目标管理可进入下一个循环阶段。

三、目标管理的特点

实践已经表明，当目标是在协商一致的基础上得以明确时，组织成员就具备了合作和协调的重要基础。否则，组织中的各个部门甚至每一个人都只按照自己的想法采取行动，这不仅形成不了合力，而且必然会产生许多矛盾和摩擦。实践证明，目标管理具有重要的推行价值。不过，目标管理法的成功实施，要求企业有相应的组织文化的支持，同时企业面临的环境必须是相对稳定和变化不大的。否则，上下左右密切配合的、较长时间的目标协商过程将降低企业对变化环境的反应速度。

（一）目标管理的优点

管理实践证明，目标管理有很多可取之处，其优点概括如下：

第一，导入目标管理有利于组织全面提高管理水平。现实可行的目标依赖于严密、科学的计划工作，同样计划也必须以最终目标为依据才有意义。这就迫使管理人员为实现最终目标而进行计划，同时也促使他们考虑为实现目标所采用的手段，考虑与这些目标相适应的组织机构和人员。

第二，目标管理有利于改善组织结构。为了将目标落实到每个岗位上，人们必须明确组织结构的情况，从而有利于发现组织结构设计中所存在的缺陷。

第三，目标管理有利于激励人们的主动精神，诱发人们的责任感。通过实施目标管理，每一个职工都参与了为自己拟定目标的工作，他们不再是被动的接受者，而是有着明确目标的、能够掌握自己命运的、主动的目标追求者。

第四，目标管理有助于开展有效的控制工作。控制就是对进行着的业务活动加以衡量，发现计划实施过程中出现偏差并采取措施加以纠正，从而保证既定目标实现的过程。能否正确、适当地衡量业务活动取决于所使用的标准，而一套明确的、可考核的目标，将是最好的控制标准。

第五，目标管理表现出良好的整体性。组成一个完整的目标链和目标体系之后，将企业的所有任务和目标联成一个有机的整体：目标自上而下层层进行分解，目标自下而上层层得以保证实现。

（二）目标管理的缺点

第一，目标难以制定。真正考核的目标是很难确定的，尤其是当它们有一定程度的弹性时，如随季节变化或者随年度变化的时候。一个组织的目标好定，但是真正让每一个管理人员和员工都定出数量化的目标有时却是很困难的。可能是下级不了解整体目标，不了解整体目标与他个人的关系，或者是组织本身的目标就含糊不清，使管理者无法配合制定等。

第二，强调短期目标。在多数实现目标管理的组织中，管理人员所确定的目标一般都是短期的，很少超过一年。强调短期目标的危险性是显而易见的，它极有可能以牺牲长期目标为代价。

第三，目标的商定很费时间。目标的商定要几上几下，目标的双向沟通、协商，以至协议的书面表达形式都需要更多的时间。

（三）目标管理的应用

目标管理是一种实用的管理方法，应该大力推广，但应用时必须具备如下基础条件。

第一，推行目标管理要有一定的思想基础和科学管理基础。所谓思想基础是指要教育员工确立全局观念、长远利益观念，这是因为目标管理容易强调短期利益、本位主义。如果没有一定的思想基础，设定目标时就可能出现不顾整体利益和长远利益的现象。所谓科学管理基础是指各项规章制度比较完善，信息比较通畅，能够比较准确地度量和评估工作成果，这是推行现代管理方法的基础。

第二，主管人员积极参与、协调和授权。在开始一项计划之前，主管人员必须真正了解所计划的内容以及可能会产生的问题和困难。在目标管理中，领导的重要职能是协调，首先表现在设置目标过程中的协调。其次表现在执行过程中的协调，要使员工的目标方向一致，彼此之间要相互支持，这就需要领导者掌握一些协调的方法。另外，目标管理中的领导者应善于授权，因为这是创造个人自由地达成目标的前提。

第三，有效的前景调查和计划活动。目标管理的成功取决于在既定情况下对其具体问题、人性和实践的仔细研究。因此，实施目标管理之前必须考察整个管理结构的所有方面。

第四，目标管理要逐步推行，长期坚持。推行目标管理需要许多配套工作，如提高人员的素质、健全各种责任制、做好其他管理的基础工作、制定一系列有关的政策等。这些都是企业的长期任务，因而目标管理也只能逐步推行。先试点，在此基础上总结经验，再进一步推广。所以，只有长期坚持，不断发展和完善，目标管理才能收到良好的效果。

第二节　企业资源计划(ERP)

一、定义

ERP是由美国计算机技术咨询和评估集团Gartner Group Inc提出的一种供应链的管理思想。企业资源计划是指建立在信息技术基础上,以系统化的管理思想,为企业决策层及员工提供决策运行手段的管理平台。ERP系统支持离散型、流程型等混合制造环境,应用范围从制造业扩散到了零售业、服务业、银行业、电信业、政府机关和学校等事业部门,通过融合数据库技术、图形用户界面、第四代查询语言、客户服务器结构、计算机辅助开发工具、可移植的开放系统等对企业资源进行了有效的集成。它汇合了离散型生产和流程型生产的特点,面向全球市场,包罗了供应链上所有的主导和支持能力,协调企业各管理部门围绕市场导向,更加灵活或"柔性"地开展业务活动,实时地响应市场需求。为此,重新定义供应商、分销商和制造商相互之间的业务关系,重新构建企业的业务和信息流程及组织结构,使企业在市场竞争中有更大的能动性。

ERP是一种主要面向制造行业进行物质资源、资金资源和信息资源集成一体化管理的企业信息管理系统。ERP是一个以管理会计为核心可以提供跨地区、跨部门甚至跨公司整合实时信息的企业管理软件。针对物资资源管理(物流)、人力资源管理(人流)、财务资源管理(财流)、信息资源管理(信息流)集成一体化的企业管理软件。ERP的提出与计算机技术的高度发展是分不开的,用户对系统有更大的主动性,作为计算机辅助管理所涉及的功能已远远超过MRPⅡ的范围。ERP的功能包括除了MRPⅡ(制造、供销、财务)外,还包括多工厂管理、质量管理、实验室管理、设备维修管理、仓库管理、运输管理、过程控制接口、数据采集接口、电子通讯、电子邮件、法规与标准、项目管理、金融投资管理、市场信息管理等。它将重新定义各项业务及其相互关系,在管理和组织上采取更加灵活的方式,对供应链上供需关系的变动(包括法规、标准和技术发展造成的变动),同步、敏捷、实时地做出响应;在掌握准确、及时、完整信息的基础上,做出正确决策,能动地采取措施。与MRPⅡ相比,ERP除了扩大管理功能外,同时还采用了计算机技术的最新成就,如扩大用户自定义范围、面向对象技术、客户机/服务器体系结构、多种数据库平台、SQL结构化查询语言、图形用户界面、4GL/CASE、窗口技术、人工智能、仿真技术等。

二、ERP的发展阶段

1. MIS系统阶段(Management Information System)

企业的信息管理系统主要是记录大量原始数据、支持查询、汇总等方面的工作。

2. MRP阶段(Material Require Planning)

企业的信息管理系统对产品构成进行管理,借助计算机的运算能力及系统对客户订单,在库物料,产品构成的管理能力,实现依据客户订单,按照产品结构清单展开并计算物料需求计划。实现减少库存,优化库存的管理目标。

3. MRPⅡ阶段(Manufacture Resource Planning)

在MRP管理系统的基础上,系统增加了对企业生产中心、加工工时、生产能力等方面的管理,以实现计算机进行生产排程的功能,同时也将财务的功能囊括进来,在企业中形成以计算机为核心的闭环管理系统,这种管理系统已能动态监察到产、供、销的全部生产过程。

4. ERP阶段(Enterprise Resource Planning)

进入ERP阶段后,以计算机为核心的企业级的管理系统更为成熟,系统增加了包括财务预测、生产能力、调整资源调度等方面的功能。配合企业实现JIT管理全面、质量管理和生产资源调度管理及辅助决策的功能,成为企业进行生产管理及决策的平台工具。

5. 电子商务时代的ERP

Internet技术的成熟为企业信息管理系统增加与客户或供应商实现信息共享和直接的数据交换的能力,从而强化了企业间的联系,形成共同发展的生存链,体现企业为达到生存竞争的供应链管理想。ERP系统相应实现这方面的功能,使决策者及业务部门实现跨企业的联合作战。

三、ERP的功能

ERP系统包括以下主要功能:供应链管理、销售与市场、分销、客户服务、财务管理、制造管理、库存管理、工厂与设备维护、人力资源、报表、制造执行系统(Manufacturing Executive System,MES)、工作流服务和企业信息系统等。此外,还包括金融投资管理、质量管理、运输管理、项目管理、法规与标准和过程控制等补充功能。

ERP是将企业所有资源进行整合集成管理,简单地说是将企业的三大流(物流、资金流、信息流)进行全面一体化管理的管理信息系统。它的功能模块以不同于以往的MRP或MR-PII的模块,它不仅可用于生产企业的管理,而且在许多其他类型的企业如一些非生产、公益事业的企业也可导入ERP系统进行资源计划和管理。

在企业中,一般的管理主要包括三方面的内容:生产控制(计划、制造)、物流管理(分销、采购、库存管理)和财务管理(会计核算、财务管理)。这三大系统本身就是集成体,它们互相之间有相应的接口,能够很好地整合在一起来对企业进行管理。另外,要特别一提的是,随着企业对人力资源管理重视的加强,已经有越来越多的ERP厂商将人力资源管理纳入了ERP系统作为一个重要组成部分。

ERP把客户需求和企业内部的制造活动以及供应商的制造资源整合在一起,形成企业一个完整的供应链,其核心管理思想主要体现在以下三个方面:(1) 体现对整个供应链资源进行管理的思想;(2) 体现精益生产、敏捷制造和同步工程的思想;(3) 体现事先计划与事前控制的思想。

四、ERP的特点

ERP具有整合性、系统性、灵活性、实时控制性等显著特点。ERP系统的供应链管理思想对企业提出了更高的要求,是企业在信息化社会、在知识经济时代繁荣发展的核心管理模式。

ERP的优点主要体现在以下方面:缩短周转的时间;物流与资金流的集成;加强物料和生

产计划;模拟不同市场状况对生产计划、能力需求计划、物料采购计划和储运等工作的影响;增强企业对经营环境改变的快速反应能力;实现管理层对信息的实时和在线查询;为企业决策提供更加准确、及时的财务报告;及时提供各种管理报告、分析数据;系统本身具有严格的内部控制功能。

中国企业实施ERP系统仍存在一些问题,主要表现为:(1) 大量的外来词汇设置了较高的ERP心理门槛。围绕ERP系统集合了BRP、JIT、CIMS、虚拟企业、协同商务等庞大的新名词和外文词汇,为广大的企业管理人员设立了心理门槛,对于ERP实施过程的把握显得非常难。(2) 国外ERP软件商有非常规范的ERP实施方法,但是不太了解我国企业的实际需求和定制过程。(3) 国内众多ERP企业管理软件商有丰富的ERP实施经验,但无科学规范的实施方法。(4) ERP软件商、提供业务流程重组的咨询公司、政府部门提供的ERP服务、倡导第三方监督的监理大都从自己的角度提供ERP实施建议和经验,但是企业由于不能全面看到具体的实施周期,使得企业不能深入了解具体的ERP实施方法和具体实施活动。

因此,选择一个合适的供应商是有利于企业成功实施ERP的。

第三节　甘特图与滚动计划法

一、甘特图

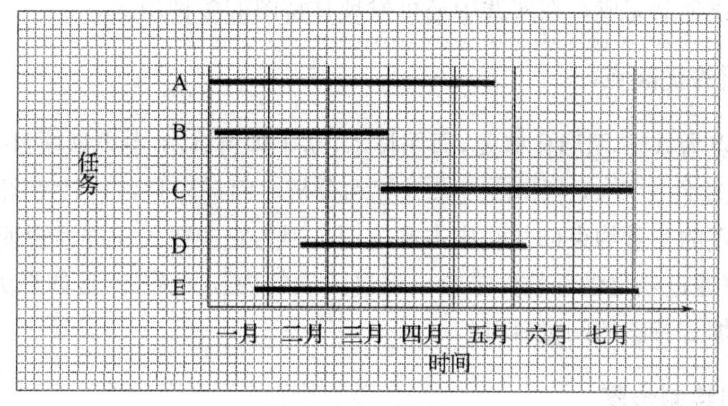

图6-1　甘特图

(一) 定义

甘特图(Gantt chart)又叫横道图、条状图(Bar chart)。以提出者亨利·L·甘特先生的名字命名,现代工商管理教育如MBA、EMBA及CEO必读12篇等均将甘特图作为一项重要的项目进度规划工具涵括在内。

甘特图内在思想简单,即以图示的方式通过活动列表和时间刻度形象地表示出任何特定项目的活动顺序与持续时间。基本是一条线条图,横轴表示时间,纵轴表示活动(项目),线条表示在整个期间上计划和实际的活动完成情况。它直观地表明任务计划在什么时候进行,及实际进展与计划要求的对比。管理者由此可便利地弄清一项任务(项目)还剩下哪些工作要做,并可评估工作进度。

甘特图一般包含以下三个含义:

(1) 以图形或表格的形式显示活动;

(2) 一种通用的显示进度的方法;

(3) 构造时应包括实际日历天和持续时间,并且不要将周末和节假日算在进度之内。

甘特图具有简单、醒目和便于编制等特点,在企业管理工作中被广泛应用。甘特图按反映的内容不同,可分为计划图表、负荷图表、机器闲置图表、人员闲置图表和进度表等五种形式。

(二) 甘特图的用途

甘特图是基于作业排序的目的,将活动与时间联系起来的最早尝试之一。该图能帮助企业描述对诸如工作中心、超时工作等资源的使用图。当用于负荷时,甘特图可以显示几个部门、机器或设备的运行和闲置情况。这表示了该系统的有关工作负荷状况,这样可使管理人员了解何种调整是恰当的。例如,当某一工作中心处于超负荷状态时,则低负荷工作中心的员工可临时转移到该工作中心以增加其劳动力,或者,在制品存货可在不同工作中心进行加工,则高负荷工作中心的部分工作可移到低负荷工作中心完成,多功能的设备也可在各中心之间转移。但甘特负荷图有一些重要的局限性,它不能解释生产变动,如意料不到的机器故障及人工错误所形成的返工等。甘特排程图可用于检查工作完成进度。它表明哪件工作如期完成,哪件工作提前完成或延期完成。在实践中还可发现甘特图的多种用途。

(三) 甘特图的优缺点

甘特图的优点为:(1) 图形化概要,通用技术,易于理解;(2) 中小型项目一般不超过 30 项活动;(3) 有专业软件支持,无须担心复杂计算和分析。而局限是:(1)甘特图事实上仅仅部分地反映了项目管理的三重约束(时间、成本和范围),因为它主要关注进程管理(时间);(2)软件的不足:尽管能够通过项目管理软件描绘出项目活动的内在关系,但是如果关系过多,纷繁芜杂的线图必将增加甘特图的阅读难度。

(四) 甘特图绘制步骤

(1) 明确项目牵涉到的各项活动、项目。内容包括项目名称(包括顺序)、开始时间、工期,任务类型(依赖/决定性)和依赖于哪一项任务。

(2) 创建甘特图草图。将所有的项目按照开始时间、工期标注到甘特图上。

(3) 确定项目活动依赖关系及时序进度。使用草图,按照项目的类型将项目联系起来,并安排项目进度。

此步骤将保证在未来计划有所调整的情况下,各项活动仍然能够按照正确的时序进行。也就是确保所有依赖性活动能并且只能在决定性活动完成之后按计划展开。

同时避免关键性路径过长。关键性路径是由贯穿项目始终的关键性任务所决定的,它既表示了项目的最长耗时，也表示了完成项目的最短可能时间。请注意，关键性路径会由于单项活动进度的提前或延期而发生变化。而且要注意不要滥用项目资源，同时，对于进度表上的不可预知事件要安排适当的富裕时间(Slack Time)。但是，富裕时间不适用于关键性任务，因为作为关键性路径的一部分，它们的时序进度对整个项目至关重要。

(4) 计算单项活动任务的工时量。

(5) 确定活动任务的执行人员及适时按需调整工时。

(6) 计算整个项目时间。

(五) 甘特图应用范围

(1) 项目管理：在现代的项目管理里，被广泛的应用。这可能是最容易理解、最容易使用并最全面的一种。它可以让你预测时间、成本、数量及质量上的结果并回到开始。它也能帮助你考虑人力、资源、日期、项目中重复的要素和关键的部分，你还能把 10 张各方面的甘特图集成为一张总图。以甘特图的方式，可以直观地看到任务的进展情况，资源的利用率等。

(2) 其他领域：如今甘特图不单单被应用到生产管理领域，随着生产管理的发展、项目管理的扩展，它被应用到了各个领域，如建筑、IT 软件、汽车等。

二、滚动计划法

(一) 定义

滚动计划(也称滑动计划)是一种动态编制计划的方法。它不像静态分析那样，等一项计划全部执行完了之后再重新编制下一时期的计划，而是在每次编制或调整计划时，均将计划按时间顺序向前推进一个计划期，即向前滚动一次，按照制订的项目计划进行施工，对保证项目的顺利完成具有十分重要的意义。但是由于各种原因，在项目进行过程中经常出现偏离计划的情况，因此要跟踪计划的执行过程，以发现存在的问题。另外，跟踪计划还可以监督过程执行的费用支出情况，跟踪计划的结果通常还可以作为向承包商部分支付的依据。然而，计划却经常执行得很差，甚至会被完全抛弃。

(二) 基本思想

对于中长期计划而言，由于环境的不断变化以及在制定计划时存在着众多的不确定因素，因而在计划实施一段时间之后，就可能出现计划与实际情况不符。这时如果仍然按照原计划实施下去，就可能导致错误和损失。滚动计划法就是一种根据情况变化定期修订未来计划的方法。这种方法综合考虑了计划的执行情况、外界环境的改变情况以及组织的方针、政策的变化，采用近细远粗的方式对实施中的计划进行定期的修订，并逐期向前推移，从而使短期计划、中期计划和长期计划有机地结合起来，不断地随时间推移而更新。在计划期的第一阶段结束时，要根据该阶段计划的实际执行情况和组织内、外部因素变化的情况，对原计划进行修订，并根据同样的原则进行逐期的滚动。

采用滚动计划法有利于在外界环境不断变化的情况下，使计划更加符合实际，更好地保证计划的指导作用，从而提高计划工作的质量;同时也有利于保证长期计划、中期计划和短期计划互相衔接，使各期计划基本保持一致;最后，它还使得组织的计划工作富有弹性，从而有利于提高组织的应变能力。

滚动计划是一种具有灵活性的、能够适应环境变化的长期计划编制方法。由于长期计划的计划期较长，影响它的不可控因素多，很难准确地预测到各种影响因素的未来变化，因而很难确保长期计划的成功实施。采用滚动计划方法，意在根据环境条件变化和实际完成情况，定期地对计划进行修订，使组织始终有一个较为切合实际的长期计划作指导，并使长期计划与短期计划紧密衔接。

(三) 滚动计划的编制过程

在已编制出的计划的基础上，每经过一段固定的时期(例如一年或一个季度等，这段固定的时期被称为滚动期)，便根据变化了的环境条件和计划的实际执行情况，对原计划进行必要的调整，以确保实现计划目标。每次调整时，保持原计划期限不变，只将计划期限顺序向前推进一个滚动期，或者说平行移动一个滚动期。

(四) 滚动计划的特点

把计划工作看成是一种不间断的运动，使整个计划处于适时的变化和发展之中，避免了计划的凝固化，提高了计划的适应性。由于计划内容随着内外部条件的变化而不断调整，便于不同的时期的计划之间的衔接和协调，可以提高计划的指导作用。所谓滚动计划法是一种定期修订未来计划的方法。这种方法根据计划的执行情况和环境变化情况定期修订未来的计划，并逐期向前推移，使短期计划、中期计划有机地结合起来。由于在计划工作中很难准确地预测将来影响经济发展的各种变化因素，而且随着计划期的延长，这种不确定性就越来越大。所以硬性地按月初制定的计划实施无法满足客户的需求，只有根据市场、客户的需求，及时调整生产计划，才能满足市场、客户的需求。

滚动计划法根据一定时期计划的执行情况，考虑企业内外环境条件的变化，调整和修订出来的计划，并相应地将计划期顺延一个时期，把近期计划和长期计划结合起来的一种编制计划的方法。在计划编制过程中，尤其是编制长期计划时，为了能准确地预测影响计划执行的各种因素，可以采取近细远粗的办法，近期计划订得较细、较具体，远期计划订得较粗、较概略。在一个计划期终了时，根据上期计划执行的结果和产生条件，市场需求的变化，对原订计划进行必要的调整和修订，并将计划期顺序向前推进一期，如此不断滚动、不断延伸。例如，某企业在2010年底制定了2011—2015年的五年计划，如采用滚动计划法，到2011年底，根据当年计划完成的实际情况和客观条件的变化，对原订的五年计划进行必要的调整，在此基础上再编制2012—2016年的五年计划。其后依此类推.

可见，滚动式计划法能够根据变化了的组织环境及时调整和修正组织计划，体现了计划的动态适应性。而且，它可使中长期计划与年度计划紧紧地衔接起来。

滚动计划法，既可用于编制长期计划，也可用于编制年度、季度生产计划和月度生产作业计划。不同计划的滚动期不一样，一般长期计划按年滚动；年度计划按季滚动；月度计划按旬滚动等等。

滚动计划法虽然使得计划编辑工作的任务量加大，但在计算机已被广泛应用的今天，其优点十分明显。① 把计划期内各阶段以及下一个时期的预先安排有机地衔接起来，而且定期调整补充，从而从方法上解决了各阶段计划的衔接和符合实际的问题。② 较好地解决了计划的相对稳定性和实际情况的多变性这一矛盾，使计划更好地发挥其指导生产实际的作用。③ 采用滚动计划法，使企业的生产活动能够灵活地适应市场需求，把供产销密切结合起来，从而有利于实现企业预期的目标。需要指出的是，滚动间隔期的选择，要适应企业的具体情况，如果滚动间隔期偏短，则计划调整较频繁，好处是有利于计划符合实际，缺点是降低了计划的严肃性。一般情况是，生产比较稳定的大量大批企业宜采用较长的滚动间隔期，生产不太稳定的单件小批生产企业则可考虑采用较短的间隔期。

采用滚动计划法，可以根据环境条件变化和实际完成情况，定期地对计划进行修订，使组织始终有一个较为切合实际的长期计划作指导，并使长期计划能够始终与短期计划紧密地衔接在一起。

第四节　网络计划技术

网络计划技术，是指用于工程项目的计划与控制的一项管理技术。它是50年代末发展起来的，依其起源有关键路线法(CPM)与计划评审法(PERT)之分。1956年，美国杜邦公司在制定企业不同业务部门的系统规划时，制定了第一套网络计划。这种计划借助于网络表示各项工作与所需要的时间以及各项工作的相互关系。通过网络分析研究工程费用与工期的相互关系，并找出在编制计划及计划执行过程中的关键路线。这种方法称为关键路线法(CPM)。1958年美国海军武器部，在制定研制“北极星”导弹计划时，同样地应用了网络分析方法与网络计划，但它注重于对各项工作安排的评价和审查。这种计划称为计划评审法(PERT)。鉴于这两种方法的差别，CPM主要应用于以往在类似工程中已取得一定经验的承包工程，PERT更多地应用于研究与开发项目。

一、关键路径法

关键路径法(Critical Path Method, CPM)是一种基于数学计算的项目计划管理方法，是网络图计划方法的一种，属于肯定型的网络图。关键路径法将项目分解成为多个独立的活动并确定每个活动的工期，然后用逻辑关系(结束—开始、结束—结束、开始—开始和开始结束)将活动连接，从而能够计算项目的工期、各个活动时间特点(最早最晚时间、时差)等。在关键路径法的活动上加载资源后，还能够对项目的资源需求和分配进行分析。关键路径法是现代项目管理中最重要的一种分析工具。

箭线图(ADM)法又称为双代号网络图法，它是以横线表示活动而以带编号的节点连接活动，活动间可以有一种逻辑关系，结束—开始型逻辑关系。

在箭线图中,有一些实际的逻辑关系无法表示,所以在箭线图中需要引入虚工作的概念。

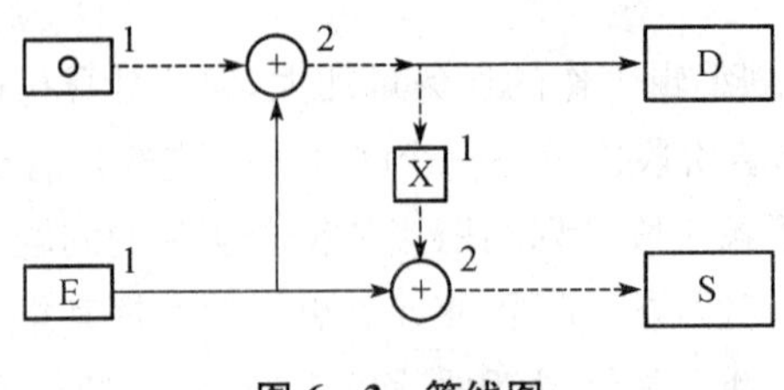

图 6-2 箭线图

箭线图(ADM)要表示的是一个项目的计划,所以其清晰的逻辑关系和良好的可读性是非常重要的,除了箭线图(ADM)本身具有正确的逻辑性,良好的绘图习惯也是必要的。因此在绘图时遵守上面的这些规则就是非常重要的。另外,在绘图时,一般尽量使用直线和折线,在不可避免的情况下可以使用斜线,但是要注意逻辑方向的清晰性。

绘制箭线图时主要有以下一些规则:

(1) 在箭线图(ADM)中不能出现回路。如上文所述,回路是逻辑上的错误,不符合实际的情况,而且会导致计算的死循环,所以这条规则是必须的要求。

(2) 箭线图(ADM)一般要求从左向右绘制。这虽然不是必须的要求,但是符合人们阅读习惯,可以增加箭线图(ADM)的可读性。

(3) 每一个节点都要编号,号码不一定要连续,但是不能重复,且按照前后顺序不断增大。这条规则有多方面的考虑,在手工绘图时,它能够增加图形的可读性和清晰性。另外,在使用计算机运行箭线图(ADM)时,这一条就非常重要,因为在计算机中一般通过计算节点的时间来确定各个活动的时间,所以节点编号不重复是必须的。

(4) 一般编号不能连续,并且要预留一定的间隔。主要是为了在完成的箭线图(ADM)中可能需要增加活动,如果编号连续,新增加活动就不能满足编号由小到大的要求。

(5) 表示活动的线条不一定要带箭头,但是为了表示的方便,一般推荐使用箭头。这一条主要是绘制箭线图(ADM)时可以增加箭线图(ADM)的可读性。

(6) 一般要求双代号网络图要开始于一个节点,并且结束于一个节点。此要求可以在手工绘图增加可读性,而在计算机计算时,可以增加效率和结果的清晰性。

(7) 在绘制网络图时,一般要求连线不能相交。在相交无法避免时,可以采用过桥法或者指向法等方法避免混淆。此要求主要是为了增加图形的可读性。

在 20 世纪 60 年代初期,PERT 的发展比较迅速。据统计,到 1964 年,关于 PERT 的参考书目和论文达到了 1 000 多种。到 1961 年,各种基于 PERT 的类似的方法出现,如 PERT/Cost, PERT - RAMPS(Resource Allocation & Multi-Project Schedule), MAPS, SCANS, TOPS, PEP, TRACE, LESS 和 PAR 等。其中 PEP 法是将甘特图的活动赋以逻辑关系,这是计划软件一般采用的一种图形输出方法。1962 年的时候,时任美国国防部长 Mac Namara 在起草一项法令时,指出计划评审法和关键路径法同时并存的局面容易引起混淆,以后国防部的所有部门一律使用计划评审法(PERT),这在当时对于关键路径法的提倡者是一个重大打击。不过在随后的发展中,关键路径法(CPM)逐渐占了优势,真正使用计划评审法的其实已经很少。而且即使是在当时,很多所谓的计划评审法(PERT),其实质其实是关键路径法(CPM)。如美国航空局(NASA)当时使用的 NASA - PERT,实际就是关键路径法(CPM)。

关键路径法的使用步骤：

(1) 画出网络图，以节点标明事件，由箭头代表作业。这样可以对整个项目有一个整体概观。习惯上项目开始于左方终止于右方。

(2) 在箭头上标出每项作业的持续时间(T)。

(3) 从左面开始，计算每项作业的最早结束时间(EF)。该时间等于最早可能的开始时间(ES)加上该作业的持续时间。

(4) 当所有的计算都完成时，最后算出的时间就是完成整个项目所需要的时间。

(5) 从右边开始，根据整个项目的持续时间决定每项作业的最迟结束时间(LF)。

(6) 最迟结束时间减去作业的持续时间得到最迟开始时间(LS)。

(7) 每项作业的最迟结束时间与最早结束时间，或者最迟开始时间与最早开始时间的差额就是该作业的时差。

(8) 如果某作业的时差为零，那么该作业就在关键路线上。

(9) 项目的关联路线就是所有作业的时差为零的路线。

二、计划评审法

计划评审法(PERT)，是运用网络技术编制计划的方法。所谓网络计划技术，就是应用网络图形式来反映和表达一项计划中的任务、活动过程、工序和费用的先后顺序、相互关系和进度安排，通过计算确定关键路径，选出最优方案的方法。借助计划评审法，管理者可以方便地比较不同行动方案在进度和成本方面的效果，监控项目的进程，识别可能的瓶颈环节，以及必要时调度资源确保项目按计划进行。

计划评审法的核心是计划网络图，它是一种类似流程图的箭线图，描绘出项目包含的各种活动的先后次序，标明每项活动的时间或者相关的成本。在计划网络图中，有三个基本概念，即活动、事件和路线。其内容为：把一个系统(一项工程或一项任务)按其本身的性质划分为许多部分，称为事件，并把它们用带箭头的分段直线(作业)连成网络图，在每个作业上标明所需的资源(或时间，或人力、物力、财力)。从提出任务(起点)到完成任务(终点)之间存在许多路线，其中消耗资源最多的叫做关键路线。以时间为例，在网络图的基础上，可以计算每个作业最早可能开始时间，即从起点到它前面所需时间最长的作业完成以后才能开始的时间；最早可能完工时间，即最早可能开始时间加上该作业所需的时间；最迟必须开始时间，即不影响它后边各道作业如期开始的时间；最迟必须完成时间，即最迟必须开始时间加上该作业所需的时间；机动时间，即最迟必须完成时间与最早可能完成时间的差额。位于关键路线上的作业，其机动时间为零。通过这样的计算，并利用机动力量缩短关键路线，可以求得一个完成工程任务的最优方案。将计划评审法与数学规划方法相结合，还可以找到加快或延长一道作业或一项工程的代价，使其成本在约束条件下达到最小值。

活动是指一项工作或一道工序，它一般需要消耗资源和时间，但有些不消耗资源，只占用时间的工作也是一项活动。活动用箭线表示，上部标明名称，下部表明所需时间，箭头表示活动前进的方向。

事件是指计划网络图中两个或两个以上箭线的交点，标志着前项活动的结束或后项活动的开始。事件和活动不同，它是工作完成的瞬间，不占用时间和资源。事件用圆圈表示，编上号码。任何活动可以用前后两个事件的编码来表示，如图 6-3 所示。

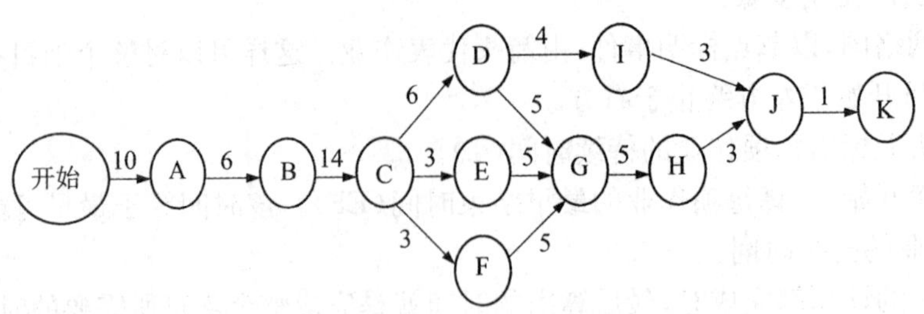

图 6-3 网络计划图

线路是指从起点事件开始,顺箭头方向,连续进行到终点事件为止的一条通道。一条线路上各工序的作业时间之和称为"路长",一个网络图有很多条线路,其中最长的一条称为"关键路径"。网络分析主要是找出整个项目中的关键路径。开发一个计划评审法的计划网络图,就是要求管理者确定完成项目所需的所有关键活动,按照活动之间的依赖关系排列它们之间的先后次序,以及估计完成每项活动的时间。计划网络图的编制工作可以归纳为五个步骤:

(1) 确定完成项目必须进行的每一项有意义的活动,完成每项活动都产生事件或结果。

(2) 确定活动完成的先后次序。

(3) 绘制活动流程从起点到终点的图形,明确表示出每项活动及其他活动的关系,用圆圈表示事件,用箭线表示活动,结果得到一幅箭线流程图,我们称之为 PERT 网络。

(4) 估计和计算每项活动的完成时间。通常以乐观时间(to)表示在理想条件下完成活动所需的时间;以最可能时间(tm)表示正常情况下活动的持续时间;以悲观时间(tp)表示在最差的条件下完成活动所需的时间。在这样的前提下,期望的活动时间(te)的计算公式为:te=(to+4tm+tp)/6。

(5) 借助包含活动时间估计的网络图,管理者能够制定出包括每项活动开始和结束日期的全部项目的日程计划。沿关键路径的任何延迟都需要引起特别注意,因为它将延迟整个项目,就是说,在关键路径上没有松弛时间,沿关键路径的任何延迟都直接延迟整个项目的完成期限。

PERT 网络技术的作用:

(1) 标识出项目的关键路径,以明确项目活动的重点,便于优化对项目活动的资源分配;

(2) 当管理者想计划缩短项目完成时间,节省成本时,就要把考虑的重点放在关键路径上;

(3) 在资源分配发生矛盾时,可适当调动非关键路径上活动的资源去支持关键路径上的活动,以最有效地保证项目的完成进度;

(4) 采用 PERT 网络分析法所获结果的质量很大程度上取决于事先对活动事件的预测,若能对各项活动的先后次序和完成时间都能有较为准确的预测,则通过 PERT 网络的分析法可大大缩短项目完成的时间。

计划评审法的优点:① 简单明了,易于掌握;② 使管理人员对所要完成的工程或任务有一个整体观点和全面规划;③ 可以从完成工程或任务的各种方案中选择一个最优方案;④ 应用范围十分广泛；⑤ 可以应用计算机。在国民经济各部门中，无论对计划、生产、技术和设备的管理，还是对物资、劳动和财务的管理，这个方法都会取得花费小、收益大的效果。

无论是关键路径法(CPM)还是计划评审法(PERT)，最初使用的表示方法都是箭线法(ADM)，在之后很长的一段时间箭线法(ADM)都是人们主要使用的方法。直到70年代以后，前导图(PDM)才开始逐渐流行起来，但是箭线法(ADM)仍然使用极为广泛。在90年代以后，美国 Primavera 公司开发出其 Windows 版本的计划管理软件时，只采用前导图(PDM)作为其计算平台，从根本上改变了这一局面。从此以后，前导图(PDM)成了人们主要使用的方法，而箭线图(ADM)则很少使用。

复习思考题

案例讨论

案例一　斯诺尔机床厂的目标管理

斯诺尔机床厂从2001年开始推行目标管理。为了能够充分发挥各职能部门得到作用，调动一千多名职能部门人员的积极性，该厂首先对厂部和科室实施了目标管理。经过一段时间的试验后，逐步推广到全厂各车间、工段和班组。多年的实践表明，目标管理改善了企业经营管理，挖掘了企业内部潜力，增强了企业的应变能力，提高了企业素质，取得了较好的经济效益。

按照目标管理的原则，该厂把目标管理分为三个阶段进行。

第一阶段：目标制定阶段

1. 总目标制定

该厂通过对国内外市场机床需求的调查，结合长远规划的要求，并根据企业的具体生产能力，提出了20××年“三提高”“三突破”的总方针。所谓“三提高”，就是提高经济效益、提高管理水平和提高竞争里；“三突破”是指新产品数目、创汇和增收节支方面要有较大突破。在此基础上，该厂把总方针具体化、数量化。初步指定出总目标方案，并发动全厂员工反复讨论、不断补充，同时交职工代表大会研究通过，正式制定出全厂19××年的总目标。

2. 部门目标的制定

企业总目标由厂长向全厂宣布后，全厂就对总目标进行层层分解，层层落实。各部门的分目标由各部门和厂企业管理委员会共同商定，先确定项目，再制定各项目标的指标标准。其指定依据是厂总目标和有关部门负责拟订、经厂部批准下达的各项计划任务，原则是各部门的工作目标值只能高于总目标中的定量目标值。同时，为了集中精神抓好目标的完成，目标的数量不可太多。为此，各部门的目标分为必考目标和参考标准两种。必考目标包括厂部明确下达目标和部门主要的经济技术指标；参考目标包括部门的日常工作目标或主要协作项目。其中，必考目标一般控制在2—4项，参考目标项可以多一些。目标完成标准由各部门以目标卡片的形式填报厂部,通过协调和讨论最后由厂部批准。

3. 目标的进一步分解和落实

部门的目标确定以后,接下来的工作就是目标的进一步分解和层层落实。

(1) 部门内部小组(个人)目标管理,其形式和要求与部门目标制定相类似,拟订目标也采用目标卡片,由部门自行负责实施和考核。要求各个小组(个人)努力完成各自目标值,保证部门目标的如期完成。

该厂部门部标的分解是采用流程图方式进行的。具体方法是:先把部门目标分解落实到职能组,职能组再分解落实到工段,工段再下达给个人。通过层层分解,全厂的总目标就落实到每一个人身上。

第二阶段:目标实施阶段

该厂在目标实施过程中,主要抓了以下三项工作。

1. 自我检查、自我控制和自我管理

目标卡片经主管副厂长批准后,一份存企业管理委员会,一份由制定单位自存。由于每一个部门、每一个人都有了具体的、定量的明确目标,所以在目标实施过程中,人们会自觉地、努力地实现这些目标,并对照目标进行自我检查、自我控制和自我管理。这种"自我管理",能充分调动各部门及每一个人的主观能动性和工作热情,充分挖掘自己的潜力,完全改变了过去那种上级下达任务、下级汇报完成情况,并由上级不断检查、监督的传统管理方法。

2. 加强经济考核

虽然该厂目标管理的循环周期为一年。但为了进一步落实经济责任制,即使纠正目标实施过程中与原目标之间的偏差,该厂打破了目标管理的一个循环周期只能考核一次、评定一次的束缚,坚持每一个季度考核一次和年终总评定。这种加强经济考核的做法,进一步调动了广大职工的积极性,有力地促进了经济责任制的落实。

3. 重视信息反馈工作

为了随时了解目标实施过程中的动态情况,以便采取措施、及时协调,使目标能顺利实现,该厂十分重视目标实施过程中的信息反馈工作,并采用了两种信息反馈方法。

(1) 建立"工作质量联系单"来及时反映工作质量和服务协作方面的情况。尤其当两个部门发生工作纠纷时,厂管理部门旧能从"工作质量联系单"中及时了解情况。经过深入调查,尽快加以解决。这样就大大提高了工作效率,减少了部门之间不协调的现象。

(2) 通过"修正目标方案"来调整目标。内容包括目标项目、原定目标、休整目标以及休整原因等。并规定在工作条件发生重大变化需修改目标时,责任部门必须填写"修正目标方案"提交企业管理委员会,由该委员会提出意见交主管副厂长批准后方能修正目标。

该厂长在实施过程中由于狠抓了以上三项工作,不仅大大加强了对目标实施动态的了解,更重要的是加强了各部门的责任心和主动性,从而使全厂各部门从过去等待问题找上门的被动局面,转变为积极寻找和解决问题的主动局面。

第三阶段:目标成果评定阶段

目标管理实际上就是根据成果来进行管理的,故成果评定阶段显得十分重要,该厂采用了

"自我评价"和上级主观部门评价相结合的做法，即在下一个季度第一个月的10日之前，每一部门必须把一份季度工作目标完成情况表报送企业管理委员会(这份报表，要求每一部门对上一阶段的工作给出恰如其分的评价)；企业管理委员会核实后，也给予恰当的评分。每一项目标超过指标3%加1分，以后每增加3%再加1分。一般目标有一项未完成而不影响其他部门目标完成的，扣一般项目中的3分，影响其他部门目标完成的则扣5分；加1分相当于增加该部门基本奖金的1%，减1分则扣该部门奖金的1%。如果有一项必考目标未完成，则扣至少10%奖金。

该厂在目标成果评定工作中深深体会到目标管理的基础是经济责任制。目标管理只有同明确的责任划分结合起来，才能深入持久，具有生命力，也才能达到最终的成功。

问题：

1. 据以上案例，分析在目标管理过程中，应该注意一些什么问题？
2. 目标管理有什么功能？
3. 增加和减少员工奖金的发放额是实行奖惩的最佳方法吗？除此之外，你认为还有什么激励和约束措施？

案例二　一份商业计划书

经过多年的努力，本公司对虫草的人工培育和工厂化生产技术已经成熟，并且通过稳定而良好的技术大大地提高了药用成分的含量，为这种珍贵的天然中药的扩大产量和品质提升开创了良好的基础。发明人不但运用现代生物工程解决了对虫草的驯化、量产与品质提升，并取得了多项制剂和产品类别的专利，拥有充分的知识产权，这对未来产品的上市和竞争取得了相对优势和保障。

当今国际上对生物科技、生物农药、中草药开发、健康食品/用品的投资正方兴未艾，此领域俨然已成为继20世纪末的电子产业之后新兴起的明星产业，吸引了大量的才力与物力的投入。而人工培育虫草技术的发明，不但合于潮流，更填补了天然虫草资源日益缺乏的空缺，并改善了虫草发酵菌丝体成本不足的主要缺憾。发明人拥有自由知识产权，对于产品上市后的市场竞争有充分保障。

无论是直接销售市场、中药原料供应市场还是单一提取物药原料市场，该技术都具备极为强大的价格、成分含量优势，我们期待您的加入。

问题：

1. 本计划书有哪些说服力？
2. 如果你是一位投资方，你还需要了解哪些方面的内容？

案例三　项目管理的可行性研究

企业面临着不断变化的客户要求，新产品开发日益成为企业成功经营的核心。持续推出成功的新产品将使企业保持活力，发展成为市场的"常青树"。然而，一个研发项目成功的因素主要有哪些呢？

以市场为导向的需求识别对研发组织来说,同样存在着“做正确的事情”和“正确地做事”的要求。前者对研发组织的影响往往是战略性的,后者则是战术性的。在现实生活中,我们常常看到许多企业斥巨资以提升研发的效率,但却忽略了最重要的环节——做正确的事情。

索尼公司的“机器人”就是一个典型的例子。公司在研发早期就发现了“技术并不完美”,想要让机器人完成任何一项家务事都事那么困难。然而,索尼公司很快就认识到不必追求完美,为什么一定要开发“完成任务型”的机器人呢?如果功能达不到消费者的期望,只能为企业带来灾难性的后果,还不如制造一种供人娱乐、功能简单的机器人!正是这一英明的决断为索尼公司的机器人迎来了巨大的成功。相反,本田公司耗时15年花费上亿美元,最终都没有拿出可以推向市场的产品,其原因就在于它将机器人定位于功能型机器人,从而造成消费者对其期望过高。

问题:

1. 从以上案例中,可以看出项目可行性研究有何重要意义?应该注意哪些问题?
2. 本田公司机器人项目犯了哪些错误?

6-1 一种基于关键链的项目进度计划方法

6-2 练习题及管案

第三篇　组织职能

第七章　组织与组织工作

【学习目标】

理解：组织的概念、任务及功能；组织工作的概念与特点。

掌握：组织工作的主要内容及其相互关系。

【教学重点】

组织与组织工作的概念；组织的作用；组织功能；组织设计。

【导入案例】

团　队

二战后的日本经济衰退，各企业都在裁员。其中一家企业经过研究，计划裁减一半员工，认为只有这样才能保证企业生存。于是，经理办公会决定，让所有员工阐述一下自己工作的重要性，公司将根据需要裁判哪些不是很重要的工种和人员。结果车间工人说自己兢兢业业，一直确保产品质量，无怨无悔地加班，随时适应公司的需要，有力保障了客户的需求；销售人员说自己会比以前更努力开展市场工作，并且积极寻求老客户的帮助，如果公司缺少他们，经营将难以保证；库房说自己严格出入库，如果精简他们，发错了货将给公司造成巨大的损失……经过一轮的了解，所有人员充分认识到各岗位的重要性，并敬佩彼此的工作态度和决心。最后大家商量了一个最佳方案——不裁员！大家同降薪，共渡难关。在大家的共同努力下，公司得以生存和发展，也造就了一支经得起考验的优秀团队。当今时代逐渐从重视个人英雄主义转变为对整个团队的关注，越来越多的人看重团队合作意识和精神，同心铄金，抱团才能打天下！

【案例思考】

1. 在组织中是否有绝对不重要的工种和人员？
2. 本案例为什么能将逆境转换成了提升团队凝聚力的机遇？

第一节　组织的概念、任务与功能

一、组织的概念

组织是为了达到某些特定的目标,在分工合作的基础上结合在一起的人的集合,一般泛指各种各样的社会组织或事业单位,如企业、机关、学校、医院、工会等。

理解现代组织的含义,必须要注意以下几点。

1. 组织是一个人为的系统

所谓"人为",首先是指这一系统是由人建立的、以人为主体组成的具有特定功能的整体。同时,在这个整体中,人是最基本的组织单位。由于每个个体具有的主观能动性及差异性,因此由不同的个体用不同的方式组合而成的组织则表现出本组织与其他组织相比较的特异性。

2. 组织是一个开放的系统

组织不断地与外部环境进行材料、能源和信息的交换,从而不断改革和发展。

3. 组织是一个社会技术系统

它既包括结构和技术的方面,也包括心理、社会和管理的方面。

4. 组织是有特定目标的

目标是组织存在的前提,任何组织都是有目标的,无论是明确的还是含糊的。目标对于组织有着极其重要的功能,它反映了组织的性质和存在的价值,组织及其成员为着共同的组织目标努力时,它发挥着导向、凝聚等作用。例如,接力比赛中,小组成员都为着尽早到达终点而冲刺,一旦有成员在过程中出现失误,其后来者必然尽最大的努力去弥补前者失误所造成的差距,这都是由于存在组织目标的作用。

5. 组织是有分工和协作的

组织成员依托其自身条件及组织需要等要素,在组织中分担工作任务、履行工作职责。但同时要注意,分工并不意味着"各人自扫门前雪,不管他人瓦上霜"。在组织中,个人的工作职责必须在他人工作的基础上或与他合作的前提下才能完成。一个销售人员要完成销售任务,单靠其自身的努力是无法完成的,他需要专业市场人员的前期调查结果的参考、同职位者的资源分享、上游产品相关职位者的工作完成以及其领导者的指导等。美国管理学家切斯特·巴纳德认为,由于生理的、心理的、物质的、社会的限制,人们为了达到个人的和共同的目标,就必须合作,于是形成群体,即组织。在这个意义上,协作是组织的本质。

【走进管理】

协作才能双赢

身体四肢的各个位置,是与生俱来的,不是任何方法可以强加的。一天,在五官大会上,耳目口鼻发布宣言:"我们位置最高,何等尊贵。那脚,位置最低。我们要约法三章,不能与他相处太密切,称兄道弟的。"大家都表示没有意见。脚听了,没有理会他们对自己的蔑视。几天后,有人要请吃饭,口非常想去,想一饱口福,但脚不肯走。口没有办法,只好暂时拖一下。又过了几天,耳想听听鸟叫,眼想看看风景,而脚也不肯走,耳目也无可奈何。

大家便商量改变原来的决议。但鼻不肯,说:"脚虽然能制服你们,可我并不对他有什么要求,它能拿我怎么办呢?"脚听了,便一直走到肮脏的厕所前,长久站着不动。恶臭的气味,直扑鼻孔,令人恶心。肠和胃大声埋怨道:"他们在那里闹意见,为什么叫我们遭罪,我们招谁惹谁了!"

【管理启示】

在犹太人的商业理念中,团队的协作精神如同企业利润一样重要。在他们看来,团队里面的每一个成员都有他们的可用之处,都应该互相尊重、互相合作,而不能相互排斥。

6. 组织是有层级的

组织必须要有不同层次的权利与责任制度,权责关系的统一使组织内部形成反映组织自身有机联系的不同管理层次,它是实现合理分工协作的保障,也是实现企业目标的保障。没有管理层级或层级不清,则意味没有权责或权责不清。很难想象,一个没有管理层级的组织是如何能够运作,其成员必然迷茫而不知所措,是无法达成组织与个人目标的。这其中有五个重要概念是管理者必须把握的。

(1) 职权。指经由一定的正式程序所赋予某项职位的一种权力。居其位者可以承担指挥、监督、控制以及惩罚、裁决等工作,这种权力是一种职位的权力,而不是某特定个人的权力。

(2) 职责。指某项职位应该完成某项任务的责任。

(3) 负责。反映上下级之间的一种关系。下级有向上级报告自己工作的义务或责任,上级对下级的工作有进行必要指导的责任。

(4) 协调。在组织成员付出努力的同时,必须对这些努力进行协调,以便可以最有效地实现组织的目标。良好的人力资源管理对实现有效协调非常重要。

(5) 组织结构图。反映组织内各机构、岗位上下左右相互关系的一种图表。

二、组织的分类

组织可以有不同的分类标准。

1. 根据组织的目标分类

(1) 互益组织:工会、政党、团体等。

(2) 工商组织:商业公司、企业、银行等。

(3) 服务组织:医院、学校、社会机构等。

(4) 公益组织:政府组织、研究机构、消防队等。

2. 根据组织正式和非正式情况分类

(1) 正式组织

① 经过规划,不是自发形成的。其组织结构的特征反映出一定的管理思想和信念。

② 有十分明确的组织目标。

③ 讲究效率,要适当地协调工作,处理人、财、物之间的关系,以最经济、有效的方式达到目标。

④ 建立权威,组织赋予领导以正式的权力,下级需服从上级,以便贯彻命令。

⑤ 分担角色任务,形成人们之间关系的层次。

⑥ 制定各种规章制度约束个人行动,要求组织的一致性。

⑦ 组织内个人的职位可以取代,不重视个人的独特性。

(2) 非正式组织

① 组织的建立以人们之间具有共同的思想、相互喜爱、相互依赖为基础,是自发形成的。

② 组织主要的作用是满足个人不同的需要,其最主要的方面是满足组织成员的心理需要。

③ 这种组织一经形成,会产生各种行为规范,约束个人的行为,这种规范可能与正式组织目标一致,也可能不一致甚至相抵触。

3. 根据个人和组织的关系来分类

根据个人和组织的关系来分类,这种分类有两个标准,即从运用权力和权威的程度以及从个人参与组织活动的程度。从这两个标准来分类,每类又可分为若干种。

从运用权力和权威的程度如何这个标准来看,可以分成三种组织:

(1) 功利性的,在运用合法权威的同时,实行经济和物质奖励,如工商业等。

(2) 规范性的,利用了有内在价值的奖励,权威建立在业务专长的基础之上,如学校、专业协会、医院等。

(3) 强制性的,包括监护性精神病医院、监狱等。

从个人参加组织活动的程度如何这个标准来看,又可分为三种组织:

(1) 疏远的,个人与组织活动很少有共同之处。

(2) 精打细算的,参加工作的原则是"干一天活,拿一天工资"。

(3) 道义上的,自觉自愿完成组织的任务,积极参与组织活动,个人与组织目标一致。

三、组织的任务

1. 规定每个人的责任

没有责任就不存在管理,没有责任制也就不能成为管理组织机构。组织是一个群体,是大家为了共同的目标和利益汇集起来的组合体,每一个成员对这个组织都承担着一定的责任,大家共同的努力,就是组织的经营活动。在组织中工作的个体,必须承担某种职务。组织对要求个体承担的职务进行刻意的设计,保证其完成自身的任务。

2. 规定各个成员之间的关系

要完成组织的目标,还需规定各个成员之间的关系,使成员与成员、成员与各级组织、各级组织与组织之间形成一个有机的系统,确保其所需的各项活动有人去完成,并使各项活动之间相互关联、相互协调、相互统一、相互作用,以达成组织目标。

3. 调动每个成员的积极性

个体是具有主观能动性的。要完成组织的目标,需要通过建立一个适于组织成员相互作用、发挥各自才能的良好环境,从而消除由于工作或职责方面所引起的冲突,确保各项活动协调一致,使组织成员发挥积极主动性并能够在各自的岗位上为组织目标的实现做出应有的贡献。

四、组织的功能

1. 保障功能

(1) 组织机构的设立是为了使组织能够有效地运用资源，保障组织以最小的投入求得最大的产出。

(2) 良好的组织确定了每位成员的任务、责任、权利关系，并确立了成员的地位及归属关系，使成员能够准确、有效地为组织目标的实现服务。

2. 协调功能

组织的功能之一在于通过分工和权责的安排，使所有成员的努力及行动协调一致，齐心协力、群策群力，为实现组织的目标而努力。

3. 沟通功能

良好的组织有利于信息的沟通，它可使无论是通过上行、下行还是横向渠道，信息的传递都处于畅通无阻的状态，因此良好的组织结构具有畅通沟通渠道并能发挥沟通的作用。

4. 开发功能

在有效的组织平台下，个人的能力可以得以较好的发挥，并促进个体挖掘个人的潜力、取得工作满足感并实现个体的自我价值。同时，个体能力的整合形成优化资源，使组织整体能力也得以开发和提升。

【走进管理】

胆小的兔子们

兔子的胆小是出了名的，经常受到的惊吓总是像石头一样压在它们的心上。

有一次，众多兔子聚集在一起，为自己的胆小无能而难过，悲叹自己的生活中充满了危险和恐惧。

它们越谈越伤心，就好像已经有许多不幸发生在自己身上，而这也是它们之所以成为兔子的原因。到了这种地步，负面的想象便无止境地涌现出来。它们怨叹自己天生不幸，既没有力气和翅膀，也没有牙齿，日子只能在东怕西怕中度过，就连想要抛弃一切大睡一觉，也有什么都听得见的长耳朵阻挠，赤红的眼睛也就变得更加鲜红了。

它们觉得自己的这种生活是毫无意义的，这又成为它们自我厌恶的根源。它们都觉得，与其一生心惊胆战，还不如一死了之更好。

于是，它们一致决定从山崖上跳下去了结自己的生命，结束一切烦恼。就这样决定了，于是它们一齐奔向山崖，想要投湖自尽。这时，一些青蛙正围在湖边，听到急促的脚步声，如临大敌，立刻跳到湖里逃命去了。

这是兔子每次到池塘边都会看到的情景，但是今天，有一只兔子突然明白了什么，它大声地说："快停下来，我们不必吓得去寻死寻活了，因为还有比我们更胆小的动物呢！"

这么一说，兔子们的心情奇妙地豁然开朗起来，欢天喜地地回窝去了。

【管理启示】

在任何组织中,总有弱势群体。最不起眼的是他们,最多牢骚的是他们,最不稳定的还是他们,组织的目标实现与否,往往还离不开他们。在企业管理中尤其如此,那些刚毕业的大学生,那些没有什么经验与资历的新人……这些人其实就像这群兔子,不相信自己可以受到培养与提升,不相信公司可以给自己带来转机,不相信自己的工作会受上面的肯定与重视,甚至不相信在这样的公司做事所积累的经验,将来会有用。他们最后往往很快离开公司。

第二节　组织工作的概念与内容

组织工作同管理活动中的其他活动一样,是一项重要职能。在一项管理活动中,当目标和计划制定后,接下来就是为了实现目标和计划进行组织工作。

一、组织工作的概念

组织工作是指为了实现组织的共同目标而确定组织内各要素及其相互关系的活动过程,也就是设计一种组织结构并使之运转的过程。

二、组织工作的特征

1. 目的性

任何组织都是为目标而存在的,不论这种目标是明确的还是模糊的,目标总是组织存在的前提。没有目标,也就没有组织存在的必要性。组织通过连续地更新宗旨或目标保持其延续性。

2. 过程性

组织工作是一个过程,而不仅仅是一个动作或结果。设计、建立并维持一种科学的、合理的组织结构,是为成功地实现组织目标而采取行动的一个连续的过程。这个过程由一系列逻辑步骤所组成:

(1) 确定组织目标并予以分解,形成各层级目标。

(2) 明确各层级目标所必需的各项业务工作或活动。

(3) 进行职位设计。

(4) 部门化。

(5) 通过职权关系进行组织结构整合,把各层级、各部门联结成一个有机的整体。

(6) 人力资源管理。

(7) 组织变革。

3. 动态性

组织工作的动态性是指当组织内外部环境发生变化时,要求对组织结构进行调整以适应变化。没有组织工作是一劳永逸的。

4. 结合性

组织工作必须得考虑正式组织以外的非正式组织的影响。正式组织是指官方组织结构，而非正式组织不是经官方规定，是自然形成的一种无形组织，是一种非正式的联合体。它往往是由于某种利益或观点上的一致性、个体之间有着共同的价值观或兴趣爱好，或者相类似的经历或背景而形成的人群的集合。

非正式组织的存在是一种客观的现象，它是劳动群体中人际关系的一个重要方面，本身无好坏良莠之分。对领导者而言，关键的问题是要时时考虑到这一群体的存在，正确理解它存在的作用，并妥善地加以引导和利用。

三、组织工作的内容

组织工作是根据组织目标和计划，考虑组织内外部环境并对执行计划的各种要素及其相互关系进行配置、协调、组织，使整个组织协调地运转，保证计划任务得以全面落实的过程。这个过程一般分为三个阶段，即组织设计、组织运作和组织变革。

1. 组织设计

组织设计是组织工作中最重要、最核心的一个环节，它通过对组织成员在实现组织目标中的工作分工协作关系做出正式、规定的安排，以建立一种有效的组织结构框架。

组织设计的结果表现为一系列的组织结构图和职位说明书。组织结构图描述的是一个组织内部的各种机构(包括层次和部门)，以及其中相应的职位和相互关系。而职位说明书则详细规定了各个职位的职权和职责以及与其相关的上下左右的关系。

2. 组织运作

组织运作是指使所设计好的组织行动和运转起来。一个组织在其运作过程中可能遵循正式组织设计所规定的轨迹，但也可能渗入和出现各种非正式的关系。

组织运作，需合理地选聘人员，要实现积极有效地上下左右的信息沟通联系。同时，组织还要将已制定出来的各种规章制度落到实处，使之成为规范和约束员工行为的有效标准，以实现组织运行的正常化、规范化和制度化。组织运行实际上是与管理工作的其他方面的职能紧密联系在一起的。

3. 组织变革

组织变革就是组织根据内外环境的变化，及时对组织中的要素进行结构性变革，以适应未来组织发展的要求，是对组织的调整、改革和再设计，它属于组织工作过程中的反馈与修正步骤。

组织变革的根本目的就是为了提高组织的效能。而组织本身是一个社会系统，并非纯粹的技术结构再设计的过程，因此，它需要组织激发变革的动力同时克服变革的阻力，采取有效的措施和方法对变革进行妥善的管理。

复习思考题

1. 何谓组织?应该从哪几个方面更好地理解组织的概念?

2. 如何理解组织的三大功能?

3. 为什么我们认为组织工作是一个过程?它分为哪几个阶段,各阶段之间的关系是什么?

案例讨论

新庄村是贵阳市乌当区城郊的富裕村,几年来在城市化进程中获得了大量土地补偿资金。然而,在"村务封锁"和财务混乱中,村、支两委干部"抱团"腐败,侵吞集体款,套取、私分国家征地补偿资金,并将近千万元集体资金随意挪用和出借他人从事经营活动,大肆侵害国家、集体和广大村民的利益。在以村党支部书记为首的11名涉案人员中,包括村委会主任、党支部委员、村委会委员、出纳、会计、村民组长、工程队长等人员,村、支两委班子几乎全部落马,涉案金额高达1 100多万元,作案时间最长者达十余年。涉案人员之多、金额之大、作案时间之长,堪称贵州村级腐败之最。

法院对此案做出终审宣判,原村党支部书记胡绪文作为主犯,数罪并罚被判处有期徒刑15年,其余人员分别被判处1年至10年不等有期徒刑。

这一案件涉案金案之大,作案之猖狂,令人震惊,深刻暴露出村级职务犯罪的预防和遏制存在诸多盲区,亟须引以为戒,创新思维,创新制度,从根本上铲除村干部犯罪的条件和土壤。

办案人员认为,新庄村"村官"集体腐败的原因尽管是多方面的,但最根本的是领导班子尤其是"一把手"大权独揽,上行下效,缺乏有效监督。

按照《村民委员会自治法》规定,村委会应当定期将村中重大村务活动、财产收支等情况向村民公开,但在有些地方却流于形式,村民们往往敢怒不敢言。

据了解,新庄村财务长期混乱,相关手续极不规范,经费开支随心所欲,财务管理如同"牛栏关猫"——出入自由。在"村官"大搞"一言堂""一支笔"的情况下,财务人员根本无法履行会计核算、监督和管理的职责,甚至滑向相互勾结,采用假发票或白条入账等方法侵吞公款。

一些基层干部认为,由于农村基层情况复杂,"村官"选举必须由上级党委、政府进行全程监督,防止贿选、逼选等情况发生。换届选举时,应对上任村支两委特别是"一把手"进行民意测评,对群众反映大的考虑是否继续任用,以免带"病"上岗,为祸一方。此外,上级纪检监察部门应建立民情舆情信息收集处理预警机制,将党内监督与群众监督相结合,避免内部监督渠道单一和失效问题。

有关干部建议说,各村财务人员实行聘用制,经过专门培训、考试合格,并经办事处或乡镇党委、政府批准方能上岗。同时进行年度考核,不称职或违反财经纪律者及时予以解聘,情节严重者给予相应处分，避免时间长了职责被人情所代替，给村干部腐败开绿灯。对于那些不顾村情或违背村民意愿出现的亏损、赤字或隐形债务，应由任期内的主要村干部全额均摊偿还。

思考题：

1. 新庄村为什么会出现震惊的"抱团"腐败事件？
2. 新庄村的组织形同虚设，其组织功能为何失灵了？

实训题：撰写建立一个组织的可行性方案

目的：通过模拟建立一个活动的组织，培养学生关注组织的各项功能、组织工作的内容等，使其更深入领悟组织建设各方面的关联性及全面性，提高社会实践活动的主动性、积极性和创造性。

要求：若干学生组成小组，根据兴趣或熟悉度，选择某一个活动并为该活动的顺利开展设计一份组织工作方案，同时，各小组进行交流。

7-1　鼓励合作的星巴克咖啡

第八章 组织设计

【教学重点】

理解:组织设计的概念与原则。

掌握:影响组织设计的因素;组织结构设计与职位说明书设计的内容及基本范畴。

【教学重点】

组织设计的概念与原则;影响组织设计的因素;组织结构设计;职位说明书。

【导入案例】

员工之欢愉

洛杉矶的一家零件厂雇用并培训了一些技术不熟练的工人为另一家工厂生产的喷气式飞机组装部件,雇员们没有积极性,他们加工出的产品质量也差。与这些工人谈话后,经理们意识到,工作对于他们无任何意义,他们不知道他们在生产什么。为解决这个问题,工人们被带到飞机组装厂,看看他们的新产品被安装在飞机哪一部分。他们也遇到了那些由于收到有缺陷产品而造成工作不便的装配工,明白了自己工作重要性后,雇员的生产积极性提高了,次品减少了。过去漫无目的的组装工作具有了意义。他们的工作表现因而大为改观。最终的结果是,工人为能做好工作而感到自豪。我们把它叫做员工之欢愉即职业工作生活质量。

每一项工作都有某些说明职责的核心工作内容,这些职责导致员工重要的心理状态,造成不同的心理结果。结果是工作表现的明显现象,而心理状态则隐藏在人们的心中。如果忽略了人的因素,那么,质量和效率便会受影响。

【案例思考】

本案例体现了组织设计的哪些原则或理论?如果你作为管理者,你会怎么做?

第一节　组织设计的概念与原则

一、组织设计的概念

组织设计是指组织为实现战略目标而从结构上设计分工、协调以及控制机构的活动。即在劳动分工的基础上，设计出组织所需的职务和各个职务之间的关系，其实质是对劳动进行横向和纵向的分工，将不同的人员安排在不同的岗位部门中，通过他们在特定环境、特定相互关系的作业来使管理系统有机地运转起来。

二、组织设计的原则

1. 目标原则

任何一个企业，都有其特定的任务和目标。每个企业及其每一个部分，都应当与其特定的任务目标相关联；企业的调整、扩张、合并或取消都应以是否对其实现目标有利为衡量标准；没有任务目标的企业是没有存在价值的。

运用此原则进行企业人事结构设计时要注意以下两点：

(1) 紧密围绕组织战略。组织的战略是从事结构设计的大前提，这个前提不明确，从事结构设计工作是难以进行下去的。

(2) 以事为中心与以人为本相结合。组织设计的根本目的是为了保证组织目标的实施，是使目标活动的每项内容都落实到具体的部门和岗位上，要求每一件事都有人做。因此，组织设计首先要考虑的就是工作的特点和需要，因岗设人。

然而，这并不意味着组织设计中可以忽视人的因素，组织中各部门各岗位的工作最终是要人去完成的。归根结底，人是基础。

往往组织设计都不是为全新的、目前还不存在的组织设计职务和机构，通常情况下，我们遇到的实际上是组织的再设计问题。这就必须要考虑现有组织中现有成员的特点及问题，保证将有能力的人配备到他合适的且对组织有用的工作岗位中去。

另外，即使是全新的组织，也并不意味着能在社会中适时、恰当地找到每个职务的理想人员。如同产品的设计，不仅要考虑到产品本身的结构合理，还要考虑所能运用的材料其本身的条件的限制，组织设计则必须要考虑现有的人力资源的现状。

再者，组织是人的集合。个体之所以参加组织，除了满足其客观的如生存等需要外，还有提高能力、展现才华等自我实现的需要。为个体提供实现自我的平台，向社会提供合格素质的人才，是组织的社会责任之一。

从本质上来说，因事设岗与以人为本并不是矛盾的，需要管理者予以把握与平衡。

【走进管理】

猎狗与兔子

一只猎狗将兔子赶出了窝，一直追赶它，追了很久仍没有抓到。一牧羊人看到此种情景停下来，讥笑猎狗说："你们两个之间小的反而跑得快很多。"猎狗回答说："你们不知道我们两个跑是完全不同的！我仅仅为了一餐而跑,而它却为了性命而跑呀。”

【管理启示】

兔子与猎狗做一样的事情,都拼命地跑步,然而他们的目标是不一致的,导致其动力也会不一样。在团队管理中,不同角色的成员的目标是不一致的。项目主管直接面向客户,需要按照承诺,保质保量地按时完成项目目标。项目成员可能是打工者心态,我干一天你要支付我一天的工资,加班要给奖金,当然干项目能学到新知识、新技能就更好。

团队中不同角色由于地位和看问题的角度不同,对项目的目标和期望值,会有很大的区别。好的项目主管善于捕捉成员间不同的心态,理解他们的需求,帮助他们树立共同的奋斗目标,劲往一处使,使得团队的努力形成合力。

当然,在具体实施上可能会遇到一些问题。比如说员工持股问题,本来是把员工的利益与公司的利益捆绑在一起的问题,但是操作起来就可能会走样。项目主管也许还没有调配员工股的权利,但是可以给员工规划出一个好的发展远景和个人的发展计划,并使之与项目目标相协调。

2. 责权对等原则

有了分工,就意味组织中每个部门和职务都必须完成规定的工作,即要承担责任。既有责任,则需赋予其与职务和责任相对等、有利于完成规定的工作的权利,并应当享有的利益,这就是责权对等原则。只有责任,而没有与完成责任匹配的人、财、物等资源运用的权利,责任是不可能完成的。同时,对等的权责也意味着赋予部门或职务的权力要保持在恰当的度内,权力小于工作的要求,不利于完成工作;权力大于工作的要求,虽然能够保证工作的完成,但有可能导致不负责任地滥用,甚至会危及整个组织系统的运行。

因此,根据此项原则,在设置职务时,应当实实在在,不设虚职,做到职、责、权对等。

3. 命令统一原则

命令统一的原则是指在管理工作中实行明确单一的领导,建立起严格的责任制,消除多头领导或无人负责的现象,即组织中的任何成员只能接受一个上司的领导。

一个组织中,除了位于组织顶层的最高指挥外,所有的成员均会收到来自上级部门或负责人的命令与监管。如果一位下属接受两位上司同时的指令,特别是当两位上司的指令存在矛盾的时候,则会令下属无所适从,从而直接影响工作任务的完成,甚而会对组织的运行产生危害。

在确定管理层次时,要使上下级之间形成等级链。从最高层到最基层的等级链必须是连续的,不能中断,并要求明确上下级的职责、权利和联系方式,如图 8-1 所示。

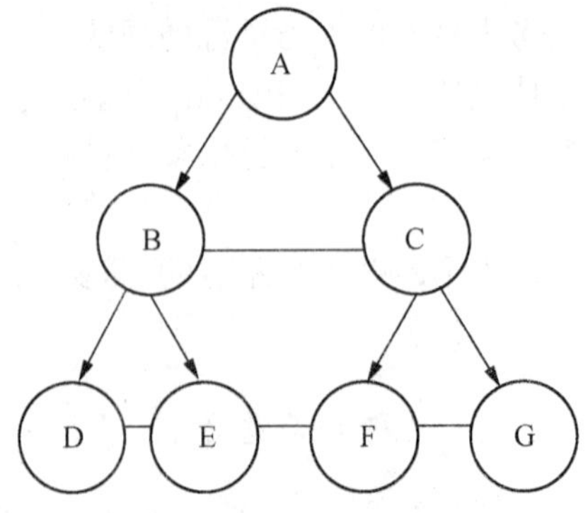

图 8-1 等级关系

在正常情况下，D和E只接受B的指令，F和G只接受C的指令。如果B直接指挥G，则超出B的权限范围，而G如果接受了B的指挥而去完成某项工作任务，则形成了事实上的多头领导，影响了组织系统的运行，造成了管理上的混乱。

在正常情况下，A只对B和C下达指令，再由B和C根据其各自的管理职权和具体的工作状况向其直接下属分解指令任务，以共同的履职来完成A的指令，A不必过问D、E、F、G的工作。当然，有时在为了某项任务的效率和速度的考虑，或为了纠正某项错误等紧急、不常规状况下，A可以向D、E、F、G直接下达指令、指导工作。但是，如果类似情况反复、经常性出现，则会造成事实上的多头领导，同时，更会危害中层管理人员的工作积极性和工作成绩，长此下去，会使他们在工作中犹豫不决、增强他们的依赖性，诱使他们逃避工作和责任，对组织管理造成极大的危害。

同理，正常情况下，D和E、F和G也不可越过其直接上司B或C，直接向A越级汇报、请示，否则，会导致中间管理层乃至整个行政管理系统的瘫痪。

命令统一原则对管理组织的建立有以下要求：

(1) 一般情况下，上级不能越权指挥下级，以维护直接下级的组织的领导权威，但可以越级进行检查工作。

(2) 下级只能向直接上级汇报和请示工作，不能越级。下级必须服从直接上级的指令，如有不同的意见，在组织制度条件内，可越级向上级投诉。

(3) 任何一级组织只能由一个人负责，实行首长负责制。部门正职领导副职，副职对正职负责。

(4) 一个下级只接受一个上级组织的命令和指挥，防止出现多头领导的现象。

(5) 职能管理部门一般只能作为同级直线指挥系统的参谋，无权对下属直线领导下达命令和进行指挥。

(6) 一般情况下，职能管理部门对同级业务部门中的职能管理岗位只做业务领导，而不做行政领导。

第二节　影响组织设计的因素

组织结构是由多种因素决定的，组织的目标不同、组织的规模不同、活动的环境不同等因素都对不同的组织设计起着至关重要的影响。

一、外部环境对组织设计的影响

（一）组织的外部环境影响因素

组织的外部环境因素，诸如政治与经济趋势、劳动力市场、国家法律、地区文化、技术变革等都是组织需要考虑的因素，如果忽略这些因素的影响往往会给组织系统运行带来阻力，甚至给组织造成致命的打击。

1. 政治与经济环境的影响

在经济全球化、信息化、市场化的大背景下,每个组织都在较过去更为广泛的世界大舞台上生存与发展。机遇与挑战相依相伴,面对激烈的竞争,要求组织能及时、有效地应对国际、国内政治经济环境的变化,这就需要在组织设计之时将该因素考虑进去,形成良好的组织系统。

2. 劳动力市场的影响

作为组织获取外部人力资源的主要场所,劳动力市场的供求状况、劳动者的技能结构、地区性分布状况,都会影响到组织设计活动。

地区内人口总量与构成决定了可提供的人力资源总量以及在年龄、性别、教育、技能、经验等层次和类别上可提供的人力资源的数量与质量;地区劳动力市场状况,包括地区的就业状况、劳动力的质量与数量、劳动力的择业心理与模式、劳动力的工作价值观等,会影响劳动力的平均价格;地区经济发展水平决定了该区域对外地劳动力的吸引力。这些都直接影响了组织可利用的人力资源,在进行组织设计的时候必然要将这些因素考虑进去。

3. 法律因素的影响

组织设计时要研究有关的法律和政策规定,不得与法律法规相抵触,例如我国的《劳动法》《劳动合同法》《最低工资规定》《职工带薪休假条例》等。

4. 技术及其变化对组织设计的影响

快速的技术变革正在迅速改变企业的生产经营和工作组织方式。自动化设备改变了工厂生产方式,互联网、共享软件等技术在企业的应用也改变了组织中的沟通、数据分享、团队作业及客户服务等方式,势必对组织设计有着直接的、重大的影响。同时,虚拟团队的出现、人力资源管理信息系统等技术的广泛运用,体现出技术变革对组织人员管理方式的根本性影响。

5. 本行业状况的影响

组织所处行业的顾客、供应商、竞争对手、投资和金融机构、工会组织、行业协会和政府机构的状况与特点也是组织设计必须要关注的因素。组织设计的成果需要使组织能够准确地掌握信息、预测变化并据此采取相应的措施。

(二) 外部环境对组织设计的影响

外部环境的特点及其变化对组织设计的影响主要体现在以下三个方面。

1. 对职务和部门设计的影响

组织是社会经济大系统中的一个子系统。组织与外部存在的其他子系统之间也存在分工问题。社会分工方式的不同决定了组织内部工作内容,从而所需完成的任务、所需设立的职务和部门不一样。

2. 对各部门关系的影响

环境的不同,使组织中各项工作完成难易程度以及对组织目标实现的影响程度亦不相同。以技术领先为竞争核心力的组织中技术部分是组织的中心,以成本领先为竞争核心力的组织更为关注营销部门和生产部门的成本降低问题。

3. 对组织结构总体特征的影响

外部环境对组织的结构是以稳固为特征还是以灵活为特征有着重要的影响。当外部环境相对稳定时，要求组织结构稳固、管理部门和人员的职责界限分明、工作内容和程序明确、责权关系固定、等级结构严密等。当外部环境相对多变时，要求组织结构更加灵活以应对环境的变化性和复杂性，往往各部门的责权关系和工作内容需要经常做适应性调整，更多地强调部门间的横向沟通而不是纵向的等级控制。

二、内部环境对组织设计的影响

（一）经营战略对组织设计的影响

1. 组织结构必须服从组织所选择的战略的要求

战略是实现组织目标的各种行动方案、方针和方向选择的总称，是一定时间内的具有全局性的具体策略、步骤。

组织战略是与组织愿景、使命、价值观分不开的。组织愿景是指企业在未来想要实现的远大目标。它是基于现实的并且有一定难度的可能实现的挑战，是用来激励目标。使命主要是指企业要做什么，一般包含三个内容：满足对象是谁？满足的需要是什么？如何满足？价值观是个体核心的信念体系，是个体评价事务与抉择的标准，是关于什么是“值得的”看法，价值观指导行为。企业的价值观是企业文化的基本内核。组织愿景、使命和价值观为组织战略定下了基调、画了框框，而战略就是为了对这一套目标体系提供有力的支撑。

为了实现同一目标，组织可根据自身的综合条件在多种战略中进行选择。战略选择在两个层面上影响组织设计：

(1) 不同的战略要求不同的业务活动，从而影响管理职务的设计。

(2) 战略重点的改变，会引起组织的工作重点从而各部门与职务在组织中的重要程度发生改变，需要对组织结构、职务等作相应调整。

2. 组织战略的分类与特征

组织设计时，基于对组织的内外部竞争、组织的优劣势全面分析的基础上，要正确充分地理解组织的经营战略，并依据组织战略的类型配备合适的组织设计。

按组织对竞争的方式和态度分，其经营战略可分为保守型战略、风险型战略及分析型战略。

(1) 保守型战略一般面临的环境较为稳定，需求不再有大的增长或变化，战略目标以保持市场份额为主，以改善组织内部生产条件，提高效率、降低成本为抓手。因而，在组织设计上强调规范化与集权，往往体现为严格的分工、规范的制度与程序、严密的计划体系、生产专家和成本专家为高层管理的主要构成等。

(2) 风险型战略一般面临着多变复杂的市场，机遇与挑战并存，战略目标以取得组织快速发展为主，以不断开发新的产品或服务，紧跟客户需求为任务。实现此战略往往不像保守型那样以规范化和控制为目标，而以保证组织的创新需要和部门间的协调为目的，柔性结构是其基本特征，组织结构规范化较低，实行分权制，计划较为宽泛而灵活，高层管理主要由市场营销和产品研发专家支配。

(3) 分析型战略介于前两者之间,强调平衡,兼具刚性与柔性的特征。

不同的战略对组织设计的影响见表 8-1。

表 8-1 不同的战略对组织设计的影响

结构特征 / 战略类型	集权与分权	计划管理	高层管理人员构成	信息沟通
保守型	集权为主	严格	工程师、成本专家	纵向为主
风险型	分权为主	粗泛	营销、研发专家	横向为主
分析型	适当结合	严粗结合	联合组成	有纵有横

(二) 组织发展阶段对组织设计的影响

任何一个组织都是有发展周期的,每一个组织当下都处于发展周期某一个阶段之中,组织设计同样要遵循组织发展周期的客观规律。

美国学者 J. Thomas Cannon 提出组织发展的五阶段理论,并指出在发展的不同阶段,要求与之相适应的组织结构形态。组织发展阶段对组织设计的影响见表 8-2。

表 8-2 组织发展阶段对组织设计的影响

阶段 / 组织特性	初创阶段	发展阶段	分权阶段	参谋激增阶段	再集权阶段
经营风险	高	中	低	中	高
人力资源管理的关注点	创新、吸引关键贡献者	招募、甄选、培训	保留人才、提高人才队伍稳定性	成本控制	整体控制
决策特点	高层个人做出	其他管理者做出	"小企业"更多的自主权	行政主管的参谋助手与直线互动	高层个人做出
组织结构特点	不正规	建立在职能专业化的基础上	以产品或地区事业部为基础	行政参谋助手增加	高层主管集权

(三) 规模对组织设计的影响

组织规模是影响组织结构组成的重要因素。随着企业的发展,企业组织的规模日渐扩大,内容日趋复杂。例如,对于组织正规化的要求逐渐提高,组织越大要做的决策就越多,必须做决策的职位也越多,各项决策的协调也就越困难等。

组织规模对组织设计的影响主要体现在以下几个方面。

1. 规范化

大型组织具有更高的规范化程度,原因是大型组织更依靠规章、程序和书面工作去实现标准化和对大量的雇员与部门进行控制,而小型组织则可以通过管理者的个人进行控制。

2. 分权化

在一个组织中,如果没有对管理者正确地授予职权,各个部门就不能成为为完成组织目标而顺利地进行工作的协调一致的单位。无论是纵向还是横向的职权关系，都是组织能促进各部门协调一致进行活动的因素。

“权力”通常被描述为组织中人与人之间的一种关系，是指处在某一管理岗位上的人对组织或对所管辖的单位与人的一种影响力，或简称管理者影响别人的能力。作为“影响力”的权力主要包括制度权(或称合法权)、专长权和个人影响力。

3. 复杂性

复杂性与组织中的层级数目(纵向复杂性)以及部门和工种的数量(横向复杂性)有关。大型组织其本身就呈现出复杂性的特点，组织规模越大，越需要复杂的、精准的组织系统来保障组织的协调运行。

4. 专职管理人员的数量

大型组织的另一个特点是管理人员、办事人员和专业人员的数量激增。随着组织规模的扩大，必然增加对直接生产以及直接生产者的管理需要，这时专职管理人员数量会增加，这样就产生了对管理者以及对管理者的管理劳动进行管理的必要，影响了组织设计。

第三节　组织设计的内容及步骤

一、组织结构的设计

组织结构是整个管理系统的“骨架”，保证管理系统人流、特流、信息流的正常流通，其设计归根结底是要为组织目标的实现服务的。

(一) 组织层级与管理限度——纵向分工

管理的限度包括层次、幅度等。因为一个人的能力与精力总是有限度的，所以在管理上也要注意一定的控制限度，适应的限度有利于发挥组织的作用，因此，组织结构的设计要考虑这一因素。只要有协作劳动，就必然会产生管理活动，也就是产生了每个管理者能有效管辖多少下级人员这个问题，这就是管理幅度的问题。与此相关的，也就产生了管理层次的问题。

1. 管理的层次

管理层次是指一个组织中所设立的行政等级数目。一个组织集中了众多的员工，作为组织的最高主管，由于时间和精力的限制，不可能面对每一个员工直接进行指挥和管理，这就需要委托一定数量的人分担其管理工作，设置管理层次，逐级地进行指挥和管理。

2. 管理的幅度

管理幅度是指管理的面，即一位管理人员能够直接指挥多少人员。由于任何一个人的知识、经验、能力、精力是有限的，因此任何一个领导者的管理幅度是有限的。一般情况下，组织最高领导人员所管理的下级人员三至六人比较恰当，第一线生产班组管理的下级人数以 10 至 15 人为宜，最多不超过 20 人。一般来讲，下级向上级汇报的人数是算术级增加的，而需要上级加以调节以及相互发生影响关系的人数，则是几何数增加的。

克赖库奈斯(V. A. Graicanas)提出了一个确定管理幅度的数学公式，表达为：如果下级的人数为 n，则其间相互关系的总数 N(可能存在的联系的总数)为：

$$N = n(2^{n-1} + n - 1)$$

因此,如果一个上级直接领导的下级人数从 3 人、4 人增加到 5 人时,则其间的相互关系人数从 18 人、44 人增加到 100 人。在不同数目的上级时发生影响关系的人数见表 8-3。

表 8-3 在不同数目的上级时发生影响关系的人数

下级数目	发生影响关系人数
1	1
2	6
3	18
4	44
5	100
6	222
7	490
8	1 080
9	2 376
10	5 210
11	11 374
12	24 708
13	2 359 603

3. *管理层次、管理幅度与组织结构的关系*

显然,管理层次受到管理幅度与组织规模的影响,它与组织规模成正比。组织规模越大,包括的成员越多,则层次越多。在组织规模已定的条件下,它与管理幅度成反比,主管直接控制的下属越多,管理层次越少;相反,管理幅度越小,管理层次则越多。

管理幅度对一个组织结构形式有重要的影响。假设一个车间有 48 名工人,管理的幅度为 8,即每个小组按 8 个人来编组,就要配备 6 名小组长,并配备 2 名车间管理员,每人管理 3 个小组,这样就变成了三级管理,管理人员是 9 人。

如果同样是 48 名工人,2 名小组长,每人管 24 名,则可变为二级管理,管理人员则减少至 3 人。

窄的管理幅度确定了组织需要较多的管理层次,组织结构呈"锥形"的形式;反之,宽的管理幅度则结构呈"扁平"形,管理层次可以减少。

一个组织设立多少层次、幅度多宽,都要根据组织的具体情况而定,不能一概而论。

4. *确定管理幅度*

在组织规模一定的情况下,由于管理层次的多少取决于管理幅度,因此后者便成了矛盾的主要方面。确定管理幅度时,需要考虑以下几方面的因素。

(1) 管理者管辖大量人员的能力。主管的综合能力、理解能力、表达能力强,可以迅速把握问题的关键、对下属的请求提出恰当的指导建议,并使下属明确地理解,对每一位下属的管理时间较短，则相对可以增大管理幅度。

（2）主管所处的管理层次。主管的工作在于决策与用人。处于管理系统中的不同层次，决策与用人的比重各不相同。越接近组织的高层，其决策职能越重要，则用于指导、协调下属的时间就越少，所以其管理幅度要较中层和基层管理人员小。

（3）非管理事务的多少。主管往往需用一定的时间去处理一些非管理性事务，这是其作为组织管理者必然的职责之一。一般情况下，主管在组织层级中级别越高，则非管理性事务越多，则管理幅度相应要小。

（4）新问题的发生率。如果组织计划本身制订得详尽周到，下属对计划的目的和要求明确并能够顺利地执行计划，新问题发生率较小，则主管突发的指导工作量不大，管理幅度可相应较大。相反，如果下属对计划本身理解不充分或计划本身存在着不完善等问题，则需要花费主管大量的解释、指导、协调等工作量，那么则需要设计较小的管理幅度。

（5）所管辖活动的相同性或不同性。下属从事的工作内容和性质相近，由主管对每个人工作的指导和建议大体相同，则管理幅度可以较大；反之，则管理幅度要小。

（6）下属的条件。下属个人素质、能力良好，可以把很多问题根据符合组织要求的标准去自主解决，则管理幅度可以适当宽些。下属的工作岗位在地理上的分散，会增加下属与主管以及下属之间的沟通困难，从而会影响主管直属部下的数量。

（7）助手的配备。如果给主管配备必要的助手，由助手去和下属进行一般联络，并直接处理一些明显的次要问题，则可以大大减少主管亲自处理所有问题的时间和精力，其能直接领导的下属数量就可以多一些，从而增加其管理幅度。

（8）信息沟通技术的先进性。掌握信息是进行管理的前提。使用先进的沟通技术，不仅可以使主管及时、准确、全面地了解下属的工作情况，并给予适当的建议与指导；同时，可以使下属更顺畅地接受主管的反馈意见，并更快、更多地了解工作要求、标准以及相关信息而提高工作效率。拥有先进的信息沟通技术的情况下，管理幅度可以扩大。

（9）组织环境的稳定。组织环境的稳定与否，直接影响着组织活动的调整频次与幅度。环境变化越大、越快，则下级有越多的问题要向上级请示，势必增加了上级的工作量，管理幅度相应要小，反之亦然。

（二）部门结构——横向分工

组织结构设计包括纵向结构设计和横向结构设计。纵向设计的结果是管理权限的相对集中或分散，即根据管理幅度的限制，确定管理系统的层次，并根据管理层次在管理系统中的位置，规定各层次管理人员的职责和权限。而横向的分工，是根据不同的标准，将对组织活动的管理劳动分解成不同岗位和部门的任务，横向分工的结果是部门的设置或组织的部门化。

部门化是将整个管理系统分解，形成若干相互依存的基本管理单位，组织设计中经常运用的部门划分的标准是人数、职能、产品、地区等。

1. 按人数划分部门

按人数划分部门是指单纯地按人数多少来划分部门。这是一种最原始、最简单的一种比较普遍采用的方法，曾是组织种族、部落和军队的一种重要方法，其原则为部门内的人员要在同一个领导人领导下做同样的工作，这是由于某项工作必须有若干人一起劳动才能完成。军队中的师、团、营、连即用此方法划分的。其方法是抽取一定数量的人在主管人员的指挥下去执行一定的任务。

这种方法的特点是仅仅考虑人力，当最终成果只取决于总的人数，或每个人的劳动都是单纯无差别时，采用这种方法是有效的。然而，随着社会的技术进步、劳动分工的不断深化，这种划分部门的方法将用得越来越少，仅限于某些组织结构的最低基层。

2. 按时间划分部门

按时间划分部门是指由于经济的、技术的或其他一些原因，在正常的工作日不能满足工作需要时所采用的一种轮班的做法。这也是一种最古老的划分部门的方法，多见于组织的基层。例如，许多工业企业按早、中、晚三班制进行生产活动，那么部门设置就可以是三个。此外，发电、冶金、交通、邮电、医院等组织也采用这种轮班制的方法来进行部门的划分。

这种划分方法有利于连续、不间断地提供服务和进行生产，有利于设备、设施得到充分利用。但是，该方法给管理带来的主要问题是监督、效率以及协调问题。

3. 按职能划分部门

按职能划分部门是指按照组织的各项主要业务工作和主要管理职能来划分和设置组织横向部门，把从事相同管理职能的人和事划分为一个部门。此原则只适用于企业中各层次管理部门的划分，实现管理专业化，如图 8-2 所示。

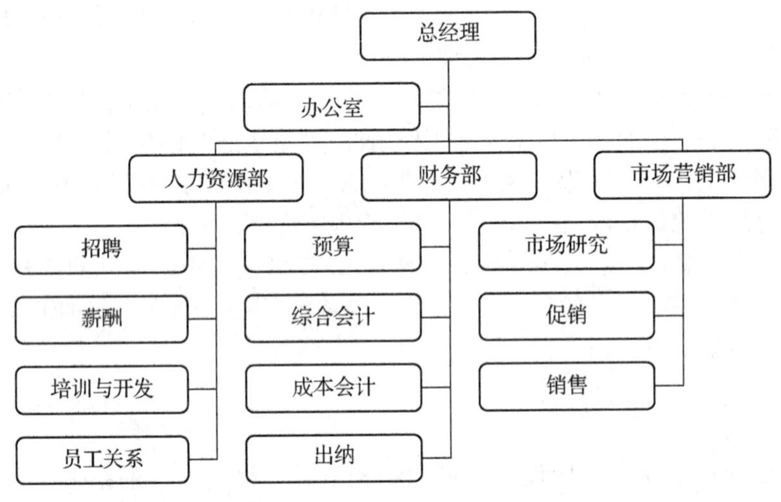

图 8-2 职能部门化结构图

按职能划分活动类型并设立部门是最自然、最方便、最符合逻辑的方法，也是确保高层管理者维护企业基本活动的权力与威望的最好方法。它符合业务专业化的原则，可以带来专业化分工的种种好处，从而使人力资源的利用更为有效。由于各部门只负责一种类型的业务活动，有利于工作人员的培训、相互交流及提高技术水平。

但是，该划分方法也有明显的缺点，由于各职能部门的管理人员长期在一个专业部门工作，形成了自己的行为模式，因而易产生“隧道视野”，往往乐于从本位出发考虑问题，只忠实于自己所在的部门，而不把企业看成一个整体，部门之间难以做到协调配合，从而会降低整个企业的目标。这也导致整个企业对于外界环境变化的反应较慢。另一个重要的缺点，在于这种结构形态不利于培养高级管理人员。

4. 按地区划分部门

这种方法是将某个地区或区域内的业务活动集中起来,委派相应的管理者,形成区域性的部门,如图 8-3 所示。一个空间分布很广的企业,由于交通和信息沟通困难,使得总部的管理人员很难及时了解各地区情况、进行正确合理的指挥,这是产生区域部门化的一个重要原因。另一个重要原因是各地不同的文化环境、风俗习惯,造成了跨文化管理的困难,采用区域部门化的方法可以更好地针对各地区的社会文化特点来组织生产经营活动。这一点对于跨国经营的企业显得尤为重要。

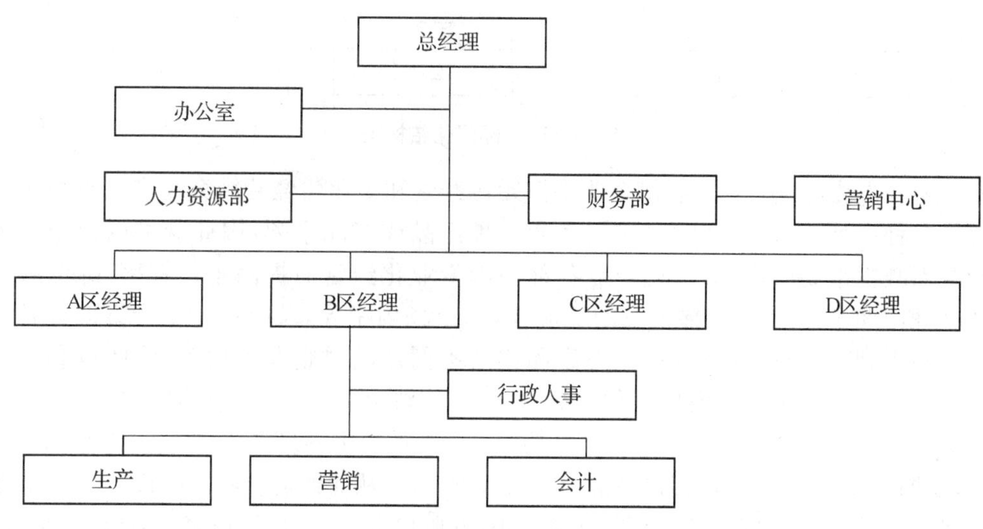

图 8-3 地区部门化结构图

此种划分方法的优点是分权给各地区管理者,可以调动其参与决策的积极性,并加强各地区各种活动的协调。管理者可以根据本地区的市场需求情况组织生产和经营活动,可以启用熟悉当地情况的销售人员负责组织销售,同时减少差旅费。在当地组织生产可以减少运费和运送时间,降低成本;可以增加当地的就业机会,得到当地政府的支持,并树立良好的信誉。本地的管理者必须行使不同的管理职能,从事不同的管理活动,从而为培养全面管理人员提供良好培训场所。

同时,按地区划分部门也有其缺点:需要很多具有全面管理能力的人员;会造成一些机构重复,使管理费用增加;会给总部高层管理者对各地区的管理控制工作造成困难。

5. 按产品划分部门

这种方法按产品种类的不同来划分和设置横向部门,把生产同一产品的人和事划分为一个部门,由一个管理者全权负责,产品分部主管对某产品或产品系列的所有职能活动拥有充分的职权,同时也对产品的利润负很大的责任。许多多元化经营的组织,常常采用这种划分部门的方法。

这种方法最早由于组织规模不断扩大,导致管理工作越来越复杂,职能部门化的组织中部门主管的工作负担越来越重,而管理幅度的限制使得他们难以通过增加直接下属的办法解决问题。此时按照产品重新组织组织活动就成为必要,因此,产品部门是从按照职能部门化的组织中发展而来的,如图 8-4 所示。

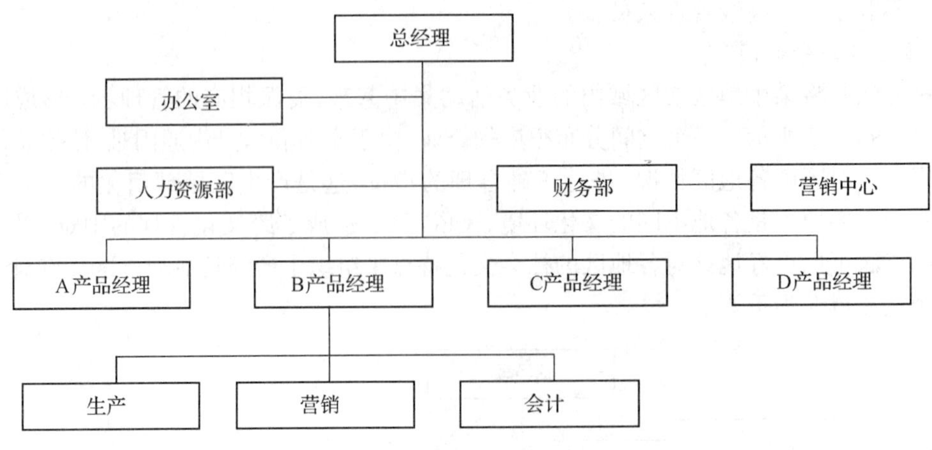

图 8－4 产品部门化结构图

此种划分方法的优点：① 能使企业将多元化经营和专业化经营结合起来。整个企业向社会提供多种产品，而每个部门只专门生产一种产品或产品系列，因此既可以使企业因多元化经营而减少市场风险，又可使企业各部门因专业化经营而提高生产效率，降低劳动成本。② 有利于企业加强对外部环境的适应性，以市场为主导，及时调整生产方向。各产品部门成为一个利润中心，从而有利于考察和比较不同产品对企业的贡献，因此有利于企业及时限制甚至淘汰或扩大和发展某种产品的生产，使整个企业的产品结构更加合理。③ 有利于促进企业的内部竞争。由于各种产品部门对企业的贡献容易辨认，因此可以导致部门间的竞争，如加以正确引导，可以促进各部门努力改善工作，从而促进企业的成长。④ 有利于各职能之间的协调。每个产品部门可谓“麻雀虽小，五脏俱全”，各自拥有担负不同职能的人员，如在某种产品的生产、销售和服务等活动需要协调的话，将更加便利。⑤ 有利于高层管理者的培养。每个事业部的经理都需要独当一面，完成同一产品的制造、销售的各种职能活动，就类似于对一个完整企业的管理。因此，企业可以利用产品部门来作为培养高层管理人才的基地。

但是这种划分方法也有其缺点：必须有较多的有全面管理能力的人员；由于总部和各事业部中的职能部门可能重叠而导致管理费用的增加；各产品部门的负责人具有较大的决策权，可能过分强调本单位的利益，而影响企业的统一指挥；为了避免失控，企业要把足够的决策权和控制权掌握在总部手里。

二、职位说明书的设计

职位是指定人们去完成任务、具有一定职责和条件的工作岗位。

职位说明书是以书面的形式对组织中的各个职位的工作性质、工作任务、工作职责与工作环境等所作的统一要求，它实际要描述的是任职者的工作是什么、为什么做、如何做以及在何处做等。书面形式的职位说明书被视为企业劳动合同的有效补充，规定着员工在工作过程中应承担的责任、义务及应表现出的工作行为。其作用对于劳资双方来说都是很重要的，既体现了权利与义务的对等，也是一种对双方都有利的保护。

1. 职位分析需要获得的信息

编制职位说明书，首先要对职位进行分析，而职位分析准确、有效与否是基于分析者所获得的信息，一般来说，职位分析需搜集的信息见表 8-4。

表 8-4　职位分析需搜集的信息

项目	内容
1. 工作活动	工作活动和过程 活动记录 所采用的程序 个人责任
2. 定位于员工的活动	人的行为 体能要求
3. 所采用的机器、工具、设备和辅导工作	
4. 与工作有关的有形和无形的内容	所涉及或应用的知识 加工的原材料 制造的产品和提供的服务
5. 工作绩效	错误分析 工作标准 工作计量
6. 工作环境	工作日程表 财务和非财务奖励 工作条件 组织和社会环境
7. 对任职者的要求	个人因素 所需要的学历和培训程序 工作经验

2. 编制职位说明书

职位说明书的编写一般按照一定的格式进行，但是并没有标准和统一的格式。尽管职位说明书格式不尽相同，但编写的基本步骤、编写的基本原则却是共同的。

一份合格的职位说明书，必须有两个关键的构成部分，即职位描述与任职资格。职位说明书的具体内容应包括以下内容。

(1) 职位标识。包括工作名称和工作身份，对职位有一个直观的印象。工作名称应该能够比较准确地反映工作的主要职责，并且应该指明任职者在组织等级制度下的相关关系。工作身份又称工作地位，一般在工作名称之后，包括职位编号、所属部门、直接上级职位、工作等级、工资水平、所辖人数等。

(2) 职位概要。也称职位摘要，是对主要职责的简要说明，用一句或几句比较简练的话来说明这一职位的总体性质、中心任务、工作目标和主要工作职责。

(3) 履行职责。是对职位概要的具体细化，要描述出这一职位承担的职责以及每项职责的主要任务活动。

(4) 业绩标准。即职位上每项职责的工作业绩衡量要素和衡量标准。衡量要素是指从哪些方面来衡量，衡量标准是指这些要素必须达到的最低质的要求和量的要求。

(5) 工作关系。指出该职位在组织中的位置，以及任职者在工作过程中与组织内外各单位的工作联系。

【走进管理】

沙子、石头、钢筋、水泥与水

一车沙从大厦顶上倒下来,对地面的冲击是不太大的。把一整车已凝固成整块的混凝土从大厦上倒下来,其结果就大不一样。

【管理启示】

沙子需要搭配石头、钢筋和水泥等才能形成混凝土。有了沙子等基本要素,是否就一定是混凝土呢?没有水,没有搅拌,就还不行。

组织管理中同样如此,就是把一车散沙变成已凝固成整块的混凝土,将一个个独立团队成员变成一个坚强有力的团体,从而能够顺利完成项目的既定目标。每个成员的知识结构、技术技能、工作经验和年龄性别按比例的配置,达到合理的互补,决定了这个团队的基本要素。混凝土中的水就是一种良好的团队氛围,团结信任、积极向上的工作气氛。具备了这种气氛,意味着项目成功了一半。项目主管在团队管理中相当于搅拌机的作用,组织会议、讨论、学习、攻关和休闲等活动,与成员之间形成良好的沟通,最终形成明智的决策。

(6) 工作环境、工作条件以及使用设备。主要涉及任职者使用的设备名称和所运用的信息资料的形式。工作环境更多地涉及工作所处的自然环境,包括工作场所、工作的危险性、工作的时间、工作的均衡性、工作环境的舒适性等。

(7) 任职资格。即承担这一职位工作的最低要求,包含一个员工完成某项工作所应具备的基本素质和条件,通常包括资历要求,如学历、经验、技术资格等;个人要求,如年龄、性别、能力、身体素质等;心理要求,如性格、意志、职业品质等。职位说明书示例见表 8-5。

表 8-5 职位说明书

<table>
<tr><td>职位名称</td><td></td><td>职位编号</td><td></td></tr>
<tr><td>所在部门</td><td></td><td>职位定员</td><td></td></tr>
<tr><td>直接上级</td><td></td><td>工资等级</td><td></td></tr>
<tr><td>直接下级</td><td></td><td>薪酬类型</td><td></td></tr>
<tr><td>所辖人员</td><td></td><td>职位分析日期</td><td></td></tr>
<tr><td colspan="4">工作概要</td></tr>
<tr><td colspan="4">工作职责</td></tr>
<tr><td colspan="4">工作权力</td></tr>
<tr><td colspan="4">内部工作协调关系
外部工作协调关系</td></tr>
<tr><td colspan="4">使用设备</td></tr>
<tr><td colspan="4">工作环境</td></tr>
<tr><td colspan="4">工作时间特征</td></tr>
<tr><td colspan="4">考核指标</td></tr>
</table>

续表

任职资格 教育水平： 专业： 培训经历： 经验： 知识： 技能技巧： 个人素质：

三、组织设计的步骤

1. 确定组织目标

组织目标是进行组织设计的基本出发点，无目标，则组织失去了存在的价值，组织设计也就无从谈起。

2. 确定业务内容

严格地说，确定目标属于计划工作的内容，组织工作通常是从确定实现目标所必需的活动开始的。

根据组织目标的要求来确定实现这些目标所必须进行的业务管理项目，按照项目的性质进行适当的分类，并确定业务内容。

3. 确定组织机构

根据业务工作量的范围来确定组织的规模、组织部门设置、组织的层次结构等。

4. 配备职务人员

根据工作和人员相称的原则为各职位配备合适的人员，并通过决策任务的分析确定每个职务所拥有的职责与权限，授予职权。

要考虑职位和能力相适应，即"人与事相结合"。配备人员必须充分考虑人员的素质、能力和发展空间是否适合所设定职务的要求，以使人员得到最为妥当的配置。同时，在职务设计时必须保持工作的适当的广度和深度，以便满足人的内在需要和发挥人的潜在能力。

5. 规定职责权限

根据组织目标的要求，明确规定各单位与各部分负责人的职责权限。

6. 联成一体

把各子系统有机结合，成为一个完整的管理系统。如果说组织设计的前几个步骤重点在于把整个组织的活动分解为各个组成部分(各层次、各部门、各职位)，那么这一步骤就是要把各组成部分连接成一个整体，以使整个组织能够协调一致地实现组织的总体目标。可以说，分化与整合，或者说分工与协调，是组织工作的两个核心内容。组织分化达到什么样的程度，相应的整合手段也应该达到同等程度的协调功能。

复习思考题

1. 什么叫组织设计?如何理解组织设计的原则?

2. 组织的内外部环境对组织结构的设计起着重大的影响作用,试运用本章知识选择一个组织来分析其现行组织结构的合理性。

3. 理解管理层次、管理幅度、部门化的基本概念,并指出其与组织结构设计的关系。

4. 设计一份销售员的职位说明书。

案例讨论

CF公司从建筑施工业务起步,经过近30年的发展成为了一家涉及房地产开发、建筑、装饰、矿业开发、物业管理、林牧、餐饮、投资担保等产业的颇具规模的民营集团公司。然而,在进一步发展扩张的过程中,管理层明显地感到来自于组织管理的阻力,提出需要进行组织结构的优化设计。经过调查、分析与研究,一家咨询服务公司从企业战略要求、企业所属行业要求、行业内优秀企业的成功做法和企业内部要求四个基本方面,提出了结构优化的整体思路。

首先,组织结构必须能够支撑企业的战略发展要求。经过咨询项目组先期的战略审视和梳理,并采用模型工具进行分析,企业的业务组合和战略定位包括:房地产开发作为企业的核心业务,是企业最主要的利润来源和品牌发展的主要载体;矿业开发作为企业的新兴业务,进行重点扶持,并作为企业今后的融资平台和主要利润来源之一;投资担保作为企业的机会型业务,不断寻找新的发展机会,并作为企业未来的利润增长点;建筑和装饰业务为企业房地产业务服务,维持经营现状;物业管理、餐饮和林牧业务暂时维持经营现状,并寻找机会逐步退出。企业经过了一个阶段的多元化探索后,进行战略转型,将有限的资源投入到适合企业特点的强势产业中去,并加强专业化运营管理能力。

基于业务战略定位,房地产开发作为企业的最核心业务,是企业生存和发展的基础,对于企业至关重要,因此初步设计采用操作管理型的管控模式;矿业开发作为企业的新兴业务,是企业进行二次创业的支柱产业,同时考虑到企业当时仅投资一处煤矿进行开发,该业务仍处于初步发展阶段,因此设计采用战略管理型的管控模式;其他业务或在探索阶段,或仅维持经营现状,因此设计采用财务管理型的管控模式。

其次,组织结构的具体设计必须考虑到所属行业的要求,并同时借鉴行业内优秀企业的成功做法。对于该企业最核心的房地产业务,并考虑到其业务范围主要集中在一两个省内的特点,咨询项目组借鉴了国内在房地产开发行业领先的万科、金地等优秀企业在区域总部层面的组织结构;同时,对于房地产行业发展所需要的核心能力素质进行了研究。经过咨询项目组详尽的讨论和分析,认为房地产开发行业的发展要求和业内优秀企业的组织结构设置都进一步印证了企业对于房地产开发业务采用操作管理型的管控模式的必要性;并在集团层面设计相应的部门承担投资决策、设计管理、成本控制、招标采购、工程管理和营销管理等职能,以满足房地产开发行业对于这些核心能力的要求。对于矿业开发业务,根据矿业开发行业的生产性特点,和企业仅投资一处煤矿进行开发的现状,在当时的发展阶段,采用战略管理型的管控模式,重点在集团层面对于该业务进行战略规划和控制，具体生产经营下放到矿业开发子公司本身。对于其他业务，采用财务管理型的管控模式，重点在集团层面进行财务控制和人力资源管理。

再次，组织结构的设计还必须结合企业的现状，要能够满足企业的发展要求。经过为期两周多的个人访谈和问卷调查，咨询项目组对企业的组织现状进行了详细的调研，归纳总结了企业在组织方面存在的主要问题和需要进行优化的组织设置。通过问卷调查发现，集团的房地产业务的运作方式在从房地产开发公司向项目部制的转变过程中，计划管理、成本管理、采购管理和工程管理的职能权限分工不够清晰，通过访谈，发现现状中相应的部门设置，存在着部门职能缺失或者与其他部门的职能权限有交叉或存在漏洞等诸多问题。根据咨询过程中发现的具体问题和企业房地产业务多项目、多地域运作的特点，咨询项目组针对企业的房地产业务设计了矩阵式的多项目管理模式。同时，根据上述对各类业务的管控模式，在发现企业内部问题的基础上，设计了相应的部门承担人力资源管理、财务管控、投资发展等职能，并作为各项业务的公共服务和监督管控部门。

当然，企业文化、主要竞争对手和客户需求等也是在组织结构设计中需要根据企业内外部因素和具体情况进行综合考虑的因素。在组织结构优化设计的基础上，咨询项目组还设计了相应的集团管控体系，在战略规划、投资决策、人力资源管理、财务管控和生产、营销等具体的业务方面制定了详细的权责体系，来保证组织的权责清晰明确。

最后，咨询项目组通过对核心管理和业务流程的优化设计，将组织与流程有效地结合起来；通过对薪酬管理和绩效管理体系的设计，进行有效约束和激励员工。在企业战略、组织与流程以及人力资源、财务、运营等基础管理的三层面管理金字塔中，组织结构的设置承上启下，是企业管理中的一个关键环节。通过战略梳理、组织优化设计、流程优化和人力资源管理体系设计，并保证各管理模块的相互衔接，可以使企业的发展目标和思路得以贯彻，保证组织对企业战略的执行力。

思考题：

组织结构是由组织内、外的多种因素决定的。CF 公司的再造中注重了哪些因素？还有哪些因素未能照顾到？试提出更多的优化建议。

实训题：调查某一个工商企业的组织结构

目的：通过访问、调查，培养学生对于组织设计知识的深入了解，并提高其理论学习的兴趣以及实践学习的参与度。

要求：学生应了解该组织的组织结构，并运用已学习的理论知识进行初步分析、判断，提出建议并进行小组交流。

8-1　阿里巴巴集团企业组织结构探究及再设计

第九章　组织结构

【学习目标】

了解：组织结构的概念和内容。

理解：常见的几种组织结构的特点及优缺点。

掌握：各种组织结构的适用性。

运用：运用组织结构的理论分析身边组织的组织结构状况。

【教学重点】

组织结构的内容；常见组织结构的特点及适用情况。

【导入案例】

巴恩斯医院

一大早，产科护士长黛安娜·波兰斯基给巴恩斯医院的院长戴维斯博士打来了电话，要求立即做出一项新的人事安排。从黛安娜急切的声音中，戴维斯能感觉到发生了什么事情。他让她马上过来见他。大约5分钟后，黛安娜走进了戴维斯的办公室，递给他一封辞职信。

"戴维斯博士，我再也干不下去了。"她开始申述，"我在产科当护士长已经四个月了，我简直干不下去了。我怎么能干得了这工作呢？我有两个上司，每个人都有不同的要求，都要求优先处理。要知道，我只是一个凡人。我已经尽最大的努力适应这种工作，但看来这是不可能的。让我举个例子吧。请相信我，这是一件平平常常的事，但像这样的事情，每天都在发生。"

"昨天早上7:45，我来到办公室就发现桌上留了张纸条，是达纳·杰克逊（医院的主任护士）给我的。她告诉我，她上午10点钟需要一份床位利用情况报告，供她下午在向董事会作汇报时用。我知道，这样一份报告至少要花一个半小时才能写出来。30分钟以后，乔伊斯（黛安娜的直接主管，基层护士监督员）走进来问我为什么我的两位护士不在班上。我告诉她雷诺兹医生（外科主任）从我这要走了她们两位，说是急诊外科手术正缺人手，需要借用一下。我告诉她，我也反对过，但雷诺兹坚持说只能这么办。你猜，乔伊斯说什么？她叫我立即让这些护士回到产科部。她还说，一个小时以后，她会回来检查我是否把这事办好了！我跟你说，戴维斯博士，这种事情每天都发生好几次的。一家医院就只能这样运作吗？"

【案例思考】

在这个案例中，你发现巴恩斯医院在组织结构方面存在哪些问题？

第一节　组织结构的概念与内容

众所周知，在自然科学领域，石墨与钻石都是由碳原子构成的，构成的要素一样，但两者的力量和价值简直无法相提并论。造成它们之间差异的根本原因在于原子间结构的差异：石墨的碳原子之间是“层状结构”，而钻石的碳原子之间是独特的“金刚石结构”。同样的道理，性能同等优良的机器零件，由于组装的经验和水平不同，装出的机器在性能上可能相差很大；一队士兵，数量上没有变化，仅仅由于组织和列阵的不同，在战斗力上就会表现出质的差异。

社会化大生产中的管理组织也是这样，由于管理系统内部分工协作的不同，所建立起来的管理组织发挥的效能可能表现出巨大的差异。

一、组织结构的概念

组织结构是组织内关于职务及权力关系的一套形式化系统，它阐明各项工作如何分配，谁向谁负责及内部协调的机制，表现组织各构成部分排列顺序、空间位置、集聚状态、联系方式等，是组织内各成员的互动模式，是执行管理和经营任务的体制。组织结构是整个管理系统的“骨架”，保证管理系统中人流、物流、信息流的正常流通，使组织目标的实现成为可能。

二、组织结构的核心内容

1. 组织结构系统图

组织结构系统图是表示组织中纵向领导层次和横向职能部门分工与协作关系的基本框架图，其基本形状如图 9－1 所示（以一个生产企业为例）。

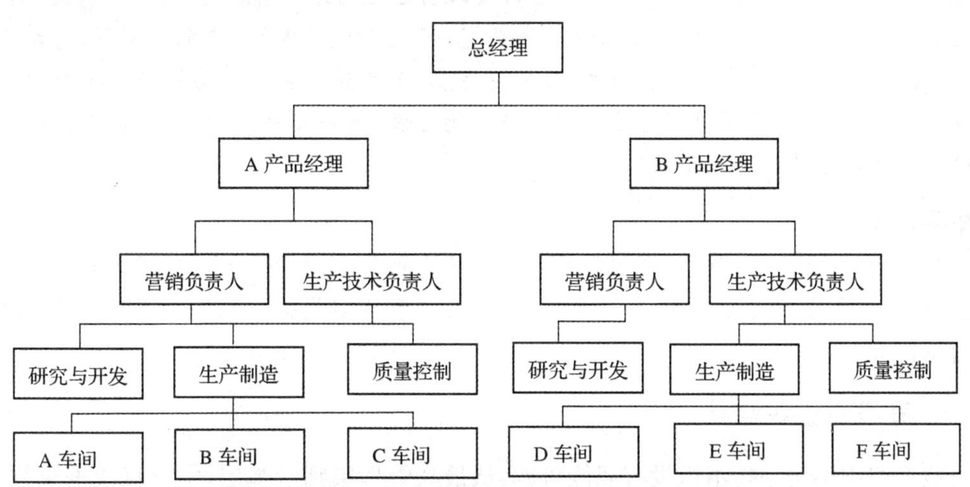

图 9－1　某生产企业组织结构图

(二) 职位说明书

职位说明书是以书面的形式对组织中的各个职位的工作性质、工作任务、工作职责与工作环境等所作的统一要求,它实际要描述的是任职者的工作是什么、为什么做、如何做以及在何处做等。这在第八章已经详细讨论。

第二节 常见的组织结构形式

组织结构的形式是对组织结构设置的具体模式。组织职能设计完成后,通过组织纵向结构设计解决了层次划分问题,建立起领导隶属关系;通过组织横向结构设计解决了部门划分问题,建立起分工协作关系;然后通过明确机构、职位、职权、职责之间的相互关系形成不同类型的组织结构。

【走进管理】

德国皇帝刚统一德国时,势力正值巅峰,自认为是当今世界唯一的霸主。一天,土耳其国王派使者来谒见。德国皇帝的心中很疑惑:“土耳其也是强国,那么他的使者来是为什么呢?是想和我结盟还是想和我一起征服?还是……”皇帝进入大厅时,土耳其的使者正笑容满面地坐在那里,他身材矮小,没有配带武器,穿着也十分普通。皇帝盛气凌人地问道:“路上觉得我们德国如何?”使者很恭敬地回答道:“贵国想必有很多豪杰,路上看到了许多非常坚固的城堡。”皇帝不禁洋洋得意起来:“我们德国,共有 24 个诸侯,他们各自拥有十个英雄豪杰,每个英雄豪杰也都有城邑。这些英雄豪杰都有单凭一个人打败敌军一个师团的能力。”土耳其使者依然笑容可掬地说:“我在穿越贵国的森林时,看到了一条恐怖的九头巨龙,可否容我在此一述。”皇帝奇怪地说:“有这种事?说来听听。”使者说:“那天我经过一个森林时,遇到了一条九头怪龙。龙向我冲来,当是我就吓昏了。醒来后却发现自己还活着。看到这种情形,我的恐惧感消失得无影无踪,于是就睨视着互相噬咬的九头龙,慢慢走出了森林。”“皇帝阁下,有九个头的龙,姑且还为一个小小的我而互相打斗,如果是有 24 个头呢?会不会为抓只小羊而争斗不休呢?尊敬的皇帝阁下,你说是不是这么回事呢?”使者说完,笑容满面地告辞,留下愕然的德国皇帝怔怔地坐在豪华的宫殿里。

【管理启示】

一件事由一个部门负责,每个部门都有着不同的职责,这才是一个有机的整体。公司的高层不止一个,谁都可以发号施令,却让员工无所适从,事情因此也就无法处理。这是管理上的一大忌讳。

一、直线型组织结构

直线型组织结构是指组织没有职能机构,从最高管理层到最基层,实行直线垂直领导,如图 9-2 所示。直线型组织结构又称单线型组织结构,是最早使用、最为简单的一种组织结构类型。

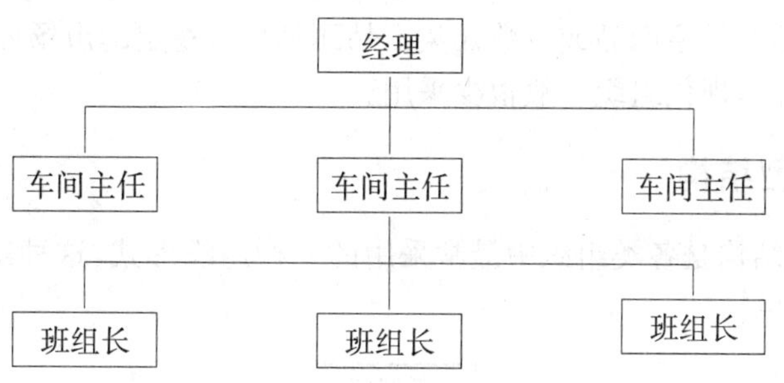

图 9－2　直线型组织结构

这种组织结构的特点是：组织中各种职务按垂直系统直线排列，各级主管人员对下级拥有直线的一切职权；每一个人只能向一个直接上级报告。

其优点是：结构简单，命令统一；责任与职权明确；联系便捷，决策迅速，比较容易维护纪律和秩序。

其缺点是：所有管理职能集中于一人，当组织规模较大时，由于个人的知识、能力、精力有限而难以深入、细致、周到地考虑所有管理问题，因此管理就比较简单粗放，易产生失误；组织中的成员只注意上情下达和下情上达，每个部门只关心本部门的工作，因而部门间的横向联系与协调比较差；当该“全能”管理者离职时，难以找到替代者。

适用范围：适用于没有必要按职能实行专业化、管理的小型组织，或现场的作业管理。

二、职能型组织结构

职能型组织结构，又称多线型组织结构，是在组织内设置若干职能部门，并都有权在各自业务范围内向下级下达命令，也就是各基层组织都接受各职能部门的领导，如图 9－3 所示。

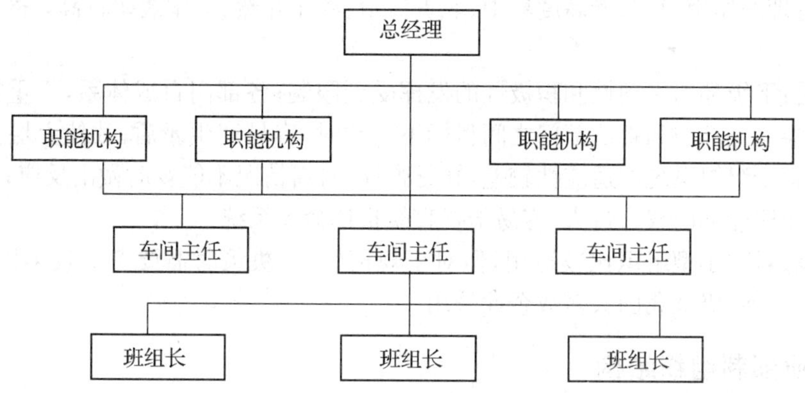

图 9－3　职能型组织结构

职能型组织结构的特点是：采用按职能分工实行专业化的管理办法来代替直线型组织中的全能型管理者；各职能部门在分管业务范围内直接指挥下属；下级直线主管除了接受上级直线主管的领导外，还必须听从上级各职能机构在其专业领域的指挥。

其优点是：能够适应现代组织技术比较复杂和管理分工较细的特点；能够发挥职能机构的专业管理作用，减轻上层主管人员的负担。

其缺点是：由于多头领导，妨碍了组织中必要的统一指挥，不利于明确划分职责与职权，容易造成管理上的混乱；各职能机构往往不能很好配合，横向联系差；过分强调专业化。

适用范围:只有单一类型产品或少数几类产品面临相对稳定的市场环境的企业;由于该组织形式存在明显的缺陷,现代组织一般很少采用。

三、直线职能型结构

直线职能型组织结构是各类组织中最常采用的一种组织形式,这种组织形式是建立在直线型和职能型基础上的。

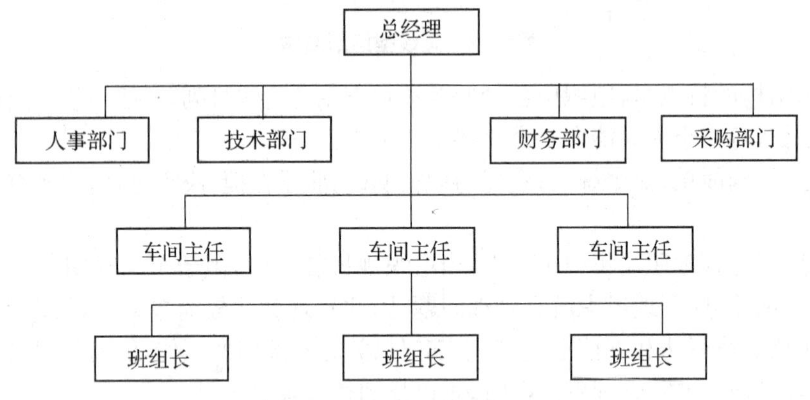

图 9-4 直线职能型组织结构

直线职能型组织结构的特点是:直线部门和人员在自己的职责范围内有决定权,可对其所属下级的工作进行指挥和命令,并负全部责任;职能部门和人员仅是直线主管的参谋,只能对下级机构提供建议和业务指导,没有指挥和命令的权力。

其优点是:综合了直线型和职能型组织结构的优点,既保证了集中统一指挥,又能发挥各种专家业务管理的作用;其职能高度集中、职责清楚、秩序井然、工作效率较高,整个组织有较高的稳定性。

其缺点是:下级部门主动性和积极性的发挥受到限制;各部门自成体系,不重视信息的横向沟通;当职能参谋部门和直线部门之间目标不一致时,容易产生矛盾,致使上层主管的协调工作量增大;整个组织系统的适应性较差,缺乏弹性,对新情况不能及时做出反应;会增加管理费用;如果授予职能部门权力过大,容易干扰直线指挥命令系统。

适用范围:对中小型组织比较适用,但对于规模较大、决策时需要考虑较多因素的组织,则不太适用。目前,仍被我国大多数企业采用。

四、事业部制组织结构

事业部制组织结构首创于20世纪20年代,最初是由美国通用汽车公司副总经理斯隆创立,又称为“斯隆模型”,由于是分权制组织形式,也称为“联邦分权化”。

它是在产品部门化基础上建立起来的,是一种在组织最高层领导下设立多个事业部,各事业部有各自独立的产品市场、独立责任和利益,实行独立核算的分权管理组织结构。同时,事关大政方针、长远目标以及一些全局性问题的重大决策集中在总部,以保证企业的统一性。

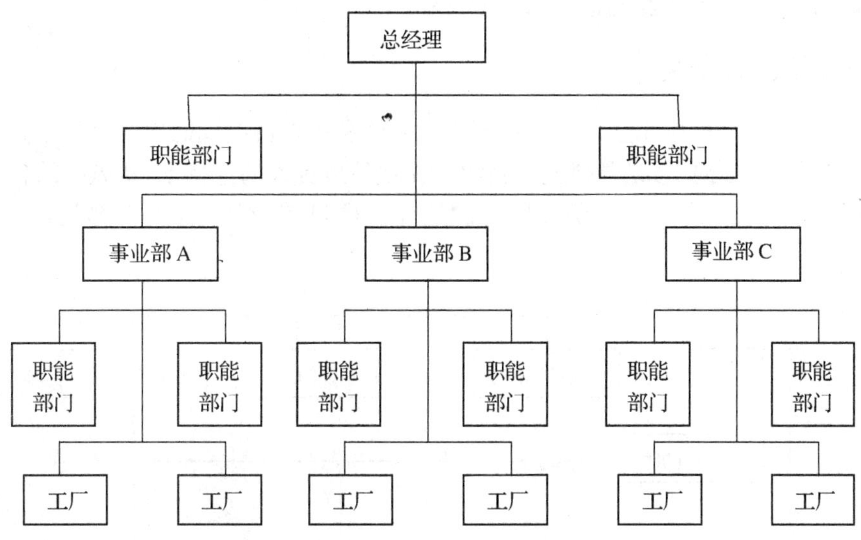

图 9-5　事业部制组织结构

事业部制组织结构的特点是:“集中决策,分散经营”,即组织最高层集中决策,事业部独立经营、独立核算;是组织领导方式上由集权制向分权制转化的一种改革。

其优点是:有利于组织高层管理者摆脱日常管理事务,集中精力搞好全局及战略决策;由于组织高层与事业部的责、权、利划分比较明确,能较好地调动经营管理人员的积极性,提高了管理的灵活性和适应性;有利于培养管理人才;多种事业部分担企业经营风险。

其缺点是:由于机构重复,造成管理人员的浪费;各事业部独立经营,相互之间的支持比较困难;各事业部主管人员考虑问题往往从本部门出发,各事业部间独立的经济利益会引起相互间激烈的竞争,可能发生内耗;由于分权,易造成忽视整个组织的利益、协调比较困难的情况,也可能出现架空领导的现象,从而减弱对事业部的控制。

这种组织结构形式多适用于大规模、多元化、跨地区的组织或产业。

经验说明,采用事业部制组织结构应当具备以下基本条件:

(1) 具备按专业化原则划分事业部的条件,并能确保事业部在生产、技术、经营活动方面具有充分的独立性,以便能承担起利润责任。

(2) 事业部之间应当相互依存,而不是互不关联地硬拼凑在一个公司中,这种依存性可以表现为产品结构、工艺、功能类似或互补,或用户类同,或销售渠道相近,或运用同类资源和设备,或具有相同的科学技术理论基础等。这样,各事业部门才能互相促进、相辅相成,保证组织的繁荣发达。

(3) 要保持、控制事业部之间的适度竞争、相互促进,过度竞争可能使公司遭受不必要的损失。

(4) 公司要有管理各事业部门的经济机制,如内部价格、投资、贷款、利润分成、资金利润率、奖惩制度等,尽量避免单纯使用行政手段。

(5) 具有良好的外部环境。当世界经济景气、国内和行业经济呈增长势头时,企业采用事业部制,有利于主动创造新局面、开拓新领域,有助于公司的蓬勃发展;若国内外经济均不景气,发展缓慢,甚至停滞下滑,公司应当适当收缩,集中力量渡过难关。此时如过于强调事业部制,就会分散力量,不利于企业的整体利益与发展。

五、矩阵型组织结构

矩阵型组织结构是把按职能划分的纵向指挥系统和按项目组成的横向系统结合而成的组织,如图 9-6 所示。横向上,是各研究项目组。在项目负责人的主持下,从纵向的各职能部门抽调人员,组成项目组,共同从事研究项目的工作。项目完成后,返回本部门,项目组随即撤销。

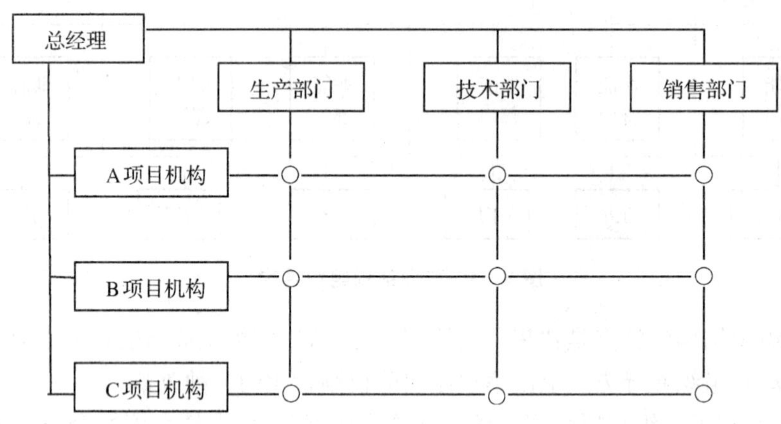

图 9-6 矩阵型组织结构

其优点有:将企业的横向与纵向关系相结合,有利于协作生产;人员组合有利于发挥个体优势,集众家之长,提高劳动生产率;有利于内部信息交流,提高专业管理水平。

其主要缺点在于:它造成了混乱,并隐藏着权力斗争的倾向。由于实行纵向、横向联合的双重领导,破坏了统一指挥原则,在相当程度上增加了组织的模糊性。这种混乱和模糊性反过来培植着权力斗争的种子。因为职能经理与项目经理之间的关系通常并不是由规则和程序确定的,而是经由两者相互协商,而这就容易产生权力斗争。决定是否采用矩阵型组织结构,要求管理者妥善地权衡这些弊和利。

适用范围:可用来完成涉及面广的、临时性的、复杂的重大工程项目或管理改革任务。特别适用于以开发与实验为主的单位,例如科学研究,尤其是应用性研究单位等。

六、多维立体型组织结构

多维立体型组织结构是矩阵组织的进一步发展,它把矩阵组织结构形式与事业部制组织结构形式有机地结合在一起,形成了一种全新的管理组织结构模式。这种组织结构形式主要包括三类管理机构:按产品划分的事业部,它是产品利润中心;按职能机构划分的事业部,它是专业成本中心;按地区划分的事业部,它是地区利润中心,如图 9-7 所示。

多维立体型组织结构的优点是:这种组织结构把产品事业部经理、地区经理和总公司专业参谋部门很好地结合起来,协调了地区、参谋部门和产品事业部之间的关系,有助于及时互通信息、集思广益、共同决策。

其缺点是:由于任何问题都必须三方面协商,管理效率较低,有时甚至会贻误时机。

适用范围:适合于跨国公司或规模巨大的跨地区公司。

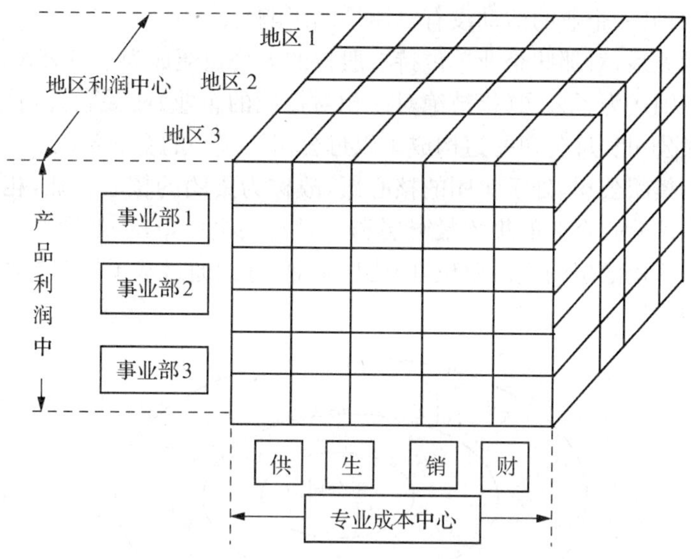

图 9-7　多维立体型组织结构

七、委员会组织结构

委员会是一种执行某方面职能而设置的管理者群体组织形式。它实行集体决策、集体领导的体制。委员会可以有多种形式,既可以是临时的,又可以是常设的。其职权属性既可以是直线式的,又可以是参谋式的。实际中的委员会常与上述组织结构相结合,可以起决策、咨询、合作和协调作用。

其优点有:可以充分发挥集体的作用,避免个别领导者的判断失误,并可防止个人滥用权力;委员会成员地位平等,有利于反映各方面人员的意见,有利于沟通和协调;委员会使下级人员有可能参与决策,这有利于调动人们的积极性。

其缺点有:集体负责有可能造成个人责任不清、议而不决、决策成本高、少数人专制等。

因此,委员会组织结构适用于一些经常性的专项管理职能或临时性的突击工作。

八、新型的组织结构

现代企业的经营已经超越了企业内部边界的范围,开始在企业与企业之间结成比较密切的长期的联系。这种联系表现在组织结构上主要是形成了控股型和网络型组织结构形式。

(一) 控股型组织结构

控股型结构,是在非相关领域开展多元化经营的企业所常用的一种组织结构形式。由于经营业务的非相关或弱相关,大公司不直接管理和控制这些业务经营单位,而是进行持股控制。这样,大公司便成为一个持股公司,受其持股的单位不但对具体业务有自主经营权,而且保留独立的法人地位。

控股型结构是建立在企业间资本参与关系的基础上。由于资本参与关系的存在,一个企业(通常是大公司)就对另一企业持有股权。这种股权可以是绝对控股(持股比例在50%以上)、相对控股(持股比例不足50%,但可对另一企业经营决策发生实质性的影响)和一般参股

(持股比例很低且对另一企业的活动没有实质性的影响)。

基于这种持股关系,对那些企业单位持有股权的大公司便成为了母公司,被母公司控制和影响的各企业单位则成为子公司(指被绝对或相对控股的企业)或关联公司(指一般参股的企业)。子公司、关联公司和母公司一道构成了以母公司为核心的企业集团。

母公司也称为集团公司,处于集团的核心层,故称为集团的核心企业,相应地,各子公司、关联公司就是围绕该核心企业的集团紧密层和半紧密层组成单位,如图 9-8 所示。此外,企业集团通常还有一些松散层的组成单位,即协作企业,它们通过基于长期契约的业务协作关系而连接到企业集团中。

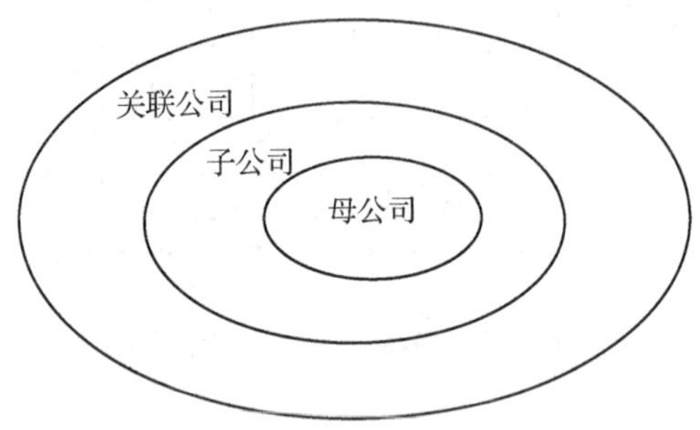

图 9-8　控股型组织结构

集团公司或母公司与它所持股的企业单位之间不是上下级之间的行政管理关系,而是出资人对被持股企业的产权管理关系。母公司作为大股东,凭借所掌握的股权向子公司派遣产权代表和董事、监事,通过这些人员在子公司股东会、董事会、监事会中发挥积极作用而影响子公司的经营决策。

(二) 网络型组织结构

网络型组织结构是利用现代信息技术手段而建立和发展起来的一种新型组织结构。现代信息技术使企业与外界的联系加强了,利用这一有利条件,企业可以重新考虑自身机构的边界,不断缩小内部生产经营活动的范围,相应地扩大与外部单位之间的分工协作。这就产生了一种基于契约关系的新型组织结构形式,即网络型组织。

网络型组织结构是一种只有很精干的中心机构,以契约关系的建立和维持为基础,依靠外部机构进行制造、销售或其他主要业务经营活动的组织结构形式,如图 9-9 所示。被连接在这一结构中的两个或两个以上的单位,通过相对松散的契约纽带,透过一种互惠互利、相互协作、相互信任和支持的机制来进行密切的合作。

网络型结构使企业可以利用社会上现有的资源使自己快速发展壮大起来,目前已经成为国际上流行的一种新形式的组织设计。

网络型组织结构是小型组织的一种可行的选择,也是大型企业在连接集团松散层单位时通常采用的组织结构形式。采用网络型结构的组织,所做的就是创设一个"关系"的网络,与独立的制造商、销售代理商及其他机构达成长期协作协议,使它们按照契约要求执行相应的生产经营功能。由于网络型组织的大部分活动都是外包、外协的,因此,公司管理机构就只是一个精干的经理班子,负责监管公司的内部活动,同时协调和控制与外部协作机构之间的关系。

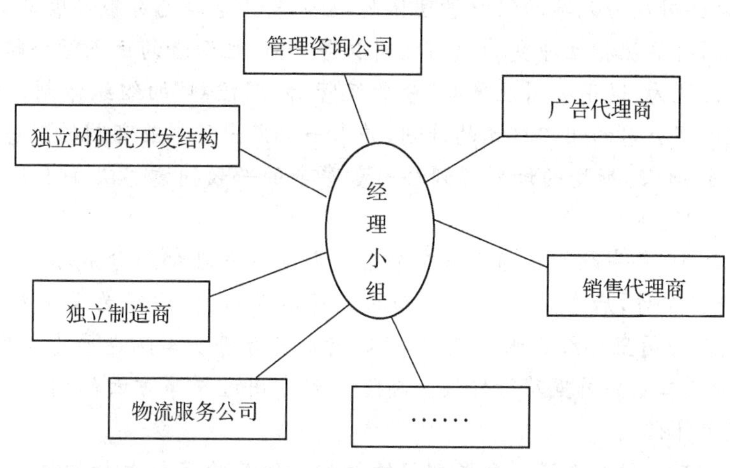

图 9－9 网络型组织结构

以上介绍的是一些主要的和基本的组织结构形式。应该说，这些都是对实际中存在的组织形式进行了一定程度的理论抽象的结果，现实中的组织结构形式则要比这些丰富得多，并且多数组织的组织结构也不是纯而又纯的一种形式，而是多种形式的综合体。随着社会生产力的发展，组织的发展变化以及人们对管理客观规律认识的深入，组织结构形式也会得到进一步的发展与完善。

复习思考题

1. 何谓组织结构？
2. 常见的组织结构形式有哪些？
3. 何谓直线职能制组织结构？有何特点？适用于什么样的组织？请举例说明。
4. 事业部制组织结构有何特点？适用于什么样的组织？
5. 何谓矩阵型制组织结构？有何优缺点？如何运用之？请举例说明。

案例讨论

通用的组织结构创新

1916 年，随着联合汽车公司并入“通用”，艾尔弗雷德·斯隆出任通用副总裁。作为通用副总裁的斯隆，发觉到通用管理上存在的问题。他先后写了三份分析通用内部管理弱点的报告。但是，总裁杜兰特只是赞赏，不予采纳。到了 1920 年下半年，快速扩张的“通用”在经营管理上的问题彻底暴露出来了，公司危机四伏，摇摇欲坠。这时杜兰特引咎辞职，皮埃尔·S·杜邦兼任总经理。

以杜邦为总裁的通用汽车公司新的行政班子，由于与杜兰特所信奉的管理理念截然不同，迫切需要一种高度理性而客观的运营模式。斯隆先前进行的“组织研究”正好符合这样的要求。斯隆认为,大公司较为完善的组织管理体制,应以集中管理与分散经营二者之间的协调为基础。只有在这两种显然相互冲突的原则之间取得平衡,把两者的优点结合起来,才能获得最好的效果。由此他认为,通用公司应采取"分散经营、协调控制"的组织体制。根据这一思想,斯隆提出了改组通用公司的组织机构的计划,并第一次提出了事业部制的概念。

1920 年 12 月 30 日,斯隆的计划得到公司董事会的一致同意。次年 1 月 3 日,这个计划开始在通用公司推行。

斯隆在以后的 10 年中改组了通用汽车公司。斯隆将管理部门分成参谋部和前线工作部(前者是在总部进行工作,后者负责各个方面的经营活动)的做法很为大家熟悉,这种分组在 19 世纪较大的铁路公司里已经成形。现代军队,特别是普鲁士军队也率先使用了这种组织形式,许多概念同时在工业公司里获得发展。斯隆也确实用过军事方面的例子来说明他正要在通用汽车公司里干什么。

斯隆在通用汽车公司创造了一个多部门的结构。他废除了杜兰特的许多附属机构,将力量最强的汽车制造单位集中成几个部门。这种战略现在人们已经熟悉,但在当时是第一流的主意并且出色地执行了。多年后斯隆这样说明:我们的产品品种是有缺陷的。通用汽车公司生产一系列不同的汽车,聪明的办法是造出价格尽可能不同的汽车,就好比一个指挥一次战役的将军希望在可能遭到进攻的每个地方都要有一支军队一样。"我们的车在一些地方太多,而在另一些地方却没有。"首先要做的事情之一是开发系列产品,在竞争出现的各个阵地上对付挑战。

斯隆认为,通用汽车公司出产的车应从凯迪拉克牌往下安排到别克牌、奥克兰牌最后到雪佛兰牌。这是 20 世纪 20 年代早期的产品阵容。以后有了改变,即:1925 年增加了庞蒂亚克牌,以填补雪佛兰和奥尔兹莫比尔中间缺口;奥克兰被淘汰了,增加了拉萨利,后来它也被淘汰了。

每个不同牌子的汽车都有自己专门的管理人员,每个单位的总经理相互之间不得不进行合作和竞争。这意味着生产别克牌的部门与生产奥尔兹莫比尔牌的部门都要生产零件,但价格和式样有重叠之处。这样,许多买别克牌的主顾可能对奥尔兹莫比尔牌也感兴趣,反之亦然。斯隆希望在保证竞争的有利之处的同时,也享有规模经济的成果。零件、卡车、金融和通用汽车公司的其他单位差不多有较大程度的自主权,其领导人成功获奖赏,失败则让位。通用汽车公司后来成为一架巨大的机器,但斯隆力图使它确实保有较小公司所具有的激情和活力。

斯隆的战略及其实施产生了效果。1921 年,通用汽车公司生产了 21.5 万辆汽车,占国内销售的 7%;到 1926 年底,斯隆将小汽车和卡车的产量增加到 120 万辆。1940 年通用汽车公司产车 180 万辆,已达该年全国总销量的一半。相反,福特公司的市场份额 1921 年是 56%,而 1940 年是 19%,不仅远远落后于通用汽车公司,而且次于克莱斯勒公司而成第三位。

思考题:

1. 事业部制为什么能够助通用公司成功?
2. 我国什么样的组织能应用事业部制,在应用事业部制时应注意哪些问题?

实训题：调查某企业的组织结构

一、实训目的：通过对某一个企业组织结构的理解和分析，培养学生对有关知识的综合应用能力；培养学生掌握组织设计的技能。

二、实训内容：选择一家知名（或实习过的）企业进行调研，分析该企业的组织结构，分析该企业的分工和岗位职责，并运用所学知识，剖析该企业的组织结构和岗位设置的优缺点和适用性。

9－1　金果子公司的组织结构设计

9－2　一切皆变，个人和组织如何应对

第十章　人员配备

【学习目标】

了解:人员配备的原则和程序。

理解:绩效考评的概念、内容、意义和作用。

掌握:管理人员的选聘标准、绩效考评的内容及培训方法。

运用:绩效考评的程序和方法,对身边熟悉的企业或本班级年度工作进行绩效考评。

【教学重点】

人员配备;管理人员的选聘;管理人员的绩效考评;管理人员的培训。

【导入案例】

YX 公司的员工招聘

YX 公司在最近几年招聘中层管理职位上不断遇到困难。该公司是制造和销售较复杂机器的公司,目前重组成六个半自动制造部门。公司的高层管理层相信这些部门的经理有必要了解生产线和生产过程,因为许多管理决策需在此基础上做出。传统上,公司本来一贯是严格地从内部选拔人员,但不久就发现提拔到中层管理职位的基层员工缺乏相应的适应新职责的技能。

这样,公司决定改为从外部招聘,尤其是招聘那些企业管理专业的优秀学生。通过职业招聘机构,公司得到了许多有良好训练的工商管理专业毕业生作候选人。他们录用了一些,并先放在基层管理职位上,以便为今后提为中层管理人员做好准备。不料在两天之内,这些人都离开了该公司。

公司只好又回到以前的政策,从内部提拔。但又碰到了过去同样素质欠佳的问题。不久就有几个重要职位的中层管理人员将要退休了,他们的空缺亟待称职的后继者。面对这一问题,公司想请咨询专家来出些主意。

【案例思考】

YX 公司在管理人员的选聘上,到底是从内部提升呢,还是选择从外部招聘呢?该公司的问题是不是只存在管理人员的选聘这一项人力资源管理的职能上呢?

第一节　人员配备的原则和程序

一、人员配备的含义

人员配备就是管理者为确保任务目标的实现，为每个岗位配备适当数量和类型的工作人员，并使他们能够有效地完成任务的过程。也就是说，在组织机构和组织结构设计合理的基础上，管理者就要根据各个岗位的实际需要，进行职务分析，按照每个人的具体情况安排合适的工作，使其能力符合岗位的需要。

管理学中的人员配备是对管理人员进行恰当而有效的选拔、培训和考评，其目的是为了配备合适的人员去充实组织机构中所规定的各项职务，来确保组织活动能够正常进行，进而实现组织的既定目标。

传统的观点认为人员配备只是人事部门的工作，而现代的观点强调，人员配备不仅包括对人员的选拔、培训和考评，而且包括如何使用人员以及如何留住人员，这又同指导与领导工作紧密联系起来。

二、人员配备的原则

为实现人与事的优化组织，人员配备过程中必须遵循一定的原则。

1. 因事择人的原则

选人的目的在于使其担当一定的职务，要求其从事与该职务相应的工作。因此，选人要在职务分析的基础上，根据职务说明书和职务规范的要求，选择与岗位相匹配的人员，以使工作能够有效地完成。

2. 因材器使的原则

不同的工作要求不同人去完成，同样，不同的人具有不同的能力和素质，适应的岗位也是不同的。从人的角度来考虑，只有根据人的特点来安排工作，才能最为充分地发挥人的潜能，最大限度地激发人的工作热情。

3. 人事动态平衡的原则

组织是在不断发展的，组织中人的能力、知识、经验等也会随着组织的发展而不断丰富和变化的。因此，人与事的配合需要进行不断的调整，使能力发展并得到充分证实的人去从事更高层次的工作，使能力平平、不符合职务需要的人有机会进行力所能及的活动，以求使每一个人都能得到最合理的使用，实现人与工作的动态平衡。

三、人员配备的程序

【走进管理】

不拉马的士兵

一位年轻的炮兵军官上任后，到下属部队视察操练情况，发现有几个部队在操练时存在着一个共同点:在操练中,总有一个士兵自始至终站在大炮的炮筒下,纹丝不动。经过询问,得到的答案是:操练条例就是这样规定的。原来,条例因循的是用马拉大炮时代的规则,当时站在炮筒下的士兵的任务是拉住马的缰绳,防止大炮发射后因后坐力产生的距离偏差,减少再次瞄准的时间。现在大炮不再需要这一角色了,但条例没有得到及时调整,出现了不拉马的士兵。这位军官的发现使他受到了国防部的表彰。

【管理启示】

组织是不断发展的,管理者应当根据实际动态情况对人员数量和分工及时做出相应调整,否则,队伍中就会出现"不拉马的士兵"。如果队伍中有人滥竽充数,给企业带来的不仅仅是工资的损失,而且会导致其他人员的心理不平衡,最终影响公司整体工作效率。

1. 确定组织中人员的需要量

人员配备是在组织设计的基础上进行的。人员需要量的确定主要是依据组织设计出的职务类型和数量。职务类型指出了需要什么样的人,职务数量则告诉我们每种类型的职务需要多少人。

如果是为一个新建的组织选配人员,那么只需利用上述职务设计的分类数量表去直接在社会上公开招聘。然而,我们遇到的往往是现有组织的机构与人员配备重新调整的问题,所以在通常情况下,在进行了组织的重新设计后,还需检查和对照企业内部现有的人力资源情况,两相对比,找出差额,确定需要从外部选聘的人员类别与数量。

2. 选聘人员

职务设计和分析指出了组织中需要具备哪些素质的人。为了保证担任职务的人员具备职务要求的知识和技能,必须对组织内外的候选人进行筛选,做出最恰当的选择。这些待聘人员可能来自企业内部,也可能来自外部社会。从外部新聘员工或从内部进行调整,各有其优势和局限性。现在需要立即指出的是对候选人能力考察的困难:对于外部候选人的实际工作能力我们往往所知甚少,而对于内部候选人,我们也只是对他们以前从事较低层次工作时的能力比较了解,至于他们能否胜任需要担负更大责任的工作,往往难以得出比较可靠、肯定的结论,因此,我们必须谨慎、认真、细致地进行人员的选聘。

3. 制订和实施人员培训计划

人的发展是一个过程。组织成员在明天的工作中表现出的技术和能力需要在今天培训;组织发展所需的干部要求现在就开始准备。维持成员对组织忠诚的一个重要方面是使他们看到自己在组织中的发展前途。人员、特别是管理人员的培训无疑是人员配备中的一项重要工作。

第二节 管理人员的选聘、考评和培训

组织中的人员有多种分类,有管理人员、技术人员、生产作业人员;管理人员又分为高层、中层、基层管理人员。由于组织中的各项活动都是在各级管理人员的计划、协调、指挥下进行的,因此管理人员的选拔、培养与考评成为人力资源管理的核心工作。

一、管理人员的选聘

（一）管理人员需要量的确定

制订管理人员的选聘计划，首先需要确定组织当前和未来对管理人员的需要量。

1. 组织现有的规模、机构和岗位的需要

管理人员的配备首先是为了指导和协调组织活动的开展，因此要参照组织结构系统图，根据管理职位的数量和种类，来确定组织需要的管理人员的数量。

2. 管理人员流动的需要

不管组织做出何种努力，在一个存在劳动力市场且市场机制发挥作用的国度，总会出现组织内部管理人员外流的现象。此外，由于自然力的作用，组织中现有的管理队伍会因为病老残退而减少。考虑组织未来对管理人员的需求量，就要计划对这些自然或非自然的减员进行补充。

3. 组织发展的需要

随着组织的不断发展、活动内容的日益复杂，管理工作量将会逐渐增大，从而对管理人员的需求也会不断增加。因此，计划组织未来的管理人员队伍，就必须预测和评估组织发展和业务扩充的要求。

（二）管理人员的来源

管理人员的来源可能是组织内部，也可能是组织外部。无论是组织内部提升还是外部招聘都各有利弊，要根据实际需要加以选择。

1. 内部提升

内部提升是指组织成员的能力增强并得到充分的证实后，被委以需要承担更大责任的更高职务。内部提升是组织管理人员的最重要的来源，在美国进行的一项抽样调查中，大部分的管理职位是由内部提升来填补的，这种情况在 IBM、Intel 等规模较大、培训机制健全的企业中更为明显。

(1) 内部提升的优点。① 有利于鼓舞员工士气，调动组织成员的积极性。② 有利于吸引外部人才。内部提升制度表面上是排斥外部人才，其实不然，真正有发展潜力的管理者知道，加入到这种组织中，有机会迅速地得到提升。③ 由于组织对内部员工更为了解，从而提高了选聘的质量和正确性。④ 内部提升为组织节约了大量的招聘费用。⑤ 由于现有员工在组织中已经工作了一段时间，他们对组织具有相当的忠诚度。⑥ 有利于使被聘者迅速展开工作。

(2) 内部提升的弊端。① 引起落选者的不满。在若干个内部候选人中提升一个管理人员，可能会使落选者产生不满情绪，既影响了其工作积极性，也不利于被提拔者开展工作。② 可能造成“近亲繁殖”的现象。从组织内部提升的管理人员往往喜欢模仿老领导的管理方法，这虽然可使前辈的优秀经验得到继承，但也有可能使不良作风得以发展，从而不利于组织的管理创新以及管理水平的提高。

2. 外部招聘

外部招聘是根据组织制定的标准和程序，从组织外部选拔符合空缺职位要求的管理人员。选择员工具有动态性，特别是一些高级管理人员，组织常常需要将选择的范围扩展到全国甚至全球劳动力市场。管理人员的外部招聘一般有校园招聘、网络招聘、猎头公司等形式。

(1) 外部招聘管理人员的优点。与内部选拔相比,外部招聘的优势有以下几点:① 被聘管理人员具有“外来优势”。“外来优势”主要指被聘者没有“历史包袱”,组织内部成员只知其目前的工作能力和实绩,而对其历史、特别是职业生涯中的失败记录知之甚少。② 有利于平息和缓和内部竞争者之间的紧张关系。③ 内部员工不能负担重任时,外部招聘可以减少组织职位空缺所造成的损失。④ 能够为组织带来新鲜血液。

(2) 外部招聘管理人员的缺点。① 外聘者不熟悉组织的内部情况,同时也缺乏一定的人事基础,因此需要一段时期的适应才能进行有效的工作。② 组织对外聘者的情况缺乏深入了解。③ 外聘管理人员对组织内部员工的积极性造成打击。由于这些局限性,许多成功的企业强调不应轻易地从外部招聘管理人员,而是主张采取以内部培养和提升为主的策略。

(三) 管理人员的选聘标准

“士兵有权得到能干的指挥员”,同样,组织中的每位员工都有权得到优秀的管理干部。怎样才算是优秀的管理人员?组织应根据哪些标准去选聘管理人员?

1. 强烈的管理欲望

强烈的管理欲望是有效地进行管理工作的基本前提。对某些人来说,承担管理工作意味着取得较高的地位、名声以及与之相应的报酬,但对更多的、成功的管理人员来说,它意味着可以利用制度赋予的权力组织他人劳动来实现自己和组织的目标,并从中获得心理上的满足。

2. 良好的心理素质

由于管理工作的特殊性,作为一名管理者,除了要有强烈的管理欲望外,还要具有良好的心理素质,即具有创新精神、实干精神和合作精神。面对复杂多变的管理环境,管理人员要敢于冒险,要有创新精神,勇于开发新产品、开拓新市场、引进新技术、采用新的管理方法,并且要有与人合作的精神,调动各方面的积极性。

3. 丰富的知识

管理是一门综合性非常强的科学,涉及多门学科知识,这要求管理者具有丰富的知识。既要掌握政治、法律方面的知识,把握组织的发展方向,又要熟悉经济学、管理学知识,能够按经济规律来办事,知道如何管理员工,还要具有社会学、心理学等方面的知识,以协调人与人之间的关系。当然作为管理者,还要懂得工程技术方面的知识,了解基本的生产技术和生产流程。

4. 实际工作的能力

管理者需要具备哪些能力,国内外学者提出了众多观点。根据我国具体情况,国内学者和专家提出一个成功的管理人员应该具备以下能力:

(1) 创造能力。一个具有优秀创造能力的管理者思维敏捷、见解独到、表达流畅。

(2) 决策能力。西蒙说,管理就是决策,管理过程中充满了决策。管理人员要具备分析问题的能力和果断抉择的魄力,能够透过现象抓住本质。

(3) 组织指挥能力。善于运用组织的力量,综合协调,充分发挥各种资源的潜能,能把组织目标和员工需要结合起来,把长远利益和当前工作结合起来,善于影响他人,具有一定的号召力。

(4) 社会活动能力。善于社交，能为他人着想，对人对事客观公正。

(5) 技术能力。具有通过以往经验的积累以及新知识的学习，运用现代管理理论、方法、技术和手段，进行有效领导和管理的能力。

（四）管理人员的选聘程序与方法

1. 公开招聘

当组织中出现管理职位的空缺时，根据职位所在的管理层次，建立相应的选聘工作小组。工作小组应选择适当的媒介，公布待聘岗位、人数、条件、工作职责及薪酬等信息，向组织内外公开“招聘”，鼓励那些自认为符合条件的候选人来参加应聘。

2. 初步筛选

应聘者的数量可能很多，选聘小组不可能对每一个人进行详细研究和认识，需要进行初步筛选。对内部人员的初选可通过以往的绩效考评、现任领导的评价及征求他们意见的方式进行。对外部人员则要通过申请表分析、初面，了解申请人的基本情况，淘汰那些不符合要求的申请者。

3. 采用科学的方法进行人员测试

在初选的基础上，要对入选的应聘者进行测试，就是使用情境性的测试方法对应聘者的某一特定行为进行观察和评价，包括公文筐测试、小组讨论、角色扮演、即席发言、面谈模拟等。

4. 民意测验或履历调查

管理工作是通过多人的共同努力来达到目标的，因而管理人员的工作成效不仅取决于管理者自身的努力，还取决于与之合作的人的工作情况，以及管理者本人在组织中影响力的大小。因此，组织要对通过测试的候选人进行民意测验，对组织外部的拟聘人员进行履历调查，了解拟聘人员在原单位的工作表现、人际关系及工作能力。

5. 确定管理人员

在上述工作的基础上，对应聘者体格检查合格后，就可以确定新聘任的管理人员。选定好新的管理人员，就要把其介绍到新的工作岗位或组织中，帮助其尽快适应新环境。

【走进管理】

蜈蚣买汽水

有一群虫子聚集在草地里一起聚餐联谊，它们一边兴奋地聊着天，一边开心地吃着可口美味的食物。不久，它们就把准备的汽水喝了个精光。在没有汽水的情况下，大家口渴难耐，所以就商量要推派一个代表跑腿帮大家买汽水，而卖汽水的地方又离这里有一段很长的路程，小虫们认为要解决口干舌燥的急事，一定要找到一位跑得特别快的代表，才能胜任这样的任务。大伙你一言我一语，环顾四周，挑来选去，最后一致推选蜈蚣为代表，因为它们认为蜈蚣的脚特别多，跑起路来，一定像旋风般的快。蜈蚣在盛情难却的情况下，起身出发为大家买汽水。小虫们放心地继续嬉闹欢笑，一时忘记了口渴。过了好久，大家东张西望，焦急地想蜈蚣怎么还没回来。情急之下，螳螂自告奋勇跑去了解究竟发生了什么事。它一推开门，才发现蜈蚣还蹲在门口辛苦地穿着鞋子呢！

【管理启示】

人不可貌相,海水不可斗量。一般人常常会根据外表来判断一个人的能力或人格,然而,实际上看走眼的几率是相当高的。毕竟,一个人的能力或人品是无法单凭外表来评判的。此外,人们也常常产生先入为主的偏见,以为只要腿长或脚多,就一定跑得快。然而像故事中的蜈蚣一样,虽然脚多,却不见得跑得快。因此,客观地评估一个人的优缺点实在是有必要的,尤其对人力资源管理者而言,在招聘或任用时,更应站在不偏不倚的角度,去除个人的偏见,甚至发展或建立一套客观的评估标准来选才、用才,才不会造成人力资源的虚耗或有人怀才不遇的遗憾。

二、管理人员的绩效考评

员工的素质,特别是管理人员的素质,是企业活动效率的决定因素。因此,组织要经常或定期对管理人员的工作进行绩效考评,了解管理人员素质及其目标达成情况。若有管理方面的问题,通过考评可以及早发现并迅速采取措施。绩效考评的结果是人力资源管理各项决策的前提和依据。

(一) 绩效考评的概念

对于绩效考评的定义,管理学者从不同的角度、不同的侧重点对其做了不同的描述,归纳起来,可以概括为:绩效考评,也称业绩考评,是绩效考核和评价的总称,是对人们的日常工作进行系统、全面、客观的考核和评价,根据事实和职务工作要求,考评其对组织的实际贡献,同时强调人的特殊性,并在对人进行评价的过程中,配合对人的管理、监督、指导、教育、激励和帮助等其他人事活动,以提高组织绩效,达到组织目标。

(二) 管理人员绩效考评的目的和作用

绩效考评,是人力资源管理现代化、合理化所不可或缺的重要方法,与人力资源管理的各个环节密切相关,通过对管理人员的能力和业绩贡献加以把握,为确定报酬、人事调整、培训等方面的决策提供依据。当然更为重要的是,如何才能使员工发挥能力、积极推进工作,通过个人绩效的提升来改善组织的整体绩效。

1. 为确定管理人员的工作报酬提供依据

员工的工作报酬必须与工作者的能力和贡献结合起来,这是企业分配的一条基本原则。然而,管理人员的工作其他员工相比有着很大的差别:

(1) 管理人员的工作往往具有较大的特性;

(2) 管理人员的工作效果往往难以进行精确地量化;

(3) 结果往往受到在管理人员之外的许多难以界定的因素的影响。

正是由于这些特点,组织在确定管理人员的工作报酬时,不仅要根据担任这项职务所必需的素质和能力来确定职务工资,而且应结合管理人员在工作中的态度、努力程度、实际表现等因素来确定绩效工资。职务工资主要取决于职务分析,而绩效工资需要通过绩效考评来提供依据。

2. 为人事调整提供依据

随着组织的不断发展,管理人员的素质也是在发展变化的,而且组织初期选聘的管理人员并不一定与工作职位完全匹配。通过全面的绩效考评可以了解管理人员在工作中的实际表现，据此对组织的人事安排进行适当的调整：对不符合职位要求的管理人员安排到力所能及的岗位上，对表现优秀者提供晋升的机会。

3. 为管理人员的培训提供依据

管理人员的文化背景、以往经历以及受教育程度等因素决定了他们在具备一定优秀素质的同时，也存在着某些素质的不足。这些不足可能会影响着他们的工作，需要组织通过有效的培训来加以改善。组织通过绩效考评可以了解每位管理人员的优势、劣势，为制定管理队伍的培训和发展规划提供参考。

4. 有利于促进组织内部的沟通

在绩效考评的过程中，上下级之间加强沟通，排除了很多不必要的误解，建立起了相互信赖的关系，及时发现工作中出现的问题，并加以改正。

5. 激励的手段

在绩效考评的过程中，管理人员可以看到自己的成绩，坚定信心；同时也可以了解到自身的缺点与不足，明确以后努力的方向，以便将来可以做得更好。

绩效考评是为了解管理人员的工作绩效，以便做出客观公正的人力资源决策。其主要用途如表 10-1 所示。

表 10-1　绩效考评的主要用途

使用目的	比例(%)	使用目的	比例(%)
确定报酬	85.6	人事规划	43.1
绩效反馈	65.1	留住或解聘人员	30.3
培训	64.3	人事研究	17.2
提升	45.3		

注：基于对 600 个组织的调查。摘自斯蒂芬·P. 罗宾斯编著、黄卫伟等翻译《管理学》第 296 页，中国人民大学出版社，2003 年。

（三）管理人员绩效考评的内容

管理人员的贡献往往很难用具体的数字来衡量，如人力资源管理部经理的工作对组织的运营至关重要，但他究竟给组织的收益做了多少贡献却难以定量，而且管理人员的工作绩效容易受各种因素的影响，如经济大环境、行业发展状况等。因此，对管理人员的考评，不能只侧重于平时表现或是技能、潜力等某一方面，而应全面考评。

1. 贡献考评

贡献考评是指考核和评估管理人员在一定时期内担任某个职务的过程中对实现企业目标的贡献程度，即评价和对比组织要求某个管理职务及其所辖部门提供的贡献与该部门的实际贡献。

贡献往往是努力程度和能力强度的函数。考评时，应注意以下两点：

(1) 应尽可能把管理人员的个人努力和部门的成就区别开来，即力求在所辖部门的贡献或问题中辨识出有多大比重应归因于主管人员的努力。这项工作实践中有一定难度，但也是非常重要的。因为在管理者努力程度不变的情况下,外部完全有可能发生不可抗拒的但对组织内部的部门目标的实现起着重要的促进或阻滞作用的变化。

组织中可能会存在这样的陷阱部门:从某一时刻起,担任该部门主管的人员纷纷落马,即使能力强的人来到这里,也是一筹莫展。相反,有些部门不论谁去管理都能取得骄人的业绩。这种部门的产生通常与环境的变化有关,与组织的内部机构有关。如果在考评时忽视这些因素,将外部环境的变化所引起的部门绩效的下降归因于主管人员的表现和能力,这对管理人员来说是不公平的。

(2) 贡献考评既是对下属的考评,也是对上级的考评。贡献考评是考核和评价具体管理人员及其部门对组织目标实现的贡献程度。而某个管理人员及其部门对组织贡献程度的大小取决于管理人员的领导能力,取决于部门人员的相互合作及工作的努力程度,也取决于上级主管领导对该部门工作的指导和要求。因此,在被考评之前,组织(上级)要对各个部门和管理岗位的工作制定具体的目标和要求,否则,不仅下级不了解努力的方向,从而不能做出有效的贡献,而且使考评失去了客观的标准。

2. 能力考评

贡献虽可在一定程度上反映管理人员的工作能力,但两者之间并不存在着严格的一一对应的关系。因此,组织需要对管理人员的能力进行考评。能力考评是指通过考察管理人员在一定时间内的管理工作,评估他们的现实能力和发展潜力,即分析他们是否符合现任职务所具备的要求,担任现职后素质和能力是否有所提高,能否担任更重要的工作。

"决策能力""用人能力""沟通能力""创新精神""正派的作风"等无疑是优秀的管理人员必须具备的基本素质。但这只是一些抽象的概念,难以得到真实、可靠、客观的评价。因此,美国管理学家孔茨等人指出,应根据组织对不同管理人员的基本要求,借助管理学的原理和方法,将管理工作进行分类,然后对各项工作设计一系列具体的问题,以此来考评管理人员在从事这些工作中所表现出的能力,提高考评的客观性。

* 为了考评管理人员的计划能力,可提出如下问题:

(1) 他是否为本部门制定与公司目标有明确关系的可考核的长期和短期目标?

(2) 他是否理解公司政策在其他决策中的指导作用,并确保下属也这样做?

(3) 他是否定期检查计划的执行情况,以确保部门的实际工作与计划要求相一致?

* 为了考评组织能力,可提出如下问题:

(1) 他对下属的工作职责和任务是否有明确的要求,并确保下属能理解自己的任务?

(2) 他是否对下属在进行工作、承担责任的过程中授予相应的职权?

(3) 他在授权后是否能控制自己不再利用这些职权进行决策,从而干预下属工作?

(4) 他是否建立了必要的信息反馈制度,并明确职权系统与信息反馈系统在管理中的地位区别?

* 为了尽可能地得到客观的评价意见,上述问题应力求设计成是非判断题的形式。在难以设计成是非题的情况下,应努力给可供选择的多种答案。

* 考评中的"明确"与"具体"的要求不应与"复杂""繁琐"相混同。只有经过专门训练的专家才能看懂、填写的考评表,在实际操作中会遇到与简单抽象概念打分相类似的困难。因此在设计考评表时,要注意在具体、明确的基础上,用简洁的语言准确地提出能够反映管理人员能力特点或素质状况的问题。

（四）管理人员绩效考评的工作程序与方法

公平、公正的考评要求依据一定的程序，具体如下。

1. 确定考评内容

考评管理人员，首先要根据不同岗位的工作性质，设计合理的考评表，以合理的方式提出问题，通过考评者对这些问题的填写得到考评的原始资料。

2. 选择考评者

考评工作往往被认为是人力资源管理部门的事情，实际上，人力资源管理部门的主要职责是组织考评工作，而不是填写每张考评表，考评表应该由与被考评对象在业务上发生联系的有关部门的工作人员去填写。与被考评对象发生业务联系的人员主要有三类：上级、关系部门、下属。

3. 分析考评结果，辨识误差

为了得到正确的考评结果，首先要分析考评表的可靠性，剔除那些明显不符合要求的随意乱填的表格。在此基础上，要综合考评表的打分，得出考评结论，并对考评结论的主要内容进行对比分析。

4. 考评结果的反馈

考评完后，应及时将考评结果反馈给有关当事人。反馈的形式可以是上级主管与被考评对象的直接单独面谈，也可以用书面形式通知。有效的方法应把这两种结合起来使用。

5. 根据考评结论，建立企业的人才档案

通过定期地对管理干部进行考评，组织能够更加了解管理干部的成长过程和特点，可以建立起人力资本档案，从而为企业制定人事政策、开展培训工作提供依据。

【走进管理】

两熊赛蜜——绩效大不同！

黑熊和棕熊喜食蜜蜂，都以养蜂为生。它们各有一个蜂箱，养着同样多的蜜蜂。有一天，它们决定比赛看谁的蜜蜂产的蜜多。黑熊想，蜜的产量取决于蜜蜂每天对花的“访问量”。于是它买来了一套昂贵的测量蜜蜂访问量的绩效管理系统。在它看来，蜜蜂所接触的花的数量就是其工作量。每过完一个季度，黑熊就公布每只蜜蜂的工作量；同时，黑熊还设立了奖项，奖励访问量最高的蜜蜂。但它从不告诉蜜蜂们它是在与棕熊比赛，它只是让它的蜜蜂比赛访问量。棕熊与黑熊想的不一样。它认为蜜蜂能产多少蜜，关键在于它们每天采回多少花蜜——花蜜越多，酿的蜂蜜也越多。于是它直截了当告诉众蜜蜂：它在和黑熊比赛看谁产的蜜多。它花了不多的钱买了一套绩效管理系统，测量每只蜜蜂每天采回花蜜的数量和整个蜂箱每天酿出蜂蜜的数量，并把测量结果张榜公布。它也设立了一套奖励制度，重奖当月采花蜜最多的蜜蜂。如果一个月的蜜蜂总产量高于上个月，那么所有蜜蜂都受到不同程度的奖励。

一年过去了，两只熊察看比赛结果，黑熊的蜂蜜不及棕熊的一半。黑熊的评估体系很精确，但它评估的绩效与最终的绩效并不直接相关。黑熊的蜜蜂为尽可能提高访问量，都不采太多的花蜜，因为采的花蜜越多，飞起来就越慢，每天的访问量就越少。另外，黑熊本来是为了让蜜蜂搜集更多的信息才让它们竞争，由于奖励范围太小，为搜集更多信息的竞争变成了相互封锁信息。蜜蜂之间竞争的压力太大,一只蜜蜂即使获得了很有价值的信息,比如某个地方有一片巨大的槐树林,它也不愿将此信息与其他蜜蜂分享。

而棕熊的蜜蜂则不一样,因为它不限于奖励一只蜜蜂,为了采集到更多的花蜜,蜜蜂相互合作,嗅觉灵敏、飞得快的蜜蜂负责打探哪儿的花最多最好,然后回来告诉力气大的蜜蜂一齐到那儿去采集花蜜,剩下的蜜蜂负责储存采集回的花蜜,将其酿成蜂蜜。虽然采集花蜜多的能得到最多的奖励,但其他蜜蜂也能捞到部分好处,因此蜜蜂之间远没有到人人自危、相互拆台的地步。

【管理启示】

① 让员工积极参与进来,让员工了解自己的工作对团队的价值;② 保证个体目标与团队目标的一致性,并在此基础上激发起所有员工的团队精神;③ 选择有效的数据收集工具,确保结果的公开、公平和公正;④ 绩效评估既关注结果又要关注过程,需要明白的是,没有好的结果,再好的过程也只能算是失败。

三、管理人员的培训

【走进管理】

员工需要培训吗

在一个漆黑的晚上,大老鼠带着小老鼠出外觅食。正当一群老鼠准备在一家厨房的垃圾桶中大吃一顿时,突然传来猫的叫声。老鼠四处逃命,但大花猫穷追不舍,终于有两只小老鼠被大花猫捉到啦。大花猫正要吃老鼠,突然从垃圾桶后传来凶恶的狗吠声,令大花猫手足无措,狼狈逃命。

这时大老鼠从垃圾桶后面走出来说:“我早就对你们说,多学一种语言有利无害啊!”

现代人力资本理论认为,员工的智力、能力、经验等是组织人力资本的重要组成部分。随着员工职位的变动,通过培训不断提高员工的技能、智力水平及与职务相关的能力,已经成为组织成长和发展的关键所在。而且,对员工自身来说也是非常重要的:通过培训,不仅可直接丰富个人的知识,增强个人的素质,提高个人的技能,而且可以辨识个人的发展潜力,使那些在培训中表现突出的人员在培训后有更多的机会被提拔担任更重要的工作。由于培训为每个人的发展和职务晋升提供了美好的前景,使每个人的未来在一定程度上有了保障,增强了员工在职业方面的安全感。因此,组织要在通过绩效考评了解人力资本状况和特点的基础上,重视展开人员培训,特别是管理人员的培训工作。

(一) 管理人员培训的目标

旨在提高管理队伍素质、促进个人发展的培训工作,必须实现以下四个方面的具体目标。

1. 传递信息

这是培训管理人员的基本要求。通过培训,使管理人员了解组织在一定时期内的生产技术、经营、市场等状况,熟悉组织业务,领会组织文化。

2. 改变态度

每个组织都有自己的文化、价值观念、行动的基本准则,管理人员只有了解并接受了这种文化，才能在其中有效地工作。

3. 更新知识

现代企业在生产过程中广泛地运用了先进的科学技术，管理者必须掌握与企业生产经营有关的科技知识。这些知识，既可以在工作前的学校教育中获取，更应该在工作中不断地补充和更新，因为随着科学技术进步速度的加快，人们原先拥有的知识结构在迅速地陈旧和老化。

4. 发展能力

管理人员培训的一个主要目的，便是根据管理工作的要求，努力提高他们在决策、用人、激励、沟通、创新等方面的管理能力。

（二）管理人员的培训方法

知识的更新可以相对迅速地通过集中脱产或业余学习的方法来完成，而态度的改变与技能的培养需要在参与管理工作的实践中长期不懈的努力。这里主要关心的是旨在改变态度和培养能力的培训方法。

1. 工作轮换

工作轮换包括管理工作轮换和非管理工作轮换。非管理工作轮换是根据受训者的个人经历，让他们在公司生产经营的不同环节轮流工作，以帮助他们熟悉公司的各种业务，获取各种工作的知识。管理工作轮换是在提拔某位管理人员担任较高层次的职务以前，让他先在一些较低层次的部门工作，以积累不同部门的管理经验，了解各管理部门在整个公司中的地位、作用及其相互关系。

为了有效地实现工作轮换的目的，要对受轮换训练的管理人员提出明确的要求，并据此对他们在各部门工作期间的表现严格考核。

2. 设置助理职务

在一些较高的管理层次设立助理职务，不仅可以减轻主要负责人的负担，使之从繁忙的日常管理中脱出身来，专心考虑和处理组织中的重要问题，而且可以使受训者参与较高层次的管理工作，是培训待提拔管理人员的良好办法。此外，还可帮助组织更好地了解受训者(助理)的管理能力，从而决定是否有必要继续培养或者是否有可能予以提升。

3. 临时职务

当组织中某位主管由于出差、生病等各种原因出现一定时期的空缺时，则可考虑让受训者临时担任这项工作。安排临时性的代理工作具有和设立助理职务相类似的好处，可以使受培训者进一步体验高层管理工作，并在代理期内充分展示其具有的管理能力，或迅速弥补他所缺乏的管理能力。设立代理职务不仅是一种培训管理人员的方法，而且可以帮助组织进行正确的提升，以防止“彼得现象”的产生。

【走进管理】

彼得原理

彼得原理是美国管理学家劳伦斯·彼得根据千百个有关组织中不能胜任的失败实例的分析而归纳出来的。其具体内容是：“在一个等级制度中，每个职工趋向于上升到他所不能胜任的地位。”彼得指出，每一个职工由于在原有职位上工作成绩表现好，就将被提升到更高一级职位,直至到达他所不能胜任的职位。由此导出的彼得推论是:“每一个职位最终都将被一个不能胜任其工作的职工所占据。层级组织的工作任务多半是由尚未达到不胜任阶层的员工完成的。”每一个职位最终都将达到彼得高地,在该处他的提升商数(PQ)为零。

复习思考题

1. 工作分析的作用和内容是什么?如何在此基础上评估组织对管理人员的需要量?
2. 内部提升与外部招聘各自的优缺点是什么?
3. 选聘管理人员的标准有哪些?
4. 管理人员绩效考评的目的和作用是什么?为什么既要考评管理人员的贡献,也要考评其能力呢?
5. 为什么会出现彼得现象?如何防止彼得现象的出现?

案例讨论

K(中国)公司深刻地认识到:先进的管理只有依靠优秀的人才才能实现,人才培训则是造就优秀人才的必要途径。20 年来,该公司已经累计培训员工 20 多万人次,基本培训资金投入超过 2.4 亿元,平均一个餐厅经理的培养成本大概是 20 万元。作为世界最大的餐饮连锁企业,该公司不仅给中国带来了异国风味的美味食品、上万个就业机会,还提供了一套全新的具有国际化标准的人员培训和管理系统。从每一个新员工踏进公司大门的那一刻起,公司就根据未来发展和运营的需要,为他们量身订制了培训与发展计划,而且设计了多方面、多层次的培训开发课程。例如,新进公司的每个餐厅服务员,都会有一个平均 200 小时的“新员工培训计划”;餐厅管理人员不但要学习入门的分区管理手册,还要接受公司的高级知识技能培训,并会被送往国外考察进修,接受新观念以开拓思路。由于餐厅经理是直接面对顾客的最重要管理人员,公司会安排其参加各种有趣的竞赛和活动,如每年的“餐厅经理年会”“餐厅经理擂台赛”等,使餐厅经理们既有机会交流学习,同时也具有昂扬积极向上的风貌。从最基本的人际关系管理技巧,到岗位基础技能培训、分区管理技巧乃至高级知识技能培训,该公司设计的每项课程都具有很强的针对性,从而起到事半功倍的作用。

餐厅是 K(中国)公司的基本业务单元,因此针对餐厅管理人员的“教育培训系统”是该公司人力资源培训战略的重要环节,这套系统被某些业内人士称为“制造核心竞争力的永动车”。1996 年,公司专门建立了对餐厅管理人员进行训练的专业基地——教育发展中心,每年为来自全国各地 2 000 多名该公司餐厅管理人员提供上千次的培训课程,使他们从一个丝毫不了解餐饮行业、不了解餐厅管理的外行人,发展到餐厅经理中的精英。在这个过程中,企业提供的不同培训课程以及度身定制的长远规划功不可没。

思考题：

1. K(中国)公司的员工培训开发系统具有哪些特点？
2. K(中国)公司的员工培训制度对我们有哪些启示？

实训题：模拟招聘

目的：通过模拟招聘，让学生了解招聘的过程，培养人员招聘工作的能力，并训练应聘的能力与心理素质。

要求：以各公司为单位，组织招聘活动，各公司要制订招聘计划，包括招聘目的、招聘岗位、任用条件、招聘程序，特别是聘用的决定办法。各模拟公司招聘由总经理主持，公司成员均为招聘组成员，每名学生可向不超过三家公司应聘。各公司根据每个应聘者的表现决定聘任，招聘程序按课程讲授内容进行，一定要体现出应聘者的竞争优势。

10－1　德鲁克的有效管理者研究

10－2　绩效管理工具——平衡计分卡

10－3　宝洁，每一个管理者都是培训师

第十一章　组织力量的整合

【学习目标】

了解：授权的基本定义、过程、原则；直线与参谋的相互关系。

理解：正式组织与非正式组织的产生；非正式组织的影响。

掌握：影响集权与分权的主要因素；委员会的优点与缺点。

运用：学会运用正确的方法整合组织中的各种力量、处理好各层次部门之间的关系，发挥其应有的作用。

【教学重点】

授权的原则；影响集权与分权的因素；非正式组织的影响；委员会的特点。

【导入案例】

比特丽公司的分权管理

比特丽公司是美国一家大型联合公司，总部设在芝加哥，下属 450 个分公司，经营9 000 多种产品，其中许多产品，如克拉克棒糖、乔氏中国食品等，都是名牌产品。公司每年的销售额达 90 多亿美元。

多年来，比特丽公司都采用购买其他公司来发展自己的积极进取战略，因而取得了迅速的发展。公司的传统做法是：每当购买一家公司或厂家以后，一般都保持其原来的产品，使其成为联合公司一个新产品的市场；另一方面是对下属各分公司都采用分权的形式，允许新购买的分公司或工厂保持其原来的生产管理结构，这些都不受联合公司的限制和约束。由于实行了这种战略，公司变成了由许多没有统一目标、彼此又没有什么联系的分公司组成的联合公司。

1976 年，负责这个发展战略的董事长退休以后，董事会在关于董事长接班人的问题上发生了矛盾。作为解决的办法：董事会任命一个任期 2 年的临时董事长，同时又选出了一个未来接替董事长职务的人。由于这两人合作不好，而造成未来接替董事长的人辞职。1979 年，临时董事长退休，接着有才华的副董事长和另一位董事都先后辞职。德姆就是在这种情况下被任命为董事长。

新董事长德姆的意图是要使公司朝着他新制定的方向发展。根据他新制定的战略，德姆卖掉了下属 56 个分公司，但同时又买下了西北饮料工业公司。

据德姆的说法，公司除了面临发展方向方面的问题外，还面临着另外两个主要问题：一个是下属各分公司都面临着向社会介绍并推销新产品的问题，为了刺激各分公司的工作，德姆决定采用奖金制，对下属干得出色的分公司经理每年奖励1万美元。但是，对于这些收入远远超过1万美元的分公司经理人员来说，1万美元恐怕起不了多大的刺激作用。另一个面临的更严重的问题是，在维持原来的分权制度下，应如何提高对增派参谋人员必要性的认识，应如何发挥直线与参谋人员的作用问题。德姆决定要给下属每个部门增派参谋人员，以更好地帮助各个小组开展工作。但是，有些管理人员则认为只增派参谋人员是不够的，还有的人则认为没有必要增派参谋人员，可以采用单一联络人联系几个单位的方法(如果这样，权力就会过于集中)。

公司专门设有一个财务部门，但是这个财务部门根本就无法控制这么多分公司的财务活动，因此造成联合公司总部甚至无法了解并掌握下属部门支付支票的情况等。

(资料来源：王凤彬，刘松博，朱克强《管理学教学案例精选》)[M]，复旦大学出版社，2009)

【案例思考】

1. 根据案例提供的情况，你如何对这家公司董事会的工作做出评价？有哪些因素会造成董事之间产生矛盾？

2. 联合公司在扩大参谋人员的情况下，还可能保持原来的分权管理吗？如果可能，以怎样的形式保持？如果不可能，则它将采取何种形式？

3. 从这个公司的情况分析，你知道它是如何进行人事安排的？

为了保证组织机构中的各个部分能够协调地为组织目标服务，就必须要求组织的全体成员能很好地进行沟通和协作。为此，需要整合组织中的各种力量，建立高效的信息沟通网络，处理好组织的不同成员之间的各种关系，使分散在不同层、不同部门、不同岗位的组织成员的工作朝向同一个目标去努力。

第一节　集权与分权

一、集权与分权的相对性

1. 集权与分权的含义

集权与分权是指职权在不同管理层之间的分配与授予。其中，集权是指决策权在组织系统中较高层次的一定程度的集中；与此相对应，分权是指决策权在组织系统中较低管理层次的一定程度上的分散。

2. 集权与分权的相对性

职权在组织中是集中还是分散，不是职权的种类问题，而是职权的大小问题。集权与分权是任何组织正常进行所必然存在的现象。在组织中，集权与分权是相对的，绝对的集权或绝对的分权都是不可能的。集权与分权同时也是两个彼此相对、相互依存的概念。集权或者分权不能简单地用“好”或“坏”来加以判断。某种程度的集权对组织来讲是必要的，因为最高主管不可能把他所拥有的职权全部委派给下属，否则他作为管理者的身份就不复存在了。同样，某种程度的分权也是组织所需要的，因为最高主管不可能把权力都集中在自己手中，而没有下属，这在现代社会经济组织中显然是不可能的。

二、集权与分权的优缺点

1. 集权的优缺点

集权的优点主要反映在:具有对组织的绝对控制权,利于集中领导、统一指挥;利于各部门间活动的协调,防止政出多门,互相矛盾;利于实行专业化,提高工作效率等。

集权的缺点主要反映在:过分集权不利于合理决策;控制可能会变为独裁式的,不利于调动下属的积极性和主动性;阻碍信息交流;助长组织中的官僚主义,缺乏灵活性,降低组织对外部环境的适应能力等。

2. 分权的优缺点

分权的优点主要反映在:减轻高层决策者的负担,使其集中精力于组织的重大决策,有利于组织决策的合理化;由于权力的下放,允许员工参与决策,有利于调动员工的积极性和主动性;使中低层管理者得到良好的培训机会,利于培养综合管理等。

分权的缺点主要反映在:由于权力的分散,各部门统一协调困难;易出现部门主义和本位主义,导致上级部门管理失控等。

三、衡量集权和分权程度的标志

判断一个组织集权或分权的程度,常常根据各管理层次拥有的决策权的情况来确定。一般可以从以下四个方面衡量某个组织的集权与分权情况。

1. 决策的数目

组织中较低管理层次做出决策的数目或频度越大,则分权程度就越高;相反,上层决策数目越多,则其集权程度就越高。

2. 决策的范围

组织中较低管理层次决策的范围越广,涉及的职能越多,则分权程度越高。

3. 决策的重要性

决策的重要性可以从两个方面来衡量:一是决策的影响程度;二是决策涉及的费用。如果组织中较低管理层次的决策只影响该部门的日常管理,而不影响部门的今后发展,从而决策对整个组织的影响程度较小,则组织的分权程度较低;反之,则高。类似地,低层次管理部门决策涉及的费用越大,说明其分权程度越高。

4. 决策的审核

在根本不需要审批决策的情况下,分权的程度就非常高;在做出决策后还必须呈报上级领导做出审批的情况下,职权分散程度就低一些;较低级管理层次在做出决策后的审核手续越简化,分权的程度就越高。

四、影响集权与分权的因素

集权与分权的程度是随条件变化而变化的,具体因素有以下几个。

1. 决策的代价

决策付出代价的大小,是决定分权程度的最重要的因素。一般来说,决策失误的代价越大,即从经济标准和信誉、士气等无形标准来看影响较大的决策,越不适宜交给下级人员处理。高层主管常常亲自负责重要的决策,而不轻易授权下属处理。这不仅是因为高层主管的经验丰富，犯错误的机会少，而是因为这类决策责任重大，不宜授权。

2. 政策的一致性

高层主管如果希望在整个组织中采用一个统一的政策，以便于比较各部门的绩效、保证步调一致，则往往赞同较高程度的集权；否则，就会允许各单位根据客观情况划定各自的政策，放宽对职权的控制程度。

3. 组织的规模

组织规模越大，需要做出决策的数目就越多，需要做出的决策的场所也越多，协调起来也就越困难。要克服这些问题，应加快决策速度、减少失误，使高层决策者能够集中精力处理重要决策，就需要向组织下层分散权力。

4. 组织的成长

从组织成长的阶段来看，组织成立初期绝大多都采取和维护高度集权的管理方式。随着组织逐渐成长、规模日益扩大，则由集权的管理方式转向分权的管理方式。从组织成长的方式来看，如果组织是从内部发展起来的，由小组织逐渐发展成为大组织，则分权的压力比较小；如果组织是由合并的方式发展起来的，则分权的压力比较大。

5. 管理哲学

管理者的个性和他们的管理哲学不同，对组织的分权程度有很大影响。专制、独裁的管理者不能容忍别人触犯他们小心戒备的权力，往往采取集权式管理；反之，则会倾向于分权。

6. 管理人才的数量和素质

管理人才的缺乏和素质不高会限制职权的分散；如果管理人员数量充足、经验丰富、训练有素、管理能力强，则可以较多地分权。

7. 其他

其他因素如职能领域不同、外界环境不同等也会影响到组织的集权与分权程度。

第二节　直线与参谋

组织中的管理人员是以直线主管或参谋两类不同身份来从事管理工作的。这两类管理人员，或更准确地说与此相应的管理人员的两种不同作用，对组织活动的展开和目标的实现都是必需的。

一、直线、参谋及其相互关系

1. 直线关系

企业中的最高主管，由于时间和精力的限制，不可能直接地、面对面地安排和协调每一个成员的活动，需要委托若干副手来分担管理的职能，各个副手又需委托若干部门经理或车间主任，后者再委托若干科长或工段长来分担自己受托担任的管理工作。依此类推，直至组织中的基层管理人员能直接安排和控制员工的具体活动。这种由管理幅度的限制而产生的管理层次之间的关系便是所谓的直线关系。

直线关系是一种命令关系，是上级指挥下级的关系。这种命令关系自上而下，从组织的最高层，经过中间层，一直延伸到最基层，形成一种等级链。链中每一个环节的管理人员都有指挥下级工作的权力,同时又必须接受上级管理人员的指挥,这种指挥和命令的关系越明确,即各管理层次直线主管的权限越清楚,就越能保证整个组织的统一指挥。

2. 参谋关系

参谋关系是伴随着直线关系而产生的。组织的规模越大,活动越复杂,参谋人员的作用就越重要,参谋的数量就越多,从而参谋与直线的关系就越复杂。

现代企业在运营中,企业活动的过程越来越复杂。组织和协调这个活动过程的管理人员,特别是高层次的主管人员越来越感到专门知识的缺乏。因此,主管人员常常需要借助设置一些助手,利用不同助手的专门知识来补偿直线主管的知识不足。这些具有不同专门知识的助手通常称为参谋人员。因此,参谋的设置首先是为了方便直线主管的工作,减轻他们的负担。虽然随着组织规模的扩大,为了方便这些机构的工作,直线主管也会授予他们部分职能权力,但是,他们仍然是同层次直线主管的助手,主要任务仍然是提供某些专门服务,进行某些专项研究,以提供某些对策建议。

3. 直线与参谋的相互关系

从上面的分析中可以看出,直线与参谋是两类不同的职权关系。直线关系是一种指挥和命令的关系,授予直线人员的是决策和行动的权力;而参谋关系则是一种服务和协助的关系,授予参谋人员的是思考、筹划和建议的权力。

区分直线与参谋的另一个标准是分析不同管理部门和管理人员在组织目标实现中的作用。人们把那些对组织目标的实现负有直线责任的部门称为直线机构,而把那些为实现组织基本目标协助直线人员有效工作而设置的部门称为参谋机构。因此,在企业中致力于生产或销售产品的部门就是直线机构,而采购、人事、会计等应称为参谋部门。

我们还可以从职权关系的角度来理解直线与参谋。直线管理人员拥有指挥和命令的权力,而参谋则是作为直线的助手来进行工作的。

二、直线与参谋的矛盾

设置作为直线主管的助手的参谋职务,可以保证直线的统一指挥,还能够适应管理复杂活动需要多种专业知识的要求。然而在实践中,直线与参谋的矛盾往往是组织缺乏效率的原因之一。考察这些低效率的组织活动,通常可以发现两种不同的倾向:或者虽然保持了命令的统一性,但参谋作用不能充分发挥;或者参谋作用发挥失当,破坏了统一指挥的原则。因此,在实际工作中,直线与参谋都有可能产生对对方不满的情绪。

从直线主管这方面说,他们需要对自己所辖部门的工作结果负责。因此,对那些必须在工作中与之商量、倾听意见的上级参谋人员和部门,当他们对与自己有关的工作发表议论和评论甚至指手画脚时,就有可能认为是干预了自己的工作,从而可能对他们产生不满。由于参谋人员只有服务和建议的权力,对直线人员的工作没有任何约束力,因此后者对他们的建议完全可以不予重视,只根据自己的认识和判断行事,并以所谓的"参谋不实际""参谋不了解本部门的特点""参谋们只知纸上谈兵"等作为借口。直线人员对参谋作用的敌视和忽视,使得后者的专业知识不能得到充分利用。

从参谋人员的角度来看,会因为直线主管的轻视而产生不满。由于专门从事研究和咨询的参谋人员往往要比同层次的直线管理人员年轻,且受过更高水平的正规教育,组织重视他们的目的是为了利用他们的某些专业知识,因此,他们理所当然地希望通过提出有见解的、能够被采纳的建议来证明自己的价值,作为进取的途径。当有人告诉他们,决策是直线管理的智能,他们的作用只是支持性的、辅助性的,从而是第二位的时,他们自然会感觉到受到了挫折甚至侮辱,从而会产生对直线人员的不满。

引起直线与参谋矛盾的另一个可能原因是参谋人员过高估计了自己的作用。某些正确的建议被直线经理采纳并取得了积极成果以后,参谋人员会沾沾自喜,"贪天功为己有",认为组织活动的成绩主要应归功于自己。相反,如果建议在实施过程中遇到困难,没有取得预计的有利结果,这时有些参谋人员会迫不及待地推卸责任,声明之所以未取得有利结果,是因为直线曲解了他们的建议,或者没有完全按照他们的说法去做:建议是合理的,方案是正确的,但执行过程中变了样。既然这样,成绩要归功于参谋,失误要怪罪于直线,那么直线漠视参谋的建议与作用就不足为怪了。

【走进管理】

参谋和直线的矛盾

在《讽刺与幽默》上曾经登载这样一则漫画:一个人不慎落水,在河中大叫救命,做垂死的挣扎。在河边站着另一个穿戴像军师样子的人正在长篇大论,口沫飞溅。旁注:"上次我提出的关于学习游泳的方案,你没采纳,后悔了吧,现在我再提一个方案给你。"后面的文字是一大堆关于如何救生的技巧,可以利用竹竿、救生圈、绳子等工具把人救上岸,然后马上做心肺复苏术等详细步骤。河边的人正在向赶来的人炫耀自己的提议如何如何正确。

【管理启示】

这只是个讽刺故事,但在企业的日常经营活动中,发生直线人员和参谋人员之间的冲突也会造成类似的结果。这种类型的冲突我们称之为破坏性冲突。这种冲突一旦产生,就会给企业的管理和经营造成负面的影响。因此,如何避免这样的情况发生,就是每个管理者需要考虑的问题。

三、正确发挥参谋的作用

解决直线与参谋的矛盾,综合直线与参谋的力量,要在保证统一指挥与充分利用专业人员的知识这两者之间实现某种平衡。解决这对矛盾的关键是要合理利用参谋的工作,参谋的作用发挥不够或过分,都有可能影响直线,从而整个组织活动的效率。合理利用参谋的工作,要求明确直线与参谋的关系,授予参谋机构必要的职能权力,同时,直线经理也必须向参谋人员提供必要的信息条件。

1. 明确职权关系

无论是直线经理还是参谋人员都应认识到,设置参谋职务、利用参谋人员的专业知识是管理现代组织复杂活动所必需的。但是,直线与参谋的职责、权限以及工作目的是不同的。直线经理需要制定决策,安排所辖部门的活动,并对活动的结果负责;而参谋人员则是在直线经理的决策过程中,进行研究,提供建议,指明采用不同方案可能得到不同结果,以供直线经理在运用决策权力的过程中参考。

只有明确了各自工作的性质与职权关系的特点,直线与参谋才有可能防止相互之间矛盾的产生或以积极的态度去解决已产生的矛盾。

(1) 对直线经理来说,只有了解参谋工作,才有可能自觉地发挥参谋的作用,利用参谋的知识,认真对待参谋的建议,充分吸收其中合理的内容,并勇于对这种吸收以及据此采取的行动的结果负责,而不是在行动中出现了问题后才去责怪参谋人员由于缺乏经验而制订了理论脱离实际的计划。

(2) 对参谋人员来说,只有明确了自己工作的特点,认识到参谋存在的价值在于协助和改善直线的工作,而不是去削弱他们的职权,才有可能在工作中不越权争权,而是努力地提供好的建议,推荐自己的主张,宣传自己的观点,以说服直线经理乐于接受自己的方案。因为没有直线经理的接受,再好的方案也只能是纸上谈兵,而直线经理采纳何种方案、采用何种行动是要担负一定的风险的,所以活动的成绩应首先归功于直线的经营管理人员。

总之,直线与参谋,越是明确各自的工作性质、了解两者的职权关系,就越有可能重视对方的价值,从而自觉地尊重对方,处理好相互间的关系。

2. 授予必要的职能权力

明确了参谋人员对管理复杂活动的必要性以后,直线经理会在理智上意识到必须充分利用参谋的专业知识和作用。但是,人并不是单纯的理性动物,也非在任何时候、任何条件下都是理智的,影响人的行为还有许多非理性的因素。为了确保参谋人员作用的合理发挥,授予其必要的职能权力往往是必需的。

授予职能权力是指直线主管把原本属于自己的指挥和命令直线下属的某些权力授给有关的参谋部门或参谋人员行使,从而使这些参谋部门不仅具有研究、咨询和服务的责任,而且在某种职能范围内(比如人事、财务等)具有一定的决策、监督和控制权。

组织中参谋人员发挥作用的方式主要有以下四种:

(1) 参谋专家向他们的直线上司提出意见或建议,由后者把建议或意见作为指示传达到下级直线机构,这是纯粹的参谋形式,参谋与低层次的直线机构不发生任何联系。

(2) 直线上司授权参谋直接向自己的下级传达建议和意见,取消自己的中介作用,以减少自己不必要的时间和精力消耗,并加快信息传递的速度。

(3) 参谋不仅向直线下属传达信息、提出建议,而且告诉后者如何利用这些信息,应采取何种活动。这时,参谋与直线的关系仍然没有发生本质的变化。参谋仍然无权直接向直线下属下命令,只是就有关问题与他们商量,提出行动建议。如果直线下属不予理睬或不予重视,则需要由直线上司来发出行动指示。

(4) 上级直线主管把某些方面的决策权和命令权直接授予参谋部门,即参谋部门不仅建议下级直线主管应该怎么做,而且要求他们在某些方面必需怎么做。这时,参谋的作用发生了质的变化,参谋部门不仅要研究政策建议或行动方案,而且要布置方案的实施、组织政策的执行。

必须指出,参谋部门职能权力的增加虽然可以保证参谋人员专业知识和作用的发挥,但也有多头领导、破坏部令统一性的危险。参谋部门有了职能权力以后,企业中的分厂厂长或事业部经理除了有一个直线上司(总经理或副总经理)以外,可能同时还要接受好几个职能部门负责人的指导甚至是领导。这些职能上司的存在虽然是由解决复杂问题所必需的专业知识所决定的,但同样不可忽视的是,多头领导往往会造成组织关系的混乱和职责不清。因此,组织中要谨慎地授予职能权力。

谨慎地使用职能权力,包括两个方面的含义:首先,要认真地分析授予职能权力的必要性,只在必要的领域中使用它，以避免削弱直线经理的地位；其次，要明确职能权力的性质，限制职能权力的应用范围，规定职能权力主要用来指导组织中较低层次的直线经理怎么干，而不是用于决定干什么的，主要用于解决“如何”“何时” 等问题，而不能用于解决“什么”“何地”“何人”等问题。

最后，还需要指出，为了避免命令的多重性，组织中较高层次的直线主管还应注意，在授予某些职能权力后，要让相应的参谋人员放手展开工作，而不能仍然频繁地使用已经授予的权力。

3. 向参谋人员提供必要的条件

虽然直线与参谋的矛盾往往主要是由于参谋人员的过分热心所造成的，因此缓和他们之间的关系首先要求参谋人员经常提醒自己“不要越权”，“不要篡权”。但同时直线经理也应认识到，参谋人员拥有的专业知识正是自己所缺乏的，因此必须自觉地利用他们的工作。要取得参谋人员的帮助，必须首先帮助参谋人员的工作，向参谋人员提供必要的工作条件，特别是有关的信息情报，使他们能及时地了解直线部门的活动进展情况，从而能够提出有用的建议。埋怨参谋部门不了解直线活动的复杂性，提出的建议不切实际，同时又不愿为参谋人员研究情况、获得信息提供必要的方便，这显然是直线经理应该注意避免的态度。

第三节　正式组织与非正式组织

一、正式组织的活动与非正式组织的产生

组织设计的目的是建立合理的组织机构和结构，规范组织成员在活动中的关系。设计的结果是形成所谓的正式组织。这种组织有明确的目标、任务、结构、职能以及由此而决定的成员间的责权关系，对个人具有某种程度的强制性。但是，不论组织设计的理论如何完善，设计人员如何努力，人们都无法规范组织成员在活动中的所有联系，都无法将所有这些联系纳入正式的组织结构系统。一般在社会经济单位中，还都存在着一种非正式的组织。

非正式组织是伴随着正式组织的运转而形成的。在正式组织展开活动的过程中，组织成员必然发生业务上的联系。这种工作上的接触会促进成员之间的相互认识和了解。他们会渐渐发现在其他同事身上也存在一些自己所具有、所欣赏、所喜爱的东西，从而相互吸引和接受，并开始工作以外的联系。频繁的非正式联系又促进了他们之间的相互了解，一些无形的、与正式组织有联系但又独立于正式组织的小群体便慢慢地形成。这些小群体形成以后，其成员由于工作性质相近、社会地位相当、对一些具体问题的认识基本一致、观点基本相同，或者在性格、业余爱好以及感情相投的基础上，产生了一些被大家所接受并遵守的行为规则，从而使原来松散、随机性的群体渐渐成为趋向固定的非正式组织。

正式组织的活动以成本和效率为主要标准，要求组织成员为了提高活动效率和降低成本而确保形式上的合作，并通过对他们在活动过程中的表现予以正式的物质与精神的奖励或惩罚来引导他们的行为。因此，维系正式组织的主要是理性的原则，而非正式组织则主要以感情和融洽的关系为标准，它要求其成员遵守共同的、不成文的行为规则。不论这些行为规范是如何形成的，非正式组织都有能力迫使其成员自觉或不自觉地遵守。对于那些自觉遵守和维护

规范的成员,非正式组织会予以赞许、欢迎和鼓励,而那些不愿就范或犯规的成员,非正式组织则会通过嘲笑、讥讽、孤立等手段予以惩罚。因此,维系非正式组织的,主要是接受与欢迎或孤立与排斥等感情上的因素。

由于正式组织与非正式组织的成员是交叉混合的,由于人们感情的影响在许多情况下要甚于理性的作用。因此,非正式组织的存在必然要对正式组织的活动及其效率产生影响。

二、非正式组织的影响

非正式组织的存在及其活动既可对正式组织目标的实现起到积极促进的作用,也可能对后者产生消极的影响。

1. 非正式组织的积极作用

(1) 可以满足职工的需要。非正式组织是自愿性质的,其成员甚至是无意识地加入进来。他们之所以愿意成为非正式组织的成员,是因为这类组织可以给他们带来某些需要的满足。比如,工作中或作业间的频繁接触以及在此基础上产生的友谊,可以帮助他们消除孤独的感觉,满足"交流"的需要;基于共同的认识或兴趣,对一些共同关心的问题进行谈论甚至争论,可以帮助他们满足"自我表现"的需要;从属于某个非正式群体这个事实本身,可以满足他们"归属""安全"的需要等。组织成员的许多心理需要是在非正式组织中得到满足的。

(2) 可以促进职工之间的沟通。人们在非正式组织中的频繁接触会使相互之间的关系更加和谐、融洽,从而易于产生和加强合作的精神。这种非正式的协作关系和精神如能带到正式组织中来,则无疑有利于促进正式组织的活动协调地进行。

(3) 可以提高职工工作水平。非正式组织虽然主要是发展一种工作之余的、非工作性的关系,但是它们对其成员在正式组织中的工作情况也往往是非常重视的。对于那些工作中的困难者、技术不熟练者,非正式组织中的伙伴往往会自觉地给予指导和帮助。同伴的这种自觉、善意的帮助,可以促进他们技术水平的提高,从而起到一定的培训作用。

(4) 非正式组织能够帮助正式组织维护秩序。就像对环境的评价会影响个人的行为一样,社会的认可或拒绝也会左右非正式组织的行为。非正式组织为了群体的利益,为了在正式组织中树立良好的形象,往往会自觉或自发地帮助正式组织维护正常的活动秩序。虽然有时也会出现非正式组织的成员犯了错误互相掩饰的情况,但为了不使整个群体在公众中留下不受欢迎的印象,非正式组织对那些严重违反正式组织纪律的害群之马,通常会根据自己的规范、利用自己特殊的形式予以惩罚。

2. 非正式组织可能造成的危害

(1) 非正式组织的目标如果与正式组织冲突,则可能对正式组织的工作产生极为不利的影响。比如,正式组织力图利用职工之间的竞赛以达到调动积极性、提高产量与效益的目标,而非正式组织则可能认为竞赛会导致竞争,造成非正式组织成员的不和,从而设法阻碍和破坏竞赛的展开,其结果必然是影响企业竞赛的气氛。

(2) 非正式组织要求成员一致性的压力,往往也会束缚成员的个人发展。有些人虽然有过人的才华和能力,但非正式组织一致性的要求可能不允许他冒尖,从而使个人才智不能得到充分发挥,对组织的贡献不能增加,这样便会影响整个组织工作效率的提高。

(3) 非正式组织的压力还会影响正式组织的变革,发展组织的惰性。这并不是因为所有非正式组织的成员都不希望改革,而是因为其中大部分人害怕变革会改变非正式组织赖以生存的正式组织的结构，从而威胁非正式组织的存在。

三、积极发挥非正式组织的作用

不管我们承认与否、允许与否、愿意与否，上述影响总是客观存在的。正式组织的目标的有效实现，要求积极利用非正式组织的贡献，努力克服和消除它的不利影响。

(1) 利用非正式组织，首先要认识到非正式组织存在的客观必然性和必要性，允许、乃至鼓励非正式组织的存在，为非正式组织的形成提供条件，并努力使之与正式组织吻合。比如，正式组织在进行人员配备工作时，可以考虑把性格相投、有共同语言和兴趣的人安排在同一部门或相邻的工作岗位上，使他们有频繁接触的机会，这样就容易使两种组织的成员基本吻合。又如，在正式组织开始运转以后，注意展开一些必要的联欢、茶话、旅游等旨在促进组织成员间感情交流的联谊活动，为他们提供业余活动的场所，在客观上为非正式组织的形成创造条件。

(2) 通过建立和宣传正确的组织文化来影响非正式组织的行为规范，引导非正式组织提供积极的贡献。非正式组织形成以后，正式组织既不能利用行政方法或其他强硬措施来干涉其活动，也不能任其自由，因为这样有产生消极影响的危险。因此，对非正式组织的活动应该加以引导。这种引导可以通过借助组织文化的力量，影响非正式组织的行为规范来实现。

许多管理学者在近期的研究中发现，不少组织在管理的结构上并无特殊的优势，但却获得了超常的成功，成功的奥秘在于有一种符合组织性质及其活动特征的组织文化。所谓组织文化是指被组织成员共同接受的价值观念、工作作风、行为准则等群体意识的总称。组织通过有意识地培养、树立和宣传某种文化，来影响成员的工作态度，使其个人目标与组织的共同目标尽量吻合，从而引导他们自觉地为组织目标的实现积极工作。

第四节　委员会与集体决策

委员会是指一群人有计划地聚合在一起，执行某方面管理职能并进行集体决策、集体领导作为集体工作的一种形式，组织中存在着多种多样的委员会。委员会可以是临时的，也可以是永久的；可以是直线式的，也可以是参谋式的；可以是正式的，也可以是非正式的。组织内常见的委员会有董事会、工作委员会、预算委员会、咨询委员会等。

一、委员会的优点

1. 综合各种意见，提高决策的正确性

集体决策的质量要优于个人决策，这是由多种原因所决定的。

(1) 集体讨论可以产生数量更多的方案。个人的知识、经验和判断能力总是有限的，因此他能够提出的阶段特定问题的方案也有限，而集体讨论则可以增加解决问题的方案数量。可供选择的方案数量越多，被选方案的正确程度或满意程度就可能越高。

(2) 委员会工作可以综合各种不同的专门知识。组织中需要解决的问题往往很少只涉及某一个方面的职能。企业的经营决策通常同时需要生产、营销、财务、人事等各个方面的专业知识。决策的层次越高，对知识的要求越广，从而越宜采用集体的方式，因为集体决策能够运用比个人更多、更广泛的经验和知识。

(3) 在集体讨论中,可以启发和活跃人的思维,开阔人的思路,促进人们思考,使新设想不断产生、补充和完善。讨论中别人的意见,不论是赞同还是反对自己的观点,都会促进每一个与会者去认真思索赞同或反对、坚持或修正的理由,从而使他们及时地放弃自己的不合理的设想,或在充分吸收他人意见的基础上不断完善自己的观点。

2. 协调各种职能.加强部门间的合作

组织内的许多工作都要打破部门的界限,部门经理的决策不仅影响到本部门的工作,而且会对其他部门的活动产生影响。由于企业目标的实现有赖于这些不同职能部门的共同努力,所以,组织中常通过建立由主要职能部门经理组成的执行委员会或管理委员会来协调不同部门的活动、组织信息的交流,这样既有利于减轻上层主管人员的负担,又可以加强部门间的合作。

3. 代表各方利益,诱导成员的贡献

组织是由不同成员构成的,他们分属于不同的利益集团。对于重大问题,需要委员会集体讨论决定。委员会开会讨论过程中,代表各自利益的委员们都有发言权与投票权,他们适当地使用这些权利,参与决策的制定过程,既可以获得集体决策的益处,又可以防止或减少某些人独揽大权的问题发生。相反,如果各利益集团在组织的决策机构中没有自己的代表,不能及时反映自己的要求,或者认为组织目标没有考虑到本集团的利益,那么,他们对这些目标和政策就会采取一种抵制的态度。

4. 组织参与管理,调动执行者的积极性

委员会工作不仅有利于决策的制定,而且有利于决策的执行。通过委员会来研究和决定解决某个问题的方案,不仅可以使更多的人(包括计划执行者的代表、下级主管人员甚至一般成员)参与整个决策过程,使他们了解信息、增加知识,从而为计划的执行提供更好的条件,而且参与本身就是一种重要的激励方式,能够推动人们在执行过程中更好地合作。

二、委员会的缺点

由于委员会是由一组人来执行某种管理职能的,委员会的决策要在这一组人的意见基本一致的基础上才能制定,因此运用委员会的工作方式也有可能带来以下几点局限性。

1. 时间上的延误

为了取得大体一致的意见,制定出各方面基本上都能接受的决策,委员会需要召开多次会议,这些会议通常要消耗大量的时间。委员会只有在充分讨论的基础上,才有可能得到基本一致的集体决议。综合了各种知识和意见的集体决策的正确性往往伴随着时间上的迟缓性。这种时间上的延误,可能会使组织付出极大的代价,因为行动的最好时机也在委员会的无休止的争论中已悄悄溜去。

2. 决策的折中性

虽然委员会是以集体讨论的方式来解决问题,但是在讨论问题时,由于委员会成员往往把会议讨论视为充分表现自己、实现个人或集团目标的手段,只要某个利益集团或其代表的利益未能得到满足,委员会就难以达成一致结果。因此,为了得到全体一致的决策,委员会就不得不充分考虑各个方面的利益,满足各个委员的要求。这种决策与其说是集体的意见,不如说是各种利益冲突的结果,是各种势力妥协折中的产物,决策的质量是有限的,甚至没有什么实质性的内容。

3. 权力和责任的分离

同组织中任何其他机构或职务一样，当委员会被授予一定的权限时，必须对相应的权力使用的结果负责。因此，从理论上来说，作为集体中的每个成员都必须对委员会的每项决策及其执行情况负责。委员会中每个人提出的建议要想成为决定，都需要委员会集体讨论，最终的决策也是集体讨论的结果，这使得委员会中的每位成员对决策负责的责任感下降。一般来说，委员会中的任何一个成员，对集体任务的责任感总不如他对个人负责某事的责任感强，正所谓“一个和尚挑水喝，两个和尚抬水喝，三个和尚没水喝”。

三、提高委员会的工作效率

委员会的工作形式对于协调不同利益集团的关系、调动各方面的积极性、促进不同职能部门和管理层次的沟通和协作是非常重要的。但是，如果应用不当，则有可能影响决策的速度和质量，增加决策的成本。因此，要求我们不断探索改进这些缺点，提高委员会工作效率的方法。

1. 审慎使用委员会工作的形式

由于委员会的工作需要消耗大量的时间和费用，因此对于那些琐碎、繁杂、具体的日常事务，不宜采用委员会的形式去处理。这些日常业务，不仅数量多，而且时间要求往往非常高。如果利用委员会去处理，则可能经常产生决策延误的危险。相反，处理那些对组织的全局影响更重要、更长远，从而对时间要求往往不是很严格，组织可以而且必须进行详细论证的问题，则可利用作为提供咨询的参谋机构，甚至作为制定政策的决策机构的委员会的工作方式。

另外，由于委员会通常可用来作为协调的工具，因此，当处理的问题只涉及一个职能或一个利益群体的内部时，利用委员会的工作似乎是多余的。而对于处理那些涉及不同部门的利益和权限的问题，委员会的形式往往是比较有效的。

2. 选择合适的委员会成员

应根据委员会的性质来选择恰当的委员。运用委员会的目的在于进行专门研究，提供咨询意见和建议，那么，委员会成员应具有问题所涉及的不同专业的理论和实际知识。如果运用委员会的目的是协调各方面的利益和权限，那么委员会的成员就应是相关职能部门的负责人或利益群体的代表。如果委员会作为一个决策机构来工作，那么委员会的成员就不仅应掌握必要的专门知识，能够代表不同方面的利益，而且应具备相当的综合、分析能力和合作精神。在任何性质的委员会中，成员都应有较强的表达能力和理解能力，不仅善于表达自己的观点，而且能正确把握其他成员的思想。因为决定委员会工作效率的一个重要因素是成员间的相互沟通，而改善沟通的必要前提是这些在一起工作的人具有较强的沟通能力。

3. 确定适当的委员会规模

委员会的规模主要受到两个因素的影响：沟通的效果和委员会的性质。

委员会是利用开会、讨论的方式来展开工作的。参加讨论的人数过多，要使每一个与会者都有足够的机会去正确理解别人的观点或充分阐述自己的意见是比较困难的。信息沟通的质量与参加会议的人数成反比：委员会的成员越少，沟通的效果越好；反过来，成员越多，沟通的难度越大。因此，从信息沟通这个角度去考察，似乎倾向于较小的委员会规模。

但是，如果委员会规模很小，那么就有可能与这种工作方式的逻辑使命相违背。只有少数人组成的委员会，不可能“综合各种知识”“代表各方面利益”“使执行者有足够的参与机会”。为了在保证代表性的同时，取得较好的沟通效果，有人把所需讨论的问题细分为若干方面，然后成立小组委员会,从而使相关部门或群体的代表都有足够的机会去发表自己的意见。

在确定委员会的规模时,要努力在追求“沟通效果”与“代表性”这两者之间取得适当的平衡。

4. 发挥委员会主席的作用

委员会主席是一个重要的角色,委员会的工作成效无疑要在很大程度上受到主席的领导才能的影响。为了避免时间的浪费和无聊的争论,委员会主席应在每次会议之前制订详细的工作计划、选择恰当的会议主题、安排好议事日程,为与会者准备必要的、能够帮助他们熟悉情况的有关议题的背景材料。在讨论过程中,要善于组织和引导,既能公正地对待每一种意见,不偏袒任何一种观点,尊重每一个成员,给他们以平等的自由发表意见的机会。同时,也能从总体的角度出发,综合各种意见,提出易于被大部分成员所接受的新观点。

5. 考核委员会的工作

要提高委员会的工作效率,必须了解委员会的工作情况,对委员会的工作效率进行考核。由于委员会主要是通过会议来进行工作的,因此考核委员会的工作必须检查它的会议效率。会议的效率与召开会议所得到的有利结果以及为取得该有利结果而支付的费用有关。虽然我们难以计算委员会的决策带来的直接的货币收益,特别是难以对会议本身带来的协调、沟通和激励的作用进行量化处理,但是我们可以很方便地利用下述公式来计算委员会召开的会议的直接成本:

$$C = A \times B \times T$$

公式中,C 表示会议的直接成本,A 表示与会者平均小时工资率,B 表示与会人数,T 表示会议延续的时间。显然,在委员会成员数量与工资水平不变的情况下,减少为取得特定结果而所需的会议时间,是减少会议直接成本,从而提高委员会工作效率的重要途径。

复习思考题

1. 授权的基本原则是什么?
2. 有效的管理要求适度的集权和分权,怎样才能使集权与分权合理地组合?请举例说明。
3. 直线与参谋的主要矛盾有哪些?如何处理好两者之间的关系?
4. 非正式组织有什么特点?对企业会造成什么样的影响?
5. 简述委员会的优点与缺点。

案例讨论

低效的“生产性促进委员会”

曾被美国《幸福》杂志列为“幸福500家”之一的某公司,有一家工厂正面临着生产成本居高不下和工人士气低落的问题,因而决定参照日本的全面质量管理小组的做法,将员工吸收到提高生产性的活动中。公司高层管理人员提出了在工厂各部门中设立“生产性促进委员会”的想法。他们对此寄予很高的期望，相信这项活动不仅会提高生产的效率，同时还会促进工人士气的显著改善。

“生产性促进委员会”是按如下方式组织和开展活动的。在该厂各部门内设立一个这样的委员会，让每个成员都加入其中：各部门的委员会领导班子均由三个人组成，其一是部门负责人，另一是基层工会代表，再一是该部门成员选举出来的一名员工。委员会的人数在6—31人之间，人数不同是因为各部门的规模大小不同。各委员会每周开会一次，每次30分钟时间，研究如何促进本部门的生产力。委员会的建议直接呈递给工厂经理。

运作了一个月后，这18个委员会仅仅提出了3项建议，经工厂经理审核后发现没有一项是可行的。工厂经理很为这些建议的低质量感到失望。因此，他组建了一个由工会主席、人力资源和技术部门的负责人组成的调查小组来研究生产性促进委员会的运作情况。在与各委员会的领导们会谈以后，调查小组向工厂经理提交了一份报告，列示了生产性促进委员会未能取得预期结果的五大原因：

(1) 员工与领导人员普遍有一种担心，害怕生产性促进活动开展的结果会使人失去工作；

(2) 领导人员缺乏召开生产性促进委员会的建议；

(3) 感觉高层管理并不会认真地考虑生产性促进委员会的建议；

(4) 很难在30分钟的生产性促进委员会会议上解决什么问题；

(5) 员工和领导人员对他们作为生产性促进委员会成员的角色缺乏应有的了解。

（资料来源：王凤彬，刘松博，朱克强. 管理学教学案例精选[M]. 复旦大学出版社，2009）

思考题：

1. 你觉得有关生产性促进委员会失败的五个原因反映出存在什么样的沟通障碍？它与其组织的设计和运作存在什么联系？

2. 你建议生产性促进委员会的形式应做些什么改变？

3. 假定你是该工厂经理，在考虑了生产性促进委员会失败的五个原因后，你将采取什么行动？

实训题：非正式组织的调查与研究

目的：通过本章所学知识，对自己身边存在的非正式组织进行调查和研究，了解非正式组织的影响和作用。

要求：(1) 了解非正式组织形成的原因。

(2) 分组进行，走访身边存在的非正式组织了解其对组织成员的影响。

(3) 走访之前要学会与人沟通的基本技能。

(4) 根据调研结果写出一份调研报告。

11-1　任正非的会议发言

第四篇　领导职能

第十二章　领导与领导者

【学习目标】

了解：领导的概念和作用。

熟悉：领导者与管理者的关系。

掌握：领导者概念及其影响力的来源。

理解：领导者影响力效果的影响因素。

【教学重点】

领导者的概念及其影响力的来源；领导者的类型；领导者影响力效果的影响因素。

【导入案例】

金士顿公司的“每一位员工都是一个领导者”

金士顿技术公司(Kingston Technology Corporation)副总裁兼首席运营官大卫·孙(David Sun)说：“商业不止经营钱，还要经营关系。”该公司是一家制造个人内存、激光打印机、数码相机以及其他产品的公司。孙和他的合伙创办人、总裁约翰·杜(John Tu)努力和员工建议一种深厚的、关爱的、相互信任的关系。“他们也是整个团队的一部分，”一个员工在谈到他们与金士顿的领导者之间的关系时这样说道，“他们不仅是领导，也是员工，而且这种价值体系传递和影响着每一个人。”

孙和杜相信，公司里的每一位员工都是一个领导者，因此，他们与员工共同分享收益，当公司售出80%的产品给日本软银公司(Softbank Corp.)而赚了15亿美元之后，他们拨出1亿美元作为员工的奖金。起初，将3 800万美元分配给此笔业务发生时在为公司工作的550名员工。另外，将4 000万美元分配给发放奖金时公司在职的1 500名员工。孙和杜很困惑，因为人们对他们拨出1亿美元给员工的行为感到惊讶，似乎只有他们两人认为这种做法是合情合理的。

尽管这是令人惊讶的慷慨，但是，员工们在谈论他们为什么喜欢在金士顿工作的时候，几乎没人提到钱和分红。相反，他们更多谈论的是公司这两位高层领导的绅士风度、和蔼。像这种关于领导们对那些家庭遇到困难或者个人陷入困境的员工给予金钱、时间以及其他关怀的故事还有很多。这种方式使得领导与员工之间建立了一种相互信任、相互尊重的联系，员工们感觉他们是整个温暖的大家庭的成员。员工们得到友善的对待、关心以及尊重，他们以同样的态度去对待彼此、对待客户和供应商以及其他人。这很好地激励员工去实现组织目标、维护公司“做正确的事”声誉。公司里有一句话说得好，“我们努力维护这个家庭的良好声誉”。

[案例来源：达夫特著，王凤彬译：《组织理论与设计(第9版)》，清华大学出版社2007年版]

【案例思考】

1. “每一位员工都是一个领导者”的背后体现了公司怎样的理念?
2. 有人说“企业的文化就是企业家的文化”,你如何理解这句话?
3. 请简单评价孙和杜的领导风格,并说明其值得学习的地方。

第一节 领导的概念与作用

一、领导的概念

“什么是领导”?“怎样才能做一个好的领导者”? 这些问题已经困扰着人类达数千年之久。柏拉图、孙子、诸葛亮、斯隆都曾试图给出答案。对于领导的定义,国内外的学者给出了不少的界定,但目前尚无统一的定义。

管理学中的“领导”一词是指一种行为过程,管理学界对“领导”下过许多定义。科学管理之父泰勒认为,领导是影响人们自动为实现团体目标而努力的一种行为。斯托格第尔认为,领导是对组织内群体或个人施加影响的活动过程。戴维斯提出,领导是一种说服他人热心于一定目标的能力。罗伯特认为,领导是在某种条件下经由意见交流的过程所实施出来的一种为了达到目标的影响力。哈罗德 · 孔茨认为,领导是一种影响力,它是影响人们心甘情愿地和满怀热情地为实现群体目标努力的艺术或过程。他还认为,领导是一种影响过程,即领导者和被领导者个人的作用和特定的环境相互作用的动态过程。通用电气公司前首席执行官韦尔奇认为,领导是一种能将其想做的事或其发展设想形成一种远见,并能使其他人理解、采纳这种远见,以推动这种远见成为现实的人(这里的领导实际上是领导者的简称)。《中国企业管理百科全书》把领导定义为:率领和引导任何组织在一定条件下实现一定目标的行为过程。

以上的定义基本上都包含了“影响力”“过程”“达到目标”等核心内容,其中孔茨的定义更具代表性。我们认为,从管理学意义上来讲,领导的定义可概括为:领导是指领导者依靠影响力,指挥、带领、引导和鼓励被领导者或追随者,实现组织目标的活动和艺术。其基本含义包括以下几个方面。

1. 领导的本质是影响力

领导者拥有影响被领导者的能力或力量,它们既包括由组织赋予的职位权力,也包括领导者个人所具有的影响力。一个领导者如果一味地行使职权而忽视社会和情绪因素的作用,就会使被领导者产生逃避和反抗的倾向。当一个领导者的职位权威不足以说服下属从事适当的活动时,领导是无效的。正是靠着影响力,领导者在组织或群体中实施领导行为,领导者凭借影响力获取组织或群体成员的信任并把组织或群体中的人吸引到他的周围来,因此拥有个人影响力的人才能称得上是一位真正的领导者。

2. 领导是一个活动过程

领导是引导人们的行为过程,是对人们施加影响的过程,是领导者带领、引导和鼓舞下属去完成工作、实现目标的过程。同时,领导过程中所面临的组织或群体的内、外部环境是千变万化的,被领导者也是各种各样的。他们身份不同,教育、文化和经历背景不同,进入组织或群体的目的和需要不同,因此领导的过程是一种充满不确定因素的过程,越是高层次的领导行为，这种不确定性就越高，所以领导行为中艺术的成分就越多。

3. 领导包含领导者和被领导者两个方面

领导者是指能够影响他人并拥有管理的制度权力、承担领导职责、实施领导过程的人。领导是领导者与被领导者的一种关系，如果没有被领导者，领导者将变成光杆司令，其领导关系也就不复存在。在领导过程中，下属都甘愿或屈从于领导者而接受领导者的指导。

4. 领导的目的是为了实现组织的目标

领导是要让人们情愿地、热心地为实现组织或群体的目标而努力，而非无奈地、勉强地为组织或群体的目标而工作，这体现了领导工作的水平，也是领导者追求的完美目标。不能为了领导而领导，也不能为了体现领导的权威而领导，领导的根本目的在于影响下属为实现组织的目标而努力。

二、领导与管理

人们通常容易在概念上将管理与领导混淆，认为领导就是管理，管理者就是领导者。因此，有必要明确：领导与管理是两个不同的概念，两者之间既有联系又有区别。

1. 领导与管理的联系

(1) 领导是管理的一个方面，属于管理活动的范畴，管理包含领导。

(2) 领导活动和管理活动的开展都是以组织为基础的。

(3) 领导者和管理者在开展职能活动时，都要有一定的权力。

(4) 领导活动和管理活动在现实生活中具有较强的复合性和相容性。这主要体现在以下两方面：① 除了领导，管理还包括其他内容，如计划、组织、控制等，因此有效地进行领导的能力是作为一个有效的管理者的必要条件之一。② 有效的管理者必须首先是一位具备较高领导艺术和能力的人。

2. 领导与管理的区别

(1) 范围不同。一般意义上，管理的范围要大一些，而领导的范围相对要小一些。

(2) 作用不同。管理是为组织活动选择方法、建立秩序、维持运转等，领导在组织中的作用表现在为组织活动指出方向、设置目标、创造态势、开拓局面等方面。

(3) 层次不同。领导具有战略性、较强的综合性，贯穿在管理的各个阶段，而管理则具有较强的阶段性。从整个管理过程来看，如果我们把管理过程划分为计划、执行和控制三个主要的阶段，领导活动处在不同阶段之中，集中起来就表现为独立的职能，即为了实现组织目标，使计划得以实施，使建立起来的组织能够有效运转，组织和配备人员，并对各个过程结果进行监督检查。

(4) 功能不同。管理的主要功能是解决组织运行的效率，而领导的主要功能是解决组织活动的效果。效率涉及活动的方式，而效果涉及的是活动的结果。

(5) 权力基础不同。管理是建立在法定权力、正式职位权力基础上对下属进行组织、指挥和控制的行为。领导可建立在法定权力基础上，也可能建立在个人权力基础上。

(6) 注重的内容不同。管理注重微观，领导注重宏观。

(7) 使用手段不同。管理多用控制和约束手段，领导多用激励和沟通手段。

三、领导的作用

领导是一个有目的的活动过程。领导者是领导活动的主体，必须要有下属的追随和服从。

没有部下,领导者谈不上领导。成功和有效的领导活动还取决于有利的环境因素。领导者必须依据组织内外的环境因素,因地、因时、因人制宜地开展领导活动。领导活动对组织绩效具有决定性影响,具体体现在指挥、激励、协调、沟通四个方面。

1. 指挥作用

在组织的集体活动中,需要头脑清醒、胸怀全局、高瞻远瞩、运筹帷幄的领导者,帮助组织成员认清所处的环境和形势,指明活动的目标和达到目标的途径。领导就是引导、指挥、指导和先导,领导者应该帮助组织成员最大限度地实现组织的目标。领导者不是站在群体的后面去推动群体中的人们,而是站在群体的前列,促使人们前进并鼓舞人们去实现目标。

2. 激励作用

组织是由具有不同需求、欲望和态度的个人所组成,因而组织成员的个人目标与组织目标不可能完全一致。领导的目的就是把组织目标与个人目标结合起来,引导组织成员满腔热情地为实现组织目标做出贡献。领导者为了使组织内的所有人都最大限度地发挥其才能,实现组织的既定目标,就必须关心下属,激励和鼓舞下属的斗志,发掘、充实和加强人们积极进取的动力。

3. 协调作用

在组织实现其既定目标的过程中,人与人之间、部门与部门之间发生各种矛盾冲突及在行动上出现偏离目标的情况是不可避免的。因此,领导者的任务之一就是协调各方面的关系和活动,保证各个方面都朝着既定的目标前进。

4. 沟通作用

领导者是组织的首脑和联络者,在信息传递方面发挥着重要作用,是信息的传播者、监听者、发言人和谈判者,在管理的各层次中起到上情下达、下情上述的作用,以保证管理决策和管理活动的顺利进行。

引导不同职工向同一个目标努力,协调这些职工在不同时空的活动,激发职工的工作热情,使他们在企业经营活动中保持高昂的积极性,这便是领导者在组织和率领职工为实现组织目标而努力工作的过程中必须发挥的具体作用。

四、领导的有效性

领导是一种特殊形式的社会活动。在企业管理中,领导有效性是指通过领导活动实现企业预定目标的程度。由于不同企业组织或同一个企业不同职位的领导活动内容复杂、形式多样,因而难于用固定、机械的同一标准衡量领导有效性的高低。就一般意义而言,一个企业或群体的领导是否有效,可以从以下几方面反映出来。

(1) 下级的支持。下级员工主动而非被迫地支持领导者,不论这种支持是出自感情上还是利益上的考虑。

(2) 相互关系。领导与下级员工之间保持密切、和谐的交往关系,并鼓励群体成员之间发展亲密的、相互满意的关系,企业内部关系处于协调状态。

(3) 员工的评价。绝大多数员工都能高度评价所在企业或群体,并以成为该企业或群体的一员而感到自豪。

(4) 激励程度。员工因自身需要获得满足而焕发出较高的工作热情和积极性,个人的潜能得到充分的发挥。

(5) 沟通的效果。领导者与下级员工之间能够及时、顺畅地沟通信息，并以此作为调整领导方式、协调相互关系的依据。

(6) 工作效率。在领导者的引导、指挥和率领下，企业的各项资源得到了合理配置，生产经营活动得以高效率地进行。

(7) 目标的实现。领导活动的效能或效果最终要通过能否实现企业的预定目标以及实现的程度反映出来。

第二节　领导者的概念与影响力

一、领导者的概念

所谓领导者，是指居于某一领导职位、拥有一定领导职权、承担一定领导责任、实施一定领导职能的人。领导，在作为动词时指的是行为活动过程，在作为名词时则是领导者的简称。我们应从以下三个方面对领导者的概念加以理解。

(1) 在职权、责任、职能三者之中，职权是履行职责、行使职能的一种手段和条件，履行职责、行使职能是领导者的实质和核心。

(2) 领导者的职务、权力、责任和利益的统一，是领导者实现有效领导的必要条件。

职务是领导者身份的标志，并由此产生引导、率领、指挥、协调、监督、教育等基本职能；权力是领导者履行领导职能所需要的法定依据；责任是领导者行使权力所需要承担的后果；利益是领导者因工作好坏获得的报偿和受到的奖惩。

(3) 领导者职务、权力、责任、利益的统一，突出表现为有职务必须要有相应的权力，有权力必须负起应有的责任，尽职尽责的领导者应当受到一定的奖励。反过来说，有职无权就无法履行领导责任，有权无责就会滥用权力，不尽职尽责应该受到惩罚。

二、领导者的素质

作为一个领导者，必须具备一些基本的素质和条件。我们认为领导者的思想素质、业务素质和生理及心理素质应符合下列条件。

(一) 思想素质

领导者应有强烈的事业心、责任感和创业精神；有良好的思想作风和工作作风，能一心为公，不谋私利，谦虚谨慎，戒骄戒躁，不文过饰非，严于解剖自己，深入基层，善于调查研究，工作扎实细致，有布置有检查，实事求是，不图虚名；艰苦朴素，与群众同甘共苦，不搞特殊化，品行端正，模范遵守规章制度和道德规范；有较高的情商，具有影响他人的魅力，平等待人，和蔼可亲，不计较个人恩怨，密切联系群众，关心群众疾苦，多为群众办好事，不拉帮结派。

(二) 业务素质与业务技能

领导者应具有管理现代企业的知识和技能。

1. 领导者应掌握的业务知识

(1) 应懂得市场经济的基本原理,掌握有中国特色的社会主义理论。

(2) 应懂得管理的基本原理、方法和各项专业管理的基本知识。此外,还应学习管理学、统计学、会计学、经济法、财政金融和外贸等方面的基本知识,了解国内外管理科学的发展方向。

(3) 应懂得生产技术和有关自然科学、技术科学的基本知识,掌握本行业的科研和技术发展方向以及本企业产品的结构原理、加工制造过程,熟悉产品的性能和用途。

(4) 应懂得思想政治工作、心理学、人才学、行为科学、社会学等方面的知识,以便做好思想政治工作,激发职工士气,协调好人际关系,充分调动人的积极性。

(5) 能熟练应用计算机、信息管理系统和网络,及时了解处理有关信息。

2. 领导者不仅应具有一定的业务知识,还要有较高的业务技能

(1) 较强的分析、判断和概括能力。领导者应能在纷繁复杂的事务中,透过现象看清本质,抓住主要矛盾,运用逻辑思维,进行有效地归纳、概括、判断,找出解决问题的办法。

(2) 决策能力,特别是经营决策正确与否,对企业生产经营的效果影响巨大。企业的领导者决策是多种能力的综合表现。任何正确的决策,都来源于周密细致的调查和准确而有效的分析判断、丰富的科学知识和实践经验,以及集体的智慧和领导勇于负责精神的恰当结合。因此,决策要求在充分掌握企业内外环境资料的基础上进行科学的预测,并对多种方案进行比较和选择。

(3) 组织、指挥和控制的能力。领导者应懂得组织设计的原则,如因事设职、职权一致、命令统一、管理幅度等,熟悉并善于运用各种组织形式,善于综合运用组织的力量,协调人力、物力和财力。要求在实现企业预定目标的过程中,能够及时发现问题并采取措施予以克服,从而保证目标的顺利实现;在确认目标无法实现时,要能果断地调整目标。

(4) 沟通、协调企业内外各种关系的能力。善于与人交往,倾听各方面的意见,应是交换意见、沟通情况的能手。对上,要尊重,争取帮助和支持;对下,要谦虚,平等待人;对内,要有自知之明,知道自己的长处和短处;对外,要热情、公平而客观。

(5) 不断探索和创新的能力。对做过的工作能及时认真总结经验,吸取教训,善于听取不同意见,从中吸取有用的东西。对新鲜事物要敏感,富有想象力,思路开阔,善于提出新的设想、新的方案,对工作能提出新的目标,鼓舞属下去完成任务。

(6) 知人善任的能力。要重视人才的发现、培养、提拔和使用,知其所长,委以适当工作;重视教育、提高下属的业务能力,大胆提拔新人。

(三) 生理及心理素质

领导者负责指挥、协调组织活动的进行,这项工作不仅需要足够心智,而且需要消耗大量体力,因此,必须有强健的身体、充沛的精力。其心理素质主要包括以下几方面。

(1) 有控制情绪的能力。作为领导者,要具备稳定正常的情绪的同时,一定要有控制,不能喜怒形于色,或者是情绪常常不稳定。

(2) 意志力要坚强。在工作中总会遇到不顺利的时候,总有遇到困难的地方,领导者必须要有战胜困难、不怕挫折的意志。

(3) 胸襟要开阔。领导者要容得下不同意见的人,听得了不同意见,同时能用人所长。

(4) 行为要协调。就是要口心一致，说话有条不紊，做事按部就班，有头有尾。

(5) 关系要和谐。领导者要有与人和谐相处的能力，不要让自己处于怀疑、矛盾之中。

三、领导者的影响力

领导的本质是一种影响力，所谓影响力是指一个人在与他人的交往中影响和改变他人的心理和行为的能力。影响力来源于权力，领导者对个人和组织的影响力来自两方面：一是职位权力（又称为制度权力）影响力；二是非职位权力（又称为个人权力）影响力。

1. 职位权力影响力

职位权力是由于领导者在组织中担任一定的职务而获得的权力，是由上级或组织制度所赋予的权力，具有很强的职位特性。这种权利与领导者的职位相对应，退位后相应的权利便会消失，法定的指挥权、任免权、惩罚权、奖赏权都属于职位权力。这种影响力一般仅仅属于社会各层结构中占有管理者角色地位的人，只有在某些特殊情况下，非掌权者才能具有这种影响力。这种权力与特定的个人没有必然的联系，它只同职务相联系。权力是管理者实施领导行为的基本条件，没有这种权力，管理者就难以有效地影响下属，实施真正的领导。

职位权力影响力包括法定权、强制权和奖赏权，它由组织正式授予领导者，并受组织规章的保护。

(1) 法定权。即组织中等级制度所定的正式权力，被组织、法律、传统习惯甚至常识所认可。它通常与合法的职位紧密联系在一起。组织正式授予领导者一定的职位，从而使领导者占据权势地位和支配地位，使其有权力对下属发号施令。下属会认为领导者有合法的权力影响他，而他必须接受领导者的影响。法定权力是领导者职权大小的标志，是领导者的地位或在权力阶层中的角色所赋予的，是其他各种权力运用的基础。

(2) 强制权。又叫惩罚权，是指通过精神或物质上的强制，要求下属服从的一种权力。例如，企业领导者可以给予员工扣发工资、降职等惩罚。服从是强制权的前提；法律、纪律、规章是强制权的保障；处分、惩罚是强制权的手段。在某些情况下，领导是依赖于强制的权力与权威施加影响的。对于一些心怀不满的下属来说，他们不会心悦诚服地服从领导者的指示，这时领导者就要运用惩罚权迫使其服从。这种权力的基础是下属的惧怕。这种权力对那些认识到不服从命令就会受到惩罚或承担其他不良后果的下属的影响力是最大的。惩罚权在使用时往往会引起愤恨、不满，甚至报复行为，因此必须慎重使用。

(3) 奖赏权。它是一种建立在良好希冀心理之上的权力，在下属完成一定的任务时给予相应的奖励，以鼓励下属的积极性。例如，经理可以根据情况给下级增加工资、提升职务，赋予更多的责任、表扬等。奖赏属于正刺激，源于被影响者期望奖励的心理，领导者为了肯定和鼓励某一行为，而借助物质或精神的方式，以达到使被刺激者得到心理、精神及物质等方面的满足，从而激发出前进性行为的最大动力。被影响者是否期望这种奖赏是奖赏权的一个关键。依照交换原则，领导者通过提供精神或经济上的奖酬来换取下属的遵从。

【走进管理】

刘邦的朝廷典章制度

汉高祖刘邦打下天下后，请军臣们喝酒，军臣们喝多了，有一个家伙就放肆起来，坐到刘邦的桌上说:“阿邦啊,这场仗打得正过瘾,项羽那个老家伙却自杀了。来,喝一杯!”刘邦说:“不,我已经喝太多了。”这个家伙说:“你不喝我从你头上灌下去。”刘邦无奈地喝下了这杯酒。后来刘邦意识到,自古以来打天下的都是草莽英雄,治理天下的都是文臣谋士,老将军打下江山,应该让他们休息。

【管理启示】

皇帝应有皇帝的威严,皇帝的权威应该由相应的制度来赋予。后来刘邦设计了朝廷典章文武制度。中国朝廷从汉朝开始有了制度。刘邦一上朝,文武百官在地下朝拜:吾王万岁!万岁!万万岁!

2. 非职位权力影响力

非职位权力是指与组织的职位无关的权力,主要有专长权、个人魅力、背景权等。这些是由于领导者的个人经历、地位、人格特殊品质和才能而产生的影响力,它可以使下属心甘情愿的、自觉地跟随领导者。这种权力对下属的影响比职位权力更具有持久性。

(1) 专长权。它是指领导者因为具有各种专门的知识和特殊的技能或渊博学识而获得同事及下属的尊重和佩服,从而在各项工作中显示出的在学术上或专长上的影响力。领导者如果涉猎广泛、通今博古、学识渊博,特别是拥有组织活动所必备的专业技能,必然使被领导者产生一种钦佩力。这种信服力、信任力、钦佩力综合起来,共同构成领导者的专长权。专长权与职位没有直接的联系,许多专家、学者虽然没有什么行政职位,但是在组织和群体中具有很大的影响力,就是专长权的表现。专长权的影响往往仅限定在专长范围之内。

(2) 个人魅力。个人魅力是建立在领导者的个人素质之上的,是一种无形的、难以用语言准确描述的权力,诸如品格、知识、才能、毅力和气质等,它通常与具有超凡魅力或名声卓著的领导者相联系,又被称作领导者的感召权。这些个人素质能吸引那些欣赏它、并希望拥有同样魅力的追随者,从而激起人们的忠诚和极大的热忱。个人魅力的影响力对人们的作用是通过潜移默化而变成被领导者的内驱力来实现的,因赢得了被领导者发自内心的信任支持和尊重,对被领导者的影响和激励作用不仅很大,而且持续的时间也较长。

(3) 背景权。背景权是指个体由于以往的经历而获得的权力。例如,领导者过去在大企业或知名外企任职的经历,海外学习和工作的经历,或者是劳动模范、知名人士等,由于他们的特殊经历和荣誉,在初次接触的时候,人们就愿意听从他的意见,接受他的影响。

四、领导者影响力效果的影响因素

领导者在影响力运用过程中,必须认真研究影响力运用效果,应重点考虑以下几个主要因素。

1. 领导者职权与个人素质的结合程度

一般情况下,如果领导者个人素质、个人专长与所处职位能有机结合,则权力运用效果最佳;如果领导者个人专长及个人素质与所处职权不能相得益彰,则权力运用效果就差。在现实生活中,领导者可以通过个人素质和个人专长来强化职权运用,以获得更好的效果。

2. 组织系统结构优化的程度

组织系统从某种意义上说,就是一定层次领导者的上级或下级。组织系统结构优化程度如何，肯定影响到领导者权力运用的效果。因此，一个精明的、成功的领导者总是十分注意选配下属并不断优化组织系统结构，以确保权力运用的效果。

3. 社会心理

社会心理对领导者权力运用的效果有重要的影响，特别是在社会改革和发展中，由于社会地位及其他因素的改变，很容易在社会上形成一定的逆反心理，在某种程度上削弱和损害领导者权力的运用。因此，领导者必须正视社会心理，善于利用社会心理，提高权力运用的效果。

4. 授权、分工和权限

是否有明确的授权、分工与权限，是影响权力运用效果的非常关键的因素。

五、领导者的类型

（一）按制度权力的集中与分散程度划分

1. 集权式领导者

所谓集权式领导者，就是指把管理的制度权力相对牢固地进行控制的领导者。管理的制度权力是由多种权力的细则构成的，如奖励权、强制权和收益的再分配权等，这就意味着对被领导者或下属而言，受控制的力度较大。在整个组织内部，资源的流动及其效率主要取决于集权领导者对管理制度的理解和运用，同时，个人影响力是其行使上述制度权力成功与否的重要基础。这种领导者把权力的获取和利用看成是自我的人生价值实现。

显然这种领导者的优势在于，通过完全的行政命令，管理的组织成本在其他条件不变的情况下，要低于在组织边界以外的交易成本。这对于组织在发展初期和面临复杂突变的变量时，是有益处的。但是，长期将下属视为某种可控制的工具则不利于他们职业生涯的良性发展。

2. 民主式领导者

与集权式领导者形成鲜明对比的，是民主式领导者。这种领导者的特征是向被领导者授权，鼓励下属的参与，并且主要依赖于其个人影响力影响下属。从管理学角度看，意味着这样的领导者通过对管理制度权力的分解，进一步通过激励下属的需要，去实现组织的目标。不过，由于这种权力的分散性使得组织内部资源的流动速度减缓，因为权力的分散性一般导致决策速度降低，进而增大了组织内部的资源配置成本。但是，这种领导者对组织带来的好处也十分明显。通过激励下属的需要，组织发展所需的知识，尤其是意会性或隐性知识，能够充分地积累和进化，员工的能力结构也会得到长足提高。因此，相对于集权式领导者这种领导者更能为组织培育 21 世纪越来越需要的智力资本。

（二）按领导工作的侧重点不同划分

1. 事务型领导者

事务型领导者通过明确角色和任务要求而指导或激励下属向着既定的目标活动，并且尽量考虑和满足下属的社会需要，通过协作活动提高下属的生产率水平，他们对组织的管理职能推崇备至，以能勤奋、谦和而且公正地把事情理顺，工作有条不紊地进行引以为豪。这种领导者重视非人格的绩效内容，如计划、日程和预算；对组织有使命感，并且严格遵守组织的规范和价值观。

2. 变革型领导者

变革型领导者鼓励下属为了组织的利益而超越自身利益,并能对下属产生深远而且不同寻常的影响。他们关怀每一个下属的日常生活和发展需要;帮助下属用新观念看待老问题,从而改变了下属对问题的看法;能够激励、唤醒和鼓舞下属为达到群体目标而付出更多的努力。

3. 战略型领导者

战略型领导者的特征是用战略性思维进行决策。战略型领导者是将领导的权力与全面调动组织的内外资源相结合,实现组织长远目标,把组织的价值活动进行动态调整,在市场竞争中站稳脚跟的同时,积极经营未来,抢占未来商机领域的制高点。

战略型领导者认为组织的资源由有形资源、无形资源和有目的地整合资源的能力构成。管理人力资本的能力是战略型领导者最重要的能力。战略型领导者行为的有效性,取决于他们愿意进行坦荡、鼓舞人心但却务实的决策。他们重视同行、上级和员工对于决策价值的反馈信息,讲究面对面的沟通方式。战略型领导者一般是指组织的高层管理人员,尤其是首席执行官(CEO)。其他战略型领导者还包括企业的董事会成员、高层管理团队和各事业部门的总经理。战略型领导者一般具有不可授权的决策责任。没有战略型领导者,就无所谓战略的提出与实施。

六、领导者与管理者

管理者和领导者有着很大的区别:管理者是由组织任命的,他们拥有组织赋予的法定奖罚权,其影响力来自于他们本人职位所产生的正式职权;相反,领导者可能是组织任命的,也可能是从一个群体中产生出来的,领导者能够影响其他人去从事正式职权之外的某个行动。

所有的管理者都应当是领导者吗?或相反,所有的领导者都应当是管理者吗?由于还没有人能通过研究或提出合理的论据证明领导能力是管理者的一种障碍,因而我们可以这样说,在理想情况下,所有的管理者都应当是领导者。然而,并非所有的领导者必然具备其他管理职能方面的能力,因此并非所有的领导者都应该处于管理岗位上,能够影响其他人这一事实并不代表他或她同样能够执行计划、组织和控制。既然(仅仅是假设)所有的管理者都应该是领导者,我们就可以从管理的角度探讨这一主题,因此我们所指的领导者是那些能够影响他人并拥有管理职权的人。

七、领导者与被领导者

领导者与被领导者有着一定的区别与联系,具体如下:

(1) 领导者是指能够实现领导过程的人,这种人在群体或组织中能够把其他成员吸引到自己周围,是别人信任而且愿意追随的人。被领导者是领导者的主要领导对象,它和领导者共同构成一个领导整体。

(2) 领导由领导者影响被领导者表现出某种领导者所期望的行为所组成。因此,领导是由领导者与被领导者共同组成的,这两者有着密不可分的关系。组织成功或失败,不仅依赖于组织如何被领导,而且取决于组织成员如何追随领导者。正如管理者不一定就是好的领导者一样,下属也并不一定是好的追随者。

(3) 最有效的追随者是那些能够进行独立思考、有责任心,并且致力于实现组织目标的下属。被领导者应该积极配合领导者做好领导工作，对领导者所指示的工作任务和方法要给予支持，对组织中的价值观和行为规范要正确对待。

【走进管理】

“刺猬法则”

所谓“刺猬法则”是说为了研究刺猬在寒冷冬天的生活习性，生物学家做了一个实验：把十几只刺猬放到户外的空地上。这些刺猬被冻得浑身发抖，为了取暖，它们只好紧紧地靠在一起，而相互靠拢后，又因为忍受不了彼此身上的长刺，很快就又各自分开。可天气实在太冷了，它们又重新靠在一起取暖。然而靠在一起时的刺痛使它们又不得不再度分开。挨得太近，身上会被刺痛；离得太远，又冻得难受。就这样反反复复地分了又聚，聚了又分，不断地在受冻与受刺之间挣扎。最后，刺猬们终于找到了一个适中的距离，既可以相互取暖，又不至于被彼此刺伤。

【管理启示】

“刺猬法则”就是人际交往中的“心理距离效应”。领导者要搞好工作，应该与被领导者保持亲密关系，这样做可以获得下属的尊重。同时，要与被领导者保持适当的心理距离，避免在工作中丧失原则。

复习思考题

1. 如何理解领导的概念？简述领导的作用。
2. 领导的本质是什么？其来源在哪里？
3. 怎样理解领导与管理的关系？
4. 卓有成效的领导者应具备哪些基本素质？
5. 分析领导者权力的基础。

案例讨论

柳传志：从大发动机到影子教父

“他很少说那些时髦的管理学理论，他说的话总是实在得不能再实在，但在领导力上达到他的境界的人，企业界真的是凤毛麟角。”

——《当代经理人》2007 年 11 月

柳传志，江苏镇江市人，1966 年毕业于西安军事电讯工程学院雷达通信专业。1984 年开始进入中科院计算所新技术发展公司工作，先后任副总经理、总经理。1989 年 11 月至 2001 年 3 月，任联想集团总裁。2001 年 4 月至今，任联想控股有限公司总裁。2001 年 4 月至 2004 年 12 月，兼任联想集团有限公司董事长。2004 年 12 月至今，兼任联想集团有限公司董事。

联想控股有限公司是一家非相关多元化投资控股公司,成立于1984年,前身是中国科学院计算所新技术发展公司,由中科院计算所11名科研人员凭借20万元资金创立。公司以产业报国为己任,致力于成为一家值得信赖并受人尊重、在多个领域内拥有领先企业、在世界范围内具有影响力的国际化控股公司。目前,公司业务已涉及IT、风险投资、房地产等产业,旗下投资控股的企业包括联想集团有限公司、神舟数码控股有限公司、联想投资有限公司、北京融科智地房地产开发有限公司等。

企业核心管理层的领导力问题,一直是东西方企业在管理中遭遇的共同难题。联想在企业发展中特别注重人才的培养。这逐渐成为一种文化,被称为"发动机文化"。

> "我作为联想的第一把手,是一个大的发动机。我希望把我的副手们(各个子公司和主要部门的负责人)都培养成同步的小发动机,而不是齿轮——齿轮是没有动力的,无论我的发动机再强大,齿轮本身再润滑,合在一起的系统所能提供的总能量是有限的;如果他们是同步运行的小发动机的话,我们联动的力量将非常强大。"
>
> ——柳传志

2001年是联想发展中的一个分水岭。当时兼任董事长和CEO的柳传志,从联想CEO的位置上退下来,把公司一分为二:其一是联想集团,专做自有品牌的研发、生产和销售;其二是神州数码,专做国外大的产品品牌的代理业务和软件业务。这两家都是上市公司,柳传志退到了两家公司的母公司——联想控股。在联想控股总裁的位置上,柳传志同时建了三家子公司:专事高科技领域风险投资的联想投资、房地产公司融科智地和专事并购投资管理的弘毅投资。联想控股对它们只是投资控股而已,不进行具体的管理。

2007年大小"发动机"的战线是足够的辉煌:联想集团并购IBM PC后终于开始全线盈利;联想控股放弃神州数码使郭为有了更大的自主权;投资战线上亦是动作频频,好消息不断。柳传志一直在加快淡化自己的色彩,加快向"影子教父"角色的转变。

2007年5月23日晚,联想集团高级副总裁及首席财务官马雪征以一纸亮丽财报,结束了在联想集团17年的职业生涯——当财报发布接近尾声时,联想集团CEO阿梅里奥宣布,马雪征即日起退休,并出任集团非执行副主席的新职务。联想集团柳传志时代落幕,杨元庆时代到来。

2007年,一直缺乏突破机会的神州数码也发生了变化。8月8日,香港证交所发布公告,神州数码的母公司联想控股和美国泛大西洋投资集团部分全部减持神州数码股权,转让给赛富投资基金、弘毅投资、IDG VC以及神州数码CEO兼总裁郭为全资控制的海外投资公司KIL。股权转让完成后,郭为由职业经理人上升为公司第三大股东,"国内IT界最大一次MBO"宣告成功,郭为本人正式接任神州数码董事局主席之职。神州数码开始真正走出联想,郭为亦开始真正独立。

已经逐步从实业家转型为资本家的柳传志,在另一条战线上的成绩也可圈可点,PE公司的第二期基金回报达8倍,"VC这一块也非常高"。柳传志说,完成这个转变之后最大的感受是"从关注细节到关注宏观的转变"。辞去联想集团和神州数码董事长之后,目前柳传志同时兼任联想投资、弘毅投资、融科智地的董事长。他表示,到2010年,两家投资公司应该进入前三甲行列,融科智地有上市计划,并进入房地产行业第一集团。

“通过我选的人把联想的基础管理思想，特别是建班子、定战略、带队伍三要素的内容传承下去，做投资是体现这种价值最好的一种方式。”

——柳传志

（资料来源：《当代经理人》，2007 年 11 月）

思考题：

1. 结合案例谈谈你对领导力的含义的理解。
2. 你如何评价柳传志退居幕后的转型之举？

实训题：采访某一个企事业单位的领导或负责人

目的：通过采访某一个企事业单位的领导或负责人，使其积极主动地与企事业单位领导、负责人联系，加强其为人处世、语言沟通、人际交往能力，同时提高其参加社会实践活动的主动性、积极性和创造性。

要求：学生在采访前首先要拟订访问提纲，在访问过程中要做好记录。通过采访该领导，首先应了解其基本信息和工作经历背景，了解其在单位所扮演的角色、所具的素质，并且了解其所属的领导类型。采访完成后写出报告或小结，并进行交流。

12－1 再论领导与管理的差议

12－2 管理者与领导者的区别与联系

12－3 论领导者与管理者的角色

12－4 试述领导者、管理者、员工三者之间的和谐关系对企业发展的重要性

第十三章 领导方式与领导理论

【学习目标】

了解：领导方式和领导理论的基本类型。

懂得：如何正确评价领导方式。

掌握：领导特性理论、领导行为理论和领导权变理论的内容。

运用：能够联系实际阐述领导理论。

【教学重点】

领导方式的类型；领导特性理论；领导行为理论；领导权变理论。

【导入案例】

保罗的领导方式

保罗在1987年从美国中西部的一所名牌大学拿到会计专业的学士学位后，到一家大型的会计师事务所的芝加哥办事处工作，由此开始了他的职业生涯。9年后，他成了该公司的一名最年轻的合伙人。公司执行委员会发现了他的领导潜能和进取心，遂在1999年指派他到纽约的郊区开办了一个新的办事处，其最主要的工作是审计，这要求有关人员具有高度的判断力和自我控制力。尽管保罗相当地以任务为导向，但他采取了一种民主的领导方式。他主张工作人员间要以名字直接称呼，并鼓励下属人员参与决策制定。对长期的目标和指标，每个人都很了解，但实现这些目标的方法却是相当不明确的。

办事处发展得很迅速。到2004年，专业人员达到了30名。保罗被认为是一位很成功的领导者和管理人员。

保罗在2005年初被提升为达拉斯的经营合伙人。他采取了帮助他在纽约工作时取得显著成效的同样富有进取心的管理方式。他马上更换了几乎全部的25名专业人员，并制订了短期和长期的客户开发计划。职员人数增加得相当快，为的是确保有足够的员工来处理预期扩增的业务。很快，办事处有了约40名专业人员。

但在纽约成功的管理方式并没有在达拉斯取得成效。办事处在一年时间内就丢掉了两个最好的客户。保罗马上认识到办事处的人员过多了，因此决定解雇前一年刚招进来的12名员工，以减少开支。

他相信挫折只是暂时性的，因而仍继续采取他的策略。在此后的几个月时间里又增雇了6名专业人员，以适应预期增加的工作量。但预期中的新业务并没有接来，所以又重新缩减了员工队伍。在2007年夏天的那个“黑色星期二”，13名专业人员被解雇了。

伴随着这两次裁员，留下来的员工感觉工作没有保障，并开始怀疑保罗的领导能力。公司的执行委员会了解到问题后将保罗调到了新泽西的一个办事处，在那里，保罗的领导方式又取得了很好的效果。

【案例思考】

1. 这个案例更好地说明了领导的行为理论还是领导的权变理论？为什么？
2. 保罗在纽约取得成功的策略，为什么在达拉斯没能成功？其影响因素有哪些？

第一节　领导方式

领导方式又叫领导风格或领导作风。在引导和影响组织成员的过程中，组织成员对领导者的追随往往是以领导方式为基础的，所以许多学者 20 世纪 30 年代开始从研究领导者的内在特征转移到外在行为上。领导者对所获得的权利的使用方式称为领导方式或领导风格，领导方式回答的是怎样领导的问题。在管理实践中，不同的领导者倾向于某种领导行为方式，往往是由他们对人性的不同认识所决定的，领导者对人性的假设和判断在很大程度上决定着领导者的行为方式。

一、勒温的领导方式理论

美籍德国心理学家、依阿华大学的研究者勒温和他的同事们从 20 世纪 30 年代起就进行关于团体气氛和领导风格的研究。勒温等人发现，团体的任何领导并不是以同样的方式表现他们的领导角色的，领导者通常使用不同的领导风格，这些不同的领导风格对团体成员的工作绩效和工作满意度有着不同的影响。根据领导者控制或影响被领导者方式的不同(权力定位不同)，勒温等人把领导方式划分为专制式、民主式和放任式三种类型。

1. 专制式领导

专制式领导者将权力定位于领导者个人，主要是靠权力和强制命令来进行管理。领导者只注重工作的目标，仅仅关心工作的任务和工作的效率。但他们对团队的成员不够关心，被领导者与领导者之间的社会心理距离比较大，领导者对被领导者缺乏敏感性，被领导者对领导者存在戒心和敌意，容易使群体成员产生挫折感和机械化的行为倾向。

2. 民主式领导

民主式领导将权力定位于群体，主要特征是对将要采取的行动和决策同下属商量，并且鼓励下属参与决策。领导者注重对团体成员的工作加以鼓励和协助，关心并满足团体成员的需要，营造一种民主与平等的氛围，领导者与被领导者之间的社会心理距离比较近。在民主型的领导风格下，团体成员自己决定工作的方式和进度，工作效率比较高。

3. 放任式领导

放任式领导将权力定位于被领导者个人，领导者的主要特点是极少运用其权力，而是给下属以高度的独立性。领导者采取的是无政府主义的领导方式，对工作和团体成员的需要都不重视，无规章、无要求、无评估，工作效率低，人际关系淡薄。

在分析了三种领导方式的特点后，勒温指出，在实际的组织与企业管理中，很少有极端型的领导,大多数领导都是界于专制型、民主型和放任型之间的混合型。领导者倾向于采用何种领导方式取决于他们对人性的认识以及具体工作环境等。

【走进管理】

西点军校的俱乐部

美国西点军校有三种俱乐部:一种是军官俱乐部,是给军官们打桥牌的地方;一种是士官俱乐部,是给教育班长们喝酒的地方;一种是士兵俱乐部,是给学生打球的地方。美国是个自由的国家,俱乐部为什么要分成三种?

并不是说封建社会的三纲五常有道理,我们想说的是作为一个领导者,是没有私事的,领导者在下属面前统统都是公事,什么事情都是公事。难兄难弟在一起,企业就垮了。如果领导者家里有喜事,下属送来500元礼金,第二天他在公司多报销1 000元,领导者好意思指出来吗? 再如,晚上领导者与下属混在一起唱歌跳舞,第二天下属迟到了,做领导的好意思批评他吗?

【管理启示】

领导者应该具备民主作风,是指在决策时,善于倾听下属意见,但并不意味着失去威严感,不能与下属整天难兄难弟似的混在一起。

二、李克特的领导方式理论

美国管理学家李克特及密执安大学社会研究所的有关研究人员,曾进行了一系列的领导研究,其对象包括企业、医院及政府各种组织机构。通过研究他们提出了以下四种领导方式。

1. 剥削-集权式

领导者非常专制,决策权仅限于高层,决策中没有下属参与;对下属很少信任,激励方式主要用恐吓和惩罚,有时也偶尔用奖赏去激励人们;惯于由上而下地传达信息。

2. 仁慈-集权式

领导者对下属有一定的信任和信心,激励方式采用奖赏与惩罚并行的做法,允许一些自下而上传递的信息;向下属征求一些想法与意见,并允许把某些决策权授予下属,但加以严格的政策控制。

3. 协商-民主式

领导者对下属抱有相当大但并不是完全的信任,激励方式主要是以奖赏为主,偶尔采用惩罚的方式,在做决策时征求、接受和采用下属的建议;通常试图去酌情利用下属的想法与意见;既使下情上达,又使上情下达;由上级主管部门制定主要的政策和运用于一般情况的决定,但让较低一级的主管部门去做具体的决定,并采用其他一些方法通过协商办事。

4. 参与-民主式

领导者对下属在一切事务上都抱有充分的信任和信心,向下属提出挑战性目标,鼓励各级组织做出决策,让群体参与,以奖赏作为激励方式,既使上下级之间的信息畅通,又使同级人员之间的信息畅通。

李克特发现,那些用群体参与式领导方式去从事管理活动的管理人员,一般都是极有成就的领导者,以此种方法来管理的组织,在制定目标和实现目标方面是最有成绩的。他把这些主要归之于员工参与管理的程度,以及在实践中坚持相互支持的程度。并且他还发现,实行群体参与式领导的企业,其生产效率要比一般企业高出 10%—40%。据此,李克特倡议员工参与管理。他认为有效的领导者是注重于面向下属的,他们依靠信息沟通使所有部门像一个整体那样行事。群体的所有成员(包括领导者在内)实行一种相互支持的关系,在这种关系中他们感到在需求价值、愿望、目标与期望方面有真正共同的利益。因此李克特认为,它是领导一个群体的最为有效的方法。

第二节　领导理论

选用什么样的人作为领导者?领导者如何进行领导才能有效?这是管理心理学中需要解决的重要问题。围绕这些问题,管理学家、心理学家从不同的侧面开展了研究,并提出了不同的领导理论。这些理论对于提高领导活动效率具有重要的意义。

在管理学领域中,现有的领导理论大致有三种,即领导特性理论、领导行为理论和领导权变理论。

一、领导特性理论

领导特性理论又叫领导品质理论或领导特质理论,是以研究领导者个性特征为主要内容的一种领导理论,指通过研究领导者的各种个性特征,来预测具有怎样性格特征的人才能成为有效的领导者。从领导理论变迁的历程来看,自 20 世纪开始,管理学家、心理学家就对领导者素质进行了大量研究。根据研究者对领导者特性来源的观点不同,领导特性理论又可分为传统特性理论和现代特性理论,以及近些年被广泛关注的领袖魅力理论。

(一) 传统领导特性理论

20 世纪 50 年代之前,学者们主要从领导者的个人品质、特性进行分析,并以此描述和预测领导成效,他们研究了一些美国名人,如林肯、罗斯福、肯尼迪、马丁·路德金等世界上一些著名人物的心理特性,从而提出了领导者必须具备某些"天赋"的"天赋伟人"理论。

美国俄亥俄州立大学工商研究所的罗尔夫·M. 斯托格蒂尔(Ralph M. Stogdill)教授比较了成功的领导者与被领导者的特质差异,认为领导者应具备 16 种先天个性:有良心、可靠、勇敢、有责任心、有胆略、力求革新进步、直率、自信、有理想、有良好的人际关系、风度优雅、胜任愉快、身体健康、智力过人、有组织能力、有判断力。

美国管理学家吉赛利(E. G. Kiselli) 1971 年在其《管理才能探索》一书中提出了与领导者有关的八种个性特征和五种激励特征。八种个性特征是:才智(语言与文辞方面的才能)、首创精神(开拓新方向、创新的愿望)、督察能力(指导别人的能力)、自信心(自我评价较高)、适应性 (为下属所亲近)、决断能力、性别、成熟程度。五种激励特征是:对工作稳定的需求、对金钱奖励的需求、对指挥别人的权力的需求、对自我实现的需求、对事业成就的需求。

传统领导特性理论强调领导者的个性品质是与生俱来的。显然,这种认识是不全面的,因为不能简单地说领导是天生的。

(二)现代领导特性理论

现代领导特性理论认为,领导者的特性和品质不是天生的,是在实践中逐渐形成的,并且可以通过教育和培训而造就。不同国家的学者根据本国的情况研究提出了应该培养和训练领导者所必须具备的特性条件。以下是一些比较有代表性的观点。

1. 德鲁克的观点

著名管理学家德鲁克认为,一个有效的领导者必须具备以下五项习惯:要善于处理和利用自己的时间,把认清自己的时间花在什么地方作为起点;注重贡献,确定自己的努力方向;善于发现和用人之所长,包括他们自己的长处、上级的长处和下级的长处;能分清工作的主次,集中精力于少数的领域;能做有效的决策,他们知道,一项有效的决策必然是在"议论纷纷"的基础上做出的判断,而不是在"众口一词"的基础上做出的判断。

2. 日本企业界的观点

日本企业界提出了领导者应具备的十项品德和十项能力。十项品德:使命感、责任感、信赖感、积极性、忠诚老实、进取心、忍耐心、公平、热情和勇气。十项能力:思维能力、规划能力、判断能力、创造能力、洞察能力、劝说能力、理解人的能力、解决问题的能力、培养下级的能力和调动积极性的能力。

3. 苏联学者的观点

他们认为,领导者应具备下列素质:有高度的政治水平和业务水平;严于律己,宽以待人;善于维护劳动纪律;充分发挥每个下属人员的才能;善于调动下级的积极性;发扬民主,遇事与下级商量;说话算数等。

4. 美国普林斯顿大学的鲍莫尔(W. J. Baumal)教授的观点

鲍莫尔提出了作为一个企业领导者所应该具备的十个条件,对领导的素质提出了如下要求。(1) 合作精神:领导者应具有与人合作的精神,领导其工作班子完成任务。(2) 决策能力:领导者应具有在关键时刻进行决策的能力,以确定组织的目标,为下一步的工作指明方向。(3) 组织能力:善于运用组织所拥有的人力、财力、物力等资源,完成工作任务。(4) 精于授权:能大权独揽,小权分散,根据任务需要及工作的性质,进行合理的授权,以充分发挥部属的才能。(5) 善于应变:根据具体情况进行决策,以应对不断变化的社会、经济、政治环境,而不是墨守成规、抱残守缺。(6) 敢于求新:勇于创新,不断创新,对新事物、新观念、新环境有敏锐的感受能力,善于开创工作的新局面。(7) 勇于负责:对上下级、用户及整个社会抱有高度的责任心。(8) 敢担风险:敢于承担组织发展过程中的风险,有创造新局面的雄心与信心。(9) 尊重他人:在工作中尊重同事,重视并采纳别人的合理化意见,不盛气凌人。(10) 品德高尚:具有良好的个人品质,为社会人士和员工所敬仰。

在领导的特性理论研究中,不同的研究者可以提出不同的领导者素质条件。由于领导者的素质特性包罗万象,因此要得出一个大家公认的领导者的素质条件也不是很容易的。然而研究表明,领导者素质与领导有效性之间是有一定必然联系的,具有高度的聪明才智、广泛的社会兴趣、强烈的成功愿望、对员工尊重与信任的领导,取得成功的概率是比较高的。

(三)领袖魅力领导理论

领袖魅力领导理论是指当领导者奉行某种行为准则时,表现出的非凡的领导能力,或者能使追随者做出崇高贡献的能力。对具有领袖魅力的领导者应该具有哪些特点，不少人都进行了研究。

（1）路径-目标理论的提出者罗伯特·豪斯确定了三项因素：极高的自信、支配力以及对自己信仰的坚定信念。

（2）麦吉尔大学的康格和凯南格认为其特点是：他们有一个希望达到的理想目标，为此目标能够全身心地投入和奉献，反传统，非常固执而自信，是激进变革的代言人，而不是传统现状的卫道士。

总结起来，可以认为有领袖魅力的领导者应具有以下几个关键特点：① 自信；② 远见；③ 清楚表述目标的能力；④ 对目标的坚定信念；⑤ 不循规蹈矩的行为；⑥ 作为变革的代言人出现；⑦ 环境敏感性。

领导魅力对下属造成的实质性影响可通过以下四个步骤来完成：① 领导者清晰地描述宏伟前景；② 领导者向下属传达高绩效期望，并对下属达到这些期望表现出充分的信心；③ 领导者通过言语和活动传达一种新的价值观体系，并以自己的行为给下属设立了效仿的榜样；④ 领袖魅力的领导人要以做出自我牺牲和反传统的行为来表明他们的勇气和对未来前景的坚定信念。

（四）对领导特质理论的评价

特质理论强调了良好的个人特性或品质对于领导工作与提高领导效能的重要意义。一些研究表明，个人品质与领导有效性之间确实存在着某种相互联系，特性理论系统地分析了领导者所应具有的能力、品德和为人处世的方式，向领导者提出了要求和希望，有助于选拔和培养领导人才。但该理论也有其局限性。

首先，不同的环境对合格领导者提出的标准是不同的。对于领导者应当具有哪些特性，不同的研究者得到的结论并不相同。

其次，不少学者提出证据认为领导者的特性与非领导者的特性没有质的差别，同时领导者的特性与领导效能的相关性并不大。

最后，也有人认为该理论只对领导者的品质做静态分析，忽略了其活动过程和被领导者与环境因素的作用，因而有较大的片面性。

【走进管理】

鹦鹉的故事

一个人去买鹦鹉，看到一只鹦鹉前标明：此鹦鹉会两门语言，售价二百元。另一只鹦鹉前则标到：此鹦鹉会四门语言，售价四百元。该买哪只呢？两只鹦鹉都毛色光鲜，非常灵活可爱。这人一时间拿不定主意。结果突然发现一只老掉了牙的鹦鹉，毛色暗淡散乱，标价八百元。这人赶紧将店主叫来："这只鹦鹉是不是会说八门语言？"店主说："不是。"这人奇怪了："那为什么又老又丑，又没能力，会值这个价呢？"店主回答："因为另外两只鹦鹉叫这只鹦鹉老板。"

【管理启示】

其实真正的管理者,不一定自己有能力,只要方法正确就能团结比自己更强的力量从而提升自己的身价。相反,许多能力非常强的人却因为过于完美主义,事必躬亲,认为什么人都不如自己,最后只能做最好的公关人员、销售代表,成不了优秀的领导人。

二、领导行为理论

行为理论主要研究领导者的行为及其对下属的影响,以期寻求最佳的领导行为,也就是要回答一个领导人是怎样领导他的群体的。行为理论中最有影响力的是连续统一体理论、领导行为的四分图、管理方格图理论等。

(一) 连续统一体理论

1958年,美国学者坦南鲍母(R. Tannenbaum)与施密特(W. H. Schmidt)在《哈佛商业评论》上发表了《怎样选择一种领导模式》一文,提出了领导方式的连续统一体理论。他们指出,领导风格并不是只有专制和民主这两种极端方式,而是在这两种极端之间,以领导者为中心还是以下属为中心程度不同而存在着一系列领导方式,这些领导方式因以领导者授予下属的权力大小的差异而不同,构成了一个连续的统一体,如图13-1所示。

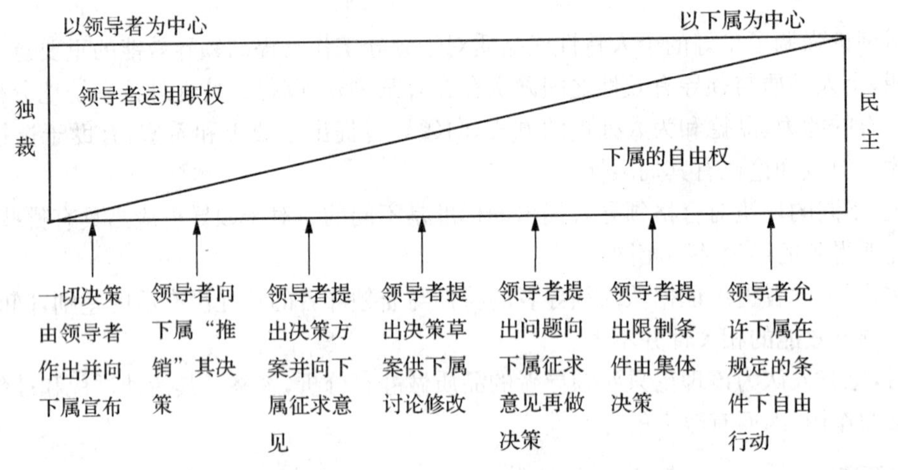

图13-1 领导行为的连续统一体

从图13-1中可以看出,领导者的领导行为或作风有七种有代表性的风格,其中有两种极端类型的领导作风。一种以领导者为中心(在连续统一体的左边),这样的领导者具有独裁的领导作风,往往自己决定所有的政策,对下属保持严密的控制,只告诉下属他们需要知道的事情并让他们完成任务。另一种以员工为中心(在连续统一体的右边),这样的领导者具有民主的领导作风,允许下属对所从事的工作有发言权,不采取严密的控制,鼓励下属参与决策、自我管理。从左到右领导者行使越来越少的职权,而下属人员得到越来越多的自主权。

领导行为的连续统一体理论描述了从主要以领导为中心到主要以下属为中心的一系列领导方式的转化过程,这些方式因领导者授予下属的权力大小的差异而不同。这一理论很好地说明了领导风格的多样性和领导方式所具有的随机制宜的性质。

坦南鲍姆和施密特认为,对上述七种领导方式,不能说哪一种总是正确的或哪一种总是错误的，在这个意义上，连续统一体理论也是一种情景理论。人们究竟应当采取哪一种领导方式，不能一概而论，应主要考虑以下三个方面的相关条件而定。

1. 领导者方面的条件

包括领导者自己的价值观念、对下属的信任程度、其领导个性（是倾向于专制的还是倾向于民主的）等。

2. 下属方面的条件

包括下属人员独立性的需要程度，是否愿意承担责任，对有关问题的关心程度，对不确定情况的安全感，对组织目标是否理解，在参与决策方面的知识、经验、能力等。

3. 组织环境方面的条件

包括组织的价值标准和传统、组织的规模、集体的协作经验、决策问题的性质及其紧迫程度等。

总之，必须全面考虑以上各方面的条件，才能确定一种适当的领导方式。但是，有人也批评这个模式只是描述性的，对实际工作没有很大的帮助。

（二）领导行为四分图理论

1945 年，美国俄亥俄州立大学工商研究所在罗尔夫·M. 斯托格蒂尔（Ralph M. Stogdill）和卡罗·沙特尔（Carron L. Sharde）两位教授的领导下，开始了领导行为的研究。他们首先提出了 1 800 项标志领导行为特征的因素，然后经过反复筛选、归纳，最后概括为“抓工作组织”和“关心人”（体贴）两大主要因素。

“抓工作组织”的内容包括：设计组织结构，明确职责、权力，确定工作目标和要求，制定工作程序、方法和规章制度，给下属成员分配任务等。总之，“抓工作组织”是要求领导者运用组织手段，通过确定目标、分配任务、制定政策和措施，使其下属成员的行为纳入预定的轨道，以严密的组织和控制来提高工作效率。

“关心人”的内容包括：倾听下属成员的意见和要求，注意满足下属的需要，以友好、平易近人的态度对待下属等。总之，“关心人”要求领导者与其下属成员之间建立友谊、信任、体谅的关系，以良好的人际关系调动员工的积极性。

以上两个因素不是互相排斥的，只有二者结合起来，才能实现有效的领导。这两种因素可以有多种结合方式，形成不同的领导行为类型，如图 13－2 所示。由图可知，强“工作组织”和强“关心人”是高效的领导方式。

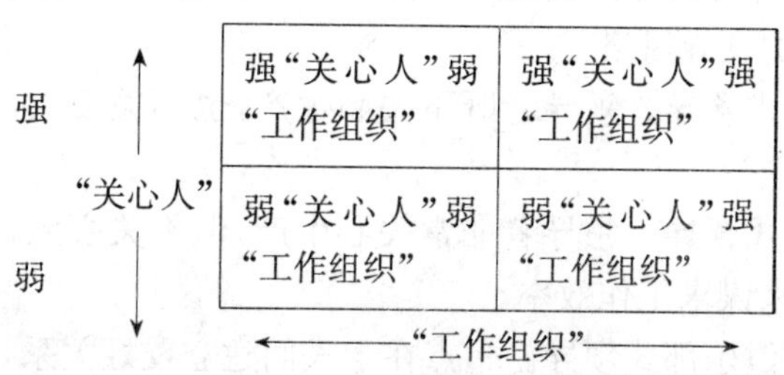

图 13－2　领导行为四分图

(三)管理方格图理论

管理方格图理论是1964年由美国管理学者布莱克(Robert R. Blake)和莫顿(Jane S. Moaton)研究提出的,他们用纵坐标表示“对人的关心”程度,横坐标表示“对生产的关心”程度,并将两个坐标轴划分为九等份,于是便形成了81种领导方式,如图13-3所示。其中有五种典型的领导风格。

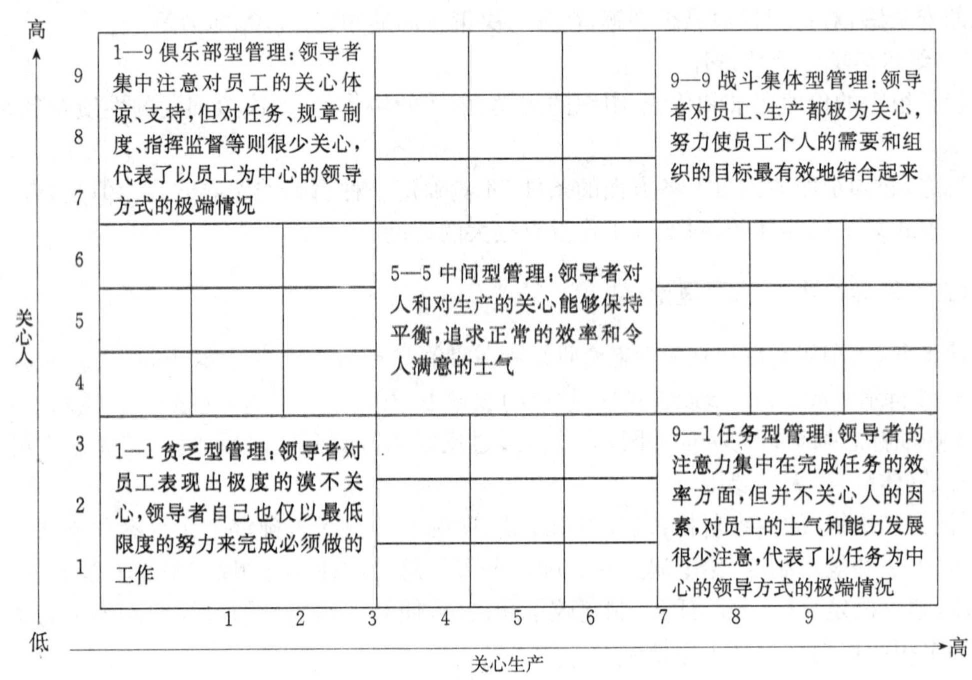

图13-3 管理方格图

关心生产是指领导者对如下许多不同的事项所持的态度,如政策决定的质量、程序和过程,研究工作的创造性,职能人员的服务质量、工作的效率以及产量等。

关心人是指个人对实现目标所承担的责任,保持工人的自尊,基于信任而非服从的职责,保持良好的工作环境及满意的人际关系。如果要评价某一位领导者的领导方式,只要在“9—9”图中按照他的两种行为寻找交叉点就行了。布莱克和莫顿在提出方格图理论的同时,还列举了以下五种典型的领导风格:

(1) (1—1)型:贫乏式领导。领导者既不关心生产,也不关心人,表现为只作最低限度的努力来完成任务和维持士气。

(2) (9—1)型:任务式领导。领导者非常关心生产,但不关心人,其特征是把工作安排得使人的干扰因素为最小来谋求工作效率。

(3) (1—9)型:乡村俱乐部式领导。重点在于人们建立友好关系,领导者重视对职工的支持和体谅,导致轻松愉快的组织气氛和工作节奏,但很少考虑如何协同努力去达到企业的目标,生产管理松弛。

(4) (9—9)型:战斗集体式领导。领导者不但注重生产,而且非常关心人,把组织目标的实现与满足职工需要放在同等重要的地位。既有严格的管理，又有对人的高度的关怀和支持。通过沟通和激励，强调工作成就来自献身精神，以及在组织目标上利益一致、相互依存，从而导致信任和尊敬的关系。

(5) (5—5)型：中间式领导。兼顾工作和士气两个方面来使适当的组织绩效成为可能，使职工感到基本满意。

在这五种类型的管理形态中，布莱克和莫顿认为(9—9)型是最有效的管理，其次是(9—1)型，再次是(5—5)型、(1—9)型，最次是(1—1)型。最有效的领导风格并非一成不变，而要依实际工作情况而定，管理方格图理论能够使领导者较为明确地认识到自己的领导风格，找到改进领导风格的努力方向，也可以用来培训未来的领导者。

管理方格在识别和区分管理作风方面是一个有用的工具，但它没有解释一名管理者为什么会采用不同的领导方式。这是因为他们只从两个侧面分析领导方式，而没有考虑环境对领导行为的影响。管理方格理论可用来培训管理者。

三、领导权变理论

领导特性理论、领导方式理论和领导行为理论分别从不同角度探讨了有效领导问题，但这三种理论都无法解释为什么具有同样特征或采用相同领导方式的领导者会导致不同的结果。20 世纪 60 年代之后，随着权变理论的出现，又产生了领导权变理论或情势理论。该理论主要探讨各种处境因素怎样影响领导者特征及领导者行为与领导成效的关系。特征理论和行为理论都假设了成功的领导者有特别的特征和行为，但权变理论则认为在不同的处境下需要不同的特征和行为才能达到有效的管理。

领导权变理论，又叫情景理论。该理论认为领导的有效性不单纯取决于领导者的个人行为，某种领导方式在实际工作中是否有效主要取决于具体的情景和场合。没有一种领导方式对所有的情况都是有效的，没有一成不变的、普遍适用的“最好的”管理理论和方法，管理者做什么、怎样做完全取决于当时的既定情况，领导方式应随被领导者和具体环境的不同而变化。即：

$$S = f(L, F, E)$$

领导方式 S 是领导者特征 L、追随者特征 F 和环境 E 的函数。

权变理论是在领导特性理论和方式、行为理论的基础上发展起来的。权变领导理论有以下几个要点。

(1) 人们参加组织的动机和需求是不同的，采取什么理论应该因人而异。

(2) 组织形式与管理方法要与工作性质和人们的需要相适应。

(3) 管理机构和管理层次，即工作分配、工资分配、控制程序等，要依工作性质、管理目标和被管理者的素质而定，不能强求一致。

(4) 在一个管理目标达到后，可继续激发管理人员勇于实现新的更高目标。这就要求管理人员要深入研究、分析客观情况，使特定的工作由合适的机构和合适的人员来管理和担任，以发挥其最高效率，提高管理水平。

典型的权变理论主要有菲德勒模型、途径-目标理论和领导生命周期理论三种。

(一) 菲德勒模型

目前,在权变领导理论方面最具影响力的当属美国管理学家弗雷德·菲德勒(F. E. Fidler)提出的权变理论,它被视为较完整的情景领导理论,并受到许多人的肯定和认同。菲德勒认为并不存在一种普遍适用各种情景的领导模式,然而在不同的情况下都可以找到一种与特定情景相适应的有效领导模式。

1. 两种领导风格

菲德勒确认了两种领导风格:一种为任务导向型(类似于以工作为中心和主导型结构行为),另一种为关系导向型(和以职工为中心及关心型的行为相似)。他还认为,领导行为的方式是领导人个性的反映,基本上不大会改变。因此,一个领导人的领导风格究竟是任务导向还是关系导向是可以确定的。

菲德勒设计了一种"你最不喜欢的同事"(LPC)的问卷,让被测试者填写。一个领导者如对其最不喜欢的同事仍能给予较高的评价,那说明他关心人,对人宽容、体谅,提倡人与人之间的友好关系,是宽容型的关系导向型领导,有民主式的领导风格,其 LPC 值就较高;如果对其最不喜欢的同事给予很低的评价,则是以工作任务为中心的领导者,领导风格是专制型的,惯于命令和控制,其 LPC 值就较低。

2. 三种环境因素

菲德勒还分析了环境因素,通过大量研究,他认为任何领导形态均可能有效,其有效性完全取决于是否适应所处的环境。环境影响因素主要有三个方面:① 上下级关系。领导者和下级的关系,包括领导者是否得到下属的尊敬、信任和喜爱,是否对下属具有吸引力,使下属主动追随他。② 任务结构。指工作团体的任务是否明确,是否有详细的规划和程序化,有无含糊不清的地方。③ 职位权力。指领导者的职位能否提供足够和明确的权力,能否获得上级和整个组织的有力支持。

3. 菲德勒模型

菲德勒提出了一个"有效领导的权变模型",将三个环境因素任意组合成八种情况,在对 1 200 多个团体进行调查和数据收集的基础上,找出了不同环境类型下最适应、最有效的领导类型,如表 13-1 所示。

菲德勒研究结果说明,对于各种领导情景而言,只要领导风格能与之适应,都能取得良好的领导效果:在对领导者最有利(1、2、3)和最不利(8)的情况下采用任务导向型其效果较好;在对领导者中等有利(4、5、6、7)的情况下,采用关系导向效果较好。

菲德勒主张,要提高领导的有效性,应从两方面着手:一是先确定某工作环境中哪种领导者工作起来更有效,然后选择具有这种领导风格的管理者担任领导工作,或通过培训使其具备工作环境要求的领导风格;二是先确定某管理者习惯的领导风格,然后改变他所处的工作环境(在上下级关系、任务结构、职位权力等方面做些改变),使新的环境适合领导者自己的风格。

表 13-1　菲德勒模型

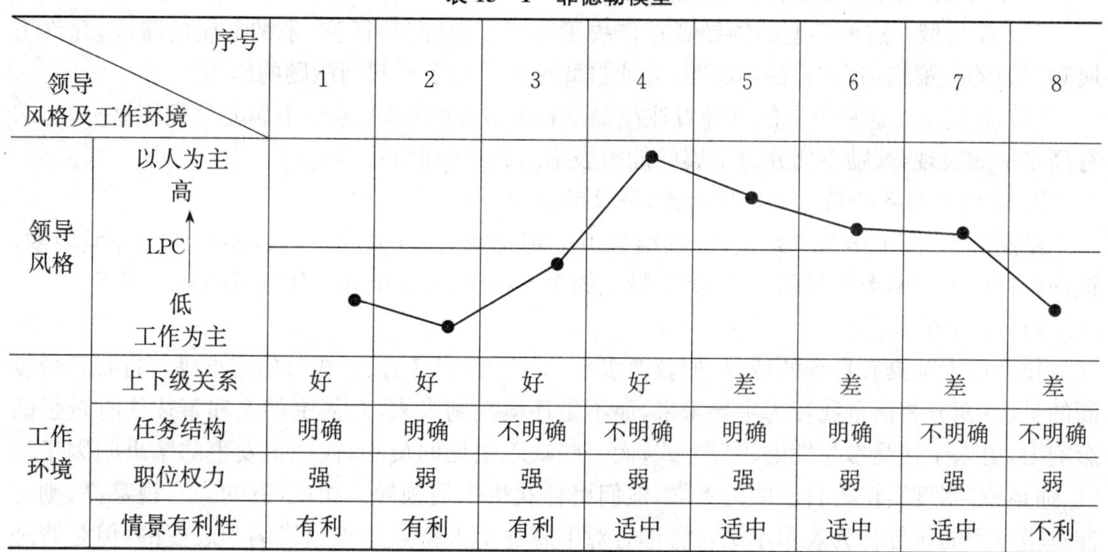

领导风格及工作环境 \ 序号		1	2	3	4	5	6	7	8
工作环境	上下级关系	好	好	好	好	差	差	差	差
	任务结构	明确	明确	不明确	不明确	明确	明确	不明确	不明确
	职位权力	强	弱	强	弱	强	弱	强	弱
	情景有利性	有利	有利	有利	适中	适中	适中	适中	不利

同时，菲德勒认为第一种方法是传统的人员招聘和培训方式，而第二种方法（按照管理者自己固有的领导风格分配他们担任适当的领导工作）可能比第一种方法（让管理者改变自己的领导作风以适应工作）更容易做得到。这说明，通过组织设计和变革（改变组织环境）可能成为一种非常有用的工具，使得管理阶层的领导潜能得以更充分的利用和发挥。

4. 菲德勒模型理论的意义

菲德勒模型理论一般有以下几种意义：

（1）该理论特别强调效果和应该采取的领导方式，这无疑为研究领导行为指出了新方向。

（2）该理论将领导行为和情景的影响、领导者和被领导者之间关系的影响联系起来，指出并不存在一种绝对好的领导形态，必须和权变因素相适应。

（3）该理论指出了选拔领导人的原则，在最好的或最坏的情况下，应选用任务导向的领导，反之则选用关系导向者。

（4）该理论指出，必要时可以通过环境改造以适应领导者。

（二）途径—目标理论

领导者是使下属获得更好的激励、更高满意度和工作成效的关键人物，在整个领导过程中担当着重要的角色。基于这一点，加拿大多伦多大学教授罗伯特·豪斯（R. J. House）以激励期望理论及领导行为四分图为依据，提出领导的主要职能是为下属在工作中提供获得满足需要的机会，并为下属搞清哪些行为能导致目标的实现并获得有价值的奖励，即领导应指明达成目标的途径。

1. 四种领导行为

1974 年豪斯与米切尔发表的论文中提出了四种领导行为。

（1）指示型。这种类型的领导者明确指示下属，告诉下属任务的具体要求，做什么、怎么做、工作日程、决策都由领导做出，下属不参与。

（2）支持型。这种类型的领导者能够考虑下属的需要，与下属友善相处，平易近人，关心下属的福利，公平待人，用心营造宽松、愉快的组织氛围。当下属遇到困难和产生不满意时，这种领导方式有助于他们提高和改善业绩。

(3) 参与型。这种类型的领导者在作决策时与下属商量,征询、采纳下属的建议,允许下属对上级的决策施加影响,参与决策,并通过此种方式对下属起到激励的作用。

(4) 成就型。这种类型的领导者往往提出有挑战性的目标,希望下属充分发挥潜力,力求有高水平的表现,鼓励下属并对下属的能力表示出充分的信心。

2. 有效的领导必须考虑环境因素,关注两类情景因素

豪斯认为"高工作"和"高关心"的组合不一定是最有效的领导方式,还需考虑环境因素。该理论特别关注两类情景因素:一类是员工的个人特点,另一类为工作场所的环境因素。

(1) 员工个人特点

每个员工都具有自身的特点,如教育水平、灵敏度、责任心、对成就的需求等。自我评价较高的员工,充分相信自我行为主导未来,而不是环境控制未来,对周围的人和事往往有较强的影响力,更乐于接受参与性的领导方式;而一些缺乏主见的员工,往往把发生的结果归因于运气、命运或"制度",认为自己能力不强,他们更喜欢指令型领导。相反,有的人自视甚高,则可能对指令型的领导行为表示不满。管理者对下属的个人特点是难以影响和改变的,但是管理人员对于环境的塑造及针对不同的个性采取不同的领导方式是完全可能的。

(2) 环境因素

环境因素非下属所能控制,它包括工作性质、权力结构、工作群体等情况。当工作任务很明确时,一般要强调"高关心人"的领导方式,而如果采用指令型领导行为效果就差,人们会对上司喋喋不休的吩咐感到厌烦。而在工作任务不十分明确时,则应强调"高组织"的领导方式。另外,如果组织中正式职权都规定得很明确,则下属会更欢迎非指令性的领导行为。此外,工作群体的性质会影响领导行为,如果工作群体为个人提供了社会上的支持和满足,则支持性的领导行为就显得多余了;反之,个人则会从领导者那里寻求这类支持。

3. 途径-目标理论与费德勒理论的区别

途径-目标理论认为领导者的风格和行为是能改变的,并使之适应特定的情景。有时,领导者根据不同的情况可分别采用不同的领导方式。如一个新上任的项目经理,开始他可用指令型的方式,建立明确的任务结构,并明确告诉下属做些什么;随后,他可采取支持型的行为来增强群体的凝聚力和形成积极的群体氛围;当项目小组成员对任务更熟悉后,并遇到新问题时,则可让下属一起参与做出一些决定;最后,则可运用成就导向型行为来鼓励下属不断取得更高的成就

4. 途径-目标模型的启示

领导人的行为会影响下属的工作动机,而个人特点和环境因素也会影响这种关系的性质。途径-目标领导理论是一种动态的理论,目前看来尚不够完善。此理论的原意是以一般的术语来表达的一种理论框架,以便能更进一步探索其相互间的各种关系,随着研究中的新发现,这种理论也将得到修正。

(三) 领导生命周期理论

领导生命周期理论也叫领导寿命循环理论。该理论是由美国俄亥俄州州立大学的心理学家科曼(Karman) 1966 年首先提出来的,后由赫赛(P. Hersey)和布兰查德(K. Blanchard)予以发展。该理论把领导行为四分图理论与不成熟-成熟理论结合起来,创造了三维空间领导效

率模型，如图 13－4 所示。

他们也画出一个方格图，横坐标为任务行为，纵坐标为关系行为，在下方再加上一个成熟度坐标，从而把原来由布莱克和莫顿提出的由以人为主和以工作为主构成的二维领导理论，发展成由关系行为、任务行为和成熟度组成的三维领导理论。在这里，任务行为是指领导者和下属为完成任务而形成的交往形式，关系行为是指领导者给下属以帮助和支持的程度，从而提出了四种领导方式：命令式、说服式、参与式、授权式。

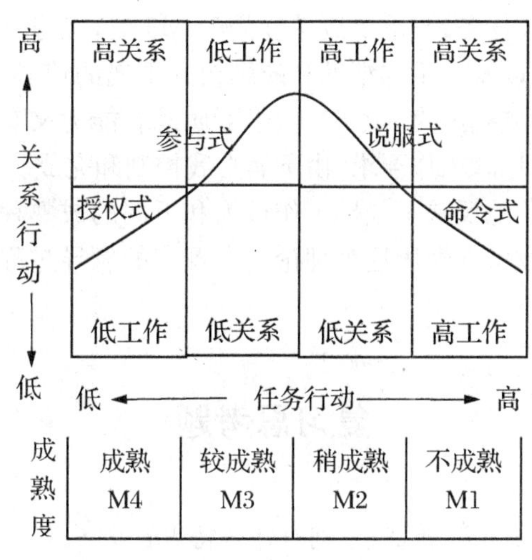

图 13－4　领导生命周期理论

赫塞和布兰查德提出的应变领导模式理论把注意力放在对下属的研究上，认为成功的领导者要根据下属的成熟程度选择合适的领导方式。

赫塞和布兰查德认为，所谓成熟度，是指人们对自己的行为承担责任的能力和愿望的大小。它取决于两个方面：任务成熟度和心理成熟度。任务成熟度是相对于一个人的知识和技能而言的，若是一个人具有无须别人的指点就能完成其工作的知识、能力和经验，那么他的工作成熟度就是高的，反之则低。心理成熟度是指做事的愿望或动机的大小，如果一个人能自觉地去做，而无须外部的激励，则认为他有较高的心理成熟度。

(1) 命令式(高工作—低关系)：领导者对下属进行分工并具体指点下属应当干什么、如何干、何时干等，它强调直接指挥。

(2) 说服式(高工作—高关系)：领导者既给下属以一定的指导，又注意保护和鼓励下属的积极性。

(3) 参与式(低工作—高关系)：领导者与下属共同参与决策，领导者着重给下属以支持，促其搞好内部的协调沟通。

(4) 授权式(低工作—低关系)：领导者几乎不加指点，由下属自己独立地开展工作，完成任务。

同时，赫塞和布兰查德把成熟度分成四个等级，即不成熟、稍成熟、较成熟、成熟，分别用 M1、M2、M3、M4 来表示。

(1) M1：下属缺乏接受和承担任务的能力和愿望，既不能胜任又缺乏自觉。

(2) M2:下属愿意承担任务但缺乏足够的能力,有积极性但没有完成任务所需的技能。

(3) M3:下属具有完成领导者所交给任务的能力,但没有足够的积极性。

(4) M4:下属有能力而且愿意去做领导者要他们做的事。

根据下属的成熟度和组织所处的环境,赫塞和布兰查德提出了应变领导模式理论,认为随着下属从不成熟走向成熟,领导者不仅要减少对活动的控制,也要减少对下属的帮助。当下属成熟度为 M1 时,领导者要给予明确而细致的指导和严格的控制,采用命令式领导方式;当下属的成熟度为 M2 时,领导者既要保护下属的积极性,交给其一定的任务,又要及时加以具体的指点以帮助其较好地完成任务;当下属成熟度处于 M3 时,领导者主要是解决其动机问题,可通过及时的肯定和表扬,以及一定的帮助和鼓励树立下属的信心,因此以采用低工作-高关系的参与式为宜;当下属的成熟度为 M4 时,由于下属既有能力又有积极性,因此领导者可采用授权式,只给下属明确目标和工作要求,由下属自我控制和完成。

应变领导模式理论形象地反映了领导工作行为和下属的成熟程度的关系,对领导行为有一定指导作用,但是,不能教条地搬用这个理论。在现实的领导过程中,也不一定要求必须沿着这条曲线进行。

复习思考题

1. 勒温的领导方式有哪几种类型,分别有什么特点?
2. 描述几种领导权变理论的主要内容。
3. 在管理实践中如何运用领导生命周期理论?
4. 通过领导理论的学习,你认为在实际工作中用哪种领导方式更有效?

案例讨论

"你知道公司的政策"

亚历山大是某便利连锁店公司的一位片区经理。他管辖的片区有 7 家分店。由他全面负责他们的经营管理。这些连锁店在每个轮班时间内只有 1 个人当班。有些商店全天 24 小时营业,但市中心的那家商店只是周一至周四全天营业,周五至周末的营业时间为早上 6 点到晚上 10 点。由于该店每周三天的营业时间短,销售得来的现金就放在店保险柜里,到下周一早上再统一清点。这样,周一早上当班的店员就要比平常花更多的时间来点这些钱。

公司的一项政策规定,当腾空店里的保险柜时,片区经理必须同当班的店员一起点钱,而且店员必须将钱分成每 1 000 美元一叠置于一棕色袋内,做过标记后搁在保险柜旁的地上让片区经理核实各袋中的钱额。

比尔就在这公司的那家市中心商店当店员。他想在片区经理到来之前预先将保险柜里的钱点好,以便使经理节省些时间。店里的生意很忙,比尔在为一顾客购买的商品打包时,不注意将一钱袋误当作一个包了 3 块三明治的食品袋,放进了客户的购物袋中。20 分钟以后,片区经理亚历山大来了。在发现差错后,两人开始寻找这一钱袋。过了些时间,那位顾客送回了这袋耽误的钱。可是，公司有政策规定，任何人违背了点钱的程序，都必须立即解雇。

比尔非常伤心。“我真的需要这份工作，”比尔申辩说，“我的妻子刚生了个婴儿，花了一大笔医疗费。我一定不能够没有工作！”

“你是知道公司的政策的。”亚历山大这样提醒道。

“是的，我知道，”比尔回答，“我确实无可争辩。尽管如此，但要是你不解雇我，我保证我会成为你所有的店员中最好的一个。”

在比尔招呼一位顾客的时候，亚历山大给休斯敦总部的上司打了电话。征得上司批准后，亚历山大决定不解雇比尔。

思考题：

1. 运用管理方格理论说明亚历山大经理的领导方式。
2. 请评价亚历山大所做出决定的后果，并讨论本案例中所描述的事件可能对其他的商店有什么影响？

实训题：探讨杰出领导者的特质

目的：凭直觉挑出三位你认为是优秀、成功的领导者（如朋友、亲属、政府官员、知名人物等），分析与探讨你觉得这些人是优秀、成功领导者的原因，然后比较凭直觉得出的领导特质和领导理论中的领导特质。

要求：1. 对挑选出的三位杰出领导者，分别列举出你认为优秀的原因。

2. 将三个人的列表进行比较，如果有，找出三个人共同具备的特质。

3. 思考并和其他同学进行讨论，要想成为一名杰出的领导者，该如何培养一些良好的特质。

13-1　领导理论发展的研究综述

13-2　西方领导理论演变综述

13-3　布莱克的管理方格理论

第十四章　激　励

【学习目标】

了解：激励的概念、激励模式与激励的作用、有效沟通的障碍。

理解：人性四种假设、激励的四个要素、人际沟通与组织沟通之间的关系。

掌握：激励有关理论、激励的原则与方法、沟通的概念与方式、沟通的作用、组织沟通的类型及组织沟通的网络形式、有效沟通的原则及途径。

运用：联系实际论证物质激励与精神激励相结合的原则、在实际生活和学习中运用有效沟通的原则及途径、提高自身人际沟通和组织沟通的能力。

【教学重点】

激励；激励理论；激励的原则和方法；沟通；组织沟通的网络形式；有效沟通的原则及途径。

【导入案例】

追求员工满意的“海底捞”

近几年海底捞餐厅已经成为餐饮界的一个热点现象，吸引了众多媒体的关注，也引来了学术界的研究、企业界的学习，甚至是风投公司的青睐。2008—2012 年连续 5 年荣获大众点评网“最受欢迎 10 佳火锅店”。2008—2013 年连续 6 年获“中国餐饮百强企业”荣誉称号。2011 年 5 月 27 日，“海底捞”商标荣获“中国驰名商标”。“海底捞”取得如此骄人的业绩，一个很重要的原因是对员工满意度的追求。

董事长张勇深知，企业要在长期中盈利不仅要使客户满意、培养客户忠诚度，同时要使员工满意，这样才能保证员工生产率，提高服务质量，最终才能盈利。张勇认为要让员工把公司当成家。那么，怎样才能让员工把“海底捞”当成自己的家？张勇认为这个简单得不能再简单了：把员工当成家里人。为此，“海底捞”从如下方面让员工感觉是“海底捞”家中的一员。

第一，良好的福利。“海底捞”给员工提供良好的待遇，虽然在整个餐饮行业中，“海底捞”的工资只能算中上，但是隐性福利却比较多。每位员工拥有 12 天的带薪年假、往返火车票。员工的小孩读书“海底捞”会提供赞助，大堂经理以上级别的一个享有每月 300 元的父母补贴。对于工作多年的员工会有所奖励。同时，“海底捞”员工的住宿都由“海底捞”门店负责，给员工租借正式小区或公寓的两居室或三居室，离店面不超过 20 分钟。房间配备电脑和空调，还有专门的阿姨负责房间的保洁工作，每套房子还配备可上网的电脑，保证员工有舒适、便捷的住宿环境。

第二，良好的晋升通道，公平竞争的环境。“海底捞”给员工提供职业培训并且管理层基本都是从基层提升而来，只要正直、勤奋、诚实，每个员工都有可能得到提升。

第三，信任、尊重员工，充分调动员工的工作积极性。“海底捞”给基层员工打折、换菜甚至免单的权利，只要事后口头说明即可。员工由此产生“主人”的感觉，更努力地工作，提高了工作效率。

第四，平等与沟通。人是群居动物，天生追求公平。“海底捞”知道，要让员工感到幸福，不仅要提供好的物质待遇，还要让人感觉平等。没有管理才能的员工，通过任劳任怨的苦干也可以得到认可，普通员工如果做到功勋员工，工资收入只比店长差一点。同时，在“海底捞”高层管理人员每个月都有一项特殊的任务：去员工宿舍生活三天。目的在于体验员工的衣食住行，以便及时地改善，同时可以有效地倾听员工的心声，与员工进行对话。

【案例思考】

1. 试分析“海底捞”成功的原因。
2. 该案例对你有何启示？

第一节　激励概述

一、激励的定义

激励一词来源于古代拉丁语“movere”，该词的本义是“使移动”。从心理学角度看，激励是指人的动机系统被激发后，处于一种活跃的状态，对行为有着强大的内驱力，促使人们为期望和目标而努力。美国管理学家贝雷尔森(Berelson)和斯坦尼尔(Steiner)指出，“一切内心要争取的条件、希望、愿望、动力等都构成了对人的激励，它是人类活动的一种内心状态”。所以激励也是一种精神力量或状态，它对人的行为产生激发、推动、加强的作用，并且指导和引导行为指向目标。从诱因和强化的观点看，激励是将外部适当的刺激转化为内部心理的动力，从而增强或减弱人的意志和行为。

我们把激励定义为：激励是指创造满足人的各种需要的条件，持续地激发人的动机和内在动力，使其心理过程始终保持在亢奋的状态中，鼓励人朝着所期望的目标采取行动的心理过程。也就是说，激励在本质上就是激发、鼓励和努力调动人的积极性的过程。

构成激励的主要要素包括外部刺激、需要、动机和行为。其中，激励的核心要素就是动机，需要是激励的起点和基础，外部刺激是激励的条件，而行为则是激励的目的。这四个要素相互组合与作用，构成了对人的激励。

1. 需要

需要是指人类或有机体缺乏某种东西的状态。管理中的需要特指人对某种事物的渴求与欲望。需要是一切行为的原动力，是人们积极性的源泉和实质，是激励的起点和基础。

2. 动机

动机是推动人们从事某种活动并指引这些活动去满足一定需要的心理准备状态。动机在激励行为的过程中具有以下功能。

(1) 驱动功能:指动机具有唤起和驱动人们采取某种行动的功能。

(2) 导向和选择功能:指动机总是指向一定目标,具有选择行动方向和行为方式的功能。

(3) 维持和强化功能:长久稳定的动机可以维持某种行为,并使之持续进行。

3. 外部刺激

外部刺激主要指管理者为实现组织目标而对被管理者所采取的种种管理手段及相应形成的管理环境。

4. 行为

管理学中的行为是指在激励状态下,人们为动机驱使所采取的实现目标的一系列动作,行为的方向是寻求目标、满足需要。

德国心理学家勒温提出了著名的行为公式,把人的行为(B)看成是其自身特点(P)及其所处环境(E)的函数,即:

$$B = f(P, E)$$

因此,为了引导人的行为达到激励的目的,领导者既可在了解人的需要的基础上,创造条件促进这些需要的满足,也可以通过采取措施,改变个人行动的环境。

二、激励过程

激励的基本组成因素是外部刺激、需要、动机和目标导向的行为。

以上从心理学的角度分析了人的行为是由动机所支配的,动机是由需要引起的,而需要则是由外部刺激产生的,行为的方向是寻求目标、满足需要。为探讨激励四要素的联系,必须了解激励的心理过程,即人的行为模式。

1. 激励过程模式

人在受到外界环境的某种刺激后,便会产生某种需要。这种需要未得到满足时,就会引起人的欲望——想满足这种需要,它促使人处在一种不安和紧张状态之中,这种紧张不安的心理就会转化为实现其目标的内在驱动力,心理学上把这种驱动力称为动机。动机产生以后,人们就会寻找、选择能够满足需要的目标和途径,而一旦策略确定,就会进行满足需要的活动,产生一定的行为。行为的结果可能发生两种情况:

(1) 实现了目标,满足了需要,紧张消除,产生一个反馈,告诉人们原有的需要已经满足,于是在新的刺激下,又会产生新的需要,引起新的动机和行为。

(2) 行为没有实现目标,就会引起挫折感,这时又可能产生两种行为:一是,可能采取建设性的行为,以继续实现目标;二是,可能采取防御性的行为,降低或放弃原有的目标,如图 14 - 1 所示。

由此可见,行为的结果使作为行为原动力的需要得到满足,则人们往往会被自己的成功所鼓舞,新的需要随之出现,紧张也接踵而来,从而使该过程重复重现。人类对美好生活的永恒追求就是一个很好的例子。因此,从需要的产生到目标的实现,人的行为是一个周而复始、不断进行、不断升华的循环过程。

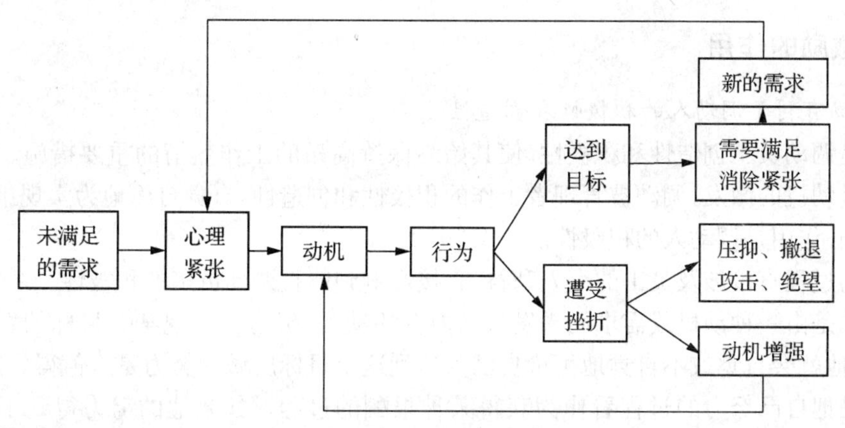

图 14-1　激励过程模型

2. 需要、动机与行为的关系

(1) 需要引起动机,动机导致行为,行为指向一定的目标。

当一种目标实现后,又产生新的需要,引起动机,指向新目标。这是一个循环往复、连续不断的过程。

(2) 需要是动机和行为的基础。

只有在这种需要具有某种特定的目标时,需要才能产生动机,动机才会成为引起人们行为的直接原因。

(3) 只有起主导作用的动机才会引起人们的行为。

每个动机都可以引起行为,但并不是每个动机都必然引发行为。只有起主导作用的动机才会引起人们的行为,见图 14-2。

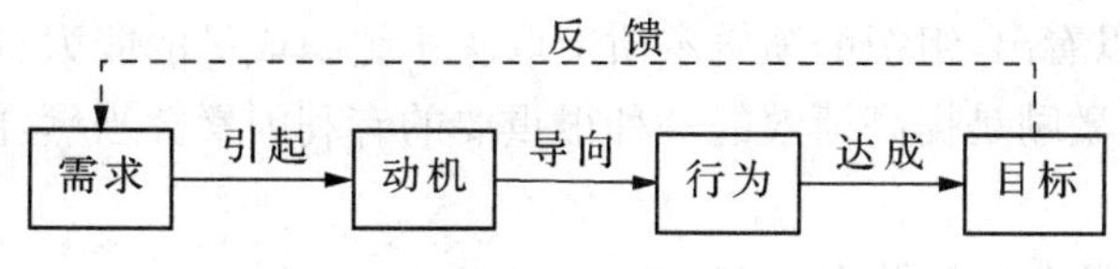

图 14-2　需要、动机与行为的关系

3. 需要、动机、行为与管理的关系

一个组织中,研究需要、动机与行为的关系,就是为了制定合理的管理措施,满足员工的需要,激发员工的动机,控制和促进人的行为,以实现组织目标。这就是需要、动机、行为与管理的关系(见图 14-3)。

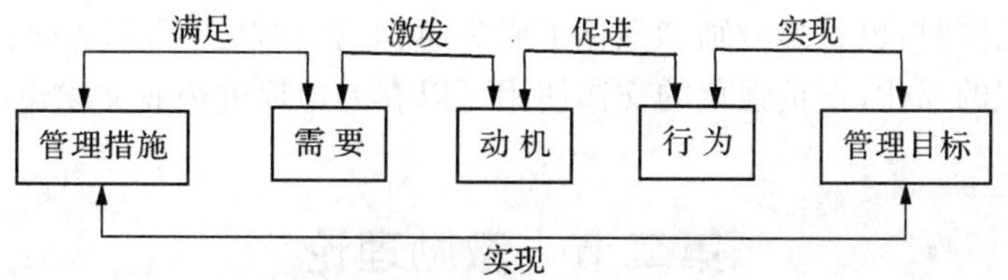

图 14-3　需求、动机、行为与管理的关系

三、激励的作用

1. 激励有利于调动人的积极性和创造性

激励是调动员工创造性和积极性,使其始终保持高昂的工作热情的重要措施。它的主要作用是通过动机的激发,调动被管理者工作的积极性和创造性,自觉自愿地为实现组织目标而努力,其核心作用是调动人的积极性。

激励的过程直接涉及员工的个人利益,直接影响到能否调动员工的积极性。一般来说,每一位员工总是由一种动机或需求而激发自己内在的动力,努力去实现某一目标的。当达到某一目标后,他就会自觉或不自觉地衡量自己为达到这个目标所做的努力是否值得。因此,绝大多数人总是把自己努力的过程看作为获得某种报酬的过程。如果他的努力得到了相应的报酬,那么,就有利于巩固和强化他的这种努力。因此,激励的目的就是要调动员工的积极创造性,并使这种积极创造性保持和发挥下去。

2. 激励有利于发挥人的能动作用

激励作为一种管理手段,其最显著的特点就是内在驱动性与自觉自愿性。由于激励是起源于人的需要,它的功能就在于以个人利益和需要的满足为基本作用力,是被管理者追求个人需要满足的过程,因此,激励不仅可以提高人们对自身工作的认识,还能激发人们的工作热情和兴趣,使成员对本职工作产生强烈的积极的情感,并以此为动力,动员自己全部精力为达到预定的目标而努力,从而充分发挥员工的能动性。

3. 激励有利于挖掘人的潜力,提高工作效率

员工的积极性与组织的绩效密切相关,在组织行为学中有这么一个公式:

$$绩效 = f(能力,激励,环境)$$

从这个公式中可以看出,组织的绩效本质上取决于组织成员的能力、被激励的情形和工作环境条件。由此可见,激励是提高绩效的一种很重要的有利因素。当然,能力和环境也都是不可或缺的。

4. 激励有利于增强企业凝聚力

企业是由若干员工个体、工作群体组成的,为保证企业作为一个整体协调运行,除了用严密的组织结构和严格的规章制度进行规范外,还需通过运用激励方法,满足员工的多种心理需求,调动职工工作积极性,协调人际关系,进而促进内部各组成部分的协调统一,增强企业的凝聚力和向心力。

在市场经济条件下,树立"服务制胜"的意识,已经成为众多企业文化建设的目标。我们奖励优异服务行为的同时,也就是激励和强化了服务意识;批评和惩罚恶劣服务的同时,也就是从反面对服务意识的强化,正负强化的交错使用可以有力地促进企业文化建设。

第二节　激励理论

自 20 世纪 30 年代以来,国外管理学家、心理学家和社会学家从不同角度对怎样激励人的问题进行了大量的研究,并提出了许多激励理论。对这些理论可以从不同的角度进行归纳和

分类。比较流行的分类方法是按其所研究激励的侧面不同及其与行为的关系不同，把各种激励理论归纳和划分为内容型、过程型和调整型三大类。

一、内容型激励理论

内容型激励理论又叫需要型激励理论，是指针对激励的原因与起激励作用的因素的具体内容进行研究的理论。这种理论着眼于满足人们的需要，即人们需要什么就满足什么，从而激起人们的动机。

这种理论从激励过程的起点（人的需要）出发，从静态分析的角度来探讨激励的问题。内容型激励理论很多，这里主要介绍需要层次理论、双因素理论、成就需要理论三种。

（一）需要层次理论

该理论是由美国著名心理学家马斯洛于1943年在《人类动机理论》一书中第一次提出的，在《调动人的积极性的理论》和《激励与个性》中做了详尽的阐述。从此，该理论在世界各地广泛应用，成为最普遍、最主要的激励理论之一。

1. *主要观点*

马斯洛把人的需要概括为五个层次，如图14－4所示。

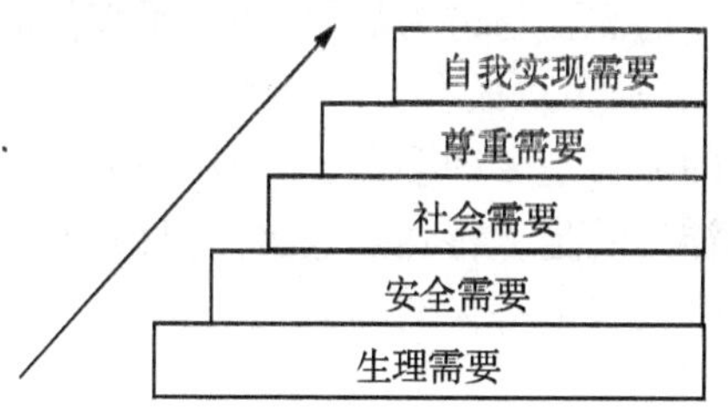

图14－4　马斯洛的需求层次模型

(1) 生理需要。这是人类为了维持其生命最基本的需要即生存需要，也是需要层次的基础。若衣、食、住、行、空气和水等这类需要得不到满足，人类的生存就成了问题。从这个意义上来说，这些基本的物质条件是人们行为最强大的动力。马斯洛认为，当这些需要还未达到足以维持人们的生命之时，其他需要将不能激励他们，所以在经济不发达的社会，一般必须首先研究并满足这方面的需要。

(2) 安全需要，即指有关人类免除危险和威胁的需要。这不仅要考虑到眼前，而且要考虑到今后。例如要求摆脱失业的威胁，要求在生病及年老时生活有所保障，要求工作安全，希望免除不公正的待遇，等等。

(3) 社交需要，也称感情和归属方面的需要。当生理及安全的需要得到相当的满足之后，社交的需要便占据主导地位。因为人类是有感情的动物。他希望与别人进行交往，避免孤独，希望与伙伴和同事之间和睦相处，关系融洽；他希望归属于一个团体以得到关心、爱护、支持、友谊和忠诚。这种需要比前两种需要更细致，需要的程度因每个人的性格、经历、受教育程度不同而异。

(4) 尊重需要。即希望别人对自己的工作、人品、能力和才干给予承认并给予公平的评价，希望自己在同事中间有一定的威望和声誉，从而得到别人的尊重并发挥一定的影响力；尊重的需要还包括自尊，自尊心是驱使人们奋发向上的强大推动力。

(5) 自我实现需要。自我实现的需要就是要实现个人理想和抱负,最大限度地发挥个人潜力并获得成就,实现自我价值。这种需要往往是通过胜任感和成就感来获得满足的。所谓胜任感是指希望自己担当的工作与自己的知识能力相适应,工作带有挑战性,负有更多的责任,工作能取得好的结果,自己的知识与能力在工作中也能得到增长。所谓成就感表现为进行创造性的活动并取得成功。具有这种特点的人,一般会给自己设立相当困难但经过努力可以达成的目标,而且往往把工作中取得的成就本身看得比成功以后所得到的报酬更为重要。

马斯洛还将这五种需要划分为高低两级。一般而言,生存和安全需要属于较低层次的、物质方面的需要;社交、尊重和自我实现的需要,则属于较高层次的、精神方面的需要。马斯洛认为,人的需要遵循递进规律,这五种需要是由低到高依次排列的,只有排在较低层次的需要得到了满足,才能产生更高一级的需要。他还指出,一旦一种需要得到满足后,这种需要就不会再成为激励的因素。需要层次中未满足的需要是最主要的激励因素,如果低层次的需要得到满足后,需要层次中下一个更高层次的需要将对行为有激励作用。

2. 对马斯洛的需要层次理论的评价

(1) 主要贡献

马斯洛的需要层次理论简单明了、易于理解、具有内在的逻辑性,因而得到了管理实践者的普遍认可。其贡献在于从人的需要出发来研究人的行为,将人类千差万别的需要归纳为五类,揭示了一般人在通常情况下的需要与行为规律,指出了人们的需要从低级向高级发展的趋势,这符合心理发展的过程,对激励实践很有实用价值。

同时,该理论还揭示出人的需要是多种多样的,激励方式也是多种多样的,不仅要给人以物质的满足,而且要给人以精神的满足。特别是低级需要得到一定的满足以后,精神需要更为重要,因为满足人的高级需要将具有更持久的动力。

(2) 存在的缺陷与不足

该理论对于需要层次的划分过于简单、机械,因为人的需要并不一定完全依等级层次而循序上升,且人的需要是随着环境和个体情况的变化而同时存在着若干种。他没有提出衡量各层次需要满足程度的具体标准,也没有考虑到一种行为的结果可能会满足一种以上的需要的情况(如适当的薪酬不仅能满足生理和安全的需要,也能满足自尊的需要)。最主要的一点是该理论缺乏实证基础,众多的研究并未对他的理论提供实证性的支持,仅有的几项支持其理论观点的研究也缺少说服力。

虽然马斯洛的需要层次理论存在着不足,但还是为我们提供了一个研究人类需要的参照样本。管理者应认识到下属工作的动机,根据这些动机的不同,采用不同的激励方法来激励他们努力工作,而通过这样做,管理者将个人和组织的利益结合在一起,如果员工的所作所为对组织有利,他们应该获得能够满足他们需要的结果。表 14-1 列举出了在企业中可用来满足各层次需要的常用方法。

表 14-1 马斯洛的需要层次理论在企业中的应用

需要层次	应用
自我实现的需要	富有挑战性的工作、工作的自主权和决策权
尊重的需要	职衔、优越的办公条件、当众受到称赞

续表

需要层次	应用
社交的需要	上司的关怀、友善的同事、联谊小组
安全的需要	工作保障、退休保障、福利保障
生理的需要	足够的薪资、舒适的工作环境、适度的工作时间

此外，随着经济的全球化，管理者有必要认识到，不同国家的人们对通过工作来满足的需要有所不同。比如，有些研究表明，日本人和希腊人特别会受到安全需要的激励，而瑞士人、挪威人和丹麦人特别会受到归属需要的激励。在生活水平较低的贫穷国家，生理和安全的需要似乎是首要的激励因素。当国家变得比较富裕和有较高的生活标准时，与个人的成长和成就有关的需要（例如尊重和自我实现）就会变成重要的激励因素。

3. 不同种类的需求对行为产生的影响

（1）上述五种需要是按次序逐级上升的，下一级的需要基本得到满足后，追求上一级的需要就成为行为的主要驱动力，这五种需要不可能完全满足，愈到上层，满足的百分比愈少，见图14－4。

（2）生理需要和安全需要是人的最基本的需要，对人的行为产生的影响也最迫切、最强烈，而尊重需要和自我实现需要对人行为产生的影响最持久、最稳定。

（3）人的行为是受多种需要支配的，所以同一时期内，可以同时存在几种需要。但是，每一时期内总有一种需要是占支配地位的，决定人的行为。

（4）任何一种需要并不因为下一个高层次需要的发展而告消失，各层次的需要相互依赖与重叠，高层次的需要发展后，低层次的需要仍然存在，只是对行为影响的比重有所减轻而已。

（二）双因素理论

该理论是美国心理学家赫茨伯格创立的。他在1959年出版的《工作的激励因素》一书中，在马斯洛需要层次理论的基础上，把人的需要归纳为两大类——保健因素和激励因素。

1. 两类因素的内容

保健因素和激励因素的主要内容如表14－2所示。

表14－2　双因素理论

保健因素（外在因素）	激励因素（内在因素）
组织的政策与行政管理 技术监督系统 人事关系（与上级主管之间的、同级之间的、下级之间的关系） 薪资水平 个人的生活 职务、地位 工作上的安全感	工作上的成就感 工作中得到认可和赞赏 工作本身的挑战意识和兴趣 工作职务上的责任感 工作的发展前途 个人成长、晋升的机会

2. 主要观点

(1) 保健因素没有激励作用,它不能增强职工的积极性,但它可以维持激励在“零”的水准,可以避免反激励现象发生。如果这些因素得到满足,职工就不会不满;反之,职工则会产生强烈不满。

(2) 激励因素能提高职工的工作效率和积极性。如果这些因素得到满足,会对职工有很大的激励作用;然而,得不到满足职工都不会有太大的不满。

3. 需要层次理论与双因素理论的比较

(1) 区别

需要层次理论针对人类的需要和动机,而双因素理论则针对满足这些需要的目标和诱因。

(2) 联系

激励因素主要是满足高层次需要,它与尊重需要和自我实现需要相对应;保健因素主要是低层次需要,它与生理、安全和社会需要相对应,如图 14-5 所示。

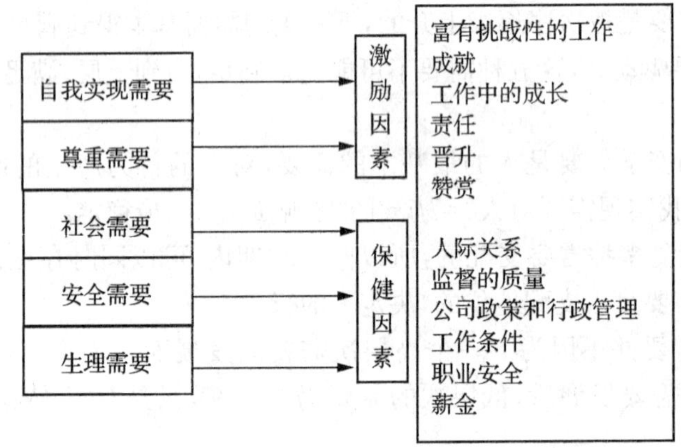

图 14-5 马斯洛理论与赫兹伯格理论的比较

4. 双因素理论的启示

组织中,管理者不仅应重视解决保健因素,还要重视解决激励因素,使职工的积极性得到充分的调动;如果组织中的领导者只注意提供某些条件来满足职工“保健”性的需要,那么这个组织只是平淡地处于一种稳定环境中,上不努力、下不落后,维持正常的作业。如果组织能在具备了“保健”性因素的基础上,注入激励机制,营造一种创新、改革、发展、挑战的氛围,使每一个职工有紧迫感、竞争意识和你追我赶的效益速度,这样的组织才有士气和活力,才能真正在市场经济的环境中发展壮大。

(三) 成就需要理论

美国著名心理学教授戴维・麦克利兰(David C. McClland)在 1955 年对马斯洛理论的普遍性提出了挑战,对该理论的核心概念“自我实现”有无充足的根据也表示怀疑。他经过 20 多年的研究得出结论,人类的许多需要都不是生理性的,而是社会性的,而且人的社会性需求不是先天的,而是后天的,得自于环境、经历和培养教育等,很难从单个人的角度归纳出共同的、与生俱来的心理需要。时代不同、社会不同、文化背景不同,人的需求当然就不同,所谓“自我实现”的标准也不同。马斯洛的理论过分强调个人的自我意识、内省和内在价值,忽视了来自社会的影响，失之偏颇。

麦克利兰通过试验研究，归纳出三大类社会性需要：对成就的需要、对(社会)交往的需要和对权力的需要，尤其对成就需要和权力需要进行了较为详细的论述。

1. 主要观点

(1) 权力的需求者热衷于“承担责任”，喜欢竞争性强存在地位取向的工作环境，希望影响他人，控制向下、向上的信息渠道，以便施加影响、掌握权力，他们对政治感兴趣，而不像高成就需要的人那样关心改进自己的工作。这样的人一般十分健谈、好争、直率、头脑冷静、善于提出要求、喜欢讲演，并爱教训人。

(2) 具有社交需要的人通常从友爱中得到快乐，并总是设法避免因被某个团体拒之门外带来的痛苦。作为个人他们往往关心保持一种融洽的社会关系，与周围的人保持亲密无间和相互谅解，随时准备安慰和帮助危难中的伙伴，并喜欢与他们保持友善的关系。

(3) 凡具有成就需要的人都有以下的行为特征：

① 渴望将事情做得更加完美，相信自己的能力，敢于做出决断，愿意承担责任，对成功有一种强烈的要求，同样也强烈担心失败。

② 有进取心，愿意接受挑战，为自己树立具有一定难度的目标。

③ 敢冒一定的、可以预测出来的风险，但不是去进行赌博，而是采取一定现实主义的态度。

④ 密切注意自己的处境，对他们正在进行的工作情况，希望得到明确而又迅速的反馈，以了解自己的工作和计划的适应情况。

⑤ 重成就、轻金钱，工作中取得成功或者攻克了难关，从中得到的乐趣和激情胜过物质的鼓励。

⑥ 他们一般喜欢表现自己。

2. 成就需要理论在实际中的应用

(1) 麦克利兰认为，一个国家乃至一个企业的兴旺发达，取决于具有成就需要的人的多寡。例如：英国 1925 年时经济情况良好，拥有高度成就需要的人数在 25 个国家中名列第五；第二次世界大战后英国经济走下坡路，1950 年再作调查，其拥有高度成就需要的人数在 39 个国家中只占第 27 位。

(2) 成就需要与企业的绩效直接相关。

① 只有高成就需要才能导致高绩效的行为。

研究表明，高成就需要的企业家会使企业得到高的利润，而低成就需要的企业家只会使企业获得低的利润。

② 成就需要是一种更为内化了的需要，这种需要是导致国家、企业取得高绩效的主要动力。

(3) 成就需要可以创造出富有创业精神的人物，促进社会经济的发展。全社会都应当认识到这一问题的重要性，鼓励人们努力建功立业，取得成就。

(4) 成就需要和权力需要都会使人们有杰出的表现，但二者还是有区别的。在高成就需要的人当中，很少产生率领众人前进的领导者，原因非常简单：成就需要强烈的人习惯于独自解决问题，无需他人。一个高成就需要的人，未必能领导企业取得成就，因为经理的责任是激励众人取得成功，而不是只顾自己的工作成就。激发他人的成就感，需要有完全不同的动机和技巧。

如果说成就需要对应着创业精神,那么权力需要就对应着各种领导,因为领导者的首要任务是影响别人,对权力的需要显然是他们的主要性格特征之一。

麦克利兰的理论是马斯洛理论的重要发展和补充,对指导组织的激励工作更具有现实的意义。

(四) X理论和Y理论

在关于人性的研究中,有一个基本的分类,即人的积极性究竟是主动的还是被动的,实际上是“人究竟有没有积极性”。这个问题类似于哲学史上关于人性的善恶之争。倾向于性善论者则认为,职工有内在的积极性,只要通过适当的激励方式,即可使职工自觉地去实现组织目标;倾向于性恶论者则认为,职工没有内在积极性,如果没有外在压力,他们是不会为组织做出贡献的。

1. X 理论

1957 年,美国心理学家道格拉斯 · 麦格雷戈(D. McGregor) 从理论上归纳了传统管理者的人性观。他认为传统管理者之所以对职工进行强制性管理,是因为他们受传统的理论指导,麦格雷戈把这种理论称为 X 理论。其要点有以下几个:

(1) 多数人生来懒惰,总想少工作。

(2) 多数人没有工作责任心,宁可被别人指挥。

(3) 多数人以我为中心,不关心组织目标。

(4) 多数人缺乏自制能力。

结论是,多数人不能自我管理,因此需要另外的少数人从外部施加压力。

2. Y 理论

麦格雷戈提出的 Y 理论,其要点有以下几个:

(1) 工作和娱乐一样,都是人的活动,人是否喜欢工作,要看工作条件如何。

(2) 人不仅会接受责任,而且会主动要求责任。

(3) 人能够自我控制和自我指导。

(4) 个体目标与组织目标没有根本冲突,若有条件,个体会自觉地把个体目标与组织目标统一起来。

显然,以 X 理论为指导和以 Y 理论为指导的管理方式正好是相反的。

X 理论类似于哲学史上的性恶论,强调“人之初,性本恶,要他干,就得压”。X 理论假设和中国古代荀子的“性恶论”有相近之处,荀子说:“人之性恶,其善者伪也。”认为人的本性是恶的。Y 理论类似于性善论,强调“人之初,性本善,引导好,努力干”。Y 理论假设与中国古代孟子的“性善论”相近。孟子认为,“人之性善,犹水之趋下也”,表达了性善是人之自然本性的主张。

现代管理实践越来越倾向于 Y 理论。从 X 理论到 Y 理论的变化,与从“经济人”到“自我实现人”假设的变化趋向是一致的。

从上面的讨论中可以看到,在各种不同的假设和模式中,有许多是相似的。如“经济人”假设与 X 理论相似;“自我实现人”假设与 Y 理论相似,等等。但任何一种单独模式都不足以解释清楚人性和个人行为。人的需求是复杂的,因此,没有哪一种模式是“唯一正确”的。重要的是要认识到:为了企业的最宝贵的人力资源的使用达到最大的效益和效率,在不同的情况下需要采用不同的管理方法。管理者的责任就是创造一种环境，诱导在那里工作的人们去为企业的目标做出贡献。

二、过程型激励理论

该理论是在需要型理论的基础上发展起来的。该理论研究从人的动机的产生到行为反应这一过程中，有哪些重要因素对人的动机与行为发生作用，即有哪些因素激励职工的积极性。该理论是从动态分析的角度来研究激励问题的，了解从对行为起决定作用的某些关键问题出发，掌握这些因素之间的相互关系，以达到预测或控制人的行为的目的。

过程型激励理论主要包括期望理论和公平理论等。

（一）期望理论

期望理论是美国心理学家弗鲁姆 1964 年《工作与激励》一书中提出的。弗鲁姆认为：只有当人们预期某一行为能给个人带来吸引力的结果时，个人才会采取这一特定行为。

1. 主要观点

(1) 人们之所以能够从事某项工作并达到组织目标，是因为这些工作和组织目标会帮助他们达到自己的目标，满足自己某方面的需要。

(2) 某一活动对于调动某一个人的积极性，激发出他的内部潜力的激励力(M)的强度，取决于达到目标后对于满足个人需要的价值大小——效价(V)乘以他根据以往的经验和能力进行判断能实现该目标的概率——期望值(E)。

用公式表示为：

$$M = V \cdot E$$

式中：M 为激励力量，指调动人的积极性，激发人内部潜力的强度；V 为效价（目标价值），指达到目标后对于满足个人需要的价值大小，取值范围为$+1 \sim -1$；E 为期望值（期望概率），指一个人对某个目标能够实现的可能性大小（概率）的估计，取值范围为 $0 \sim +1$。

2. 理论分析

马斯洛的需要层次论、赫茨伯格的双因素理论及麦克利兰的成就理论都是把各种激励因素较为机械的分成若干类别，与实际不一定完全相符。而期望值理论不存在这种人为分类，较综合和适用，具体表现如下。

(1) 对公式中的效价应当理解为综合性的。它可以是精神的，也可以是物质的；可以是正的，也可以是负的，还可以为零；它不仅包含了某一结果的绝对值，而且包括了相对值；它不仅指某一单项值，而且指各种效价的总和。

(2) 对同一个目标，由于各人的需要不同，所处的环境不同，兴趣不同，价值观不同，使他对该目标的效价也往往不同；即使是同一个人，在不同的时候效价也是不一样的。例如：

① 一个人希望通过努力工作得到升官的机会，这就表明升官在他心目中的效价很高，$V>1$；

② 若他对升官漠不关心、毫无要求，升官的效价便等于零，$V=0$；

③ 若他对升官不仅毫无要求，且害怕升官，那么，升官对他来说，效价为负值，$V<0$。

(3) 效价和期望值都是个人的一种主观判断，即对人的行为的激励力涉及三部分心理过程：报酬本身是否能够吸引人们为之付出努力？付出努力的行为是否能够取得预期的结果？

努力和工作绩效的结果能否带来期望的报酬?

(4) 一个人对实现某个目标,根据估计其可能性的大小,即期望值的大小也不同:

① 如果他估计完全有可能实现,即100%的可能,这时 $E=1$,也就是最大;

② 他估计目标完全不可能实现,这时 $E=0$,也就是最小。

③ 通常情况下,往往是具有不同程度的可能性,这时的期望值在0与1之间,即 $0\leqslant E\leqslant 1$。

当 $E=0$ 时,无动力;

当 $E>0$ 时,有一定的动力;

当 $E=1$ 时,动力最大。

(5) 目标价值(V)和期望概率(E)的不同结合,决定着不同的激励程度:

① E 高且 V 高—M 高(强激励);

② E 中且 V 中—M 中(中激励);

③ E 低且 V 高—M 低(弱激励);

④ E 高且 V 低—M 低(弱激励);

⑤ E 低且 V 低—M 低(无激励或极弱激励)。

(6) 效价和大家平均的个人期望概率相互影响。平均概率小,效价相对大;平均概率大,效价相对小。

3. 期望理论在实际中的应用

期望理论告诉我们,在进行激励时,要处理好三方面的关系,这也是调动人们工作积极性的三个条件。

(1) 努力与绩效的关系

人总是希望通过一定的努力能够达到预期的目标,如果个人主观认为通过自己的努力达到预期目标的概率较高,就会有信心,就可能激发出很强的工作热情。但如果他认为再怎么努力目标都不可能达到,就会失去内在的动力,导致工作消极。能否达到预期的目标,不仅仅取决于个人的努力,还同时受到员工的能力和上司提供支持的影响。这种关系可在公式的期望值这个变量中反映出来。

(2) 绩效与奖励的关系

人总是希望取得成绩后能够得到奖励,这种奖励既包括提高工资、多发奖金等物质奖励,也包括表扬、自我成就感、同事的信赖、提高个人威望等精神奖励,还包括得到晋升等物质与精神兼而有之的奖励。如果他认为取得绩效后能够得到合理的奖励,就可能产生工作热情,否则就可能没有积极性。

(3) 奖励与满足个人需要的关系

人总是希望获得奖励能够满足自己某方面的需要。然而由于人们各方面的差异,他们的需要的内容和程度都可能不同。因而,对于不同的人,采用同一种奖励能满足需要的程度不同,能激发出来的工作动力也就不同。

后两方面的关系可以从公式中的效价这个变量上体现出来。弗鲁姆把这三方面的关系用框图表示出来,见图14-6。

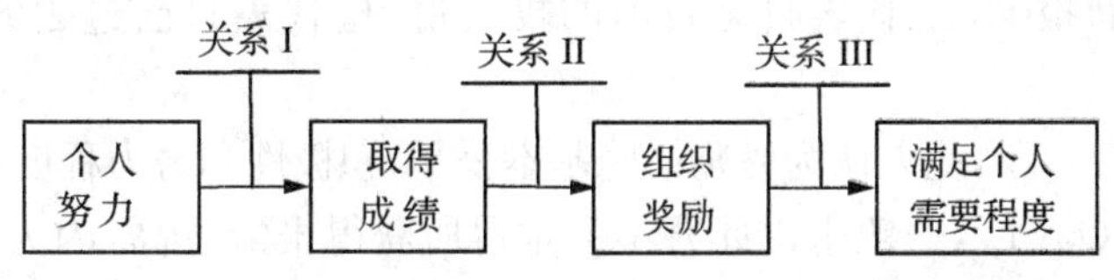

图 14-6 期望理论三方面的关系

期望理论提示我们，管理者如果处理好了以上三个关系，便可有效地提高下属的工作积极性。例如，在处理努力与绩效关系方面，管理者可以在员工招聘时选择有能力完成工作的人，或向员工提供适当的培训；在他们工作时，向他们提供足够的支持；在处理绩效与奖励的关系方面，管理者应尽量做到以工作表现来分配各种报酬，并向员工清楚解释分配各种报酬的原则和方法，而最关键的是奖励要公平；在处理奖励与满足需要的关系方面，管理者应了解各员工不同的需要，尽量向员工提供他们认为重要的回报。

（二）公平理论

公平理论又称社会比较理论，是美国心理学家亚当斯(J. S. Adams)在 20 世纪 60 年代首先提出来的。该理论主要讨论报酬的公平性对人们工作积极性的影响。

1. 主要观点

(1) 报酬多少虽然是影响职工积极性的因素，但报酬分配是否公平、合理，则对激励的影响更大。

(2) 职工的工作动机，不仅受其所得的绝对报酬的影响，而且更受到相对报酬的影响，人们通常通过两个方面比较来判断其所获报酬的公平性，即横向和纵向比较。

(3) 横向比较，即将“自己”获得的“报酬”与“投入”的比值与组织内的其他人做比较，从而对比较做出相应的反应。若：

$$Q_p/I_p = Q_x/I_x$$

其中，Q_p：自己对所获报酬的感觉；

Q_x：自己对别人所获报酬的感觉；

I_p：自己对所投入量的感觉；

I_x：自己对别人所投入量的感觉。

则此人觉得报酬是公平的，他可能会因此而保持工作的积极性和努力程度。

需要说明的是：第一，投入量包括个人所受到的教育、能力、努力程度、时间等因素，报酬包括精神和物质奖励以及工作安排等因素。第二，其他人包括组织中的其他人以及别的组织中与自己能力相当的同类人。

如果 $Q_p/I_p > Q_x/I_x$，则说明此人得到了过高的报酬或付出的努力较少。在这种情况下，他一般不会要求减少报酬，而有可能会自觉地增加投入量。但过一段时间他就会通过高估自己的投入而对高报酬心安理得，于是其产出又会恢复到原先的水平。

如果 $Q_p/I_p < Q_x/I_x$，则说明此人对组织的激励措施感到不公平。此时他可能会要求增加报酬，或者自动地减少投入以便达到心理上的平衡。当然，他甚至有可能离职。管理人员对此应特别注意。

(4) 纵向比较，即存在着自己的目前与过去的比较。如果以 Q_{pp} 代表自己目前所获报酬，

Q_{pl}代表自己过去所获报酬,I_{pp}代表自己目前的投入量,I_{pl}代表自己过去的投入量,则比较的结果也有三种:

第一,$Q_{pp}/I_{pp}=Q_{pl}/I_{pl}$,此人认为激励措施基本公平,积极性和努力程度可能会保持不变;

第二,$Q_{pp}/I_{pp}>Q_{pl}/I_{pl}$,一般来讲此人不会觉得所获得报酬过高,因为他可能会认为自己的能力和经验有了进一步的提高,其工作积极性因而不会提高多少;

第三,$Q_{pp}/I_{pp}<Q_{pl}/I_{pl}$,此人觉得很不公平,工作积极性不会下降,除非管理者给他增加报酬。

2. 公平理论在管理实践中的应用

尽管公平理论提出的基本观点是客观存在的,但在实际应用中很难把握。因为员工是凭借“感觉”来判断报酬的公平性的,所以个人的主观判断对此有很大影响。人们总是倾向于过高估计自己的投入量,而过低估计自己所得到的报酬,对别人的投入量及所得报酬的估计则相反。因此,管理者在运用该理论时应更多地注意实际工作绩效与报酬之间的合理性。

(1) 管理者应了解员工对各种报酬的主观感觉。

(2) 为了使员工对报酬的分配有较客观的感觉,管理者应让员工知道分配的标准。

(3) 应加强与下属的沟通,在心理上减低他们的不公平感。当然,对于有些具有特殊才能的人,或对完成了某些复杂工作的人,应更多地考虑到其心理的平衡。

(4) 各级领导者和管理者要尽量做到公正无私地对待每个成员。各级领导者和管理者要尽量做到公正无私地对待每个成员,在物质分配上的公平合理,产生的激励效果可能比激励所花费的物质本身产生的效果还要大。

(5) 抓好思想政治工作,打破平均主义。在公平与激励的同时,还要抓好思想政治工作,引导职工进行全面、客观地比较,打破平均主义,最大限度地避免和纠正分配不公的问题,以激发广大职工的积极性。

(6) 合理解决公平理论中的难点。在评定绩效时,如何才能客观、公正,如何处理好数量与质量,工作的复杂程度与付出的劳动量,工作态度与业绩的关系,等等,这些与公平有关的问题,要成为管理者重点解决的课题。

三、调整型激励理论——强化理论

调整型激励理论着重研究如何通过激励来调整和转化人们的行为。这种理论观点主张对激励进行有针对性的刺激,主要看员工的行为与其结果之间的关系,而不是突出激励的内容和过程。如果这种刺激对他有利,则这种行为就会重复出现;若对他不利,则这种行为就会减弱直至消失。因此,管理要采取各种方式,以使人们的行为符合组织的目标。这里我们主要介绍斯金纳的强化理论。

强化理论是由美国心理学家和行为学家斯金纳(B. F. Skinner) 20 世纪 50 年代首先提出来的,又称为“行为修正理论”。这个理论是从动物实验中得出来的。现在,强化理论被广泛地应用在激励和人们的行为改造上。

(一) 主要观点

1. 强化刺激

人的行为与环境对其刺激相关,如这种刺激对他有利则这种行为就会重复出现使这种行为的频率增加，这种状况即称作强化刺激。能增强这种行为发生频率的刺激物称作强化物；如对他不利则这种行为就会减弱直至消失。

2. 人的行为是强化刺激的函数

人的行为会随着强化刺激的增强而增强，也会随着强化刺激的减弱而减弱，人们就可以通过控制强化物来控制行为，引起行为的改变。

由于这一理论的中心思想在于通过强化刺激来改变人们的行为方向，故又称作行为改变理论。管理人员可以通过强化手段，营造一种有利于组织目标实现的环境和氛围，使组织成员的行为符合组织的目标。

（二）强化的方式

根据强化措施的不同，可分为如下四种方式，如表 14－5 所示。

表 14－5 强化理论表

激励目的		强化措施
使所希望的行为更多发生	强化	正强化(鼓励)：使人得到合意的结果
		负强化(趋避)：使人力图避免得到不合意的结果
使不希望的行为更少发生	弱化	惩戒(惩罚)：使人得到不合意的结果
		自然消退(冷处理)：不采取任何措施

1. 正强化

正强化是指鼓励行为重复发生的强化。一般表现为对某种行为的认可、奖赏、表扬、增加工资、晋升等，这些都是正强化的因素。

2. 负强化

负强化是指预先告知某种不合要求的行为或不良绩效可能引起的后果，从而减少或削弱所不希望出现的行为。

3. 自然消退

自然消退是取消强化(正强化或负强化)，对某种行为不予理睬(冷处理)，以表示对该行为的轻视或者某种程度的否定。这样，一种行为长期得不到正强化，就会自然消退。

4. 惩罚

惩罚是指用某种带有强制性、威胁性的结果，例如批评、降职、降薪、罚款、开除等，使行为者感受到利益的损失和精神的痛苦，以示对某种不符合要求的行为的否定。

（三）强化理论的启示

强化理论较多地强调外部因素或环境刺激对行为的影响，忽视了人的内在因素和主观能动性对环境的反作用，具有机械论的色彩。但该理论的一些具体做法对我们是有用的，强化理论的启示和应用原则可归纳为以下几点。

1. 要明确强化的目标

要明确强化的目的或目标，明确预期的行为方向，使被强化者的行为符合组织的要求。

2. 要选准强化物

每个人的需要不同，因而对同一种强化物的反应也各不相同。这就要求具体分析强化对象的情况,针对他们的不同需要,采用不同的强化措施。可以说,选准强化物是使组织目标同个人目标统一起来,以实现强化预期要求的中心环节。

3. 要及时反馈

为了实现强化的目的,必须通过反馈的作用,使被强化者及时了解自己的行为后果,并及时兑现相应的报酬或惩罚,使有利于组织的行为得到及时肯定,促使其重复,不利于组织的行为得到及时的制止。

4. 要尽量运用正强化的方式

避免运用惩罚的方式。斯金纳发现,"惩罚不能简单地改变一个人按原来想法去做的念头,至多只能教会他们如何避免惩罚"。事实上,过多地运用惩罚,往往会造成被惩罚者心理上的创伤,引起对抗情绪,乃至采取欺骗、隐瞒等手段来逃避惩罚。

【走进管理】

南风法则

北风和南风比威力,看谁能把行人身上的大衣脱掉。北风首先刮起了一股凛冽刺骨的寒风,想把行人的大衣吹掉,结果行人反而把大衣裹得更紧。南风则徐徐吹动,顿时风和日丽,行人感到很暖和,于是解开纽扣,继而脱掉大衣,南风获得了胜利。

【管理启示】

南风法则说明了一个道理:温暖胜于严寒。领导者在管理中运用"南风"法则,就是要学会经常用正面的鼓励,激励下级,激发工作的积极性,这样,效果常常比不断地批评好,外界刺激可以分为正面激励和负面激励。正面激励的作用是诱导;负面激励的作用是惩戒。

四、综合型激励理论——波特—劳勒模式

该理论是美国心理学家、管理学家波特(L. W. Porter)和劳勒(E. E. Lawler)以期望理论为基础,导出了一种本质上更加完善的激励模式,比较全面地说明了整个激励的过程,如图 14-7 所示。

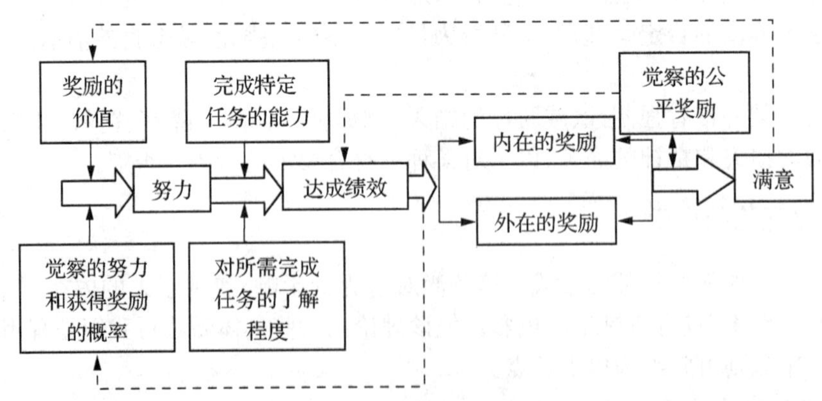

图 14-7 波特和劳勒的激励模式

1. 主要观点

从图 14-7 中,可以归纳出该模式的主要观点。

(1) 个人是否努力以及努力的程度不仅仅取决于奖励的价值，而且受到个人觉察出来的努力和受到奖励的概率的影响，但所需做出的努力和实际取得奖励的概率，又要受到实际工作业绩的影响。显然，如果人们知道他们能做或者曾经做过这样的工作，则他们便可更好地判断所需的努力并更好地知道获得奖励的概率。

(2) 个人实际能达到的绩效不仅取决于其努力的程度，还受到个人能力的大小以及对任完成特定任务的能力务了解和理解程度深浅的影响。特别是对于比较复杂的任务，就显得更为重要。

(3) 个人所应得的奖励应当以实际达到的绩效为前提。要使个人看到，只有完成了组织的任务或达到目标时，才会受到奖励，而不应先有奖励，后有努力成果。这样，奖励才能激励个人努力去达到组织目标。这些奖励可以是外在的，如奖金、工作条件和地位，也可以是内在的，如成就感或自我实现感。

(4) 个人对于所受的奖励是否满意以及满意的程度如何，取决于受激励者对所获报酬的公平感。如果受激励者感到公平，就会导致满意；否则，则相反。

(5) 个人是否满意以及满意的程度将会回馈到其完成下一个任务的努力过程中。满意会导致进一步的努力，而不满意则会导致努力程度的下降甚至离开工作岗位。

2. 波特—劳勒模式的启示

波特—劳勒模式是激励系统一个比较恰当的描述，它主要包括以下两点。

(1) 激励和绩效之间并不是简单的因果关系。

要使激励能产生预期的效果，必须考虑到奖励内容、奖励制度、组织分工、目标设置、公平考核等一系列的综合性因素。

(2) 管理者应将目标—能力—绩效—奖励—满意的体系，渗透到整个管理工作中。

第三节　激励的原则与方法

在讨论了各种激励理论之后，人们可能会问，领导者在实际激励时应遵循哪些原则和方法？虽然激励问题是一个复杂的、因人而异的问题，也不存在唯一的最佳答案，但我们仍可以讨论一些常用的激励原则和方法。

一、激励的原则

1. 组织目标与个人目标相结合的原则

在激励中设置目标是一个关键环节。目标设置必须以体现组织目标为要求，否则激励将偏离组织目标的实现方向。目标设置还必须能满足员工个人的需要，否则无法提高员工的目标效价，达不到满意的激励强度。只有将组织目标与个人目标结合好，才能收到良好的激励效果。

2. 物质激励与精神激励相结合的原则

员工存在物质需要和精神需要，相应的激励方式也应该是物质与精神激励相结合。随着生产力水平和人员素质的提高，应该把重心转移到满足较高层次需要即社交、自尊、自我实现需要的精神激励上去，但也要兼顾好物质激励。物质激励是基础，精神激励是根本，在两者结合的基础上,逐步过渡到以精神激励为主。

3. 外在激励与内在激励相结合的原则

凡是满足员工对工资、福利、安全环境、人际关系等方面需要的激励,叫作外在激励;满足员工自尊、成就、晋升等方面需要的激励,叫内在激励。实践中,往往是内在激励使员工从工作本身取得了很大的满足感。例如,工作中充满了兴趣、挑战性、新鲜感;工作本身具有重大意义;工作中发挥了个人潜力、实现了个人价值等,对员工的激励最大。因此,要注意内在激励具有的重要意义。

4. 正强化与负强化相结合的原则

在管理中,正强化与负强化都是必要而有效的,通过树立正面的榜样和反面的典型,扶正祛邪,形成一种良好的风气。产生无形的压力,使整个群体和组织行为更积极、更富有生气。但鉴于负强化具有一定的消极作用,容易产生挫折心理和挫折行为,因此管理人员在激励时应把正强化和负强化巧妙地结合起来,以正强化为主,负强化为辅。

5. 按需激励的原则

激励的起点是满足员工的需要,但员工的需要存在着个体的差异性和动态性,因人而异,因时而异,并且只有满足最迫切需要的措施,其效价才高,激励强度才大。因此,对员工进行激励时不能过分依赖经验及惯例。激励不存在一劳永逸的解决方法,必须用动态的眼光看问题,深入调查研究,不断了解员工变化了的需要,有针对性地采取激励措施。

6. 客观公正的原则

在激励中,如果出现奖不当奖、罚不当罚的现象,就不可能收到真正意义上的激励效果,反而还会产生消极作用,造成不良的后果。因此,在进行激励时,一定要认真、客观、科学地对员工进行业绩考核,做到奖罚分明,不论亲疏,一视同仁,使得受奖者心存感激,受罚者心服口服。

【走进管理】

对症下药

某民营企业的老板通过学习有关激励理论,受到很大启发,并着手付诸实践。他赋予下属员工更多的工作和责任,并通过赞扬和常识来激励下属员工。结果事与愿违,员工的积极性非但没有提高,反而对老板的做法强烈不满,认为他是在利用诡计来剥削员工。

【管理启示】

(1) 从马斯洛的需要层次理论我们知道,人类需要是分层的,分别是生理需要、安全需要、社交需要、地位和受人尊重需要、自我实现需要。马斯洛认为只有当低级需满足以后才会有更高层次的需要,主导需要决定了人的行为。(2) 案例中该民营企业的老板可能忽视了员工的较低层次的需要,如生理和安全需要,而这些需要很可能正是员工的主导需要。由于没能够对症下药,才导致该民营企业老板激励做法的失败。(3) 要使得激励有效,应当了解员工的真正需要,并加以满足。在实施过程中,应当坚持物质利益原则,随机制宜,创造激励条件,把物质利益和精神鼓励相结合。

二、激励的方法

1. 物质利益激励法

物质利益激励法就是以物质利益(如工资、奖金、福利、晋级和各种实物等)为诱因对员工进行激励的方法。最常见的物质利益激励有奖励激励和惩罚激励两种方法。奖励激励是指组织以奖励作为诱因,驱使员工采取最有效、最合理的行为。物质奖励激励通常是从正面对员工引导。组织首先根据组织工作的需要,规定员工的行为,如果符合一定的行为规范,员工可以获得一定的奖励。员工对奖励追求的欲望,促使他的行为必须符合规范,同时给企业带来有益的成果。物质惩罚激励,是指组织利用惩罚手段,诱导员工采取符合组织需要的行动的一种激励。在惩罚激励中,组织要制定一系列的员工行为规范,并规定逾越了行为规范的不同的惩罚标准。物质惩罚手段包括扣发工资、奖金、罚款、赔偿等。人们避免惩罚的需求和愿望促使其行为符合特定的规范。

实施物质激励要注意保持组织成员的公平感,充分体现"多劳多得,少劳少得"的分配原则。虽然这种激励是直接满足组织成员的低级需要的,但也能间接地满足组织成员的高级需要,因为物质利益可以当成自己受到尊重或自己的成就为组织所赏识的标志。

2. 目标激励方法

管理中常说的目标管理,不仅是一种管理活动,也是一种有效的目标激励方法。所谓目标激励方法就是给员工确定一定的目标,以目标为诱因驱使员工去努力工作,以实现自己的目标。任何组织的发展都需要有自己的目标,任何个人在自己需要的驱使下也会具有个人目标。目标激励必须以组织的目标为基础,要求把组织的目标与员工的个人目标结合起来,使组织目标和员工目标相一致。

目标管理通过广泛的参与来制定组织目标,并将其系统地分解为每一个人的具体目标,然后用这些目标来引导和评价每个人的工作。在目标管理中目标是最重要的,组织目标是组织前进的目的地,个人目标则是个人奋斗所实现的愿望。目标管理的特点之一是把组织的目标分解为各个行动者的目标,而分解过程又充分吸收了行动者参与。按照这一特点,只要使个人的目标及奖酬与个人的需要一致起来,就提高了目标的效价。而实现目标信心的增加也就是实现目标的期望的提高。目标管理充分发挥每个人的最大能力,实行自我控制,更容易发挥每个人的潜能和创造力,增加激励力量。

3. 榜样激励法

榜样激励法是指通过组织树立的榜样使组织的目标形象化,号召组织内成员向榜样学习,从而提高激励力量和绩效的方法。

运用榜样激励法,首先,要树立榜样。榜样不能人为地拔高培养,要自然形成,但不排除必要的引导。选择榜样时要注意榜样的行为确实是组织中的佼佼者,这样才能使人信服。其次,要对榜样的事迹广为宣传,使组织成员都能知晓,这就是使组织成员知道有什么样的行为才能荣登榜样的地位,使学习的目标明确。再次,非常重要的一环就是给榜样以明显的使人羡慕的奖酬,这些奖酬中当然包括物质奖励,但更重要的是无形的受人尊敬的奖励和待遇,这样才能提高榜样的效价,使组织成员学习榜样的动力增加。

使用榜样激励方法时还需要注意两点:一是要纠正打击榜样的歪风,否则不但没有多少人愿当榜样,也没有多少人敢于向榜样学习;二是不要搞榜样终身制,因为榜样的终身制会压制其他想成为榜样的人,并且使榜样的行为过于单调,有些事迹多次重复之后可能不复激励作用,而原榜样又没有新的更能激励他人的事迹,就应该物色新的榜样。

4. 内在激励法

日本著名企业家道山嘉宽在回答“工作的报酬是什么”时指出:“工作的报酬就是工作本身!”这句话深刻地指出了内在激励的重要性。尤其在今天,当企业解决了员工基本的温饱问题之后,员工就更加关注工作本身是否具有乐趣和吸引力,在工作中是否会感受到生活的意义;工作是否具有挑战性和创新性;工作内容是否丰富多彩,引人入胜;在工作中能否取得成就、获得自尊、实现价值等。要满足员工的这些深层次需要,就必须通过分配恰当的工作来激发员工内在的工作热情,加强内在激励。

【走进管理】

一天,渔夫看见一条蛇咬着一只青蛙,渔夫为青蛙感到难过,便决定救这只青蛙。他靠近了蛇,轻轻地将青蛙从蛇口中拽了出来,青蛙得救了。但渔夫又为蛇感到难过:蛇失去了食物。于是渔夫取出一瓶威士忌,向蛇口中倒了几滴。蛇愉快地游走了。青蛙也显得很快乐。渔夫满意地笑了。可几分钟以后,那条蛇又咬着两只青蛙回到了渔夫的面前……

【管理启示】

蛇得到的激励使它愿意按照原有轨迹更加努力地工作,它的内在工作热情被激发了,但是这样做的结果,却使渔夫更加为难,是继续这种游戏,还是放弃?似乎都不是渔夫想要的结果。管理者在对内在工作热情进行激励时,首先要考虑的是这种热情的性质和自己的承受能力。

5. 形象与荣誉激励法

一个人通过视觉感受到的信息,占全部信息量的80%,因此,充分利用视觉形象的作用,激发员工的荣誉感、成就感、自豪感,也是一种行之有效的激励方法。常用的方法是照片、资料张榜公布,借以表彰企业的标兵、模范。在有条件的企业,还可以通过闭路电视系统传播企业的经营信息,宣传企业内部涌现的新人、新事、优秀员工、劳动模范、技术能手、爱厂标兵、模范家庭等。这样可以达到内容丰富、形式多样、喜闻乐见的效果。

6. 信任关怀激励法

信任关怀激励法是指组织的管理者充分信任员工的能力和忠诚,放手、放权,并在下属遇到困难时,给予帮助、关怀的一种激励方法。这种激励方法没有什么固定的程序,总的思路是为下属创造一个宽松的工作环境,给员工以充分的信任,使其充分发挥自己的聪明才智;时时关心员工疾苦,了解员工的具体困难,并帮助其解决,使其产生很强的归属感。这种激励法是通过在工作中满足组织成员的信任感、责任感等需要达到激励作用的。

7. 兴趣激励法

兴趣对人的工作态度、钻研程度、创新精神的影响是巨大的,往往与求知、求美、自我实现密切联系。在管理中,只要重视员工的兴趣因素,就能实现预期的精神激励效果。国内外都有一些企业允许甚至鼓励员工在企业内部双向选择,合理流动,包括员工找到自己最感兴趣的工作。比如,在决定工作方法、工作秩序和速度等方面给员工更大的自由权,鼓励下属参与管理和鼓励人们之间的相互交往,使员工对自己的工作有责任感,使员工能看到自己的工作对公司或部门所做出的贡献。

兴趣可以导致专注，甚至于入迷，而这正是员工获得突出成就的重要动力。业余文化活动是员工兴趣得以施展的另一个舞台。许多企业组织并形成了摄影、戏曲、舞蹈、书画、体育等兴趣小组，使员工的业余爱好得到满足，增进了员工之间的感情交流，使其感受到企业的温暖和生活的丰富多彩，大大增强了员工的归属感，满足了社交的需要，有效地提高了企业的凝聚力。

8. 培训教育激励法

通过思想文化教育和技术知识培训，提高职工素质，来增强其进取精神。

【走进管理】

积极激励

员工被激励的程度与其工作绩效密切相关。实践证明，经过激励的工作行为与未经激励的行为，其工作效果大不相同，激励能够使员工充分发挥其能力，实现工作的高质量和高效率。美国哈佛大学心理学家威廉·詹姆士通过对员工激励的研究发现，在计时工资制下，一个人若没有受到激励，仅能发挥其能力的20%—30%；如果受到正确而充分的激励，其能力就能发挥到80%—90%，甚至更高。由此他得出一个公式：工作绩效＝能力×动机激发。

【管理启示】

在个体能力不变的条件下，工作成绩的大小取决于激励程度的高低。激励程度越高，工作绩效越大；相反，激励程度越低，工作绩效就越小。

第四节　沟　通

一、沟通概述

（一）沟通的概念

沟通是指信息、思想和情感在个人或群体间传递并被理解的过程。如果信息或想法没有被传送到，则意味着沟通没有发生。比如，说话者没有听众，或者写作者没有读者，这些都不能构成沟通。更重要的一点是，要使沟通双方在沟通结束以后能相互理解。良好的沟通，信息不仅要得到传递，还需要沟通的双方或多方应是经过信息传递之后，接受者所认知的想法或思想恰好与发送者所发出的信息是完全一致的。如果沟通的双方能达成一个共同承认的协议，则更是好上加好。

在一个组织的管理中，没有人与人之间的沟通就不可能实行领导。领导者只有通过向部属传达感受、意见和决定，才能对其施加影响；部属也只有通过沟通，才能使领导者正确地评估他自己的活动，并使领导者关注部属的感受与问题。良好的沟通是组织管理中非常重要的一个方面。

（二）沟通的作用

沟通之所以重要，是因为沟通无处不在。沟通的内容包罗万象，开会、谈话、对下属

进行考核、谈判,甚至指导工作等都是在进行沟通。信息沟通的重要作用至少有以下三个方面:

(1) 沟通是协调组织中各个体、各要素之间的关系,使组织成为一个整体的凝聚剂。由于各成员的地位、利益、知识、能力以及对组织目标的理解和掌握信息的不同,就会产生不同的个人目标,要使组织目标能顺利实现,就需要相互交流意见,统一思想。没有沟通就没有协调,也就没有组织目标的实现。

(2) 沟通是领导者激励下属、实现领导职能的基本途径。领导者要引导追随者为实现组织目标而共同努力,追随者要在领导者的带领下,在完成组织目标的同时实现自己的愿望,而这些都离不开相互之间的沟通。

(3) 沟通也是企业与外部环境之间建立联系的桥梁。企业必然要和顾客、供应商、股东、政府、社会团体等发生各种各样的联系,这些都要求企业必须与外部环境进行有效的沟通。而且,由于外部环境永远处于变化之中,企业为适应环境的变化,就必须与外界保持持久的沟通。

(三) 沟通的过程

简单地说,沟通的过程是指信息的发生者通过选定的渠道把信息传递给接收者,如图 14-8 所示。

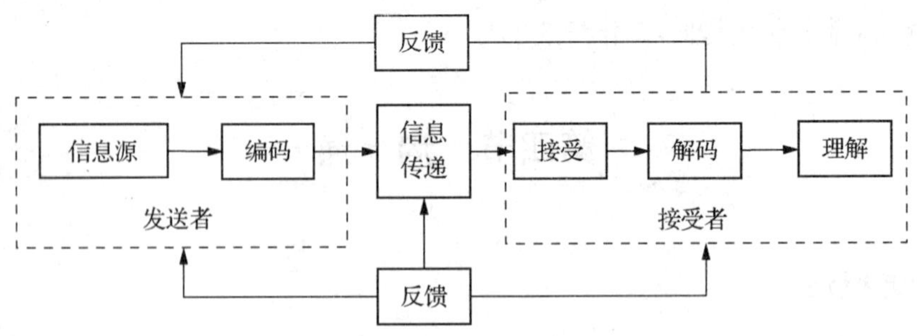

图 14-8 信息沟通过程的模型

一般来说,信息沟通由以下几个步骤组成。

第一,信息发送者明确要进行沟通的信息内容。信息发送者发出信息是因为由于某种原因而希望接受者了解某些事,因此首先要明确信息内容。

第二,把信息译成一种双方都了解的符号(编码),如语言、文字、姿势等。要发送的信息只有经过编码,才能使信息通过信道得以传递。

第三,通过某种手段传递给对方,如口头交谈、书面文件、电话等。信息的传递主要是以语言为主要形式来展开的,在相互沟通中,存在着文件、会议、电话、面谈等多种具体形式。

第四,接收者对收到的信息进行解码,即了解和研究所收到的信息的内容和含义。这个解码过程关系到接收者是否能正确理解信息,否则,信息就会被误解。

第五,接收者把所收到的或所理解的信息反馈到发送者那里供发送者核查。发送者和接收者对信息的理解和接受程度,受到各自专业水平、工作经验及环境等多种因素的影响,对同一个信息,不同的人常会有不同的理解。为了核查和纠正可能发生的偏差,就要借助反馈。一般来说,沟通过程中存在着许多干扰和扭曲信息传递的因素,我们通常将这些因素称为噪声。

例如，信息的发送者使用模棱两可的符号可能造成编码错误，因接收者的漫不经心而可能造成接收错误，因为各种成见可能妨碍理解，等等，都属于信息沟通中的噪声。正是因为噪声的存在，使得沟通的效率大为降低。因此，信息发送者了解信息被接收者理解的程度是十分必要的，通过反馈构成了沟通中的信息双向流动。

第六，发送者根据反馈回来的信息再发出信息，肯定原有的信息传递，或指出已发生的某些偏差并加以纠正。

第七，接收者按所接收到的信息采取行动，或做出自己的反应。信息传递的目的是发送者要看到接收者采取其所希望的正确行动，如果这个目的达不到，则说明沟通出现了问题。

（四）沟通的方式

人们在工作和生活中，会采用不同的沟通方式，而用得最多的是语言，这是人类特有的一个非常好的沟通方式。除了语言之外，有时我们还会用眼神、面部表情和手势等与人沟通。归纳起来，沟通方式有两种，即语言的沟通和非语言的沟通。通过这两种不同方式的沟通，我们可以把信息、思想和感情传递给对方，并争取达成相互理解。

1. 语言的沟通

语言沟通是建立在语言文字基础上并以其为载体的沟通形式，又分为口头沟通和书面沟通。

口头沟通是指以语言为媒介的信息传送，主要包括交谈、讲座、讨论会、电话等。其优点是信息传递速度快，并能及时得到反馈；其缺点是在信息口头传递的过程中有较大失真的可能性。书面沟通是指以文字为媒介的信息传递，主要包括报告、文件、书面合同等。它具有有形展示、长期保存、易于复制传播以及可作为受法律保护的依据等优点。相对于口头沟通，书面沟通有其缺点，如花费的时间较长、同等的书面沟通不如口头沟通传递的信息多、不能及时提供信息反馈等。

2. 非语言的沟通

非语言沟通是指通过某些媒介而不是语言或文字来传递信息，包括身体语言、语调、对物体的运用等形式。人们往往习惯用非语言沟通的方式，比如面部表情、语音、语调等来强化语言沟通的效果。通过非语言沟通，可以更好地强化语言沟通的效果，但有时也能起到相反的作用，关键在于沟通人员对它的掌握和运用水平。

二、人际沟通与组织沟通

（一）人际沟通

人际沟通是指两个或两个以上的人之间的信息沟通，它是群体沟通和组织沟通的基础。管理者在一个组织中充当着各种不同的角色，进行着各种不同的人际沟通。

1. 对人际沟通的理解

人际沟通含有多层意思，可以是传达、联系、交流，也有磋商、对话、谈判之意，它是人们相互之间通过交换语言和非语言信号来分享信息和相互影响的互动过程。

人际沟通的外观是信息的相互传递，沟通正是借助于信息为载体而得以进行的，没有信息就不会有沟通。在沟通过程中，信息的传递是相互的，双方在各自向对方提供一定信息的同时,也从对方那里获得一定的信息。

在沟通的过程中,相互之间交换信息只是沟通的表层现象,并不意味着相互之间已经理解、对方的意图,更不意味着相互接受对方的观点。沟通的深层目的是相互影响和相互促进,它是一个互动过程,最终追求达成双方的共识。

2. 个体行为对沟通的影响

人际沟通涉及两个或两个以上的人,沟通效果如何与所进行沟通的人的思维能力、情感、动机、精神状况和态度等密切相关。个体行为对沟通的影响主要表现在以下几个方面。

(1) 理解接受能力

理解接受能力是指一个人从环境中接受信息情报的整个过程中所表现出来的感知能力,它是一个人认识周围客观事物的能力。一个人的理解接受过程包括听、看、感觉、观察分析和追踪等方面能力发挥的过程。

同样的事物,不同的人有不同的看法,表明了不同的人的知觉过程和理解能力是不同的。在信息沟通过程中,接收者的个性、发送者的行为、传递的方式、信息传递时所处的环境都会影响接收者对信息的理解,而理解能力又在很大程度上影响着接收者接收信息后所采取的行为。对同一信息,由于人们理解力的不同,会产生不同的理解,从而产生不同的行为。

(2) 个人的态度

这里的态度是指一个人对他所接触到的人或事所采取的接受或反对的态度。每个人都会接触到许许多多的事或人,他对待这些事和人的态度自然也不一样,从而影响他与其他人之间的沟通。研究表明,人们总是倾向于消除态度与行为之间的不一致。心理学家认为,人的态度包含着三个基本方面:第一是情感方面的因素。也就是说,每个人都有自己所喜欢的人和事,也有自己不喜欢的人和事。人们对于自己感兴趣的东西会比较关注,而对自己不喜欢的事物会加以反对或采取疏远的态度。这些行为都会使人对外界的信息接收打折扣,从而影响沟通的效果。第二是认知方面的因素。也就是一个人对某事物或人的了解程度及由此而产生的信任度。例如,你对某人或事比较了解和信任,那么对与此相关的信息你会比较关注并乐于接受,而对不了解的人或事的信息的交流与沟通总会打些折扣。第三是行为的倾向性。每个人都有不同的个性特点,而不同的个性会影响其行为方式和沟通的效果。例如,权力欲比较强的人在与人沟通的过程中所考虑的重点往往是如何制服对方;自我感觉比较好的人常常刚愎自用,听不进别人的意见;比较刻板的人则常不允许哪怕是很小程度的含糊不清,对每件事都要求有精确的表述。这些都会影响到与他人的沟通。

管理者所在的组织是由一群人所组成的,了解人,注重个体行为对沟通的影响,对于提高沟通的有效性是非常重要的。忽视这一方面常常是人际沟通和组织沟通不良的基本原因。

(二) 人际沟通的分类

根据不同的标准,可对人际沟通做如下分类。

1. 单向沟通和双向沟通

从发信者与接收者是否有角色交换的角度看,人际沟通可分为单向沟通和双向沟通。单向沟通是在沟通过程中,发信者和接收者之间地位不变的沟通,如作报告、发指示、作演讲等。它们虽然也是一种交流活动,但主要是为了传播某些意见、思想,并不重视反馈。单向沟通往往具有速度快、秩序好、干扰少、条理清的优点。意见十分明确,不必讨论,又急需让建议者知道时,宜采取单向沟通方式。

双向沟通是在沟通过程中,发送信息者与接受信息者之间的地位不断变换、发信息与反馈往返多次的沟通活动,如讨论、交谈、协商等。双向沟通是标准沟通,它调动了双方的积极性,有利于发展沟通关系,增加沟通容量,并使沟通的信息更加准确,是正确决策、增进良好的人际关系、加强群体凝聚力的重要手段。

2. 告知型沟通、征询型沟通和说服型沟通

根据沟通的目的不同,人际沟通可分为告知型沟通、征询型沟通和说服型沟通。告知型沟通是以告知对方自己的意见为目的的沟通,一般以语言沟通方法进行。要求准确、明了,否则有可能会产生歧义。信息发送者的语气、语调和语速都有可能会影响沟通的效果。

征询型沟通是以获得期待的信息为目的的沟通,一般以发问的方式进行。要求发问者谦虚、真诚、有礼貌。

说服型沟通是以改变态度为目的的沟通,主要用说理的方法进行。说服型沟通具有较大的难度,因为它必须改变他人的观点、思想、情感、态度,而不是仅仅以传达到或被人接收到为结束。批评、规劝、调解与争议等都属于说服型沟通。

（三）组织沟通

人际沟通是指人与人之间的沟通,组织沟通则是指在组织内部进行的信息交流、联系和传递活动。在一个组织内部,既存在着人与人之间的沟通,也存在着部门与部门之间的沟通。组织沟通是以人际沟通为基础的,又比单纯的人际沟通更为复杂。

1. 组织沟通的类型

在一个组织内部,通常既有非正式的人际关系,又有正式的权力系统。因此,组织沟通也可分为两大类:正式沟通和非正式沟通。

所谓正式沟通,是指通过正式组织系统进行的沟通与信息交流。例如,当管理者要求某一员工完成某项任务时,员工将某一问题提交和上报给他的主管时,就是在进行正式沟通。任何发生于组织中既定的工作安排场合的沟通,都可称为正式沟通。正式沟通的优点是沟通效果较好、约束力强、保密性较高,可以使信息沟通具有权威性。其缺点是信息传递速度慢,在传递中可能出现失真或被扭曲。

所谓非正式沟通,是指通过组织正式途径之外的渠道进行的信息传递与交流。例如,员工在餐厅或过道里的交谈或者在公司体育锻炼场所中的沟通都属于非正式的沟通。这种沟通与组织内部规章制度无关,它的沟通对象、时间及内容都是未经计划的,随机性较大,而且沟通中通常带有一定的感情色彩。非正式沟通一方面可满足组织成员社交的需要,另一方面可弥补和改进正式沟通的不足,因为非正式沟通比正式沟通传播速度快、传播范围广、信息比较准确。通过正式沟通渠道需要经过几个层次、花几天时间才能得到回复的信息,而通过非正式沟通渠道,可能很快就可得到回复。但由于非正式沟通不具有正式沟通的责任感,也不必遵循一定的程序,有可能会被夸大、曲解,造成失真,有时也会给组织带来一定的危害。

(1) 正式沟通的类型

正式沟通主要包括下行沟通、上行沟通、横向沟通和斜向沟通四种形式,如图 14-9 所示。

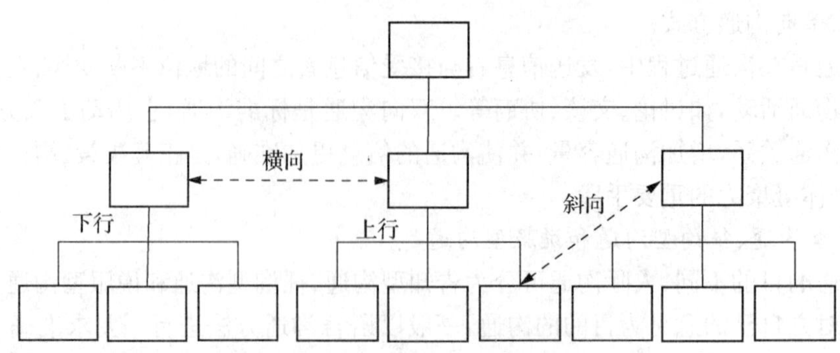

图 14－9 组织中正式沟通的类型

① 下行沟通,是指在组织职权层次结构中,上级将信息传达给下级,信息从高层成员向低层成员流动。这种沟通常用于通知、命令、指导、协调和评价下属。当管理者给下属设置目标、布置任务、通报组织的有关政策和规定、指出需要注意的问题或者评估他们的业绩时,用的都是由上而下的沟通方式。

这种沟通增强了组织结构,但易形成权力气氛,影响下级积极性的发挥,且在沟通中缺乏对信息的反馈。

② 上行沟通,是指信息从下属到上司、从较低的组织层次向比较高的组织层次传递的沟通形式。例如,下属提交的工作绩效报告、合理化建议、员工意见调查表等都属于这种沟通。组织中使用上行沟通方式的程度,与该组织的文化有关。如果管理者能够创造一个相互信任和尊重以及参与式决策并向员工授权的氛围,则组织中会有许多的上行沟通。在一种高度刻板、专权的环境中,上行沟通虽然仍会发生,但是在沟通的风格和深度方面都会受到很大的限制。

③ 横向沟通,是指在组织内部同级或同层次成员之间的信息沟通。一个组织是由多个部门组成的有机整体,各部门之间存在着有机联系或依赖,通过有效的横向沟通,可以增强相互之间的了解和工作上的协作配合,有利于组织目标的实现。在当今多变的环境中,为节省时间和促进协调,组织常需要横向的沟通。不过,如果员工不向管理者通报他们所做出的决策或采取的行动,则会造成冲突。

④ 斜向沟通,是指发生在组织中不同部门和跨组织层次的人员之间的信息沟通。例如,当信用部门的信用分析师就某顾客的信用问题直接与地区销售经理沟通时,就属于斜向沟通的情形,因为沟通的双方既不在同一部门,也不属于同一组织层次。从效率和速度角度看,斜向沟通是有益的。电子邮件的普遍使用更促进了斜向沟通。现在在许多组织中,一个员工可以通过电子邮件与任何其他的员工进行沟通,不论他们的工作部门和组织层次是否相同。然而,与横向沟通一样,如果员工不报告他们的管理者,斜向沟通也有可能造成问题。

(2) 非正式沟通的类型

组织中的非正式沟通也有四种不同的传递形式,即单线式、偶然式、集束式和流言式,如图 14－10 所示。

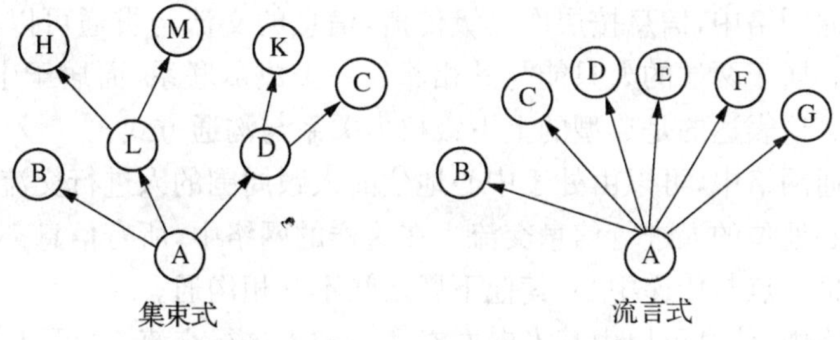

图 14 - 10　组织中非正式沟通的类型

① 单线式，是由一个人传递给另一个人，通过一长串的人际关系来传递信息，而这一长串的人之间并不一定存在着正规的组织关系。

② 偶然式，是指每一个人都是随机地将信息传递给其他人，信息通过一种随机的方式传播。"道听途说"就是其中的一种形式。

③ 集束式，是指信息发送者有选择地寻找一批对象传播信息，这些对象大多是一些与其亲近的人，并且这些对象在获得信息后又传递给自己的亲近者。

④ 流言式，是指信息发送者主动寻找机会，通过闲聊等方式向其他人散布信息。

非正式沟通的主要功能是传播职工所关心的相关信息，它取决于职工的个人兴趣和利益，与组织正式的要求无关。非正式沟通的存在有它的客观必然性，管理人员不能阻止它的发生，而只能引导它、利用它。例如，管理人员可以通过非正式沟通途径有计划地传递某些信息给特定的个人，也可利用非正式沟通散布一些待决定的问题或计划出台的措施，通过观察员工的反应来进一步修改或决定，从而避免与员工的正面冲突等。

2. 组织沟通网络

信息的沟通都是通过一定的渠道进行的，由各沟通渠道所形成的结构形式称为沟通的网络。信息沟通的有效性与所选用的沟通网络有直接的关系。沟通网络有以下几种基本形式，如图 14 - 11 所示。

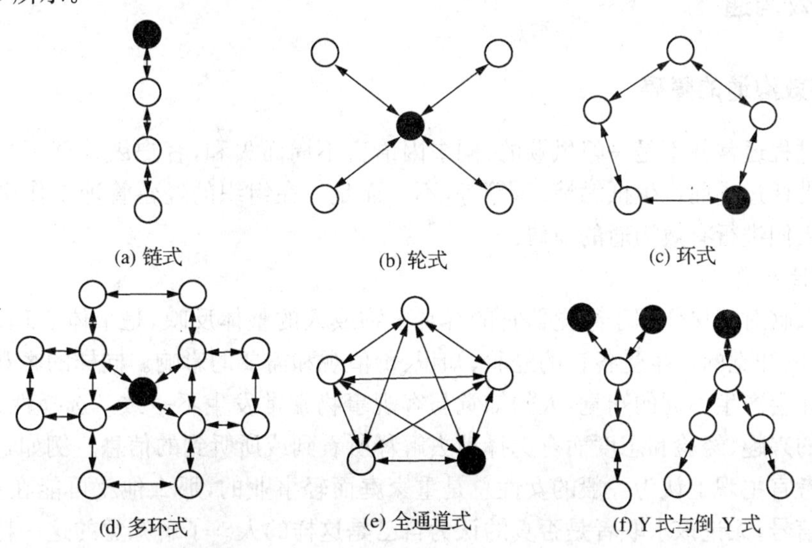

图 14 - 11　信息沟通网络示意图

在链式信息沟通网络中,信息按层次逐级传播,信息的交流与贯通可以自上而下进行,也可以自下而上进行。居于两端的人只能与其相邻的一个成员联系,而居于中间的人可分别与两端的人沟通信息。这表达的是典型的上下级权力关系与沟通方式。

在轮式信息沟通网络中,可以由处于中心地位的人跟周围的人进行交流与沟通,也可以由周围的人跟处于中心地位的人进行信息交流。在这样的网络中,所有信息都要通过管理者,管理者是各种信息的聚焦点与传递中心,其他下属之间不互相沟通。

在环式沟通网络中,信息可以由某人向左右两边的人进行交流,也可以由左右两边的人向某人进行传递,但不能跨越这一层次与其他成员联系。环式沟通也可以发展为多环式沟通。

在全通道式信息沟通网络中,允许组织中的每一个成员与其他成员自由沟通,这就像一个委员会,每一个人都可以自由地发表意见,拥有同等的权力,且沟通中无明显的中心人物。

在 Y 式信息沟通网络中,信息可以由两位上级通过一个人或部门逐级进行沟通,这一成员或部门是沟通的中心,是沟通的媒介。

在倒 Y 式信息沟通网络中,一位管理者通过一个人或部门同两个部门进行逐级的沟通,这就要求作为"瓶颈"的成员要善于沟通。

从沟通的效果看,每种沟通都有各自的优势。链式沟通过程中,层次分明,但两个相距较远的人之间只能进行间接沟通;轮式网络沟通的速度快,也容易控制,但周围的人缺乏沟通;环式网络沟通中,沟通的人都有与其他人进行沟通的机会,但沟通的速度比较慢;Y 式与倒 Y 式网络沟通的速度比较快,但上(下)面的两个人又都缺乏沟通;全通道式沟通网络无疑是所有网络中民主色彩最浓的,人人都参与沟通,而且是全方位的信息沟通,但缺乏一个信息中心,有时会显得杂乱无章。因此,组织要根据实际需要来选择合适的沟通网络,使信息沟通更加有效。如果组织比较关注成员的满意度,则全通道式最佳;如果组织认为有一个强有力的领导人很重要,则轮式网络会更好;如果认为准确性最为重要,则链式和轮式更好。

三、有效沟通

(一) 有效沟通的障碍

沟通的过程通常并不是一帆风顺的:同事因语言不周而失和,客户因处理不当而投诉,下级因上级的批评过重而产生抵触情绪,等等,不一而足。在组织的经营管理工作中,常常会面临许多影响人们进行有效沟通的障碍。

1. 选择性知觉

知觉是人脑对直接作用于感觉器官的客观事物或人的整体反映,是个体心理过程的主要成分之一,人的知觉的产生受各自的经验、知识、价值观和需要的影响。同样的客观事物,对于不同的人往往会产生不同的知觉,人的知觉与客观事物常常发生不一致。选择性知觉是指人们根据自己的兴趣、经验和态度而有选择地去解释所看到或所听到的信息。例如,如果一名负责面试的主考官主观上认为一般的女性总是重家庭而轻事业的,那么他就可能在女性求职者中突出这种信号,无论该求职者是否真的认为自己是这样的人。了解知觉的这一特征后,我们在与人沟通时,就应认真地了解对方的经历、兴趣、身份,并进行认真的分析研究,在我们发表意见时,就能使对方不至于产生理解上的误读,以使沟通顺利地进行。

2. 情绪

人总是带着某种情绪状态参与沟通活动的。一个人在高兴或痛苦的时候，会对同一信息做出截然不同的解释。极端的情绪更可能阻碍有效的沟通。比如，人在感情冲动时往往不易听进不同的意见。又如，不能摆脱心情压抑状态的人大多数表现出孤僻、不愿与人交往的倾向，在公共场合很少说话，对别人的话也不感兴趣，对某些信息甚至会产生厌恶感。另外，情绪偏颇，如急躁情绪、猜疑心理、妒忌心理等也会束缚沟通。与此相似，面对威胁，不管是真正存在的还是想象中的，人们都会表现出神情紧张，心理上处于防卫状态，并且歪曲理解信息。

3. 角色意识

"角色"一词原意是指演员在戏剧舞台上依照剧本所扮演的某一特定人物的专门术语。引进到社会学中，是指每个人作为社会的一分子，在社会大舞台上都扮演着角色，都得按照社会对这些角色的期待和要求，服从社会行为规范。但是，人们在实际沟通中，若自我角色意识太强，则会给沟通带来障碍。比如，素不相识的甲、乙两人在公园里相遇，通过攀谈双方本来都有好感，但经过深谈之后，甲得知乙是大学教授，因而肃然起敬，乙也得知甲是工厂工人，此时由于职业的不同和层次的差距，出现自我角色意识障碍：甲可能觉得自己与大学教授相比显得渺小，难以产生共鸣；而乙也可能自命不凡而拒绝与甲深谈。因此，甲、乙两人虽进行了接触，但未能达到更深层次的沟通。

4. 过滤

人们会对信息进行过滤，过滤是指人们对信息的操纵和筛选。比如，当有人向上级汇报的信息都是该管理者想听到的信息时，这个人就是在过滤信息。这种现象普遍地存在于一些组织的沟通中：信息从一个人传到另一个人的一系列传递过程中，由于损失、遗忘和曲解等会造成信息沟通中的过滤现象。特别是在组织层次过多的企业里或传递环节过多的情况下。研究表明，通常每经过一个中间环节，信息就将丢失30%左右。企业董事会的决定经过五个等级的信息过滤后，信息损失可达80%。其中，副总裁这一级的保真率为63%，部门主管为56%，工厂经理为40%，第一线工长为30%，待传达到职工，就仅剩下20%的信息了，见图14-12。

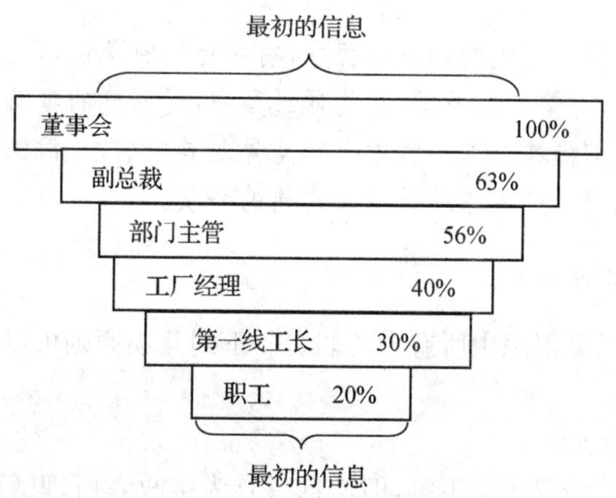

图14-12 信息失真情况实例

5. 语言

语言是人类最重要的沟通工具之一,然而语言又是一种极其复杂的工具。从表面上看,我们说的是同一种语言,但不同的人在语言的使用上却并不一致。同样的词汇,对不同的人来说,含义是不一样的。年龄、教育和文化背景是三个最明显的因素,它们影响着一个人的语言风格及其对词汇的界定。在一个组织中,员工常常有着不同的背景和不同的言语习惯。即使是在同一组织但不同部门中工作的人员,有时也会有各自所用的专业术语,而信息发送者却常常误认为自己所用的词汇和短语在接收该信息的人心中也有同样的含义。这种错误的假设,会造成沟通的障碍。

此外,组织机构的不合理、文化习俗的不同或缺乏信息沟通的计划性等,都有可能成为有效沟通的障碍。

【走进管理】

希腊员工的无奈

请阅读下面的一段对话:

美国老板:完成这份报告要花费多少时间?

希腊员工:我不知道完成这份报告需要多少时间。

美国老板:你是最有资格提出时间期限的人。

希腊员工:10 天吧。

美国老板:你同意在 15 天内完成这份报告吗?

希腊员工:没有做声。(认为是命令)

15 天过后。

美国老板:你的报告呢?

希腊员工:明天完成。(实际上需要 30 天才能完成。)

美国老板:你可是同意今天完成报告的。

第二天,希腊员工递交了辞职书。

【管理启示】

这则故事告诉我们:在人与人的沟通过程中,有一定的特殊性,即由于人们的政治观点、经济地位、年龄、经历、宗教、习惯等的不同,在沟通过程中,对同样的事情或谈话会有不同的解释和归因。因此,要认识和掌握在沟通过程中个体差异及其影响,从而保证沟通的有效性。如我们通常所说的移情作用、设身处地等就是有效沟通的手段。

(二) 有效沟通的原则

进行有效的信息沟通是组织中所有人的职责。下列几项原则可以帮助我们克服沟通中的障碍。

1. 要强调沟通的双向性

只传递而没有沟通的情况屡见不鲜,但信息只有为接收者所理解了,沟通才算真正完成。除非发送者得到反馈,否则他就不知道信息是否为对方所理解,因此可以通过提问、去信询问以及鼓励信息接收者对信息有所反应等方式来取得反馈。好的沟通绝不是你说我听,而应该是双向的，是双方互动的一个过程。

2. 要考虑信息接收者的需要

信息只有为接收者所注意、理解、认同，才会产生良好的沟通效果。首先，信息的内容安排对接收者来说应是适用的、有价值的，信息的内容应该同信息接收者的知识水平和组织气氛相适应；其次，信息发送者要用接收者熟悉的编码来传递信息，尽量避免使用不必要的专业术语；最后，传递信息所用媒介应是接收者容易和喜欢接触的媒介。

3. 要强调沟通双方愉快的感受

信息沟通的职能不只是传递信息而已，它还涉及双方的心理感受，甚至是感情问题。如果在信息沟通之后，尽管其中的一方可能不完全赞成另一方的意见，甚至保留了自己的意见，但若双方的谈话是建设性的，会让人感到这次沟通是令人愉快的，愉快的感受将为双方以后的进一步沟通与合作奠定良好的基础。为了在沟通双方之间建立起和谐的人际关系，应在沟通过程中塑造一个让双方可以畅所欲言、表达意见的环境，展现支持、理解、肯定的态度，彼此尊重对方的情绪及意见，对达成有效的沟通至关重要。

【延伸阅读】

15 条经典沟通黄金法则

一、讲出来。尤其是坦白地讲出来你内心的感受、感情、痛苦、想法和期望，但绝对不是批评、责备、抱怨、攻击。

二、不批评、不责备、不抱怨、不攻击、不说教。批评、责备、抱怨、攻击这些都是沟通的刽子手，只会使事情恶化。

三、互相尊重。只有给予对方尊重才有沟通，若对方不尊重你时，你也要适当地请求对方的尊重，否则很难沟通。

四、绝不口出恶言。恶言伤人，就是所谓的“祸从口出”。

五、不说不该说的话。如果说了不该说的话，往往要花费极大的代价来弥补，正是所谓的“一言既出、驷马难追”“病从口入，祸从口出”，甚至可能造成无可弥补的终生遗憾！所以沟通不能够信口雌黄、口无遮拦，但是完全不说话，有时候也会变得更恶劣。

六、情绪中不要沟通，尤其是不能够做决定。情绪中的沟通常常无好话，既理不清，也讲不明；情绪中很容易冲动而失去理性，如吵得不可开交的夫妻、反目成仇的父母子女、对峙已久的上司下属，尤其不能够在情绪中做出情绪性、冲动性的“决定”，这很容易让事情不可挽回，令人后悔！

七、理性地沟通，不理性不要沟通。不理性只有争执的份，不会有结果，更不可能有好结果，所以，这种沟通无济于事。

八、觉知。不只是沟通才需要觉知，一切都需要。如果自己说错了话、做错了事，如不想造成无可弥补的伤害时，最好的办法是什么？“我错了”，这就是一种觉知。

九、承认我错了。承认我错了是沟通的消毒剂，可解冻、改善与转化沟通的问题。

十、说对不起。说对不起，不代表我真的做了什么天大的错误或伤天害理的事，而是一种软化剂，使事情终有“转圜”的余地，甚至于还可以创造“天堂”。其实有时候你也真的是大错特错，死不认错就是一件大错特错的事。

十一、让奇迹发生。如今自己愿意互相认错,就是在替自己与家人创造了天堂与奇迹,化不可能为可能。

十二、爱。一切都是爱,“爱是最伟大的治疗师”。

十三、等待转机。如果没有转机,就要等待;急只会把事情弄糟。当然,不要以为空等待,成果就会从天下掉下来,还是要自己去努力,但是努力并不一定会有结果,或舍本逐末。但若不努力,你将什么都没有。

十四、耐心。等待唯一不可少的是耐心,有志者事竟成。

十五、智慧。智慧使人不执着,而且福至心灵。

(三)有效沟通的途径

遵循有效沟通的原则,在实践中有多种途径可用来改善信息沟通的效果。

1. 积极倾听

如何改善人们的沟通行为,一个至关重要的方面在于积极倾听。向别人倾诉是人的重要精神需求,而倾听别人的谈话对于参与沟通的人来说是一项必备的素质。倾听是对含义的一种主动的搜寻,单纯的听则是被动的接收。在倾听时,信息的发送者和接收者都在进行着思索。积极的倾听可以获得更多的信息,可以给对方留下谦虚的印象,可以帮助自己准确理解对方的意图,以便做出进一步决策。

积极的倾听是指不带先入为主的判断或解释的对信息完整意义的接收,也就是设身处地地站到对方的立场和观点,去理解所接收到的信息。因此,它要求听者要全神贯注。这样,主管就必须避免打断下属的话,还要避免使他们处于防范心理状态,由此来获得更真实的信息和更和谐的气氛。

积极的倾听是有技巧可以应用的:多问开放式的问题;适当地保持沉默;让谈话者无拘无束;向讲话者表现出有兴趣倾听他的谈话;克服心不在焉的现象;在适当的时候说出自己的理解;以设身处地的同情态度对待谈话者;要有耐心,不要过早地对对方的谈话做出判断;与人争辩或批评他人时态度要平和、宽容。

【走进管理】

三个小金人

有个小国的人到中国来,进贡了三个一模一样的金人,把皇帝高兴坏了。可这小国的人不厚道,给中国皇帝出了一道难题,问这三个金人哪个最有价值?皇帝想了许多办法,请珠宝匠来检查,称重量,看做工……结果都是一模一样的。怎么办,使者还等着回去向他的国王汇报呢!泱泱大国,不会连这点小事都搞不定吧?最后,一位老臣说他有办法,只见他胸有成竹地拿着三根稻草,抽出其中的一根,插入第一个金人的耳朵里,稻草从金人的另一只耳朵出来;插入第二个金人的稻草则从它嘴巴直接掉了出来;而第三个金人,稻草进去后则掉进了金人的肚子里,什么响动也没有。老臣说:这第三个金人最有价值!使者默默无语,答案正确。

【管理启示】

要沟通,先聆听。最有价值的人,不一定是最能说的人。老天给我们两只耳朵一张嘴巴,本来就是让我过多听少说的。沟通过程中,只有善于倾听,才能了解对方真正想要什么。只有了解需求才能使你立于不败之地。正所谓“知己知彼，百战不殆”。

2. 有效表达

由于语言可能成为沟通的障碍，因此，参与沟通的双方应选择好措辞，并注意表达的逻辑，使发送的信息清楚明确，易于被接收者理解。

(1) 要遵循对事不对人的原则进行表达。该原则也可以用另外一句话来代替，即“谈行为而不谈个性”。行为指的是说过什么或做过什么。个性指的是一个人的特点和品质。谈个性很容易引起对方的误解，产生逆反心理，从一开始就建立一个比较负面的基础，沟通中的冲突也往往因此而起。如果换一种谈行为的方式，可能就不存在这样的问题。谈行为一是保证客观，二是让对方听起来也比较容易接受，所谈的内容是比较准确的信息。

(2) 要充分发挥语言的魅力。在沟通的过程中，还需要充分发挥语言的魅力。比如：要把“你”和“你们”，变成“我”和“我们”，这样，沟通的双方可以变得更贴近；把“应该”变成“可能”，不是说“你应该把这件事完成”，而是说“如果可能的话，你是否可以怎么样怎么样”。措辞变了，对方接受起来会更加容易。

(3) 要简化用语。参与沟通的双方要考虑到信息所指向的听众，以确保所用的语言能适合于该类信息的接收者。有效的沟通不仅需要信息被接收，而且需要信息被理解。通过简化用语，尽量使用与接收者一致的言语方式来发送信息，可以增进理解。

3. 注重反馈

很多沟通问题是直接由于误解或理解不准确造成的。如果参与沟通的双方在沟通过程中能很好地运用反馈，则会减少这些问题的产生。反馈一般包括正面反馈、修正性反馈、负面反馈和没有反馈四种。

正面反馈就是肯定对方，尤其是发现对方做得对或说得好的时候。正面的认知可以鼓励好的行为再度出现。如果一个组织当中无论成员做得好或不好，领导都同样没有表示，下一次他就会降低标准。

修正性反馈不等同于批评，它是既认可好的一面，同时又指出需要改进之处。通常当工作没有完全达到标准的时候，可以采取修正性反馈方式。

负面反馈就是批评。组织的领导者对成员要尽量少做负面反馈。负面的反馈会让下属意识到领导不满意，要努力把负面反馈变成一种修正性反馈。

没有反馈就是无论对方做得好还是不好，都不告诉对方。没有反馈比负面反馈更糟糕：一方面让做得好的人不知道标准——反正我做得好你也不表扬我，下一次我就降低标准；另一方面，做得不好的人认为领导看见我这么做也没有说什么，就说明我没有问题，可以继续这么做下去。

4. 控制情绪

情绪会使信息的传递严重受阻或失真。如果不能有效地驾驭情绪，就会有碍正常的沟通。当沟通的双方或某一方处于情绪偏颇状态时，很可能对所接收的信息发生误解或很难接收进去，在表达信息时也会不够准确和理智。遇到这种情况，最好能控制一下自己的情绪，待恢复平静后再进行沟通。

四、冲突

处理冲突的能力是管理者需要掌握的重要的技能之一。美国管理协会进行的一项对中层和高层经营管理人员的调查表明,管理者平均花费20%的时间处理冲突;冲突管理被认为是比决策、领导或沟通技能更为重要的一项管理技能,即处理冲突的能力与管理的成功成正相关。

(一)冲突

冲突常指的是由于某种抵触或对立状况而感知到的不一致的差异。差异是否真实存在并没有关系。只要人们感觉到差异的存在,则冲突状态也就存在。

对于组织的冲突有着三种不同的观点:第一种观点为冲突的传统观点,认为应该避免冲突,冲突本身表明了组织内部的机能失调。第二种观点为冲突的人际关系观点,即认为冲突是任何组织不可避免的必然的产物,但它并不一定会导致不幸,反而有可能成为有利于组织工作的积极动力。第三种为冲突的相互作用观点。也是最为新型的观点,认为冲突不仅可以成为组织中的积极动力,而且其中一些冲突对于组织或组织单元的有效运作是绝对必要的。相互作用的观点并不是说所有的冲突都是好的。一些冲突支持组织的目标,它们属于建设性类型,可将其称为功能正常的冲突;而一些冲突阻碍了组织实现目标,它们属功能失调的冲突,并属于破坏性类型。

(二)冲突产生的原因

研究表明,产生冲突的原因多种多样,但总体上可分为三类:沟通差异、结构差异和人格差异。

1. 沟通差异

沟通差异是指由于语义困难、误解以及沟通通道中的噪声而造成的意见不一致。人们常常认为大多数冲突是由于缺乏沟通造成的,但事实上,在许多冲突中常常进行着大量的沟通。很多人都将良好的沟通与别人同意自己的观点错误地等同起来。

2. 结构差异

组织中存在着水平和垂直方向的分化,这种结构上的分化导致了整合的困难,其经常造成的结果是冲突。这些冲突并非由于不良沟通或个人恩怨造成,而是植根于组织结构本身。

3. 人格差异

冲突可由个体的特性和价值观系统而引发。

(三)冲突管理的技巧

当冲突过于激烈时,管理者可以从五种冲突解决办法中进行选择,即回避、迁就、强制、妥协和合作。

1. 回避

回避即从冲突中退出或者抑制冲突。当冲突微不足道时,当冲突双方情绪极为激动而需要时间使他们恢复平静时,当行动所带来的潜在破坏性会超过冲突解决后获得的利益时,这一策略十分有利。

2. 迁就

迁就的目标是把别人的需要和考虑放在高于自己的位置上,从而维持和谐关系。

3. 强制

强制是以牺牲对方为代价而满足自己的需要。在组织中这种方式通常被描述为管理者运用职权解决争端。

4. 妥协

妥协要求每一方都做出一定的有价值的让步。在劳资双方协商新的劳工合同时常常采用这种方法。当冲突双方势均力敌时，当希望对一项复杂问题取得暂行的解决方法时，当时间要求过紧需要一个权宜之计时，妥协是最佳策略。

5. 合作

合作是一种双赢解决方式，此时冲突各方都满足了自己的利益。它的典型特点是：各方之间开诚布公地讨论，积极倾听并理解双方的差异，对有利于双方的所有可能的解决办法进行仔细考察。当没有什么时间压力时，当冲突各方都希望双赢的解决方式时，合作是最好的冲突处理办法。

【走进管理】

激励和沟通

人们工作是出于不同的原因，有人为了金钱，有人为了社会地位，有人为了得到别人的欣赏，也有人是为了在工作中获得满足感和自我发展。现代管理学大师彼得·德鲁克认为，作为管理者，一定要明晰这些人的需求以及不断变化，确保员工尽可能最有效地工作。简而言之，激励就是鼓舞和指导员工取得好绩效。管理者要培训员工，为他们提供有挑战性和有趣味的工作，激励他们在工作中追求优异。更为重要的是，身为管理者，一定要相信员工并公平地对待他们。除了激励外，彼得·德鲁克认为一个管理者还要做好沟通工作，他要把担任各项职务的人组织成为一个团队。他做到这点的方法是：通过日常的工作实践，通过员工关系，通过有关报酬、安置和提升的"人事决定"，通过同其下级、上级和同级之间经常的相互信息交流和沟通。

【管理启示】

从事激励和沟通是管理者的基本工作。

复习思考题

1. 目前关于人性有哪些假设？它们的含义是什么？
2. 马斯洛的需要层次理论的主要内容是什么？
3. 赫茨伯格的双因素理论的主要内容是什么？
4. 期望理论的内容是什么？根据此理论应如何激发员工的工作积极性？
5. 公平理论及强化理论的基本内容是什么？
6. 激励的原则是什么？主要有哪些方法？
7. 怎样理解沟通的含义与作用？
8. 试述沟通的模式。
9. 试述信息沟通的有效性与所选用的沟通网络之间的关系。
10. 如何才能达成有效的信息沟通？
12. 冲突管理有哪些技巧？

案例讨论

一、联想集团的管理"三要素"

联想集团前董事局主席柳传志出席"2002年美国管理学年会"时，谈到联想集团的管理情况，指出联想集团学会了做"三件事"。

首先是学会了制定战略。通过向西方企业的学习，学会了一套制定战略的方法，而且知道怎样把它们分解为一个个的具体步骤推进下去。

第二件事就是学会带队伍。在中国有句古话叫做"知易行难"，能制定战略为什么做不到呢？主要的原因是"带队伍"没做好。怎样让你的兵爱打仗；怎样让你的兵会打仗；怎样让你的兵组织有序，也就是有最好的队形，作战最有效率——是带好队伍的三个要点。

联想集团对员工，尤其是对骨干员工有很好的激励方式。联想集团花了8年时间实现了股份制改造，成立了员工持股会，使得创业者和骨干员工有了35%的股份。虽然这在美国是件再普通不过的事情了，然而在中国是件非常了不起的事。这对联想集团创业者和公司的骨干员工有极大的激励作用。在中国，没胆经过改造的国企是很难办好的，股份制改造对创业者、骨干员工是最重要的物质激励，而精神激励是多方面的。联想集团为有能力的骨干员工提供舞台，给他们充分表演的机会，保证他们在工作时责、权、利的一致。他们明白自己所管辖的这部分工作和全局的工作是什么关系、他们的责任是什么、他们有什么权利。联想的很多方法都是在第一线工作的人提出的建议，立刻被采纳。而一些跨国公司在中国办的企业，它们的一些规定、条文都是在总部制定好的，在中国的分公司要照章执行，当本地工作人员发现不合乎实际情况时要一层层地上报，直到国外的总部批准。这不但效率降低了很多，而且员工的积极性受到很大的打击。联想集团要求各层的骨干员工能成为发动机，而不是齿轮。CEO是一个大发动机，各部门的经理是同步的小发动机。他们不是被动地运转，而是充分地发挥聪明才智。

第三件事是建班子。建班子的核心理念就是要让联想的最高层领导人建立起事业心。这就是把联想的事业真正当作他自己的事业。通过规则和文化，使高层领导人能团结、有效地工作。

建班子、定战略、带队伍是联想集团每年都要对员工培训的管理三要素。

思考题：运用有关激励理论来具体分析联想集团采取的激励措施。

二、阿维安卡52航班的悲剧

1990年1月25日晚7:40，阿维安卡(Avianca) 52航班飞行在南新泽西海岸上空37 000英尺的高空。机上的油量可以维持近两个小时的航程，在正常情况下，飞机降落至纽约肯尼迪机场仅需不到半小时的时间，这一缓冲保护措施可以说是十分安全的。然而，此后发生了一系列耽搁：晚上8:00整，肯尼迪机场航空交通管理员通知52航班的飞行员，由于严重的交通问题，他们必须在机场上空盘旋待命。8:45，52航班的副驾驶员向肯尼迪机场报告说他们的"燃料快用完了"。管理员收到了这一信息，但在9:24之前，飞机没有被批准降落。在此之前，阿维安卡机组成员再没有向肯尼迪机场传递任何情况十分危急的信息，但飞机座舱中的机组成员却相互紧张地通知他们的燃料供给出现了危机。

9:24，52航班第一次试降失败。由于飞行高度太低及能见度太差，因而无法保证安全着陆。当肯尼迪机场指示 52 航班进行第二次试降时，机组乘员再次提到他们的燃料将要用尽，但飞行员却告诉管理员新分配的飞行跑道“可行”。9:32，飞机的两个引擎失灵，1 分钟后，另外两个也停止了 2 作，耗尽燃料的飞机于 9:34 坠毁于长岛，机上 73 名人员全部遇难。当调查人员检查了飞机座舱中的磁带并与当事的管理员讨论之后，他们发现导致这场悲剧的原因是沟通的障碍。为什么一个简单的信息既未被清楚地传递又未被充分地接收呢？下面我们对这一事件进行进一步的分析。

首先，飞行员一直说他们“油量不足”，交通管理员告诉调查者，这是飞行员们经常使用的一句话。当被延误时，管理员认为每架飞机都存在燃料问题。但是，如果飞行员发出“情况危急”的呼声，管理员有义务优先为其导航，并尽可能迅速地允许其着陆。一位管理员指出：“如果飞行员表明情况十分危急，那么所有的规则程序都可以不顾，我们会尽可能以最快的速度引导其降落的。”但遗憾的是，52 航班的飞行员从未说过“情况紧急”，所以肯尼迪机场的管理员一直未能理解到飞行员所面对的真正困难。

其次，52 航班飞行员的语调也并未向管理员传递有关燃料紧急的严重信息。许多管理员接受过专门训练，可以在这种情境下捕捉到飞行员声音中极细微的语调变化。尽管 52 航班的机组成员之间表现出对燃料问题的极大忧虑，但他们向肯尼迪机场传达信息的语调却是冷静而职业化的。

最后，飞行员的文化和传统以及机场的职权也使得 52 航班的飞行员不愿意声明情况紧急。当对紧急情况进行正式报告之后，飞行员需要写出大量的书面汇报。另外，如果发现飞行员在计算飞行中需要多少油量方面疏忽大意，联邦飞行管理局就会吊销其驾驶执照。这些消极的强化因素极大地阻碍了飞行员发出紧急呼救。在这种情况下，飞行员的专业技能和荣誉感就可能变成赌注。

思考题：通过本章内容的学习，你认为应该怎么做才能避免这样一场事故的发生？

实训题：为所在班级制订一份学习激励计划

目的：培养对实际管理系统进行观察分析的能力；培养运用激励理论，进行有效激励的能力。

要求：(1) 调查并分析本班学生学习积极性以及包括奖学金在内的激励状况。

(2) 分组进行，为班级起草一份激励计划。

(3) 在班级组织讨论，深入分析目前的激励状况，研讨如何有效激励，充实完善本组的激励计划。

14－1　Ted 公开课：伟大的领袖如何激励行为

第五篇　控制职能

第十五章　控制与控制过程

没思路的领导不想互动，没控制力的领导不敢互动。

——张瑞敏

【教学重点】

了解：控制的类型；有效控制的前提条件。

理解：控制的概念、特点和控制在组织中的作用。

掌握：控制的过程和有效控制原理。

运用：联系实际说明反馈控制与前馈控制；直接控制与间接控制；集中控制与分散控制之间的差别和重要意义。

【教学重点】

控制的概念；控制原则；控制过程。

【导入案例】

戴尔公司与电脑显示屏供应商

戴尔公司创建于1984年，是美国一家以直销方式经销个人电脑的电子计算机制造商，其经营规模已迅速发展到当前120多亿美元销售额的水平。戴尔公司是以网络型组织形式来运作的企业，它连接着许多为其供应计算机硬件和软件的厂商。其中有一家供应厂商，电脑显示屏做得非常好。戴尔公司先是花很大的力气和投资使这家供应商做到每百万件产品中只能有1 000件瑕疵品，并通过绩效评估确信这家供应商达到要求的水准后，戴尔公司就完全放心地让它们的产品直接打上“Dell”商标，并取消了对这种供应商的验收、库存。类似的做法也发生在戴尔其他外购零部件的供应商中。

通常情况下，供应商将供应的零部件运送到买方那里，经过开箱、检验、重新包装，验收合格后，产品组装商便将其存放在仓库中备用。为确保供货不出现脱节，公司往往要储备未来一段时间内可能需要的各种零件。这是一般的商业惯例。因此，当戴尔公司对这家电脑显示屏供应商说“这种显示屏我们今后会购买400万台到500万台，贵公司为什么不干脆让我们的人随时需要随时提货”的时候，商界人士无不感到惊讶，甚至以为戴尔公司疯了。戴尔公司的经理们这样认为，开箱验货和库存零部件只是传统的做法，并不是现代企业运营所必需的步骤，遂将这些“多余的”环节给取消了。

戴尔公司的做法就是，当物流部门从电子数据库得知公司某日将从自己的组装厂提出某型号电脑××部时,便在早上向这家供应商发出配额多少数量显示屏的指令信息,等到当天傍晚时分,一组组电脑便可以打包完毕分送到顾客手中了。如此,不但可以节约检验和库存成本,也加快了发货速度,提高了服务质量。

(引自黄雁芳、宋克勤主编:《管理学教程案例集》,上海,上海财经大学出版社,2001)

【案例思考】

1. 你认为戴尔公司对电脑显示屏供应商是否完全放弃和取消了控制?如果是,戴尔公司的经营业绩来源于哪里?如果不是,那它所采取的控制方式与传统的方式有何切实不同?

2. 戴尔公司的做法对于中国的企业有适用性吗?为什么?

制订计划是为了执行,组织的一切活动都是为了实现组织的目标。管理者要确保组织的各个部门和成员的工作有助于目标的实现,确保在计划规定的期限内能以经济、有效的方式去实现目标。这就需要管理者执行控制工作的职能,即采用正确的标准去衡量计划的执行过程,采取行动对问题进行修正,引导人们的行为,以达到组织的目标。

第一节　控制概述

一、控制的概念与作用

“控制”一词最初来源于希腊语“掌舵术”,意指领航者通过发号施令将偏离航线的船只驶回正常的轨道上来。由此说明,维持朝向目的地的航向,或者说维持达到目标的正确行动路线,是控制概念的最核心含义。

(一) 控制的概念

1. 传统的定义

控制从其最传统的定义来说,就是纠正偏差(纠偏),亦即按照计划标准衡量所取得的成果,并纠正所发生的偏差,以确保计划目标的实现。

2. 广义的定义

从广义的角度来理解,控制工作实际上应包括纠正偏差(纠偏)和修改标准(调适)这两个方面内容。这是因为,积极、有效的控制工作,不能仅限于针对计划执行中的问题采取“纠偏”措施,它还应该能促使管理者在适当的时候对原定的控制标准和目标做适当的修改,以便把不符合客观需要的活动拉回正确的轨道上。这种引致控制标准和目标发生调整的行动——简称为“调适”,是现代意义下组织控制工作的有机组成部分。就像在大海中航行的船只,一般情况下船长只需对原定的航向调整由于风浪和潮流作用而造成的航线偏离,但当出现巨大的风暴和故障时,船只也有可能需要整个改变航向,驶向新的目的地。

从一般意义上讲,控制就是使执行结果与目标相一致的过程。这里的标准可以是规章、程序,也可以是计划、政策、目标,甚至可以抽象为组织的基本宗旨,因此其包括的内容是非常丰富的。

3. 管理中的控制职能

本书将管理中的控制职能定义为:为了实现组织的计划目标而对组织的活动进行监视并纠偏矫正,确保组织计划与实际运行状况动态适应的行为。

(二)控制的作用

1. 适应组织环境变化

组织的目标和计划在制定出来后总要经过一段时间的实施才能够实现。在这段实施过程中,组织内部条件和外部环境可能会发生一些变化,如组织内部人员和结构的变化、政府可能出台的政策和法规等。这些变化的内外环境不仅会妨碍计划的实施过程,甚至可能影响计划本身的科学性和现实性。因此,任何组织都需要构建有效的控制系统,帮助管理人员预测和把握内外环境的变化,并对这些变化带来的机会和威胁做出正确、有力的反应。如图 15－1 所示,控制通过其"调适"作用,积极调整原定标准或重新制定新的标准,以确保组织对内外环境的适应性。

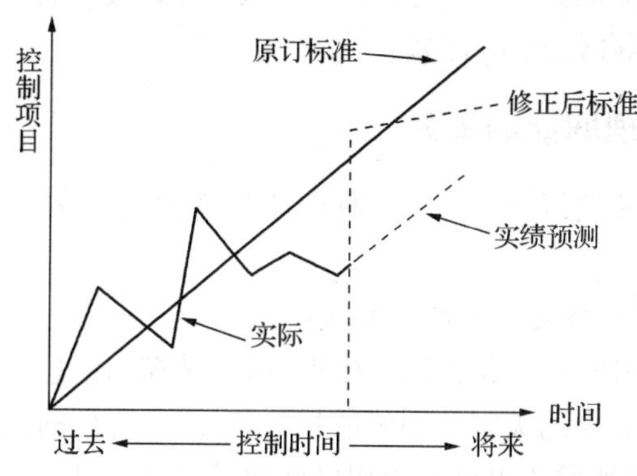

图 15－1　控制的调适作用示意图

2. 适应组织活动的复杂性,保证组织运行的秩序和协调性

随着社会各方面的迅速发展,各类组织的规模和内部结构也在不断趋于庞大和复杂化。每一组织的目标实现,都要经历一系列复杂的环节和艰巨的过程,都同组织结构各个方面的实际活动的秩序、协调、效率和效果紧密相关。组织活动的复杂性,要求组织不仅要制定明确的目标,并在组织的各个环节上将其科学地分解,而且在目标的实施过程中,要进行大量的组织和协调工作。为了保证组织各个环节或部门的活动同组织总目标要求相一致,以及每一项具体活动工作顺利进行,有效的组织控制是必不可少的。

3. 限制偏差的积累

一般来说,任何工作的展开都不免要出现一些偏差。虽然小的偏差和失误不会立即给组织带来严重的损害,但是在组织运行一段时间后,随着小差错的积少成多和积累的放大,最终可能对计划目标的实现造成威胁,甚至给组织酿成灾难性的后果。防微杜渐,及早地发现潜在的错误和问题,并及时进行处理,及时地采取矫正偏差的措施,以防止偏差的积累而影响到组织的目标的顺利实现,有助于确保组织按预定的轨迹运行下去。如图 15－2 所示,控制通过其"纠偏"作用,使计划执行中的偏差得以防止或缩小,从而确保组织的稳定运行。

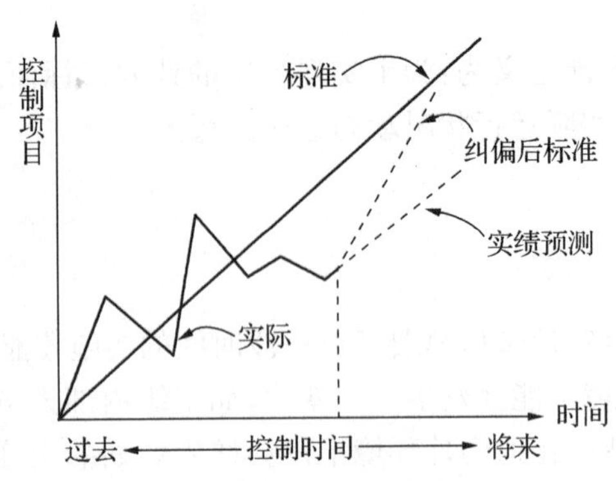

图 15-2 控制的纠偏作用示意图

4. 降低成本

低成本优势是企业获得竞争优势的一个主要来源,它要求积极建立起达到有效规模的生产设施,强化成本控制,减少浪费。为了达到这些目标,有必要在管理方面对成本控制予以高度重视,通过有效的控制以降低成本、增加产出。

二、控制与其他管理职能的关系

控制工作通过纠正偏差的行动与其他三种职能紧密地结合在一起,使管理过程形成了一个相对封闭的系统。

1. 计划、组织、领导等职能是控制职能的基础

控制不是目的,而是手段,计划是控制的依据,组织是控制信息的接收者和处理者,领导是控制职能发挥和控制系统建立的关键。明确的目标与计划、合理的组织机构与形式、称职的领导及有效的指导、最大限度地发挥出员工的积极性和潜力,这一切是实施控制的基础。

2. 控制是计划、组织、领导活动有效进行的保证

离开了适当的控制,计划可能流于形式,组织会失去有效运转的信息和信息系统,领导会失去激励和沟通的依据和渠道,都得不到实际效果。与此同时,在控制的过程中,会根据内外环境或其他因素的变化,导致对目标与计划的修改、组织机构的改革、人员配备的调整以及领导方式方法做出重大改变,等等。这实际上是开始了新一轮的管理过程。

三、管理控制的特点

不管是管理工作中的控制活动,还是物理、生物、经济及其他方面的控制,其基本过程和基本原理都是一样的。然而,管理控制有其自身的特点。

1. 管理控制具有整体性

这包含两层含义:一是管理控制是组织全体成员的职责,完成计划是组织全体成员共同的责任,参与控制是全体成员的共同任务;二是控制的对象是组织的各个方面,确保组织整体发展的均衡与协调,是管理工作的一项重要目标。为此,需要了解和掌握组织各个部分的情况并予以控制。

2. 管理控制具有动态性

管理工作中的控制不同于机器设备系统中的自动控制。机器设备的自动控制是高度程序

化的，具有较为稳定的特征；管理控制是在有机的社会组织中进行的，组织的外部环境和内部结构都在不断变化，为提高管理控制的适应性和有效性，管理控制的标准和方法也需要不断地变化，从而导致管理控制具有动态性。

3. 管理控制是对人的控制和由人执行的控制

管理控制是保证工作按计划进行并实现组织目标的必要条件，在实现组织目标过程中，人一直都是活动的主体，因此，管理控制首先是对人的控制，自然也是由人来执行的控制。

4. 管理控制是提高下属工作能力的重要手段

控制不仅仅是监督，更为重要的是为下属人员提供指导和帮助。管理者制定的纠正偏差的计划不可能仅依靠管理者自己去落实，还必须依靠下属人员去实施。只有当下属认识到纠正偏差的必要性并且有纠正偏差的能力时，纠正偏差的措施才能得到落实，控制的目的才能真正实现。因此，通过控制，管理者可以帮助下属分析偏差产生的原因，端正下属的工作态度，指导他们采取有效措施纠正偏差。这样，下属的工作能力就能够得到提高。

四、控制的类型

管理系统作为一种控制系统，由于控制的实施时间不同、控制对象不同、控制特征不同，就形成了不同的控制类型。下面分别介绍几种不同的控制方式和类型。

（一）前馈控制、现场控制和反馈控制

根据控制实施的时间点（控制点处于发展进程中的哪一阶段）不同，可分为前馈控制、现场控制和反馈控制三种类型。

1. 前馈控制

前馈控制也称为事前控制、预先控制，是主管人员运用所得到的最新信息，包括上一个控制循环中的经验教训，反复、认真地对可能出现的结果进行预测，然后将其同计划要求进行比较，从而在必要时调整计划或控制影响因素，以确保目标的实现。前馈控制主要是对资源投入的控制，其重点是防止组织所使用的资源在质和量上出现偏差。因此，前馈控制的基本目的是：保证某项活动有明确的绩效目标，保证各种资源要素的合理投放。例如，农业服务公司根据当年的病虫情况预报提前做好农用物资的准备等。值得注意的是，在实际工作中，这种前馈控制往往被某些主管人员所忽视，因为他们错误地认为计划是事前的，而控制工作是事后的。事实上，有许多工作，比如各级人员的配备、资金的筹措、原材料的检查等，往往要求控制工作做在事前，因为这些工作不是为了纠正偏差，而是为了负责，以防止出现偏差。

2. 现场控制

现场控制也称为即时控制、过程控制。这种控制是指控制点处于事物发展进程的过程中，是对正在进行的活动给以指导和监督，以保证活动按照规定的政策、程序和方法进行。例如生产制造活动的进度控制、每日情况统计报表、学生的家庭作业和期中考试，都属于这种控制。这种控制一般都在现场进行，监督和控制应该遵循计划中所确定的组织方针、政策与标准。例如，对于简单的重复性体力劳动，采取严厉的监督会导致好的结果；而对于创造性的劳动，控制应转向创造出良好的工作环境，这样的效果会更好些。

此外，现场控制的效果还与控制者的素质密切相关。例如工厂的质量检测人员，应选择技能和知识水平都高的老工人担任，效果会更好些。

3. 反馈控制

反馈控制也可称为事后控制,是指控制点处于事物的结束端,是历史最久的控制类型。它将计划执行的结果与预期目标或标准进行比较后,发现偏差并采取纠偏矫正行为。其目的在于检讨过去,以便进一步地完善计划、修正组织发展的目标。反馈的类型很多,有正向反馈和负向反馈之分。对于组织来说,有内部信息的反馈和外部信息的反馈。反馈控制一般包括财务报告分析、质量控制分析和人员绩效的评定等。但是这种控制的缺点在于整个活动已告结束,活动中出现的偏差已在系统内部造成了无法弥补的损失。

控制并不是管理的最后环节,它伴随着计划的执行、生产或服务活动的展开而展开,并且控制将上一次活动的信息反馈给下一次的工作,从而开始新一轮的管理控制。可以看出,这三种控制方式的控制重点各不相同:前馈控制重在资源,包括人、财、物等;现场控制重在进行的活动,多为工作过程;反馈控制是对已结束工作的资源投入、工作过程进行评价,用于对下一次活动的开展进行控制。

【走进管理】

扁鹊论医术

扁鹊是我国古代名医,被人尊为“医仙”。有一天,魏文王问扁鹊:“你们家兄弟三人都精通医术,你认为谁的医术最高明?”扁鹊不假思索地说:“我大哥的医术最高明,其次是二哥,医术最不济的就是我了。”文王不解:“可是你的名气最大啊,什么原因呢?”扁鹊回答说:“我大哥在病人有隐患但尚未发病时就治病,病人不知道他事先能铲除病因,也很少有人在发病前看病,所以他的名声无法传出去。我二哥在病人病情刚发展起来的时候治病,一般人以为自己只是得了小病,一治就愈,所以他只是乡里有名气。而我是在病人病情严重时候才发现病和治病,还常常动大手术,所以许多人都以为我医术高明。”魏文王觉得有道理,说,“你说得很对”。

【管理启示】

扁鹊的这番话表现的不只是他的诚实和谦逊,还在于他给我们提供了一个考虑问题的思路,就是用什么样的态度来对待一个人的能力和业绩。扁鹊对这个问题的认识是清醒的,其大哥防患于未然,二哥治病于萌芽,无疑都要比自己只到病人病情严重时才能看出来并进行施救的水平要高得多,可论功名却往往不成正比。其中原因是什么呢?

不可否认,有的人把具体工作做得很扎实、很出色,值得嘉许。但也不应忽视那些事前有预料、防患于未然的人,他们的一句预言、一次遏制,就能把事情的恶果消灭在萌芽状态,所产生的效益要比亡羊补牢高得多。在布鲁塞尔广场上有一尊尿童的雕塑,据传当年法军入侵比利时,在法军堆集大量炸药、点燃导火索破城的千钧一发之际,路过此处的小童于廉急中生智,用自己的一泡尿浇熄了滋滋作响的导火索,从而保住了全城人的性命。小于廉这一英雄壮举可谓千百雄兵所不能比。为此,比利时人将其视为英雄,为其塑像,完全应该。可生活中有的人并不这样想问题,“焦头烂额座上客,曲突徙薪阶下囚”,在一个单位出了问题,往往是抢救者受到表扬奖励,而那些有预言并能防止事故发生者却被忽视,即使受表扬也轻描淡写。这样的结果,往往是人们不愿意对一些问题进行前瞻性思考,即使有思考、有预见也不愿意积极主动地说出来,这对于我们在工作中预防隐患、提高效益是不利的。

（二）直接控制和间接控制

根据控制的手段不同，控制可以分为直接控制和间接控制。

在组织的管理中，直接控制是指管理者对系统运行亲自管理、亲自监督和亲自控制。显然，对组织最终成果具有重大影响的事件，对具有很大不确定性并后果较为严重的事件，管理者应该采用直接控制的方法。例如，某高层管理者兼任某个重大项目负责人职务，表示了该高层管理者对项目采用了直接控制的方法。

间接控制是指管理者通过他人或间接方法对系统进行控制。采用间接控制的方法，可以减少管理者的工作量，也可以提高下属的管理能力和工作主动性。间接控制最明显的缺点是滞后性，若出现了偏差，控制的间接性会造成采取措施的滞后，因此控制成本较高。

（三）集中控制和分散控制

根据控制的集中程度，控制还可分为集中控制和分散控制。

集中控制是决策权高度集中的一种控制方式。一般来说，集中控制将组织各个部门的决策权集中到高层管理者手中，经济活动由高层管理者的行政指令来推动，纵向信息流强而横向信息流弱。在一些生产经营连续性很强的组织里，集中控制是十分必要的。

分散控制与集中控制相对应，其特点就是决策权分散，在管理中表现为各部门都拥有一定的决策权，具有一定的经营自主权，横向信息流较强，整个组织显得适应性较强，但难以进行整体协调。

控制的许多特征并不互相排斥，因此有些控制类型往往可以同时归入几种类型，各种控制类型是可以交叉的。而在实际管理控制中，对各种控制手段的运用应是有机结合在一起的，以达到有效的控制。

第二节　控制的过程

控制是一个不断的循环往复的管理过程，但就一次控制活动来看，控制活动的基本程序包括：一是制定控制标准；二是测量实际绩效与界定偏差；三是分析原因并采取措施。

一、制定控制标准

控制始于工作标准的建立。标准必须从计划中产生，计划必须先于控制。换言之，计划是管理者设计控制工作和进行控制工作的准绳，所以控制工作的第一步总是制订计划；同时，计划的详尽程度和复杂程度各不相同，而且管理者也不可能事必躬亲，所以就得制定具体的标准。

（一）标准的概念

标准是衡量实际绩效的依据，是控制的前提，也是考核业绩的尺度。它们是从整个计划方案中选出用以衡量业绩的计算单位，管理者可依据标准而无需亲自经历工作的全过程就可以了解整个工作的进展情况。

1. 计划与标准的联系

标准是对工作预期成果的规范,计划与标准都是按组织目标的要求编制的,并以实现组织目标为目的,二者密切相关。

2. 计划与标准的区别

简单地看,似乎计划应当就是控制的标准。但是事实并非如此,计划可能是控制的一个标准,可是计划并不等于标准。其原因如下。

(1) 如果计划正确,而执行有偏差,计划就是控制的标准;而当计划制定与环境有偏差,需要对计划进行修改时,那么,计划就不能够作为控制的标准。

(2) 计划的详尽程度与标准不一样,有些计划已经制定了具体的、可考核的目标或指标,这些指标就可以直接作为控制的标准;但大多数计划是相对比较抽象、概括的,这就要将计划目标转换为更具体的、可测量和考核的标准,以便于对所要求的行为加以测评。

例如,某销售商计划在5年内使销售额增长25%,某车间希望将本月产量提高10%,这类的目标往往要等到计划期快结束时才可以衡量是否已经达到要求,因而平时工作的考核较难。如果能将“车间的产量提高产量10%”的目标转换为“每个职工每班生产110个部件”这样的标准,无疑更便于日常检查和评价。

再如,麦当劳公司为了实现经营上的“质量、服务、清洁、价值”宗旨,制定的工作标准是:95%以上的顾客进餐后3分钟内,服务员必须迎上前去接待顾客;事先准备好的汉堡包必须在5分钟内热好供应顾客;服务员必须在就餐人离开5分钟内把餐桌打扫干净。考核标准十分明确。

(二) 标准的种类

控制标准可分为定量标准和定性标准两大类。定量标准主要分为实物标准、价值标准和时间标准,它易于度量和比较,是控制标准的主要表现形式;定性标准是指难以采用量化的方面,如组织形象、服务质量、工作热情等。

(三) 制定标准的方法

1. 统计计算法

统计标准也叫历史性标准,是以反映企业经营在历史上各个时期状况的数据和同类企业对比的水平为基础来为未来的活动建立的标准。这种方法常用于拟定与企业的经济效益有关的标准,能较好地反映过去的平均或一般水平,为未来的预期提供了有益的依据。历史性标准统计资料作为某项工作确定的标准具有简单易行的好处,但是据此制定的工作标准可能低于同行业的水平,甚至是平均水平;由于忽视了新的情况,特别是未来可能出现的变化,当市场或企业经营状况波动较大时,这种方法就不准确了。

2. 经验评估法

这种方法主要用于那些无法根据历史资料制定标准的工作。对这些工作,可以利用组织各方面的人员和专家的知识和经验,运用评估的方法制定标准。其特点是:运用面广,简单易行,但科学性不足,评估很大程度上是以经验为依据的,通常带有管理人员的主观色彩。这些标准一般为定性标准,如组织的人事制度、财务管理制度、责任制度、操作规程等。

此外,在拟定标准时还可以采用工程方法,它以精确的技术参数和实测的数据为基础,通过动作、时间研究来制定生产定额，为基层管理人员更均衡地安排工作、更合理地评估工人的绩效，以及预估所需的人工和费用等，建立起客观的标准。

（四）制定标准应具有的基本特征

制定控制标准是一个过程。这一过程的展开，首先要选择好控制点，并从时间、实力、质量和成本等方面制定科学的控制标准。所制定的控制标准应具备以下几方面的特征。

（1）多元性。企业的目标具有多元性。同一个企业在同一时期可能会设定很多的目标，同一企业在不同发展阶段和不同环境状态下其目标也会有差异，而每一个目标都可转换成一个标准，因此标准也是多元的。

（2）目的性。控制是为了确保组织目标最终实现，而保证计划顺利实施是一系列活动。计划具有很强的目的性，控制标准要反映计划所规定的目的要求。

（3）利益一致性。控制标准来源于组织的目标，而组织的目标只有兼顾各方利益，才能保证组织最终目标的顺实现。因此，标准的制定应采取各方协商一致的原则，以确保标准之间的相辅相成。

（4）可行性。标准的制定要切实可行，即标准水平的高低要得当。

（5）可操作性。

（6）相对稳定性。标准作为衡量计划实施情况的参考依据，应和计划一样具有相对的稳定性，至少在计划期内应保持标准的稳定性。

二、测量实际绩效与界定偏差

对照标准衡量实际工作成绩是控制过程的第二步，它又分为两个小步骤：一是测量实绩，即测定或预测实际工作成绩；二是界定偏差，即进行实绩与标准的比较。掌握实绩可以通过两种方式：一是测定已产生的工作结果，一是预测即将产生的工作结果。无论哪种方式，都要求搜集到的信息能为控制工作所用。

（一）控制工作对信息的要求

衡量实际绩效的关键是及时获取工作成果的真实信息。

（1）信息的及时性。一方面，信息的搜集要及时。信息具有很强的时效性，对于那些无法追忆和不能再现的重要信息，如果没有及时记录和搜集，过后便很难再获取。另外，对于多数信息来说，如果不能及时搜集，信息的利用价值会大大降低。因此，组织内部要建立健全统计、原始记录等基础管理工作，应促使组织成员养成重视信息搜集的意识，培养他们掌握信息搜集的方法。另一方面，信息的加工、检索和传递工作要及时。如果信息不能及时提供给各级主观人员及相关人员，信息的使用价值就会丧失，而且会给组织带来巨大的损失。

（2）信息的适用性。信息的搜集是为了利用，而组织中的不同部门乃至同一部门在不同时期对信息的种类、范围、内容、详细程度、准确性、使用频率的要求都可能是不同的。如果对这些管理部门不加区分地提供信息，不仅不利于做出正确的决策，反而会加重管理部门的负担。事实上，信息不足和信息过多同样有害。因此，工作人员要对衡量工作所获得的信息进行整理分析，并保证在管理者需要的时候提供尽量精炼而又能满足控制要求的全部信息。

（3）信息的可靠性和准确性。信息可靠性也就是信息的真实性，它不仅同信息的精确程度有关,也同信息的完整性有关。例如:市场上家用吸尘器一时紧俏,并不能说明吸尘器市场的长期趋势,对于据此准备扩大生产规模的企业来说,这个信息是不可靠的。企业必须收集有关消费者的平均收入水平、消费结构、竞争者的生产能力,甚至宏观经济政策的导向等信息进行综合分析,才可能做出正确的判断。

(二)衡量实绩

在获取有关实际工作绩效方面的信息时,对于管理者须要全面考虑如何衡量、需要衡量什么、间隔多长时间进行衡量和由谁来衡量等问题。具体说明如下。

1. 如何衡量

有五种信息常常被管理者用来衡量绩效,即亲自观察、统计报告、口头汇报、书面报告和抽样调查。这些信息分别有其长处和缺点,但是,将它们结合起来,可以大大丰富信息的来源并提高信息的准确程度。

(1) 亲自观察。亲自观察提供了有关实际活动的第一手的、详尽的信息——一种未经他人转述的信息。由于不管是重要的还是次要的行为都能被观察到,因此该方法能提供密集的信息量。同时,它使管理者有机会了解到某些言外之意。然而,当定量的信息体现客观程度时,亲自观察常被视为一种较差的信息来源。它可能存在感性偏差,某位管理者看到的东西,另一位管理者未必能看到。另外,亲自观察会耗费大量的时间,而且可能不受员工欢迎,员工可能会把管理者公开观察视为对他们缺乏信心和信任的信号。

(2) 统计报告。这是经由书面资料来了解工作情况的常用方法。这种方法可节省管理者的时间,但所获资讯是否全面、准确则取决于这些报表和报告的质量。

计算机的广泛运用使得经理愈加依赖统计报告来衡量实际业绩,但这一衡量方法并非仅限于计算机的输出结果,它们也可以是曲线图、条形图,或管理者可以用于评价业绩的任何数字显示。虽然统计信息很容易形象化且能有效地说明事物之间的关系,但它所能提供的有关活动的信息是有限的。统计报告的内容仅限于少数一些关键领域,而且可能忽略一些重要的因素。

(3) 口头汇报。信息也可以通过口头汇报的形式来获得,如会议、一对一的谈话或电话交谈等。这种方式的优缺点与亲自观察相似。虽然信息经过转述,但速度快、允许反馈,且不但能通过语言还能透过语调来表达意见。口头报告一个最大的缺陷在于无法将信息记载下来留作日后参考。然而,在过去几十年中,技术发展非常快,现在口头报告已能被有效地录制下来,并能像写下来一样永久保存。

(4) 书面报告。书面报告与统计报告相比要显得慢一些,与口头报告相比要显得正式一些。这种形式比较精确和全面,且易于分类存档和查找。

(5) 抽样调查。即从整批调查对象中抽取部分样本进行调查,并把结果看成整批调查对象的近似代表,此法可节省调查时间及成本。

这五种形式各有其优缺点,管理者在控制活动中必须综合使用方能获得较好效果。

2. 需要衡量什么

衡量什么是比如何衡量更重要的一个问题,标准选择错误可能导致控制功能失调的严重后果。另外,衡量的内容在很大程度上决定了组织成员努力的方向。

在大多数情况下,控制都会指向以下领域之一:信息、作业、财务或人员。但某些控制标准适用于任何管理情况。例如，由于从定义上讲，所有的管理者都在指导其他人的行动，所以诸如员工满意度、离职率和缺勤率等指标可作为衡量的内容。大多数管理者在负责的领域都以货币单位(美元、英镑、法郎等)表示预算，因而，把成本控制在预算内成为一种相当常见的控制措施。然而，任何一个全面控制系统都必须认识到不同管理者之间的活动差异。一家制造工厂的生产经理可能使用日产量、每人小时产量、单位产出耗料、遭顾客退货的数量或百分比等衡量指标。政府部门某行政单位的管理者也许会衡量每天完成的文件页数、每小时处理的指令数，或每处理一个服务电话所需要的时间。

有些活动的绩效是很难用数量指标来衡量的，例如，管理者要衡量一位化学研究人员或小学教师的业绩量就比衡量一位寿险业务员的业绩更为困难。但大多数活动都能被分解为可衡量的客观部分，管理者必须确定个人、部门或单位对组织的价值是什么，然后将其转化为衡量的标准。

多数工作和活动都能以明确的和可衡量的术语来表达，当某项业绩指标无法量化时，管理者应寻找并使用主观的衡量指标。当然，主观指标存在很大的局限性，但总比根本没有标准并因而忽略控制职能要好。若某项活动非常重要，那么以难于衡量作为借口是不合适的。在这种情况下，管理者应使用主观的绩效标准。当然，在做出建立在主观标准基础上的决策时应考虑到有关数据的局限性。

3. 间隔多长时间进行衡量

有效的控制要求确定适宜的衡量频度，这就意味着，衡量频度不仅体现在控制对象的数量上(即控制目标的数量上)，而且体现在对同一标准的测量次数或频度上。

(1) 对控制对象或要素的衡量频度过高，不仅会增加控制费用，而且会引起有关人员的不满，影响他们的工作态度，从而对组织目标的实现产生负面影响。

(2) 衡量和检查的次数减少，则有可能造成许多重大的偏差不能被及时发现，不能及时采取措施，从而影响战略和计划的完成。

(3) 适宜的衡量频度取决于被控制活动的性质、控制活动的要求，即主要取决于控制对象的重要性和复杂性：对于那些较为长期、较高水平的标准，适于采用年度的控制；而对产量、出勤率等短期、基础性的标准，则需要比较频繁的控制。

例如，对产品质量的控制常常需要以件、小时、日等较小的时间单位来进行；而对新产品开发的控制则可能需要以月、年为单位。

4. 由谁来衡量

即衡量实际工作绩效的人是工作者本人，还是同一层级的其他人员，抑或是上级主管人员或职能部门的人？衡量实绩的主体不一样，控制工作的类型也就形成差别。如目标管理所以被认为是一种“自我管理”“自我控制”的方法，就是因为工作执行者变成工作成果的衡量者和控制者。相比之下，由上级主管或职能部门人员进行的衡量就是一种外部或外在的控制。

(三) 界定偏差

1. 确定有无偏差

测量到实际工作结果后，就可以将之与标准进行比较，确定有无偏差发生及偏差的大小。所谓偏差，是指实际工作情况或结果与控制标准要求之间的差距。

实际计划执行中的偏差有两种:一种可称之为正偏差,通俗地讲就是超额完成计划的情况。超额完成计划并非都是有利的,有些正偏差会加剧结构失衡。所以,在检查考核中发现存在着正偏差,也必须全面分析,然后再做出结论。另一种是负偏差,即没有完成计划和偏离计划的情况。显然,负偏差是不利的,施控者必须深入分析产生负偏差的原因,并及时采取对策加以纠正。

2. 界定偏差是否在容限范围内

通过偏差的确定,就容易发现计划执行中的问题和不足。但并非所有偏离标准的情况均需作为"问题"来处理,即容限的幅度。所谓容限,是指准许偏差存在的上限与下限范围。在这个界限范围内,即便实际结果与标准之间存有差距,也被认为是正常的。只有超出该容限范围时,才需采取控制行动。

质量统计控制就是这样的例子。质量控制图(见图 15－3)的使用就是为了这个目的。

【例 15－1】 在图 15－3 中,让我们设定管道直径的预定标准为 5 厘米。由于机器的情况和其他因素,根据统计数据,可接受的偏差范围被设定在 5±0.05 厘米之间。当管道直径超出这些范围时,被认为是失控了。这个时候,作业过程被停止,并在外界干预下进行必要的调整措施,从而使整个系统再回到控制范围中。

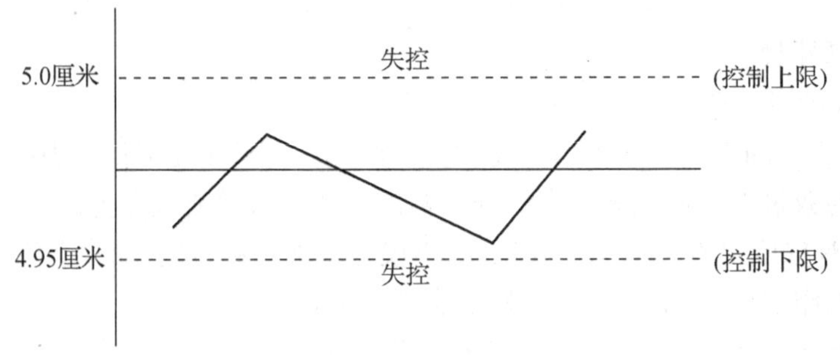

图 15－3 偏差的容限范围

三、分析原因并采取措施

解决问题需要先找出产生差距的原因然后再采取措施纠正偏差。

(一) 分析原因

古云:"冰冻三尺,非一日之寒。"所以,必须花大力气找出造成偏差的真正原因,而不能仅仅是头痛医头、脚痛医脚。例如,销售收入的明显下降,无论是用同期比较的方法,还是用年度指标来衡量都很容易发现问题,但引起销售收入下降的原因却不那么容易一下就抓准:到底是销售部门营销工作中的问题,或是对销售部门授权不够引起的?还是生产部门制造质量下降和不能按期交货,或是技术部门新产品开发进度太慢致使产品老化、竞争力下降?抑或是由于宏观经济调整造成的?如此等等。每一种可能的原因与假设都不容易通过简单的判断确定下来。而对造成偏差的原因判断得不准确,纠正措施就会无的放矢,不可能奏效。

一般来说,产生偏差的原因有以下几个:

(1) 可能是计划标准脱离实际,如大部分员工没有完成劳动定额或达不到规定要求;

(2) 可能是在计划执行过程中出现新情况新问题,客观条件发生了变化,以至于达到标准很困难;

(3) 可能是整个工作的组织、指挥不善，没有尽可能地利用现有资源发挥应有的效用，或者个人的努力不够，无法达到大部分人所能达到的要求。

对于前两种情况，需要调整标准，对于后一种情况，则应努力提高工作绩效。当然，实际工作中偏差产生的原因可能是多种多样的，也可能是多种原因共同作用的结果。管理者应通过评估、分析，透过表面现象找出造成偏差的深层原因，为纠偏措施的制定提供指导方向。

（二）采取措施

对偏差原因做了彻底的分析后，管理者就要确定该采取什么样的纠偏行动。

管理者应该在下列三种控制方案中选择一个：维持原状；纠正偏差；修订标准。当衡量绩效的结果比较令人满意，可采取第一种方案。在此，重点讨论后两种方案。

1. 纠正偏差

如果偏差是由于绩效不足所产生的，管理者就应该采取纠正措施。纠正偏差的具体方式可以是：改进生产技术，改进管理方式，调整组织结构，改进激励工作，采取补救措施或调整培训计划，重新分配员工的工作或做出人事上的调整等。具体纠偏措施有以下两种。

(1) 立即执行的临时性应急措施

对于那些迅速、直接地影响组织正常活动的应急性问题，多数应立即采取补救措施。

例如，某一种规格的部件在加工过程中出现了问题，一周后如不能生产出来，其他部门就会受其影响而出现停工待料。此时不应花时间考虑该追究什么人的责任，而要采取措施确保按期完成任务。管理者可凭借手中的权力，采取行动：一是要求工人加班加点，短期突击；二是增添人工和设备；三是派专人负责指导完成，等等。

(2) 永久性的根治措施

危机缓解以后，则可转向永久性的根治措施，如可以运用改变航道的原理重新制订计划或调整目标来纠偏；可以运用组织职能重新委派职务或进一步明确职责来纠偏；可以采用妥善地选拔和培训下属人员或重新配备人员来纠偏；也可以通过改善领导方式方法或运用激励政策来纠偏。现实中不少管理者在控制工作中常常局限于充当“救火员”的角色，没有认真探究“失火”的原因并采取根治措施消除偏差产生的根源和隐患。长此以往，必将自己置于被动的境地。作为一个有效的管理者，对偏差进行认真的分析，并花一些时间永久性地纠正这些偏差是非常有益的。

2. 修订标准

工作中的偏差也可能来自不合理的标准，也就是说指标定得太高或太低，或者是原有的标准随着时间的推移已不再适应新的情况。这种情况下，需要调整的是标准而不是工作绩效。

但是应当注意的是，在现实生活中，当某个员工或某个部门的实际工作与目标之间的差距非常大时，他们往往首先想到的是责备标准本身。比如，学生会抱怨扣分太严而导致他们的低分；销售人员可能会抱怨定额太高致使他们没有完成销售计划。人们不大愿意承认绩效不足是自己努力不够的结果，作为一个管理者对此应保持清醒的认识。如果你认为标准是现实的，就应该坚持，并向下属讲明你的观点，否则就应该做出适当的修改。

管理者一旦决定修改标准时，还需要充分考虑原先计划实施的影响。因为初始决策时，所选定的方案尚未付诸实施，没有投入任何资源，客观对象与环境尚未受到人的决策的影响和干扰，是起点为零的决策。然而，当需要对原先计划与决策的局部甚至全局进行调整时，企业外部的经营环境或内部的经营条件已经由于初始决策的执行而有所改变,是"非零起点"。因此,在制定新的标准时,要充分考虑到伴随着初始决策的实施已经消耗掉的资源,以及这种消耗对客观环境造成的种种影响。

图 15-4 总结了控制过程。

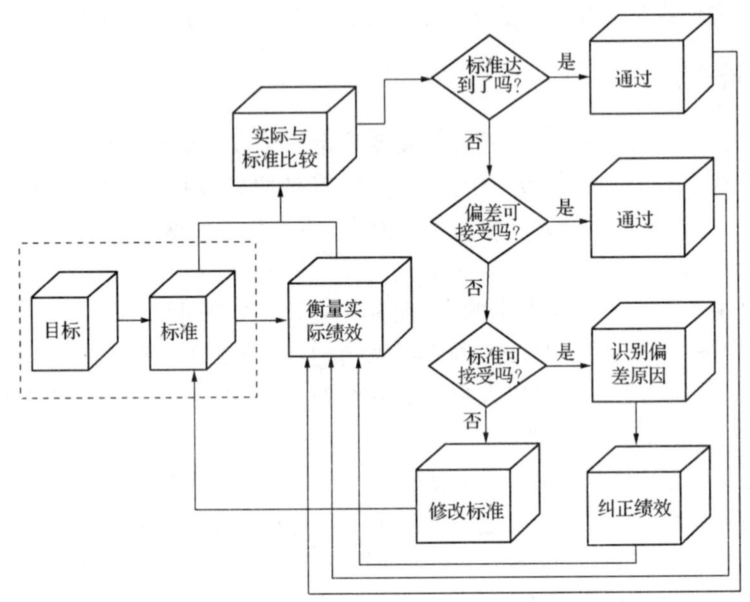

图 15-4 控制过程

第三节 有效控制的原理与要求

一、有效控制的前提条件

组织内任何形式的控制,都有一定的前提条件,这些前提条件是否充分,对于控制过程能否顺利展开有很大的影响。这些前提条件主要有以下几个方面。

1. 要有一个科学的、切实可行的计划

控制的任务是保证组织目标与计划的顺利实现。控制工作是以预先制定的目标和计划为依据的。控制工作的好坏与计划工作是紧密相连的。控制工作要有一个科学的、切实可行的计划,包含两个方面的内容:一方面,计划是实现控制工作的依据,主管人员往往是根据计划来设计控制系统、确定控制工作标准的。计划越是明确,也就越能有效地为主管人员管理提供帮助。另一方面,控制工作自身要有计划地进行。拟定控制工作计划是为了确定控制工作目标、重点、要求、进度以及对各种控制形式和各种控制手段的正确应用。

2. 健全组织机构,完善责任制度

控制工作的主要内容,是根据各种信息,纠正计划执行中出现的偏差,以确保计划的实现。要做到这一点,就要完善控制工作的组织机构,建立、健全与控制工作有关的责任制度。控制活动主要是由各管理层次的管理人员进行的,如果对控制中各层次的责任,以及在计划执行过程中各层次的任务与职责没有一个事先的、清楚的规定，高层管理者就不可能知道哪个部门应承担产生偏差的责任和应由谁来采取纠偏措施。因此，组织机构与责任制度越健全、越明确、越完善，控制工作也就越能取得预期效果。

3. 做好各种信息资料的收集、整理与分析工作

对组织的活动进行全面的控制，其中一项重要的基础工作就是信息的收集、分析和整理。

没有正确的信息就没有有效的控制。在控制活动中，所有的信息资料都是反映计划与实际执行的偏差的。这里所谓的偏差是指计划过程中的实际情况与所确立的标准间的比较之差。

在计划执行中，有三种可能出现的情况：(1) 实际的结果超出了计划的要求，或者说超出了标准；(2) 偏差近似于零，即实际情况与标准基本相符；(3) 实际结果没有达到标准的要求。第二种情况即无偏差为最好，当然这是理论上的假定；在现实控制活动中，绝对的无偏差往往是难以做到的。这里主要是强调偏差应尽可能地小。第一种情况，即实际的结果超出了原标准，一般而言也被认为是一种好的结果，如超产、超计划等。但这种看法是不全面的，在很多情况下，超额与超标准也并一定意味着好的结果。它有时意味着原有计划的不科学，有时甚至意味着浪费资源。对管理者来说，在控制中应特别注意第一种和第三种偏差。

4. 控制要有反馈渠道

控制工作中的一个重要步骤，就是将计划执行后的信息反馈给管理者，以便管理者对预期目标与已达到的目标水平进行比较。一般控制是即可付诸实施的、简单的信息反馈。若在自动控制系统中，一旦给定程序，衡量成效和纠正偏差往往都是自动进行的。管理控制系统中的反馈渠道是用既定的程序、方法和手段综合处理信息，并将其提供给管理者。信息反馈渠道主要是通过一种被称之为"反馈"的过程来起控制作用的。这种信息反馈的速度和准确性，直接影响到控制指令的正确性和纠正措施的准确性。因此，订好了计划，明确了各部门、各个人在控制中的责任以后，必须设计和维护畅通的信息反馈渠道。信息反馈渠道的设计主要要抓住两点：一是确定与控制工作有关的人员在信息传递中的认为与责任；二是事先规定好信息的传递程序、收集方法和时间要求等事项。有了畅通的信息反馈渠道，控制工作才能卓有成效地进行下去。

【走进管理】

超短裤子

阿东明天就要参加小学毕业典礼了，怎么也得精神点把这一美好时光留在记忆之中，于是他高高兴兴上街买了条裤子，可惜裤子长了两寸。吃晚饭的时候，趁奶奶、妈妈和嫂子都在场，阿东把裤子长两寸的问题说了一下，饭桌上大家都没有反应。饭后大家都去忙自己的事情，这件事情就没有再被提起。

妈妈睡得比较晚，临睡前想起儿子明天要穿的裤子还长两寸，于是就悄悄地一个人把裤子剪好叠好放回原处。

半夜里，狂风大作，窗户"哐"的一声关上把嫂子惊醒，猛然醒悟到小叔子裤子长两寸，自己辈分最小，怎么得也是自己去做了，于是披衣起床将裤子处理好才又安然入睡。

老奶奶觉轻，每天一大早醒来给小孙子做早饭上学，趁水未开的时候也想起孙子的裤子长两寸，马上快刀斩乱麻。

最后阿东只好穿着短四寸的裤子去参加毕业典礼了。

【管理启示】

一个团队仅有良好的愿望和热情是不够的,要积极引导并靠明确的规则来分工协作,这样才能把大家的力量形成合力。管理一个项目如此,管理一个部门也是如此。团队协作需要默契,但这种默契是靠长期的日积月累以及科学的控制管理来达成的,没有规矩,不成方圆,冲天的干劲引导不好就欲速不达。

二、有效控制系统的原理

任何一个负责任的主管人员,都希望有一个适宜的、有效的控制系统来帮助自己确保各项活动都符合计划的要求。但是,主管人员却往往认识不到自己所进行的控制工作,是必须针对计划要求、组织结构、关键环节和下级主管人员的特点来设计的。他们往往不能全面了解设计控制系统的原理。因此,要使控制工作发挥有效的作用,在建立控制系统时就必须遵循一些基本的原理。

1. 反映计划要求原理

该原理可表述为:控制是实现计划的保证,控制的目的是为了实现计划。因此,控制的标准、内容和方法,应该与计划保持一致性。例如,计划中对组织目标的表述、发展指标体系和指标值、开展哪些重点工作、重点工作的具体要求等,应该与计划一致,不能另设一套。

每一项计划、每一种工作都有其特点。所以,为实现每一项计划和完成每一种工作所设计的控制系统和所进行的控制工作,尽管基本过程相同,但是在确定什么标准、控制哪些关键点和重要参数、搜集什么信息、如何搜集信息、采用何种方法评定成效,以及由谁来控制和采取纠正措施等方面,都必须按不同计划要求和具体情况来设计。例如,质量控制系统和成本控制系统尽管都在同一个生产系统中,但二者之间的设计要求是完全不同的。

2. 组织适宜性原理

控制必须能够反映组织结构的类型。组织结构既然是对组织内各个成员担任什么职务的一种规定,因而也就成为明确执行计划和纠正偏差职责的依据。因此,组织适宜性原理可表述为:若一个组织结构的设计越明确、完整和完善,所设计的控制系统越是符合组织结构中的职责和职务的要求,就越有助于纠正脱离计划的偏差。例如,如果产品成本不按制造部门的组织结构分别进行核算和累计,如果每个车间主任都不知道自己所在部门产出的成品或半成品的目标成本,那么他们就既不可能知道实际成本是否合理,也不可能对成本负起责任。在这种情况下是谈不上成本控制的。

组织适宜性原理的另一层含义是,控制系统必须符合每个主管人员的特点。也就是说,在设计控制系统时,不仅要考虑具体的职务要求,还应考虑到担当该职务的主管人员的个性。在设计控制信息的格式时,这一点特别重要。对于发送给每位主管人员的信息所采用的形式,必须分别设计。例如,送给上层主管人员的信息要经过筛选,要特别表示出与设计的偏差、与去年同期相比的结果,以及重要的例外情况。为了突出比较的效果,应把比较的数字按纵行排列,而不要按横行排列,因为从上到下要比横向看数字更容易得到一个比较的概念。此外,还应把互相比较的数字用统一的、足够大的单位来表示(例如万元、万吨等),甚至可以将非零数字限制在两位数或三位数。

3. 控制关键点原理

控制关键点原理是控制工作的一条重要原理。这条原理可表述为：为了进行有效的控制，要特别注意对组织成果产生重大影响的关键点。对于一个主管人员来说，随时注意计划执行情况的每一个细节，通常是既浪费时间、精力又没有必要的。他们应当而且只能够将注意力集中于计划执行中的一些主要影响因素上。事实上，控制住了关键点，也就控制住了全局。

控制工作效率的要求从另一方面强调了控制关键点原理的重要性。控制方法如果能够以最低的费用或其他代价来说明偏离、偏差原因和纠偏措施，那么它就是有效的。

管理控制的关键点有财务控制、经营态势控制和人力资源控制等。财务是一项综合性和关键性的工作。产品质量、企业投资、市场销售、员工薪酬等各方面的工作质量和成果，均会在财务上反映出来，资金是组织运行的血液。因此，组织主要负责人通常亲自管理财务。经营态势指组织的总体运行状况，良好状态或恶性状态。人力资源是组织运行和发展长期起作用的重要资源。

另外，管理学专家已经开发了一些有效的方法，帮助管理者选择工作中的关键点，例如项目管理中的关键路线法、运筹分析中的关键约束条件、组织发展的瓶颈等。

4. 控制趋势原理

控制趋势原理可表述为：对控制全局的主管人员来说，不仅需要关注现状，更要关注发展趋势。一般来说，趋势是多种复杂因素综合作用的结果，是在一段较长的时期内形成的，并对管理工作成效起着长期的制约作用。趋势往往容易被现象所掩盖，它不易察觉，也不易控制和扭转。与改善现状相比，控制趋势变化重要得多，也困难得多。趋势与流行不一样，流行往往是一种短期的现象，而趋势具有长期的效应。

通常，当趋势可以明显地被描绘成一条曲线，或是可以描述为某种数字模型时，再进行控制就为时已晚了。控制趋势的关键在于从现状中揭示倾向，特别是在趋势刚显露苗头时就敏锐地觉察到。这也是一种管理艺术。

5. 例外原理

例外原理是指管理者应把注意力集中在大事、新事和突发事上，善于思考新问题。管理者应当只注意一些重要的偏差，也就是说应该把控制的主要注意力集中在那些出现了的特别好或特别坏的情况上，这样才能够有效提高控制的效率。

需要指出的是，只注意例外情况是不够的。在偏离标准的各种情况中，有一些是无关紧要的，而另一些则不然，某些微小的偏差可能比某些较大的偏差影响更大。比如说，主管人员可能因利润率下降了一个百分点而感到事态非常严重，而对合理化建议奖励超出预算的20%不以为然。

因此，在实际运用当中，例外原理必须与控制关键点原理相结合。仅仅立足于寻找例外情况是不够的，我们应把注意力集中在关键点的例外情况的控制上。这两条原理有某些共同之处，应当注意到它们的区别在于，控制关键点原理强调选择控制点，而例外原理则强调观察在这些点上所发生的异常偏差。

6. 直接控制原理

直接控制，是相对于间接控制而言的。一个人，无论他是主管人员还是非主管人员，在工作过程中都常常会犯错误,或者往往不能觉察到即将出现的问题。这样,在控制他们的工作时,就只能在出现了偏差后,先通过分析偏差产生的原因,然后才去追究其个人责任,并要求他们在今后的工作中加以改正。这是属于间接控制。显而易见,这种控制的缺陷是在出现了偏差后才去进行纠正。针对这个缺陷,直接控制原则可表述为:主管人员及其下属的工作质量越高,就越不需要进行间接控制。这是因为,主管人员对他所负担的职务越能胜任,也就越能在事先觉察出偏离计划的误差,并及时采取措施来预防它们的发生。这意味着一种控制的最直接方式,就是采取措施来尽可能地保证主管人员的质量。

三、有效控制系统的特征

有效控制系统存在某些共同的特征,这些特征的重要性随着环境的不同而有所区别,但我们经过总结,认为以下特征应该使控制系统有效。

(1) 准确性。控制系统产生的信息若不准确,将导致管理层在需要时无法采取措施,或对一个并不存在的问题做出反应。一个准确的控制系统是可靠的,并能生成有效的信息。

(2) 时效性。控制系统应能使管理层及时注意到偏差,以防止其对组织业绩造成严重影响。即便是最好的信息,一旦过时,也没有价值。因而,一个有效的控制系统必须提供及时的信息。

(3) 经济性。控制系统必须在经济上是合理的,任何控制系统产生的利益都应大于其发生的成本。

(4) 灵活性。控制系统必须具有足够的灵活性,以适应出现的各种问题或利用新的机会。

(5) 可识性。无法被人理解的控制系统是没有价值的,所以有时有必要用简单一些的控制来代替复杂的控制方法。

(6) 合理的标准。控制的标准必须是合理并可达到的。如果标准太高或不合理,就不再具有激励作用。因为大多数员工都不愿意冒着被视为无能的风险,去指责上级要求得太多,他们可能会转而求助于一些不道德或不合法的捷径。

(7) 战略位置。管理者不可能控制组织中发生的一切事情。即便可能,控制产生的利益也无法弥补其成本。所以,管理者应控制那些对组织业绩具有战略性影响的因素,控制的对象应指向组织中关键的活动、业务和事件。也就是说,控制应集中在最可能出现偏差或偏差造成最大损害之处。

(8) 强调例外事件。由于管理者不可能控制所有活动,因此他们在设计控制系统时,应使该系统在引起管理者对例外事件的关注的位置设置战略控制方式。这种例外事件系统将确保管理者不被众多的偏差信息淹没。

(9) 多重标准。管理者和员工都力图在存在控制标准的领域做得好一些,如果只使用单一标准,如单位利润来进行控制,组织成员的努力就会集中在这一点上。而多重业绩衡量标准将拓宽组织成员关注的领域。多重标准有两个积极作用:一方面,由于比单一标准难控制,因此将不鼓励员工做出仅仅在某方面看起来不错的努力;另一方面,由于业绩很少由单个主管来评价,所以多重标准的使用将提高业绩评价的准确性。

(10) 纠偏行动。一个有效控制系统不但能在重大偏差出现时发出警报,而且能就应采取的纠偏行动提出建议。也就是说,它应该在指出问题的同时,指明解决方法。

复习思考题

1. 怎样理解控制工作的必要性？
2. 简述控制的类型。在当今的管理活动中，前馈控制为什么更为重要一些？
3. 简述控制的过程。
4. 进行有效控制应遵循哪些原理？
5. 为什么有人会对控制反对或抵制的态度？如何提高员工的自我控制能力？
6. 简述有效的控制系统的特征。

案例讨论

海尔的辉煌——张瑞敏总裁的两件事

"真诚到永远"是家喻户晓的广告用语，"吃休克鱼"是全球知名的战略案例，海尔集团的辉煌业绩，也是众多国人熟悉、了解的。下面就从海尔集团张瑞敏总裁抓管理工作的几件小事，看看辉煌业绩的后面是什么？如何有效地利用控制工作促进管理工作的进步？

抓在车间随意大小便的人。1984 年 12 月，张瑞敏被公司任命为青岛冰箱厂（海尔前身）厂长，这是 1984 年上任的第四位厂长，前一任厂长干了一个月就走了。当张瑞敏到了工厂后才发现，这哪里还像一个工厂啊！车间所有窗户全被工人锯掉，用来烤火烧光了；工厂里没有水泥路，唯一的一条马路是下雨、下雪可以粘掉鞋的黄泥路；车间里几乎成了公共厕所，人们可以随便在车间里大小便。

张瑞敏清醒地知道，面对这样一个破烂不堪、极度衰败的企业，首要的工作是整顿工人的思想。张瑞敏把车间主任叫来，要他制定规章制度。这位车间主任说，规章制度有一大堆，但张瑞敏说，中国企业的通病是，规章制度一大堆，就是没人执行。全国几十万个企业，最简单的一条，不迟到不早退，哪个企业能真正做到？有章不循的问题，会使工人失去信心，失去对管理人员的信任。我们应该根据工人的实际情况，制定有效的规章制度。制度的制定，要比工人现有水平高一点就行，提高之后，再重新修订，再不断提高。水平没达到，一下制定很高的规章制度，虽然说很容易，但不执行等于说自己把自己的威信砸掉了。于是，工厂里制定了 12 条制度，其中就包括不准在车间里大小便。制度制定了，但是不是就万事大吉了。张瑞敏发现，在车间里大便的人没有了，但小便情况依然存在。张瑞敏就要车间主任追查随地小便的人，车间主任埋伏侦查，最后终于抓住这位工人，工人因此受到了开除的处分。为什么要这样做呢？张瑞敏说，就是要给工人看。我所要求的标准不高，你必须做到；如果你这个还做不到，就决不客气。目的是什么？就是说，作为管理人员，你必须要给员工树立信心。如果对你失去了信心，那将来你这个单位就不能言必行、行必果。

砸掉不合格的冰箱。有一天，一位青岛冰箱厂的用户上门抱怨说，他买回去的冰箱，一用就出了大毛病。张瑞敏接待了这位顾客，并要顾客到仓库里去挑选，但这位顾客挑选了好多台（仓库里有 400 多台冰箱），也没有挑出一台满意的。顾客走后，张瑞敏派人检查了仓库里所有的冰箱,发现76台有重大缺陷。张瑞敏决定,当场砸掉这76台冰箱。他组织人来参观,并指出缺陷的责任,要求谁干的,谁就来砸。许多老工人落下了眼泪,因为那时候,工人的工资都开不出来。有人说,可以不砸,可以发给工人,抵未发的工资;也有人说,冰箱这么紧俏,可以送关系户。张瑞敏回答说,处理给工人,便宜地买回去,出了问题,还会找工厂。送给关系户,出了问题,就伤害了一个客户。今天能这样处理76台冰箱,就会给后来的760台、7 600台有问题的冰箱开了通行证。在一片痛惜声中,76台冰箱被砸成了一堆废铁。张瑞敏认为,这些有缺陷的冰箱一定要砸,必须要用现实的震撼作用教育人。在管理方面,尤其这种普遍性的问题,不采取强制手段,就很难在观念上解决问题。

思考题:

1. 如何回答案例第一段提出的两个问题?
2. 在这两个案例中,张瑞敏总裁使用了什么类型的控制工作?效果如何?

实训题:参观一家企业并撰写调查报告

目的:培养学生关注组织控制的机制及各项功能、内容等。

要求:若干学生组成小组,参观一家企业。学生可选取感兴趣方面做进一步调查,并做出调查报告。同时,各小组进行交流。

15-1 钱学森与控制论

15-2 控制论的科学思维方法

15-3 关于企业内部控制本质与概念的理论反思

第十六章　控制方法与技术

【教学重点】

了解：预算控制和非预算控制的类型；管理信息系统开发的阶段、步骤。

理解：管理信息系统的功能和发展趋势；管理信息系统开发的基本条件。

掌握：编制预算的新方法；管理信息系统的概念；在控制中的作用。

运用：联系实际灵活应用的控制方法。

【教学重点】

预算；预算控制；非预算控制；管理信息系统。

【导入案例】

西湖公司的控制方法

西湖公司是由李先生靠3千元建起来的一家化妆品公司，开始时只经营指甲油，后来逐渐发展成为颇具规模的化妆品公司，资金已达6千万元。李先生于1984年发现自己患癌症之后，对公司的发展采取了两个重要措施：(1) 制定公司要向科学医疗卫生工作发展的目标；(2) 优惠薪金聘请雷先生接替自己的职位，担任董事长。

雷先生上任以后，采取一系列措施，推行李先生为公司制定的进入医疗卫生行业的计划：在特殊医疗卫生业方面开辟一个新行业，同时开设一个凭处方配药的药店，并开辟上述两个新部门所需产品的货源、运输渠道。与此同时，他在全公司内建立了一条严格的控制系统：要求各部门制定出每月的预算报告，要求每个部门在每月初都要对本部门的问题提出切实的解决方案，要求每月定期举行一次由各部门经理和顾客参加的管理会议。要求各部门经理在会上提出本部门在当月的主要工作目标和经济来往数目。同时，他特别注意资产回收率、销售边际及生产成本等经济动向。他也注意人事、财务收入和降低成本费用方面的工作。

由于实行了上述措施，该公司获得巨大成功。到20世纪80年代末期，年销售量提高24%，到1990年达到20亿元。然而进入90年代以来，该公司逐渐出现了问题：1992年以来出现了公司有史以来第一次收入下降趋势。商品滞销，价格下跌。主要原因：(1) 化妆品市场的销售量已达到饱和状态；(2) 该公司制造的高级香水，一直未能打开市场，销售情况没有预测的那样乐观；(3) 国外公司对本国市场的占领；(4) 公司在国际市场上出现了不少问题：推销员的冒进，得罪推销商，公司形象也未能很好地树立。

雷先生也意识到公司存在的问题，准备采取有力措施，以改变公司目前的处境。他计划要对国际方面市场进行总结和调整。公司开始研制新产品。他相信用了大量资金研制的医疗卫生工业品不久也可进入市场。

【案例思考】

1. 雷先生在西湖公司采用了哪些控制方法?

2. 假设西湖公司原来没有严格控制系统,雷先生在短期内推行这么多控制措施,其他管理人员会有什么反应?

3. 就西湖公司的目前状况而言,怎样健全控制系统?

随着科学技术的迅速发展和大规模应用,组织的规模越来越大,活动的范围越来越广,分工越来越细,产生的信息也越来越多,因而控制的重要性不言而喻,控制的方法和技术也得到了很大的发展和丰富。现在,控制的方法和技术不仅包括传统方法,而且运筹学、控制论、系统科学、信息科学和电子计算机技术等都在其中得到了广泛的研究和应用。

控制工作的方法和技术有许多,本章主要介绍几种常用的控制方法和技术,着重说明它们的特点、使用范围和优缺点等。

第一节 预算控制

一、预算与预算控制

预算是政府部门和企业使用最广泛的控制手段。预算就是用货币数字形式编制出的未来一定时期的计划,它将各种经济活动用货币的形式表现出来,是货币化的计划。预算即用财务术语(如在收益预算、支出预算和资本预算中)或非财务术语(如生产预算中)说明预期的成果。预算必须建立在计划的基础之上。事实上,某些企业特别是某些非营利性企业,确实是在不知道计划的情况下制定预算的。在这种情况下,分配给人员的经费和他们的工资、办公室面积和设备以及其他各种费用支出是某个高层主管部门和企业中主管人员之间讨价还价的结果。而这个结果往往不是根据实现预期目标的真正需要而确定的。只有明确的目标和实现目标的计划,才能使处于最高权力机构的每个人知道究竟需要多少资金来达到预期的目的。

一个组织可以有整个组织的预算,也可建立部门、单位及个人的预算。从预算的时间来说,虽然也可能有月度和季度的预算,但一般来说,财务上的预算期多为1年。另外,虽然预算一般都是指财政上的货币,如收入、支出和投资预算等,但是,有时也用产品单位数量或时间数量来表示,如直接工时或产量等方面的预算。

预算控制是通过编制预算,然后以编制的预算为基础,来执行和控制企业经营的各项活动,并比较预算与实际的差异,分析差异的原因,然后对差异进行管理。

预算的编制与控制过程是密切联系的。通过编制预算,可以明确组织及其各部门的目标,协调各部门的工作,评定各个部门的工作业绩,控制企业日常的经营活动。

二、预算的性质

1. 预算是一种计划

编制预算的工作是一种计划工作，预算的内容可以简单地概括为三个方面。

(1)“多少”——为实现计划目标的各种管理工作的收入(或产出)与支出(或投入)各是多少。

(2)“为什么”——为什么必须收入(或产出)这么多数量，以及为什么需要支出(或投入)这么多数量。

(3)“何时”——什么时候实现收入(或产出)以及什么时候支出(或投入)，必须使得收入与支出取得平衡。

2. 预算是一种预测

它是对未来一段时期内的收支情况的预计。确定预算数字的方法可以采用统计方法、经验方法或工程方法。

3. 预算主要是一种控制手段

编制预算实际上就是控制过程的第一步——确立标准。预算是以数量化的方式来表明管理工作的标准，从而本身就具有可考核性，因而有利于根据标准来评定工作成效，衡量绩效(控制过程的第二步)，并采取纠正措施，纠正偏差(控制过程的第三步)。无疑，编制预算能使确定目标和确立标准的计划工作得到改进。但是，预算的最大价值还在于它对改进协调和控制的贡献。当组织的各个职能部门都编制了预算时，就为协调组织的活动提供了基础。同时，由于对预期结果的偏离将更容易被查明和评定，预算也为控制工作中的纠正措施奠定了基础。因此，预算可以实现更好的计划和协调，并为控制提供基础，这正是编制预算的基本目的。

如果要使一项预算对任何一级的管理人员真正具有指导和约束作用，预算就必须反映该组织的机构状况。只有充分按照各部门业务工作的需要来制订、协调并完善计划，才有可能编制一个足以作为控制手段的分部门的预算。把各种计划缩略为一些确切的数字，以便使管理人员清楚地看到哪些资金将由谁来使用、将在哪些单位使用，并涉及哪些费用开支计划、收入计划和以实物表示的投入量和产出量计划，管理人员明确了这些情况，就有可能放手地授权给下属，以便使之在预算的限度内去实施计划。

三、预算的种类及全面预算体系

预算的种类一般划分为业务预算、财务预算和专门预算三大类。各类预算还可以进一步细分，对于不同行业，其具体内容有所差别。下面以制造业为例描述各种预算的内容。

1. 业务预算

指企业日常发生的各种具有实质性活动的预算。它主要包括销售预算、生产预算、直接材料采购预算、直接人工预算、制造费用预算、单位生产成本预算、销售及管理费用预算等。

销售预算是在销售预测的基础上，即通过分析企业过去的销售情况、目前和未来的市场需求特点及其发展趋势，比较竞争对手和本企业的经营实力，确定企业在未来时期为了实现目标利润必须达到的销售水平。

生产预算是根据销售预算所确定的销售数量，按产品名称、数量分别编制生产预算。生产预算必须考虑合理的存货量：预计生产量－预计销售量＋上个预计期末库存量＝预计期初库存量。生产预算编制好后,为了保证均衡生产,一般还必须编制生产进度表,以便控制生产进度。

直接材料采购预算是根据生产预算所确定的生产量以及各产品所消耗材料的品种、数量、单价。一般根据生产进度确定材料采购数量及现金支付情况。

直接人工预算是指需要预计企业为了生产一定量的产品,需要哪些种类的工人,每种类型的工人在什么时候需要、需要多少数量,以及利用这些人员劳动的直接成本是多少。

制造费用预算是根据销售量和生产量水平确定各种费用总额,包括制造部门的间接人工、间接材料、维修费及厂房折旧费等。

单位生产成本预算是根据直接材料、直接人工及制造费用预算确定单位产品生产成本。

销售及管理预算是根据销售预算情况以及各种费用项目来确定销售及行政管理人员薪金、保险费、折旧费、办公费及交际应酬费等。

2. 财务预算

指企业在计划期内反映现金收支、经营成果及财务状况的预算,主要包括现金预算、预计损益表、预计资产负债表、预计财务状况变动表。

现金预算主要反映计划期间预计的现金收支的详细情况。在完成了初步的现金预算后,就可以知道企业在计划期间需要多少资金,财务主管人员就可以预先安排和筹措,以满足资金的需求。为了有计划地安排和筹措资金,现金预算的编制期应越短越好。西方国家有不少企业以周为单位,逐周编制预算,甚至还有按天编制的。我国最常见的是按季和按月进行编制。

损益表是根据现金预算而编制的,反映了企业在一定期间内的经营成果。企业可通过损益表了解自身的盈利能力。

预计资产负债表主要用来反映企业在计划期末那一天预计的财务状况。它的编制需以计划期间开始日的资产负债表为基础,然后根据计划期间各项预算的有关资料进行必要的调整。

财务状况变动表是根据前面的预算编制的,用于反映在计划期内资金来源和资金运用及其变化的情况以及企业理财的情况。

3. 专门预算

指企业不经常发生的、一次性的预算,如资本支出预算、专项拨款预算。

4. 全面预算体系

全面预算是企业全部计划的数据说明,包括业务预算、财务预算和专门预算,各种预算相互联系,构成全面预算体系。

四、预算方法存在的局限性

预算使管理控制目标明确,让人们清楚地了解所拥有的资源和开支范围,使工作更加有效,但过分依赖预算,也会在一定程度上带来危害。其主要表现在以下几个方面。

1. 让预算目标取代组织目标

有些管理者过于热衷于使所辖部门的各项工作符合预算的要求,甚至忘记了自己的首要职责是保证组织目标的实现,如有时一些部门会因为没有预算而拒绝做某些为达到目标采取的特殊手段;同时,预算还会加剧各部门协调的难度。

2. 预算过于详细

过于详细的预算,容易抑制人们的创造力,甚至使人们产生不满或放弃积极的努力,还会提供逃避责任的借口;同时,预算太细,带来的预算费用将增大,这是得不偿失的。

3. 预算导致效能低下

预算带来一种惯性,有时它会保护既得利益者。因为预算往往是在根据基期的预算数据加以调整的,这样,不合理的惯性或以前合理现在已不合理的惯例给一些人带来利益;同时,基层预算提供者总是把数据抬高一点,以便让高层领导在审批时削减,这样,又增加了预算的不合理性。总之,不严格的预算可能成为某些无效工作的保护伞,而预算的反复审核又将加大预算编制的工作量。

4. 预算缺乏灵活性

在执行计划过程中,有时一些因素发生出乎预测,会使一个刚制定的预算很快过时。如果在这种情况下还受预算的约束,可能造成重大的损失。

五、编制预算的新方法

以上介绍的预算一般是以预测的销售量为基础,在一定业务量水平下编制的预算,称为静态预算。但是,企业的环境不断变化,使得企业所预测的销售量比实际的销售量可能更高或更低,原来编制的预算就无法使用了。针对这种情况,可用下面三种新方法来编制预算。

1. 弹性预算

弹性预算法也叫可变预算或移动预算,这类预算通常是随着销售额或产出量的变化而变化,常用来编制成本预算。在编制成本预算时,关键在于把所有的成本划分为变动成本与固定成本两部分。变动成本是指发生总额保持稳定,与业务量的变化无关的成本。但应注意的是,固定成本的发生总额是固定的,而就单位成本而言,却是变动的。

在多数情况下,可变预算总是提出一个产量,在这个幅度内,各种固定性的费用要素是不变的。如果产量低于该幅度的下限,就要考虑采用一个更适合较低产量的固定费用;相反,当产量超过了该幅度的上限,为了按较大生产规模来考虑必需的固定费用,则应另外编制一个预算。

弹性预算能够适应不同经营活动情况的变化,扩大了预算的范围,更好地发挥了预算的控制作用,避免了对预算做频繁的修改,还能使预算对实际执行情况的评价与考核建立在更加客观可靠的基础上。

2. 滚动预算

滚动预算,或称永续预算,其特点是:预算在其执行中自动延伸,当原预算中有一个季度的预算已经执行了,只剩下三个季度的预算时,就把下一个季度的预算补上,经常保持1年的预算期,或者是每完成1个月的预算,就再增加1个月的预算,使预算期永远保持12个月。

编制滚动预算的优点是可以根据预算的执行情况,调整下一个阶段的预算,使预算更加切合实际和可行,并且使预算期保持在1年,使企业保持一个稳定的短期目标,以免等预算执行完成再编制新的预算。

根据滚动预算的编制原理,企业可以把长远规划与短期目标结合起来,并根据短期目标的完成情况来调整长远规划,使企业的各项活动能够及时得到反馈,及时发现差异,及时处理。

3. 零基预算

零基预算是由美国德州仪器公司首创的,其基本思想是在编制预算时,必须对每项费用都予以重新核查,要以目前的需求和发展趋势作为核查基准。

零基预算要求每个项目的预算费用以零为基数,通过仔细分析各项费用开支的合理性,并在"成本—效益"分析的基础上确定预算。它避免了固定预算中只重视前段时期变化的倾向,迫使管理者重新审视每个计划项目及其费用开支,能充分调动人们的积极性和创造性,挣脱某些惯例的束缚,并促使人们精打细算,量力而行。但需注意的是,零基预算工作量很大,成本比较高,而且在费用估计时有一定的主观性。

第二节 非预算控制

有许多控制方法与预算没有直接关系,但也是非常有效的控制方法。下面是几种常用的方法。

一、观察法

观察法是一种常用的控制方法。它是指管理者通过对重要管理问题的实际调查研究来获取控制所需的各种信息,或亲自观察员工的生产进度、倾听员工的谈话来获取信息,或者亲自参与某些具体工作,通过实践来加深对问题的了解,获得第一手资料。观察不仅可以直接与下属沟通,了解他们的工作、情绪、工作成绩,发现存在的问题,而且能激励下属,有利于创造一种良好的组织气氛。这种方式也可以称为"走动管理"。

二、专题报告

专题报告是用来向负责实施计划的主管人员全面地、系统地阐述计划的进展情况、存在的问题及原因、已经采取了哪些措施、收到了什么效果、预计可能出现的问题等情况的一种重要方式。

运用专题报告进行控制的效果,取决于主管人员对报告的要求。但管理实践表明,大多数主管人员对下属应当向他报告什么缺乏明确的要求,因而影响了效果。

一般来说,运用专题报告进行控制的基本要求是:适时;突出重点;指出例外情况;简明扼要。

三、统计报告法

统计报告法要求企业具备良好的基础工作,有健全的原始记录和统计资料,使用统计方法对大量的数据资料进行汇总、整理、分析,以各种统计报表的形式及分析报告,自下而上地向组织中有关管理者提供控制信息。管理者通过阅读和分析统计报表及有关资料,找出问题、分析问题并解决问题。

四、管理审计

管理审计,或叫内部审计,是指企业内部的审计人员对企业的会计、财务、人事、生产、销售等方面的工作做定期和不定期的独立评价。它不仅要核实财务报表的真实性和准确性,还要分析企业的财务结构是否合理;不仅要评估财务资源的利用效率,而且要检查和分析企业控制系统的有效性;不仅要检查目前的经营状况,而且要提供改进这种状况的建议。

五、比率分析法

单个地去考虑反映经营结果的某个数据，往往不能说明任何问题，只有根据它们之间的内在联系，相互对照分析才能说明某个问题。比率分析就是将企业资产负债表和收益表上的相关项目进行对比，形成一个比率，从中分析企业的经营成果和财务状况，如流动比率可以反映一家公司的偿债能力和经营的风险程度，存货的周转率可以反映企业存货周转速度，投资报酬率可以反映企业运用投资的效果等。比率可以简单明了地反映企业的各种活动的状况，因此可以利用比率作为控制的一种手段。例如，企业的负债比例应尽量控制在60%以下，这样企业财务风险就较小。

六、质量控制法

广义质量除了涵盖产品质量外，还包括工作质量。产品质量主要指产品的使用价值，即满足消费者需要的功能和性质，包括性能、寿命、安全性、可靠性和经济性。工作质量主要指在生产过程中，围绕保障产品质量而进行的质量管理工作的水平。

为达到质量要求所采取的作业技术和活动称为质量控制。这就是说，质量控制是为了通过监视质量形成过程，消除质量环节上所有阶段引起不合格或不满意效果的因素，以达到质量要求，获取经济效益，而采用的各种质量作业技术和活动。质量管理和控制经历了质量检验阶段、统计质量管理阶段和全面质量管理三个阶段。

质量控制大致包括如下步骤：选择控制对象；选择需要监测的质量特性值；确定规格标准，详细说明质量特性；选定能准确测量该特性值得监测仪表，或自制测试手段；进行实际测试并做好数据记录；分析实际与规格之间存在差异的原因；采取相应的纠正措施。

除以上这些方法，比较有效的控制方法还有在生产控制中常用的计划评审法、盈亏分析法和线性规划法，在库存管理中常用的定量库存控制法、定期库存控制法、经济批量控制法，以及在质量管理中所提倡的全面质量管理方法等。

【延伸阅读】

降落伞制造商的质量管理

这是一个发生在第二次世界大战中期，美国空军和降落伞制造商之间的真实故事。在当时，降落伞的安全度不够完美，即使经过厂商努力的改善，使得降落伞制造商生产的降落伞的合格品率已经达到了99.9%，应该说这个合格品率即使现在许多企业也很难达到。但是美国空军却对此公司说No，他们要求所交降落伞的合格品率必须达到100%。于是降落伞制造商的总经理便专程去飞行大队商讨此事，看是否能够降低这个水准？因为厂商认为，能够达到这个程度已接近完美了，没有什么必要再改。当然美国空军一口回绝，因为品质没有折扣。

后来，军方要求改变检查品质的方法。那就是从厂商前一周交货的降落伞中，随机挑出一个，让厂商负责人装备上身后，亲自从飞行中的机身跳下。这个方法实施后，不良品率立刻变成零。

【走进管理】

说不

两年前一位记者朋友去一家乡镇企业采访。那位在当地小有名气的企业家、该企业董事长正坐在办公室生闷气。原来,上午在董事会上他再次提出上果汁生产项目,又被否决了。

聊起企业的管理问题,他连连抱怨:现在的企业越来越难管了。他说:"企业刚创立的时候,虽然规模小,员工文化素质也不高,但干什么都比较顺心,我指东,没有人往西。现在倒好,规模上去了,效益也翻了几番,又招进了大批高学历的人才。按说,工作应该更得心应手了,可实际上呢,我的话现在不灵了,常常有人唱反调。就说生产果汁这件事吧。你知道,一瓶汇源或是茹梦,饭店卖十几、二十元。咱这个地方有的是果子,要是上了果汁生产线,你想想那利润!可几个副老总愣是不同意,说果汁眼下走俏,但从长远来看却……"

两年后,这位董事长在北京参加全国劳模表彰会,又与记者朋友见面了。闲聊时,记者朋友问他那个果汁加工项目后来是否上了。他长吁一口气,说:"幸亏当初没上,如果上了的话,现在可就背包袱了。邻县上了一家,老本都搭了进去。"他感慨地说,看来企业里有人说"不",并不见得是坏事。

【管理启示】

一个成功的企业背后,都有一个能人。创业伊始,这些能人凭个人的胆识和敏锐的市场洞察力,为企业赢得了市场份额。但随着改革的深入,经济体制日趋完善,经营环境发生了重大变化,新知识、新技术大量应用,竞争日趋激烈,经营风险也进一步加大。现实逼迫企业向高层次转换,高层次的企业需要高层次的人才相匹配。企业若想要继续驰骋"商场",靠单打独斗显然不行了。企业家首先要战胜自我、超越自我,从知识结构到经营理念进行全面更新。战胜自我的很重要的一个方面就是摒弃自我为中心,察纳雅言,博采众长。

一知名企业的老总曾经说过一句话:20年前,我是最强的,带着大家往前冲;20年后,我站在后边运筹帷幄,看着大家往前冲。作为老总,员工在你面前唯唯诺诺,并不一定就是好事。当有人向你说"不"时,应该庆贺才对。如果你总是按过去成功的道路走下去,接下来等着你的定是死路一条。

复习思考题

1. 何谓预算?何谓预算控制?
2. 简述预算的性质。
3. 简述预算的种类和编制的新方法。
4. 非预算控制有哪些常用的方法?
5. 简述预算方法存在的局限性。

案例讨论

美国西南航空公司

1968 年，克莱尔和同伴在美国得克萨斯州成立西南航空公司，他们仅有 56 万美元，经营达拉斯、休斯敦和圣安东尼奥的短程航运业务。要在强手如林、竞争残酷的美国航空界生存和发展，难比登天。但是，西南航空公司的成功是有目共睹的。到 1991 年，它的营业收入达到 13 亿美元，虽然比不上美国最大的四家航空公司（美国航空公司、三角航空公司、联合航空公司和西北航空公司），但利润却超过了它们。1992 年，西南航空营业收入又增长了 25%。而 1991—1992 年美国航空业总亏损 80 亿美元，有三家大的航空公司破产倒闭。西南航空公司成功的秘诀是什么？是低成本战略！克莱尔选择了低成本作为公司的经营战略。20 世纪 70 年代，公司经营得克萨斯州内的短程航运业务，低成本，低价格，高频率，多班次，占据市场主动。80 年代，公司业务扩展到以得州为基地的相邻四州，仍然是短程航运。1989 年 12 月，西南航空公司的每英里航运成本不足 10 美分，而美国航空业的平均水平约为 15 美分。到 1993 年，公司的航线涉及 15 个州 34 座城市，公司航班的平均价格仅为 58 美元。以洛杉矶—旧金山的航班为例，西南航空公司的票价是 59 美元，其他航空公司的票价是 186 美元！在西南航空的低价面前，其他航空公司不得不放弃这个航线。克莱尔的一些主要作法是：选择标准机型，公司的 141 架飞机全是耗油少的波音 737；最短的航班轮转时间，每架飞机每天 11 次起落，航班轮转时间仅为 15 分钟，是世界航空界的最短记录，其他航空公司需要 1 小时；针对短程特点，减少对顾客的服务项目；激励员工超越自我，达到更高水平。西南航空公司为了降低成本，在服务和舒适性上做了一些牺牲。但是，只要质量、安全和服务不是太差，顾客是欢迎低价格的。西南航空公司的低价格战略，所向披靡，战无不胜。

讨论题：

1. 针对上述案例讨论计划与控制之间的关系。
2. 对西南航空公司的战略分析及战略实施分析。
3. 克莱尔的一些主要做法对成本控制有何好处？

实训题：模拟报告

目的：培养学生熟悉并能使用控制方法与技术。

要求：将若干学生组成小组，选择自己感兴趣或曾亲身参与过的某个组织的控制内容，调查并撰写一份合理的控制技术组合报告。同时，各小组进行交流。

16－1　模拟试题 1

16－2　模拟试题 2

参考文献

[1] 吴照云. 管理学原理[M]. 北京:经济管理出版社,2013.

[2] 李品媛. 管理学[M]. 大连:东北财经大学出版社,2010.

[3] 张智光. 管理学原理[M]. 南京:东南大学出版社,2012.

[4] 俞明南. 现代企业管理[M]. 大连:大连理工大学出版社,2012.

[5] 杨文士. 管理学原理[M]. 北京:中国人民大学出版社,2008.

[6] 王俊柳. 管理学教程[M]. 北京:清华大学出版社,2009.

[7] [美]彼得·德鲁克. 21 世纪的管理挑战[M]. 北京:机械工业出版社,2010.

[8] 斯蒂芬·P. 罗宾斯. 管理学[M]. 北京:中国人民大学出版社,2011.

[9] 吴亚平. 管理学原理教程[M]. 武汉:华中科技大学出版社,2012.

[10] [美]斯蒂芬·P. 罗宾斯,玛丽·库尔特著. 孙健敏等译. 管理学[M]. 北京:中国人民大学出版社,2008.

[11] 周丹. 管理学实训教程[M]. 北京:电子工业出版社,2012.

[12] 焦叔斌,杨文士. 管理学(第四版)[M]. 北京:中国人民大学出版社,2014.

[13] 李德刚,温明. 管理学原理[M]. 北京:中国铁道出版社, 2012.

[14] 侯明贤,卢静怡. 管理学原理与方法[M]. 杭州:浙江大学出版社,2009.

[15] 陈嘉莉,伍硕. 管理学原理与实务(第二版)[M]. 北京:北京大学出版社,2012.

[16] 唐世海,童光荣. 管理学[M]. 武汉:武汉出版社,2011.

[17] 邢以群. 管理学(第三版)[M]. 杭州:浙江大学出版社,2012.

[18] [美]加雷思·琼斯,珍妮弗·乔治著,郑风田,赵淑芳译. 当代管理学[M]. 北京:人民邮电出版社,2005.

[19] 周三多. 管理学(第三版)[M]. 北京:高等教育出版社,2010.

[20] 唐秉雄. 应用管理学[M]. 北京:高等教育出版社,2012.

[21] 吴亚平. 管理学教程[M]. 武汉:华中科技大学出版社,2007.

[22] 周三多,陈传明,鲁明泓著. 管理学:原理与方法[M]. 上海:复旦大学出版社,2011.

[23] 朱舟. 人力资源管理教程[M]. 上海:上海财经大学出版社,2009.

[24] 俞文钊,苏永华编著. 管理心理学[M]. 大连:东北财经大学出版社,2012.

[25] 侯玉波编著. 社会心理学[M]. 北京:北京大学出版社,2008.

[26] [日]松下幸之助著,吕彬译. 一日一课[M]. 北京:新星出版社,2014.

[27] 赵玉平著. 领导的气场[M]. 北京:北京大学出版社,2013.

[28] [美]德鲁克著,许是祥译. 卓有成效的管理者[M]. 北京:机械工业出版社,2009.

[29] 谢洪明,陈盈,程聪. 网络密度、知识流入对企业管理创新的影响[J]. 科学学研究,

2011(10).

[30] 李伟阳,肖红军. 全面社会责任管理:新的企业管理模式[J]. 中国工业经济,2010(01).

[31] 郑丹凌. 企业文化在对企业管理中的战略定位[J]. 战略决策研究,2010(05).

[32] 张玉利. 管理学 [M]. 天津:南开大学出版社,2004.

[33] 徐向艺. 管理学[M]. 济南:山东人民出版社,2005.

[34] 徐向艺. 管辖治理——管理学的历史现状与未来[M]. 济南:山东大学出版社,2003.

[35] 崔生祥,周鸿. 管理学[M]. 武汉:武汉理工大学出版社,2005.

[36] 潘开灵,邓旭东. 管理学[M]. 北京:科学出版社,2005.

[37] 王心娟,庞学升,崔会保. 管理学原理[M]. 北京:清华大学出版社,2011.

[38] 摩根·威策尔. 管理的历史[M]. 北京:中信出版社,2002.

[39] [美]斯蒂芬·P. 罗宾斯,组织行为学(第 12 版)[M]. 北京:中国人民大学出版社,2008.

[40] 芮明杰. 管理学:现代的观点[M]. 上海:上海财经大学出版社,2005.

[41] [美] 哈罗德·孔茨,海因茨·韦里克. 管理学[M]. 经济科学出版社,1998.

[42] 王凤彬,刘松博,朱克强. 管理学教学案例精选[M]. 上海:复旦大学出版社,2009.

[43] 孙晓红,闫涛. 管理学[M]. 大连:东北财经大学出版社,2005.

[44] 王庆功,姚广振. 现代管理学[M]. 北京:中国人民大学出版社,1999.

[45] 刘永中,金才兵. 管理的故事[M]. 广州:南方日报出版社,2005.

[46] 汤发良. 管理学原理[M]. 广州:广东高等教育出版社,2005.

[47] David Boddy. 管理学[M]. 北京:经济管理出版社,2004.

[48] 谢赤,袁凌. 管理学概论[M]. 长沙:湖南大学出版社,2007.

图书在版编目(CIP)数据

管理学原理 / 韩卫群，刘炫，黄金火主编. — 2版. — 南京 ：南京大学出版社，2018.8
ISBN 978-7-305-20618-4

Ⅰ. ①管… Ⅱ. ①韩… ②刘… ③黄… Ⅲ. ①管理学一高等学校一教材 Ⅳ. ①C93

中国版本图书馆CIP数据核字(2018)第170399号

出版发行 南京大学出版社
社 址 南京市汉口路22号 邮 编 210093
出 版 人 金鑫荣

书 名 管理学原理(第二版)
主 编 韩卫群 刘 炫 黄金火
责任编辑 尤 佳 编辑热线 025-83592123

照 排 南京理工大学资产经营有限公司
印 刷 南京大众新科技印刷有限公司
开 本 787×1092 1/16 印张 20.25 字数 505千
版 次 2018年8月第2版 2018年8月第1次印刷
ISBN 978-7-305-20618-4
定 价 49.90元

网 址：http://www.njupco.com
官方微博：http://weibo.com/njupco
官方微信号：njupress
销售咨询热线：(025)83594756
